二十一世纪普通高等院校实用规划教材　经济管理系列

U0881183

公共行政学

王学栋　主　编

清華大學出版社
北　京

内容简介

公共行政学是研究以政府为主体的公共组织依法对国家事务和社会公共事务进行有效管理与服务规律的科学。本书依据应用型本科专业的教学需要而编写，在选材及确定知识体系时，注意素质教育、创新能力、实际能力的综合要求，为培养高素质、复合型的公共行政管理人才提供知识条件。

本书是二十一世纪普通高等院校实用规划教材之一。全书分 12 章，主要内容包括绪论，公共行政组织及其人员，政府职能及其治理工具，公共行政的政治与法律基础、权力基础、财政基础、运行机制、运行过程、方法与技术、责任与伦理，政府绩效评估，行政生态与行政发展等。

本书既可作为普通高等学校行政管理、公共事业管理、文秘、电子政务等专业本科生的教材，也可作为成人高校行政管理等专业的通用教材，还可以作为公务员的培训教材与行政管理爱好者的自学参考书。

图书在版编目(CIP)数据

公共行政学/王学栋主编. --北京：清华大学出版社，2011.7（2023.3 重印）
(二十一世纪普通高等院校实用规划教材　经济管理系列)
ISBN 978-7-302-26006-6

Ⅰ. ①公…　Ⅱ. ①王…　Ⅲ. ①行政学—高等学校—教材　Ⅳ. ①D035

中国版本图书馆 CIP 数据核字(2011)第 115016 号

责任编辑：刘天飞
封面设计：山鹰工作室
版式设计：北京东方人华科技有限公司
责任校对：周剑云
责任印制：沈　露
出版发行：清华大学出版社
　网　　址：http://www.tup.com.cn, http://www.wqbook.com
　地　　址：北京清华大学学研大厦 A 座　　**邮　　编：**100084
　社 总 机：010-83470000　　**邮　　购：**010-62786544
　投稿与读者服务：010-62776969, c-service@tup.tsinghua.edu.cn
　质量反馈：010-62772015, zhiliang@tup.tsinghua.edu.cn
印 装 者：北京建宏印刷有限公司
经　　销：全国新华书店
开　　本：185mm×230mm　　**印　张：**21.25　　**字　数：**461 千字
版　　次：2011 年 7 月第 1 版　　**印　次：**2023 年 3 月第 8 次印刷
定　　价：59.00 元

产品编号：037240-03

前　　言

公共行政学是研究以政府为主体的公共组织依法对国家事务和社会公共事务进行有效管理与服务规律的科学。

公共行政学是一门正在迅速发展中的学科，目前国内公共行政学教材版本很多，体系和侧重点各不相同，但总体上体系庞大、内容庞杂，教学重心往往不明确。本书依据应用型本科专业的教学需要而编写，在选材及确定知识体系、编写体例时，注意素质教育和创新能力、实际能力的综合要求，为培养高素质、复合型的公共行政管理人才提供知识条件。

本书不同于其他教材的方面主要包括：①内容体系有所不同，努力把近年来国内外行政学研究的最新成果及实践上的最新经验和做法都吸收进来。对当前我国行政学界和政府管理实践中的前沿问题也进行了探讨，如政府绩效管理、行政问责制等，目的在于反映政府管理中最鲜活的改革现实，从而使理论更贴近现实，并更好地服务于现实。②内容较为精炼，每章开始提供“学习目标”，说明本章的基本内容及内在逻辑，使读者对本章有一个清晰的认识，教学中心较为明确。③撰写体例不同，每章设置导读案例，导出每章的具体内容；每章具体内容的撰写嵌入案例材料，增强教材的实战性，避免为理论而理论；章后提供最新案例供学生进一步复习与思考，可以增强学生的理解与应用能力；章后附思考题，以提高学生学习的针对性；章后附推荐读物，以扩大学生的阅读视野。

本书由中国石油大学(华东)公共管理系集体编写，王学栋拟定编写提纲并担任主编。分工如下：第一章由纪光欣编写；第二章由宋红燕编写；第三章由汝绪华编写；第四章由王学栋编写；第五章由刘兴波、王学栋编写；第六章由于常有编写；第七章由吕云涛、鲁彦平编写；第八章由鲁彦平编写；第九章由王学栋、于常有编写；第十章由李辉、王学栋编写；第十一章由赵霞编写；第十二章由刘兴波编写。由王学栋负责统稿与定稿。

本书既可作为普通高等学校行政管理、公共事业管理、文秘、电子政务等专业本科生的教材，也可作为成人高校行政管理等专业的通用教材，还可以作为公务员的培训教材与行政管理爱好者的自学参考书。为方便教师教学与学生自学，配有内容丰富的教学资源(包括精致的电子课件、教案、案例库及案例分析、习题集及参考答案)，下载地址:http://www.tup.tsinghua.edu.cn。

在本书的编写过程中，参阅了学术界大量的参考文献，吸收了最新的研究成果，恕不一一列明，只能择其要列于书后，在此向所有的专家学者致谢。中国石油大学(华东)人文社科学院的领导对本书的写作给予了大力支持，在此表示衷心的感谢。

由于编者水平有限，书中难免有错误、不当之处，恳请专家、学者批评指正。

编　者

目　录

第一章　绪　论

【学习目标】

通过本章的学习，读者应该厘清行政、公共行政、公共管理等概念的联系与区别；掌握公共行政中“公共”的丰富内涵；掌握公共行政的内涵与特征；掌握公共管理的概念与内涵；掌握公共行政学产生的历史条件与西方公共行政学的历史演变；了解中国公共行政学的产生与发展；掌握公共行政学的研究对象与内容；了解学习公共行政学的意义与方法。

【关键概念】

行政；公共行政；公共管理；公共政策；公共性；官僚制；新公共行政；新公共管理；新公共服务；黑堡宣言；治理；网络治理；威尔逊；西蒙；奥斯本；登哈特；奥斯特罗姆

【导读案例】

1999 年 5 月，某中等专业技术学校行政科发布了一个分房通知，将该校新购置的 5 套三居室住宅分给有关人员，并将分房的条件列出。该校教师张某认为，他在该校已工作 10 年，对该校的教学改革作出过较大贡献，且他家一直住房紧张，急需改善住房条件。但分房名单中却没有他。张某认为很不公平，便多次向校行政科、校长和学校主管部门申诉，但均未获得解决。张某一怒之下，于 2000 年 1 月以该校行政科为被告向人民法院提起行政诉讼。法院经审查认为，被告不适格，驳回了张某的起诉。

法院之所以驳回张某的起诉，是因为该校的“行政”不属于公共行政学意义上的“行政”，因而不属于人民法院行政诉讼的受案范围。公共行政学中的“行政”是有特定含义的，它是指以国家行政机关为主体的公共组织依法对国家事务与社会公共事务进行有效管理与服务的活动。本案例中，学校内部的这种“行政”仅指学校的后勤管理行为，是一种内部管理行为，不同于公共行政学意义上的“行政”。

(资料来源：行政学导论. http://www.xzgl.net/jp/AL.htm)

行政是与国家和政府相伴随的现象。自从国家和政府产生以来，人类就开始了行政管理的实践，但是，把行政作为一门科学来研究，却是近代民族国家建立后，随着现代宪政体制和法治社会的建立，适应行政管理自身日益复杂的结构和所承担社会管理职能的需要而产生的，大约只有一百多年的历史。相对于哲学、政治学、历史学等传统学科来说，行政学或公共行政学是一门新兴的、仍在发展中的学科。

第一节 行政、公共行政与公共管理

在我国，公共行政学是与行政学、行政管理学、公共管理学、公共行政管理学等相互联系而又各有区别的概念。要厘清这些概念之间的内涵及其相互关系，首先需要对行政、行政管理、公共行政、公共管理等概念有一个明确的认识。

一、行政

行政是公共行政学中最基本的概念，但行政本身恰恰是一个多义的、不断变化的概念。在日常用语中，“行政”这个词有着很广泛的含义。在我国，20 世纪 80 年代以前，人们几乎把与管理有关的活动都称为行政，不管这个管理是党政机关的，还是人民团体的、教学科研机构等事业单位的，抑或是企业的。随着公共行政学(当时称行政管理学)作为一门学科在 80 年代后的恢复和重建，人们开始将行政管理与企业管理分开来看待。但是，作为一种历史遗迹，在部分事业单位和企业单位，仍然有“行政科”、“行政处”的设置，在这里，“行政”所指的仅是“后勤管理”，是一种特殊的管理形式。

其实，“行政”一词，在中国古代就早已出现。从语源来说，早在两千多年前的中国古文献中，就有关于“行政”的记载。例如，《左传》中有“行其政令”、“行其政事”的说法。“行政”一词最早见于《史记·周本纪》：“召公、周公二相行政，号曰‘共和’。”这里的“行政”是指对整个国家的管理。在我国《现代汉语词典》中，对“行政”的解释是：“行使国家权力的(活动)；机关、企业、团体等内部的管理工作。”[①]

在西方，行政的英文表述是 Administration，源自拉丁文 Adminatrarc，《英汉大词典》对该词的解释除“行政”外，还有管理、执行、实施等意义[②]。美国学者邓瑟(Dunsire，1973)在《行政：词义与科学》中分析了行政的 15 种不同含义，其中“对各种事物进行管理”是基本含义之一。因此，行政本身具有管理的内涵。

在英语中，管理的另一表述是 Management，其主要指商业企业的活动。在约定俗成的意义上，人们更多地用“行政”(administration)，表示政府的管理活动，而用“管理”或“企业管理”(management)表示企业的经营管理活动。但是，无论中文的“行政”与“管理”，还是英文的 Administration 与 Management，都是近义词，经常不加区分地加以应用。如赫伯特·西蒙(Herbert Simon)的名著 Administration Behavior，中译本大多译为《管理行为》；在我国，Master of Business Administration(MBA)被翻译为工商管理硕士，而 Master of Public Administration(MPA)也被翻译为公共管理硕士。当然，对二者之间的差异也是不能忽视的。

“行政”一词是由“行”与“政”构成，“行政”词义的基点在于“政”。“行”是一个动词，与作为动词的“管理”有着大致相同的含义，因此，人们常用的“行政管理”这个

---

① 中国社会科学院语言研究所词典编辑室. 现代汉语词典. 上海：商务印书馆，1996

② 陆谷孙. 英汉大词典. 上海：上海译文出版社，1993，22

词汇并不严谨，具有同语反复的嫌疑，即“管理管理”。当然，之所以有“行政管理”这一约定俗成的词语，一方面可能是基于行政作为管理的一种特殊形式，突出行政的特殊内容与特征，另一方面可能是为了强调行政的管理内涵，但“行政管理”一词，在特定的学术语境下有其存在的必要性。“政”是所行之事，而“政”则是在国家出现之后才产生的政治活动或政治现象，即有了政治现象，才有“政”(政治、政令)可“行”。“行”与“政”合起来，就是管理国家事务之意。马克思曾指出，“行政是国家的组织活动”[①]。所以，现在人们使用“行政”这个概念往往从它作为国家的政务，或与国家相联系的各种事务这一方面来理解。确实，“行政”所行之“政”就表明了行政的特殊性质和对象，即表明行政不是一般意义上的管理，而是一种特殊形式的和有着特殊内容的管理。所以，早期的行政，主要是指政府管理，特别是政府对自身事务的管理。这也是行政这一概念最基本的含义。这里的管理，通常是指计划、组织、指挥、领导、控制等活动。

作为对国家事务的管理活动，行政一开始就同政治结下不解之缘。“政治”之“治”也是一个动词，实际上相当于今天行政或管理的含义。所以，人类社会早期的行政活动与政治活动是没有区分的。近代资本主义国家形成以后，随着工业化和城市化的发展，随着公共领域与私人领域的区分，政府担负的职能日益复杂化和不断分化，行政作为一个相对独立的政府管理领域逐渐从政治中分离出来。特别是随着 1883 年美国政府以功绩制为主的近代文官制度的建立，经过威尔逊(Woodrow Wilson)和古德诺(Frank Goodnow)等行政学奠基者的理论阐释，终于把作为“国家意志的表达”的政治与作为“国家意志的执行”的行政区分开来。行政从政治中分离出来，成为一个相对独立的政府活动领域，从而使行政学或公共行政学这门独立学科的产生成为可能。

当然，对行政、行政管理的概念一直存在着不同的理解。从狭义上说，行政管理是指国家行政机关及其行政人员对国家事务、社会事务和机关内部事务的计划、组织、指挥、协调、控制等管理活动。以此为依据，自从国家和政府产生以来，人类就开始了行政管理的实践，但近代以来，由于国家、社会事务的管理，涉及全体或多数社会成员的利益，行政管理具有鲜明的公共性特征，通常被称为“公共行政”(public administration)。广义地看，任何组织要生存与发展，都必须要有相应的机构和人员行使执行、管理职能，因此，行政管理的体制、机制、程序和方式、方法，不仅仅属于政府，其他类型的大型组织如企业单位、社会组织等在其运营过程中，都有着大量的行政管理事务需要处理，都存在一个行政管理的问题。与公共行政的概念相对应，这一含义的行政或行政管理，可以称为私人行政(private administration)。因此，从广义上讲，行政有公共行政与私人行政之分。作为公共行政学研究对象的行政，主要指的是公共行政。

二、公共行政

从法理上说，现代行政权力源于人民主权或人民权利，属于公共权力，政府受人民委托履行管理国家事务和社会公共事务等行政职责。因此，现代行政的实质是公共行政。

---

① 马克思恩格斯全集(第 1 卷). 北京：人民出版社，1965，479

(一)公共行政的内涵

1. 公共行政中的“行政”

关于公共行政中的“行政”概念，确切地说，是源于西方的学术传统。在西方，人们通常从以下四种角度来理解“行政”这一概念。

(1) 从三权分立的角度解释“行政”，认为行政是除立法、司法之外的一切国家活动，是行政机关实施立法机关所制定的法律和政策的活动。代表人物是美国行政学家威洛比(F.Willough by)。

(2) 从政治与行政二分法的角度解释“行政”，认为政治是国家意志的表达，行政是国家意志的执行。代表人物为美国行政学家威尔逊与古德诺。

(3) 从管理的角度解释“行政”，把行政等同于管理，认为行政是由计划、组织、人事、指挥、协调、报告和预算等功能构成的一个过程，是一种具有高度理性的人类合作努力。代表人物是美国行政学家古立克(Luther Gulick)与沃尔多(Dwight Waldo)。

(4) 从综合性角度解释“行政”。如罗森布罗姆(D.Rosenblum)认为，公共行政是采用管理的、政治的和法律的理论与过程，以实现立法的、行政的和司法的政府命令，为整个社会或其某个部分提供管制和服务的职能。[①]尼格罗(Nigro)认为，公共行政是在公共环境中共同合作的群体努力；包括所有三个部门——执行的、立法的和司法的——以及它们的相互作用；在制定政策方面有重要作用，因此是政治过程的一部分；明显不同于私营机构的行政；在提供社会服务方面，与许多私人团体和个人有密切关系。[②]

2. 公共行政中的“公共”

把握公共行政的内涵，关键在于对“公共”的理解。综合学术界关于公共的解释，本书认为公共行政中的“公共”至少应包括以下内涵。

(1) 公共组织。这是公共行政的主体。公共是相对于“私人的”、“营利性的”或“企业的”行政来说的，“公共的”行政强调执行行政活动的主体主要是政府部门或公共组织，而不是私人企业或机构。公共行政不同于国家行政，国家行政主要是指国家行政机关的行政，范围要小于公共行政；公共行政的主体除了国家行政机关外，还包括大量的法律法规授权的组织，它们行使着广泛的公共行政管理职能。

(2) 公共权力。这是公共行政的基石。公共权力在国家产生之后主要表现为国家权力，行政权力是国家权力的重要组成部分。政府行使的权力是人民赋予的，为人民服务并接受人民的监督。政府公共权力必须接受立法机关所通过的法律的制约，还要受到司法部门的监督和制约，所以，必须依法行政。政府公共权力行使的一个重要原则是行政机关的行为“越权无效”，即行政机关超越立法机关的授权和法律所允许的界限，便是越权，而越权行

---

① [美]戴维·罗森布罗姆，罗伯特·克拉夫丘克. 公共行政学：管理、政治和法律的途径(第5版). 北京：中国人民大学出版社，2002，5～6

② [美]菲利克斯·尼格罗，劳埃德·尼格罗. 公共行政学简明教程. 北京：中共中央党校出版社，1997，15

为是无效的。

(3) 公共利益。这是公共行政的宗旨。如果进行抽象的研究，所有的行政管理都有同样的职能、程序、要素或过程。但是，不同的行政管理活动有不同的目的和性质。如封建国家的行政管理的目的和性质是巩固王权和少数人的统治；私人行政的目的和性质是为了营利，而公共行政的目的和性质主要是为公众提供服务，实现公共利益。政府存在的唯一目的是为了满足社会公共需要、实现公共利益，政府是公共利益的代表和体现。

(4) 公共产品与公共服务。这是公共行政的任务。政府活动的主要形式是为全体公民提供全面而优质的公共产品，为社会提供公正公平的公共服务。政府不直接提供私人产品与服务。这里，公共产品(public goods)是相对于私人产品(private goods)而言的，是指那些具有非排他性和非竞争性的产品，又分为纯公共产品和准公共产品，前者如国防、环境保护、基础科学研究等，后者如高速公路、公共渔场、电影院等。从理论上讲，公共产品的非竞争性和非排他性特征决定了它不能通过市场途径进行分配，而只能由政府来提供。因此，提供公共产品和公共服务乃是政府的天职。当然，这并不意味着政府完全垄断公共产品的供应。

(5) 公共事务。这是公共行政的客体。政府活动的核心是对公共事务的处理，公共事务涵盖政治管理、经济管理、文化管理、社会管理等各个方面和领域。政府在公共事务的管理上才是权威，私人事务不属于政府的管辖范围，在私人事务领域政府不是权威。

(6) 公共责任。这是公共行政的灵魂。依法行使行政权力，管理公共事务，代表与实现公共利益，相应地必须承担公共责任，这是题中应有之义，也是天经地义之责。政府的公共责任分为政治责任、法律责任、道德责任、行政责任等四个方面。这就意味着，政府必须认真履行这四项责任，并广泛接受社会的监督和问责。

(7) 公民参与和公开。这是公共行政的保障。“公民第一”的原则是公共行政活动的核心原则。公民在决策上享有知情权和表达权，公共行政应当追求社会分配的公平与公正，公共行政和行政人员的工作应该保持公开、透明，有利于公民的参与和监督。所以，公共行政面向全体公民提供公共服务，具有公益性，以维护社会公平、公正为主。

公共行政的上述公共组织、公共权力、公共利益、公共事务、公共责任、公民参与等方面，就是公共性的表现。作为公共行政的实质与核心，公共性主要是指公共部门、政府的属性，也就是说，政府产生、存在的目的是为了维护公共利益、行使公共权力、制定公共政策、管理公共事务、生产公共产品、提供公共服务、维持公共秩序、满足公共需要以及创造具有公益精神的意识形态等，公正、民主、法治、透明、责任都是公共性的具体表现和要求。

3. 公共行政的概念

综上可知，所谓公共行政，是指以国家行政机关为主体的公共组织依法对国家事务与社会公共事务进行有效管理与服务的活动。这样，相对于原来的行政管理概念，公共行政的概念有了一些新的内涵。如果说行政管理的概念集中在政府自身的行政体制、程序、运行机制及其方式、方法上，以效率为主要追求的话，那么，公共行政的概念则突出了政府的公共服务和社会管理方面的职能，它是以政府为主体的公共行政主体、以服务于公共利益和满足公民需要为出发点和最终归宿的行政体系及其行政管理活动。当然，公共行政的概念没有完全否定或取代行政管理方面的问题，而是把行政管理作为实现自己职能的一个重要组成部分。

(二)公共行政的特征

与传统的行政学、行政管理学相比较，现代公共行政学所指的公共行政具有以下几个显著特征。

1. 公共性

公共性是公共行政的首要特征，也是公共行政最根本的价值观。因为公共行政行使的是公民所赋予或委托的公共权力，利用和支配的是公共资源，最终提供的是公共产品或公共服务，目的是实现公共利益的最大化。所以，现代政府是国家共同体内全体公民的政府，是“公共的”政府或公共利益的代表，政府公务人员是人民的“公仆”。公共行政必须为公民服务、为纳税人服务。公共行政发展过程中一以贯之、不断强化的理念就是公共性的日益凸显，离开这一特征，就背离了公共行政的本质要求，必然导致公共行政的异化。

【案例 1-1】近年来，我国以执法名义“创收”的现象不胜枚举。如江西某县工商局公平交易局的工商行政管理人员公开叫价，向化肥生产和销售企业收取所谓的“市场服务费”、“市场咨询费”等，为劣质化肥进入市场大开绿灯，并承诺“免检”，成了劣质化肥的“保护伞”；陕西某县工商局多次在高速公路收费站处，以货物有质量问题为由，强行对入境的货车进行拦截罚款，数额一般都在万元以上，而且不出具任何凭证。在湖南省郴州市境内一段不到 25 公里的高等级公路上，交通执法部门设立的限速标志牌和雷达测速牌达 40 块之多，有的地段甚至限速 20 公里。由于限速过低，有成千上万的司机在这条路段上吃过罚单。甚至发生过同一辆车在 1 个小时内受到 3 个交警大队超速罚款的情况。郴州市市民李国宾因不满市交通队的“超速罚款”行政处罚决定，将之告上法庭。5 月 15 日，这起因罚款 500 元引起的“小官司”告一段落。经过审理，郴州市北湖区人民法院当庭判决李国宾胜诉，撤销郴州市交通队对李国宾的处罚决定。2006 年 2 月，吉林省公主岭市公安局施行绩效考评制。该局规定：把罚款的 10%作为奖金返还给个人，20%返还给执行罚款的基层单位；将罚款数额与绩效考评挂钩，实行末位淘汰。这种以高额奖励加末位淘汰的制度，在民警中引发了一场执法罚款比赛。2006 年，公主岭市公安局罚款收入高达 1600 多万元，仅交警罚款就有 1100 多万元。财政部门将罚没收入全额返还，局里在其中拿出 110 多万元作为罚款奖金下发，50 多名一线交警人均 2 万元，罚款最多者拿到了 5 万多元。

问题：如何看待“执法产业”这种现象？

分析：

公共性是公共行政的基本价值追求，是公共行政存在的正当性基础。如果行政机关以国家或政府的名义滥用公共权力，把政府管理、服务市场与社会的权力转变为直接索取费用和敛财的权力，那么就从根本上背离了公共行政的公共性质，抛弃了公共行政的服务宗旨。“产业”的本质是企业，如果把行政执法作为一种“产业”，必然导致行政执法的逐利化，混淆了公共行政与私人行政的本质区别，从而导致公共行政的异化问题。

(资料来源：中国各地普遍存在借执法“创收”须警惕成“产业”. 瞭望新闻周刊，2007-6-6)

2. 法治性

现代社会是法治社会，法律是社会治理的最高权威，依法行政是依法治国的首要内容，也是现代行政的基本方式。政府组织作为公共权力的执行机关必须接受立法机关和司法机关的法律监督，必须严格遵循“法无授权即禁止”的原则。组织机关依法设立，行政权的行使必须有法律授权并有法定根据，行政机关和人员必须带头遵守宪法和各项法律，严格按照法律办事，一切行政活动都要在法律许可的范围内，任何行政组织和个人不存在超越宪法与法律的特殊行政权力。

【案例 1-2】1995 年 7 月 28 日，四川省技术监督局稽查一队得到成都彩虹电器(集团)股份有限公司的举报和协助，在成都市成华区公安分局几位警察陪护下，派员去该省乐山市夹江县彩印厂查封了该厂未经彩虹公司合法授权而印制的近二万个彩虹牌电热灭蚊药片包装盒(该种药片是彩虹公司产品)，同时查封了有关的印刷设备和厂房(查封过程中双方发生了冲突)，并于 10 月上旬对该彩印厂及其法定代表人万建华作出分别罚款 5 万元和 4 万元的处罚决定；因对该行政强制措施和行政处罚不服，夹江县彩印厂和万建华先后以技术监督局越权为理由向夹江县人民法院和成都市中级人民法院提起了行政诉讼(这两场官司均是被告省技监局胜诉)。由于在夹江打假案实施和审理过程中，许多新闻媒介(包括中央电视台)作了连续、大量、重点的报道，部分人大代表也进行了强力干预，一时间这个本来很普通的行政执法案和接连提起的行政诉讼案成了举国关注的一个新闻热点，人们见仁见智地就“省技监局是否越权”、“打假能否有错”、“制假者能否把打假者送上被告席”等展开了热烈争论，从而产生了非同寻常的社会轰动效应。

问题：“四川省技监局是否越权”、“打假能否有错”？

分析：

公共行政的过程是行政权力的行使与运用过程。行政机关运用行政权力实施管理时，应当依照法律、法规、规章的规定进行；没有法律、法规、规章的规定，行政机关不得作出影响公民、法人和其他组织合法权益或者增加公民、法人和其他组织义务的决定。因为对政府而言，凡是未经法律授权的行为，原则上均不得实施；而对公民而言，只要是法律没有禁止的行为，原则上公民都可以做。根据 1993 年修订的《商标法》第三十八条、三十九条规定“伪造、擅自制造他人注册商标标识或者销售伪造、擅自制造的注册商标标识的”、“被侵权人可以向县级以上工商行政管理部门要求处理，有关工商行政管理部门有权责令侵权人立即停止侵权行为，赔偿被侵权人的损失，赔偿额为侵权人在侵权期间因侵权所获得的利润或者被侵权人在被侵权期间因被侵权所受到的损失”，因此，工商管理部门应是商标侵权案件的主管机关，技监局不具备商标侵权案件打假的主体资格，其执法属于越权执法。该案例告诉人们，“老鼠过街、人人喊打”从行政法上讲是站不住脚的，“打假也必须具备打假的资格”，否则将导致越权无效的法律后果。

(资料来源：莫于川. 从夹江打假案看行政法治的若干现实问题. 行政法学研究，1997(1))

3. 民主性

人民主权是现代宪政国家的立国之本，人民授权给政府，同样也有理由监督和参与政府行政的各个方面。所以，民主既是现代政治的根本原则，也是现代政府从决策到执行各个环节都必须贯彻的指导思想。随着政治民主的建立和不断完善，民主行政或行政民主越来越成为现代公共行政的强烈要求，特别是随着新公共行政理论的传播，公共行政的民主性开始从理念转变为行动，现代政府行政管理中的公开性、透明性、参与性、公平性、服务性等，都要求实施民主行政。现代政府理应秉持公民至上的理念，努力创造各种条件，提供有效途径，使公民广泛深入地参与到从决策、执行到监督的公共行政全过程之中。

【案例 1-3】2008 年 9 月，郑州市物价局在媒体上发布关于召开全市集中供热价格调整听证会公告。市民赵正军随后提出申请，要求物价局公开市热力总公司近三年的经营状况、财务决算报表等相关信息。在热力公司表示“不同意公开”之后，郑州市物价局随即作出“免于公开告知书”，并送达赵正军。赵遂将市物价局告上法庭。这宗轰动一时的诉讼最终在郑州市中原区人民法院一审落判：郑州市物价局此前作出的《政府信息免于公开告知书》被依法撤销；同时，被告在判决生效后 15 日内，对原告的申请重新作出具体行政行为。

问题：如何看待法院这一判决？

分析：

政务信息公开作为世界各国民主政治发展的重要趋势与潮流，既是我国建设社会主义民主政治的重要内容，也是实现公民知情权、防止权力滥用的重要举措。我国的国家权力来自人民，人民是国家的主人，要保证人民当家做主权利的实现，必须赋予人民一定的知情权。本案中被告物价局作出的“免于公开告知书”实际上剥夺了原告的知情权，违反了政务公开的基本原则。因为对于公共行政而言，“公开是原则，保密是例外”；这一点恰恰与公民或企业的关于信息的规则相反，对于公民或企业而言，“保密是原则，公开是例外。”因此，法院的判决是正确的，遵循了政务公开的基本原则，捍卫了原告的知情权。

(资料来源：张兴军．郑州市民告赢物价局　价格听证信息不应保密．新华网，2009-04-01)

4. 高效性

公共行政学初创之时，威尔逊就为其确立了鲜明的效率导向，后来的新公共管理运动，同样确立了自觉的结果导向，把投入、产出、成本、效益等概念引入到公共部门的管理之中。公共行政组织行使职权、实施社会管理、提供公共服务，都必须坚持高效率高效能的原则，即通常所说的“三 E”(economy efficiency effectiveness；即经济、效率、效益)原则，积极探索提高行政效率或效益的方式和方法。一方面，要确保政府活动的有效性，为社会和公民提供满意的公共产品或服务；另一方面，要以尽可能少的投入获得尽可能多的产出，即要增强公共行政的成本意识，提高政府绩效管理的能力和水平。当代公共行政注重市场机制的运用、与非政府组织合作、借鉴企业管理的经验和方法、开发现代技术手段等，其目的都在于尽可能地增强政府公共服务的效率或效益。

5. 公平性

公平性是公共行政的公共性的基本内涵，也是现代公共行政的基本价值。公共行政的民主性前提和服务性职能都要求公共行政以社会公平为基本目标，向全体社会成员提供公正、均等的公共产品或公共服务。当然，公共行政所追求的公平是机会公平与结果公平的统一。

总之，现代公共行政所要求的政府必须是民主的政府、法治的政府、公正的政府、效能的政府和责任的政府。这些特征也是现代服务型政府的基本要求。

三、公共行政与公共管理

公共行政与公共管理是两个既相互联系又相互区别的重要概念。20 世纪 80 年代初期，我国在恢复和重建行政学这门学科的时候，普遍使用的是“行政管理”一词，只是在需要把这个词翻译成英文的时候，人们才把行政管理翻译成 Public Administration。直到 20 世纪 90 年代后期，我国学者才开始越来越多地使用“公共行政”这个词。“公共管理”这个词则是随着西方新公共管理运动及其理论成果在我国的传播和研究，以及我国公共管理硕士学位的设置，逐渐走进人们的视野，并有一种取代公共行政的趋势。

从字面意思看，公共管理的概念可以具有三重含义：一是指公共部门中的管理；二是指服务于公共事务的管理；三是指具有公共性质的机构或组织对社会的管理。一般认为，公共管理是以政府为核心的公共组织为保障和实现公共利益，通过整合社会资源和综合运用各种手段，对社会公共事务以及自身事务所实施的管理。简言之，公共管理就是公共组织以公共事务为对象的管理活动。

一般认为，公共管理是直接地从公共行政范式中转变而来的，在公共管理出现之前，以政府为主体的公共行政是基本的社会治理方式。随着 20 世纪 80 年代以来世界范围内新公共管理运动的开展，公共管理被普遍认为是人类社会的一种新型社会治理方式，从公共行政到公共管理的转变，不仅是社会治理的制度、方式和行为模式的重大转变，也是公共行政理论范式的重大转变。与公共行政的概念相比，公共管理的这一新的概念可以从下面几个方面来认识。

第一，公共管理的主体是多元的。这里的主体是指公共服务的供给者，公共行政的主体是政府机关与法律法规授权的组织，而公共管理的主体不仅包括政府与法律法规授权的组织，也包括大量的没有经过法律法规授权的非政府组织等社会组织。私人企业或私人机构不属于公共管理的主体，尽管公共部门可以通过合同等形式将公共服务的供给权转让给私营部门，但它们并不因此而成为公共管理的主体。在当前的中国社会，除政府与法律法规授权的组织外，执政党、参政党、一些人民团体、事业单位、行业协会、民间组织甚至国有企业都承担着相应的公共管理职能。

【案例 1-4】2007 年，北京崇文区革新西里社区在北京首次尝试，由居委会牵头，在人行道划出固定区域供商贩经营，商贩只需每月交纳 20 多元的保洁费。据悉，革新西里居委会做了三件事：第一，要求摊贩们成立自治会，由自治会出面与居委会沟通，商贩之间互相约束；第二，由摊贩自治会起草自律条例，条例中明确要求摊贩不许缺斤少两、负责周围卫生等，摊贩如有违约，摆摊资格将可能被取消；第三，为了规范形象，居委会为摊贩们统一定制了柜台。革新西里的“试验”，制度的设计非常周全，“试验”已取得了立竿见影的效果——商贩们珍惜机会，爱护环境，居民们在生活便利的同时，重新拥有舒适的生活环境。由居委会主导游商治理，此举开创了北京乃至全国城市治理的先河。

问题：如何看待摊贩治理中的社区自治问题？

分析：

中国城市治理是一种高度集权的“单中心”模式，即权力全部上收，政府单方面主导。而随着社会越来越多元化，这样的治理模式的弊端正日益凸显。路边商贩问题是城市管理“失灵”的典型个案，要破解这种“失灵”，唯有让城市治理从“单中心”走向“多中心”，让城市基层社区广泛参与到城市管理之中，消除政府的视野盲区，弥补政府行政能力的不足，促进以官民协作为特征的“善治”。这样的模式下，政府由“划桨行政”变为“掌舵行政”，不再事必躬亲，给社区以自由空间，激发它们的活力和能动性，让城市的各种问题可以有多样的、适合不同社区情况的解决方案。实际上，社区自治理念的核心就是让社区“自我管理、自我服务”，而我国的各种社区并不缺这种自我管理和服务的能力。

(资料来源：以社区自治破解城市摊贩难题. 新京报，2007-03-10)

第二，公共管理的目的是公共利益的最大化。具体表现则是提高社会治理活动的效率、促进社会发展和保证全社会共享社会发展的成果，而不是利润最大化。对于政府而言，要把重心放在基本公共服务均等化供给上；对于非政府组织以及其他社会自治力量来说，在积极进行社会治理的同时，也要把存在于社会中的各种利益诉求传递给政府，实现与政府的积极合作。

第三，公共管理的手段或途径是多样的。公共管理的途径主要是由政治的、法律(政策)的和管理的三个方面构成的。随着现代社会复杂性和不确定性的迅速增长，单一的政治、法律或管理途径都难以满足社会管理和公共服务的需要，必须综合性地运用政治的、法律的和管理的手段来加以处理，同时需要自觉进行公共管理方式方法的创新，包括利用市场机制和企业管理的经验与方法等。

第四，公共管理的过程是系统性的。传统的公共行政过程是建立在官僚制组织及其运行机制基础之上的，认为这是实现公共行政目标的唯一有效途径。公共管理可以看成是一个由多元社会治理主体构成的以合作关系为纽带的和以提供公共服务为目标的统一整体。政府垄断社会治理的格局正在被多元社会治理主体合作治理的要求所取代。因而，政府自身的组织系统开始融入一个更大的合作治理系统之中。

从公共行政到公共管理，不是对公共行政的简单否定，而是政府为适应社会环境变化，更好地履行管理职能而作出的新选择，是政府职能定位和管理方式的重大转变。即政府由单纯注重效率发展到公平与效率并重，并突出社会公平与公正；政府由垄断供应公共产品和提供公共服务，转向引入市场机制，实现公私合作；政府由注重过程与程序转向更加关注效果，并把投入、产出、成本、效益等管理概念引入公共部门的管理之中。所以，相对于公共行政而言，公共管理是对政府管理的公共性与工艺性的双重凸显，公共性强调的是政府管理的目的性，突出的是社会公平与公正；而工艺性强调的是政府管理的科学性、技术化，突出的是经济、效率和效益。一种以传统的行政概念为基础的公共行政肯定有别于一种以管理概念为基础的公共行政，这种新的公共行政模式就是公共管理。所以，可以把公共管理看成是公共行政发展的一个新阶段，一种新的理论模式。

第二节　公共行政学的产生与发展

行政管理是人类社会亘古就有的治理现象，但是，直到19世纪后期，公共行政学才得以创立，并成为推动现代社会发展的重要力量。

一、公共行政学的产生

行政学的概念最早是由德国学者冯·史坦因(Stein)提出的。他于1865年撰写的《行政学》一书中，第一次用行政法的观点阐述行政问题。1887年美国学者伍德罗·威尔逊发表了《行政学之研究》一文，主张行政与政治分离，建立一门独立的行政科学。威尔逊因此被后人誉为公共行政学的鼻祖。1900年，美国学者古德诺在《政治与行政：对政府的研究》一书中，系统地阐发了政治与行政二分的理论。此后，愈来愈多的学者开始把行政学作为单独学科加以研究。1926年美国学者怀特的《公共行政学导论》和1927年美国学者威洛比的《公共行政原理》这两本教科书的出版，比较系统地阐述了公共行政学的理论体系，标志着公共行政学作为一门独立学科的正式产生。

从理论渊源上说，公共行政学的产生是建立在以下四个理论基础之上的：一是近代政治学说尤其是霍布斯(Thomas Hobbes)、洛克(John Locke)等人的国家学说，他们提供了有关国家权力(行政权)、民权民意、政府结构、政治过程等基本的概念与范畴。二是君主时代德、奥两国的官房学。官房学主要研究如何有效地为君主(国家)管理财政、经济、行政等问题，当时德、奥两国政府已将官房学作为候补官员的培训项目，后来逐渐演变为公共财政学。三是普鲁士的任官制度和英国的文官制度。18世纪初普鲁士在西方率先创立了依据考试任用官吏的制度，英国在1805年设立了常任文官，1854年正式确立了常任文官制度。文官制度为公共人事行政的研究提供了最早的规范，对公共行政学的形成起到直接推动作用。四是行政法学。德国学者冯·史坦因创立的行政法学开创了现代政府“依法行政”的思想源流，建立起“法治政府”的最初的理论规范。在某种程度上，是行政法促进了公共行政学的产生。

当然，公共行政学的产生主要是现代社会发展，特别是民族国家建立和工业化进程的必然产物。近代社会以来，随着资本主义的发展，现代民族国家和政府得以建立，市民社会迅速地成长起来，政府职能开始从“消极无为”向“积极作为”转变。市民社会的产生和成长，意味着社会在整体上的分化，即国家与社会的分化、政治领域与经济领域的分化。政府职能的扩张意味着行政与政治的分化和行政问题的复杂化，从而产生出对行政问题进行独立研究的必要性。到 19 世纪后期，西方资产阶级政治革命已经完成，“应该由谁来统治”(谁掌权)的问题基本得到解决，政府面临的关键问题在于适应社会和民众要求解决“怎样进行统治或治理”的问题，这是一个在宪政框架内的典型的行“政”问题，是一个寻求更好的社会治理模式的问题。如威尔逊创立公共行政学时提出的目标就是要建立“一个坚强有力、行动迅速有效、便于运用”的政府系统。由此，行政问题作为一个独立的问题从政治中分离出来。

具体地说，公共行政学最终诞生于 19 世纪末至 20 世纪初的美国，是当时美国社会经济、政治等领域的深刻变化和政府职能变化共同催生的结果。

到 19 世纪末，自由资本主义时期开始实行的“政党分肥制”，在美国政府管理中已经产生出日益严重的问题，如结构性的腐败、周期性的政治动荡、公职队伍素质低下并缺乏公益心、行政效率低下等。与此同时，随着工业化和城市化的快速推进，美国政府职能由政治统治扩大到对经济和社会事务的全面管理，由放任的“守夜人”变成积极干预社会生活的“行政国家”，行政开始突破原来政治职能所能容纳的框架，担负日益增多的处理社会问题的职能，导致政治与行政的逐步分离，从而引起人们对行政问题日益增强的关注。而行政职能的加强和行政活动范围的扩大，必然使得行政机构迅速增加，行政人员队伍迅速扩大，进而导致政府财政支出扩大、贪污浪费、官僚主义等弊端。这些都影响着美国经济社会的进一步发展，客观上也提出了建立廉洁高效的公共行政和政府管理的需要。

1881 年，美国总统加菲尔德(James Garfield)被一名失望的谋求获胜党公职的人(他曾被许诺获得一个文职雇员职位而未果)所暗杀的事件，直接促成了美国政府的改革运动。1883 年，美国通过了《彭德尔顿联邦文官法》[因参议员 G. H. 彭德尔顿(Pendleton)负责起草而得名]，开始建立现代公务员制度，将政治领域(制定政策)与行政领域(执行政策)、政务官与事务官相分离。到 19 世纪 90 年代后，随着职业文官制和功绩制的确立，行政就成为一个“非政治化”的纯粹技术性的管理领域，建立在政治与行政二分法基础上的、注重理性和规则的官僚制组织体系得以建立，政府管理由此走上专业化、科学化的轨道。同一时期，美国工业化进程中企业管理的加强、泰勒(Frederick Taylor)科学管理理论的创立及其在解决企业生产效率问题上的成功，也提供了政府行政可资利用的管理原则和管理方法，直接推动了公共行政学的产生。

正如公共行政与公共管理的关系一样，在学科渊源上，公共管理学是直接从公共行政学中脱胎而出的，必然会直接地继承和发展公共行政学的学科发展成就，即把公共行政学发展中的一切积极成就吸纳到公共管理学之中来。从二者的区别看，传统公共行政学主要以国家的行政系统——政府为研究对象，而且主要是研究政府自身的管理问题，希望通过政府自身管理问题的解决去为政府外部职能实现提供保障。但是，公共管理的侧重点在政府提供的公共产品和公共服务上，尽管它也不排斥对政府自身管理问题的研究。这表明，对于公共行政学来说，效率追求往往是第一位的；而对于公共管理学而言，提高公共服务质量才是第一位的。当然，如前所述，今天的公共行政学已经不再是威尔逊所开创的传统公共行政学，而是容纳了公共管理学内涵的新的公共行政学。

二、西方公共行政学的历史演变

关于公共行政学的历史演变，国内外学者提出了不同的阶段划分方法。欧文•休斯(Owen Hughes)把公共行政的发展划分为前传统阶段、公共行政传统模式、公共管理改革三个阶段。我国公共行政学的奠基人、中山大学夏书章教授把公共行政学的发展历程划分为形成阶段(传统管理时期，20 世纪 20 年代前)、成长阶段(科学管理时期，20 世纪 20 年代后)、现代化管理时期(20 世纪 40 年代后)。武汉大学的丁煌教授在其影响广泛的《西方行政学说史》中，根据德怀特・沃尔多等人的“行政学发展六阶段”理论，把西方行政学说的发展划分为提出与创立时期(1887－1918 年)、正统时期(1919－1945 年)、批评与转变时期(1946－1959 年)、应用与发展时期(20 世纪 60－70 年代)、挑战与创新时期(20 世纪 70－80 年代)、总结与探索时期(20 世纪 80 年代以来)六个阶段。复旦大学竺乾威教授则是从古典时期、新古典时期、当代时期三个阶段来理解公共行政学的历史发展。中国人民大学张康之教授则把公共行政学划分为建构阶段、行为主义阶段、公共政策阶段、新公共行政阶段、新公共管理阶段，同时他关于人类社会的治理模式经历一个从统治行政到管理行政再到服务行政的阐述，也有着广泛影响。

综合上述已有的认识，根据公共行政学发展各个阶段的核心理念和理论模式的变化，可以把公共行政学的历史演变划分为以下几个阶段：传统公共行政学、公共政策学(政策分析)、新公共行政学、公共管理学以及公共行政学的当代发展。新公共服务理论能否代表公共行政学发展的一个新阶段，目前还有不同的认识。当然，这样的划分可能无法包容公共行政学发展史上所有重要的学说或流派，如里格斯(Fred Riggs)的行政生态理论、布坎南(James Buchanan)的公共选择理论等。进入 21 世纪以来，公共行政学领域依然不断产生出新的观点和理论，如网络治理、数字化治理、整体性治理等。无论如何，公共行政学自产生以来，一直是最受瞩目的、发展和创新最快的学科之一。

(一)传统公共行政学阶段

19 世纪末 20 世纪初，公共行政学的理论基础和基本框架是由威尔逊、古德诺、韦伯等共同建立的，同一时期产生的泰勒的科学管理理论和法约尔的一般组织理论，也为公共行政学的产生提供了理论支撑。

1887 年，威尔逊在美国《政治学季刊》上发表的《行政学之研究》一文中，通过回顾行政领域研究的历史，第一次明确指出“政治是政策的制定；行政是政策的执行”，“行政管理是政府工作中极为显著的一部分，它就是行动中的政府；它就是政府的执行，政府的操作”，“行政管理是置身于‘政治’所特有的范围之外的。行政管理的问题并不属于政治问题”，[①]这就是公共行政学得以独立发展的政治与行政二分观点。他由此认为，有必要建立一门独立的行政科学，去研究政府能够做什么，以及如何以最高的效率和最低的成本去

① 彭和平等编译. 国外公共行政理论精选. 北京：中央党校出版社，1997，14

做这些事情。应当说，威尔逊的主要贡献并不在于提出建立行政学的必要性并为其确定研究范围，而在于提出了政治与行政二分法这一行政学赖以成立的基本前提。1900 年，古德诺(F. J. Goodnow)在《政治与行政》一书中，对威尔逊的政治与行政二分思想做了进一步的阐发，从而使“政治与行政不同”的思想得到了广泛的传播。根据古德诺的看法，“政治与政策或国家意志的表达有关，行政则与这些政策的执行有关”。由于具有这些不同，行政是完全可以避开政治的纷乱和冲突，作为一个纯粹技术性的领域来加以研究的。

同一时期，德国社会学家马克斯•韦伯(Max Weber)提出的官僚制组织理论，直接解决了威尔逊思想付诸实施的技术性问题，即把威尔逊的行政思想变成了可以实施的制度性方案。因为韦伯所确立的理想的官僚制组织是建立在“合理—合法”权威基础上的，是一个层次分明、制度严格、权责明确的科层制组织模式，是从属于技术理性原则的，具有工具合理性的显著特征，它为公共行政学研究政府组织及其运行机制提供了合理而明确的组织原则。

在传统公共行政学的形成和系统化的过程中，来自工商企业管理理论方面的影响同样不可忽视。美国工程师泰勒(F. W. Taylor)于 1911 年发表的《科学管理原理》，提出了建立在时间和动作研究基础之上的专业分工、标准化、计件工资制等管理原则，法约尔(H. Fayol)于 1916 年发表的《工业管理与一般管理》，提出了组织管理的基本职能(计划、组织、指挥、协调、控制)和一般原则。早期行政学者们把这些标志现代科学管理理论的成果直接引用到公共行政学的研究中来，恰好满足了威尔逊等人所确立的公共行政科学化、技术化的要求。

最早对公共行政学这门独立学科的内容进行系统研究和阐述的则是美国学者怀特(D. White)和威洛比(F. Willoughby)，他们分别于 1926 年和 1927 年出版了《公共行政学导论》和《公共行政原理》，公共行政学理论体系的形成正是以这两本大学教科书为标志的。也有人把这两本著作与 1930 年美国加州大学教授费富纳(J. M. Pfiffner)所著的《行政学》，誉为现代公共行政学的“三足鼎立”成果。1937 年，美国学者古立克(L.Gulick)和英国学者厄威克(L. Urwick)共同编辑出版了《行政科学论文集》，该书包含了反映当时研究成果的一系列重要论文，成为公共行政学达到一定高度的重要标志。

1930 年，国际行政科学学会在西班牙首都马德里成立，从此，行政学引起了世界各国的普遍重视。1936 年，美国罗斯福总统在新政时期成立了总统的行政管理委员会。1939 年，美国公共行政学会正式成立，从公共行政实践的角度见证了公共行政学的发展。

总的来看，这一阶段的研究者看到了公共行政学研究的重要性，精辟地论述了行政学的研究对象和内容以及所应遵循的一般原则与基本方法，推动了公共行政学从政治学中分离出来而成为一个独立的研究领域。他们所提出的政府组织与管理、行政和政治的关系、行政效率等重要论题，共同整合构成了传统公共行政学的基本信条：政治与行政分开的假定，政治价值中立的文官制度，实行严格的层级制和规章制度管理(即官僚制)等。这一切，不仅为公共行政学的建立奠定了理论基础，而且为现代政府管理提供了合理的组织框架和运行规则。

(二) 公共政策学或政策分析阶段

公共政策研究(又称公共政策学、政策科学、政策分析)是“二战”以后在西方发展起来的一个全新的跨学科、应用性的研究领域，开拓出公共行政学的一个新的研究领域和方向，也被认为是公共行政学发展的一个新阶段。

从理论渊源上讲，公共政策研究是20世纪30年代产生的行为科学理论引入行政学的产物，它把公共行政学研究的重心转向组织的社会性行为和组织的决策行为，因而也被称为“公共行政学的行为主义转向”。行为科学来源于1927—1932年间美国哈佛大学教授梅奥(E. Mayo)等人基于著名的“霍桑实验”而总结提出的人际关系学说，由此推动了组织行为、团体行为和领导行为的研究，产生了各种各样的理论和观点，形成了行为科学的管理理论。这一理论反思和批判了日渐成熟的以官僚制和科学管理为代表的传统管理理论的不足，由关注组织的结构、规则、制度、技术等理性因素，转向注重组织中人的社会性需求、倡导精神激励和成就激励、重视非正式组织的作用等，发展出现代管理理论的新方向。20世纪30年代以后，已经获得完整理论形态的传统公共行政学同样也存在过度理性化、技术化而导致官僚主义和人性异化的问题，人际关系—行为科学理论直接影响了公共行政研究的进程，许多行政学者开始使用行为主义的观点和方法研究行政现象从而推动着行政学研究领域的拓展。20世纪三四十年代，以芝加哥大学为中心，行为主义政治学将政治分析从以政治制度为主转向以政治中个人、群体和组织的实际行为为重点，也对公共政策研究起到积极的推动作用。

社会系统管理理论的代表人物切斯特·巴纳德(Chester Barnard)最早将社会学应用于组织分析，提出组织是一个调节人的活动或行为的社会协作系统的观点，并提出组织理论应该关注决策活动，为政策科学的创立作出最早的贡献。以此为基础，西蒙建立了完整的决策理论，他于1947年出版的著作名称就是Administrative Behavior(《行政行为：行政组织决策过程的研究》)。西蒙所创立的决策理论的内容包括：①管理就是决策，决策过程和决策行为存在于一切组织的行政管理过程之中；②借助于心理学的研究成果对决策本身和决策过程及程序进行了科学分析，对程序化决策和非程序化决策进行了区分；③与“完全理性”、“寻求最优”的“经济人”不同，他提出的“行政人”是在“有限理性”的范围内运用相对简单的经验方法，按照“满意原则”挑选决策方案并进行决策的。此外，他还对决策中的权威、信息、效率、组织目标等进行了研究。由于决策是政府组织及其行政管理过程中的重要活动，西蒙的决策理论对公共行政学的发展产生了十分重要的影响，奠定了公共政策研究的理论基础。

公共政策研究的形成是对当时社会发展和政府管理面临的一系列矛盾和问题的回应。在快速工业化和城市化的过程中，西方国家先后出现了诸如暴力犯罪增加、经济停滞、环境污染、能源短缺、失业扩大以及住房、卫生、社会保障、公共交通等众多的社会问题，社会公众因此对政府提出了强烈的转变政策、摆脱困境、实现社会正义和社会公平的诉求。与此相一致，社会公众所关注问题的焦点更多的不再是抽象的理念或原则问题，而是那些与自身现实切身利益密切相关的特殊的公共政策问题、公共服务问题。这就使一批具有一定的学术素养，同时具有相当实际经验的学者、科学家和政府官员意识到，应当建立一种能够兼容各相关学科优势，且能够解决各种现实公共政策问题的全新的学科。与此同时，包括社会科学和自然科学在内的诸多学科的不断发展为政策科学的形成提供了一定的理论基础和实用技术。所以，德罗尔(Y. Dror)称公共政策研究为当代西方社会科学发展中的一次“科学革命”，公共行政学的发展也开始进入公共政策阶段。

1943 年，拉斯韦尔(H. D. Lasswell)在一份备忘录中第一次提到“政策科学”这一术语。1950 年，拉斯韦尔与卡普兰(A. Kaplan)合著《权力和社会：政治研究的框架》，正式使用“政策科学”这一概念。1951 年，伦纳(Lerner)与拉斯韦尔主编了《政策科学：范围与方法的新近发展》，第一次对政策科学的学科性质、研究内容、发展方向作了详尽的论述。这被公认为是政策科学诞生的标志。1960 年后期至 1970 年初，德罗尔完成了公共政策研究的三部重要著作：《公共政策制定检讨》、《政策科学构想》、《政策科学进展》，强调政策分析是一种综合运用多种学科和多种方法的更高级的知识形式，它的特点在于集中研究公共决策和公共政策的制定过程，扩大了决策和政策制定的范围，现代政策科学由此形成了自己特定的理论范式。由拉斯韦尔开启、德罗尔推进，在西方形成了公共政策研究中的“拉斯韦尔—德罗尔传统”。

尽管公共政策在实践上得到了广泛应用，但直到今天，关于公共政策的确切含义，却一直未能统一起来。其中，最具代表性的观点有：①拉斯维尔和卡普兰认为，公共政策是一项含有目标、价值与策略的大型计划。这种理解强调作为政府行为的公共政策的设计功能及其目标性。②政治学学者伊斯顿(D. Easton)认为，公共政策就是对全社会的价值作权威的分配。这里是从政治学角度强调公共政策的价值分配功能。③政策论研究者戴伊 (T. R. Dye)认为，公共政策是政府选择作为或不作为的行为。这种理解突出强调公共政策的行为特征，实际上暗含着一种假设前提，即公共政策在本质上是一门实践科学。④决策论研究者安德森(J. E. Anderson)认为，公共政策是政府的一个有目的的活动过程，而这些活动是由一个或一批行为者为处理某一问题或事务采取的。这种理解强调公共政策的动态性和过程性。以上各种关于公共政策的概念都有其合理之处，亦都有所缺憾。其实，最重要的问题不在于对公共政策作出全面的概括，而在于能够把握住公共政策的精神实质，把握住它的学科体系和主要研究方法，进而为公共政策的实践提供行动指南和可靠方法。

在公共政策研究方面，1959 年，耶鲁大学经济学家林德布洛姆(C. E. Lindblom)提出了渐进主义的决策理论。他通过对政府决策过程的理性模式的深刻分析，否认了大多数政府决策是基于完整信息所作理性决策的观点，而认为整个政策制定过程是为了响应短期政治条件而作出的一系列渐进式决策。这就是说，政策制定不取决于政策制定者的意愿，而是决定于具体的事件和环境。林德布洛姆的“渐进分析”对公共政策领域的发展有较大的影响。应用数学专家和系统分析专家爱德华·奎德(Edward S.Quade)，长期在享誉世界的公共政策思想库——兰德公司从事政策分析的理论与实践研究，并与叶海卡•德罗尔一起创办了著名的《政策科学》理论刊物。20 世纪 80 年代以来，奎德在其《公共政策决策分析》等著作中系统地阐述了政策分析理论，成为公共政策科学的重要代表人物。

20 世纪 60 年代起，美国率先吸收和采取了政策科学的研究成果，将其直接应用于联邦政府所面临的若干大型、复杂国策问题的研究和处理，成功地集中和组织了专业力量和生产力量，解决了诸如国防、空间探索等领域中的一些问题，从而引起了各国政府的普遍重视。70 年代，政策科学被普遍接受且得到迅速发展，不仅涌现了大量的有关政策科学的专业性的研究咨询组织和学术刊物，而且政策科学无一例外地成了各工业发达国家主要大学的必修课程。政策科学的理论和技术不但在政府层面得到了广泛应用，而且由于实践价值和普遍的适用性，同时也在私营部门得到了推广。

(三)新公共行政学阶段

20世纪六七十年代，西方发达国家产生了一系列社会、经济和政治危机(如经济“滞涨”、越南战争、公民权运动、水门事件、能源危机、种族问题等)，要求政府改革的呼声不断，传统行政学理论面临严峻挑战。美国行政学家沃尔多(Dwight Waldo)意识到公共行政学处于一个“革命的时代”。1968年9月，由沃尔多召集，32位年轻的行政学者会聚位于美国纽约州雪城大学的明诺布鲁克会议中心，试图通过回顾和检讨公共行政学的发展历程，讨论公共行政面临的问题，寻求公共行政未来的发展方向。会议提出了“新公共行政学”作为区别以往公共行政学的理论标志，并以政府及其官员在公共行政过程中的价值观和伦理观，作为新公共行政学的核心概念和关键性问题。会议的成果集中反映在马诺力(Frank Marini)主编的《迈向新公共行政：明诺布鲁克观点》、沃尔多所著的《处于动荡时期的公共行政学》以及弗雷德里克森(H.George Frederickson)所著的《新公共行政学》中。弗雷德里克森是新公共行政学的主要代表人物之一。

概括起来说，新公共行政学的理论观点主要体现在以下几个方面：①在批判传统行政学的效率经济观的基础上提出价值考量。新公共行政学认为公共行政不仅仅是执行政策的工具，行政人员本身就应该决策，它更影响着公民的福利，其目的在于创造人类的幸福，担负着更广泛的社会责任，因而必须重视价值观的引导。②主张社会正义和社会公平，并将其作为公共行政基本的价值标准和根本目的，这也是新公共行政学的理论基点以及与传统行政学的最重要的差别。③主张改革的、入世的、与实际过程相关的公共行政学。公共行政的研究应适应现代社会的要求，在研究领域中跳出研究行政程序的狭窄圈子，把研究的重点转向与社会环境相关、与公众相关、与政策相关、与政府及其官员相关的问题上来，而不应当仅仅关注那些与学术相关、与理论相关、与思辨相关、与研究方法相关的问题。④主张构建新型的政府组织形态。即封闭体系的观念必须让位于开放体系的观念，以高度的公共责任感关注民主社会中的政策问题。⑤主张突出政府行政管理的“公共”性质。即公共行政必须包含对公共利益的回应，必须强化公民精神和服务理念。⑥提出民主行政的理念。新公共行政学将民主视为一套价值观，认为民主行政应当把公众需要作为行政体系运转的轴心，认为公众的权利或利益应高于政府自身的利益扩张和满足，政治的民主也只有在民主的行政过程中才能实实在在地体现出来。

从现实的公共行政实践来看，新公共行政的理论追求有一些空想的成分，因而没有转化成一种制度性设置。但是，新公共行政理论突出强调公共行政价值问题，把公平与效率结合起来考虑，包含着向近代启蒙精神复归的内涵，对于公共行政学单纯强调效率和技术性因素的纯粹管理主义倾向来说，是有纠偏作用的。

20世纪80年代产生的民主行政理论，强调民主价值观和政治伦理规范是一切公共行政价值的基础，它们将公共行政从效率中心主义中解放出来，追求效率与公平之间的平衡发展，可以说是新公共行政理论的进一步发展。民主行政理论的代表人物是加里·万斯莱(Gary Wamsley)和文森特·奥斯特罗姆(Vincent Ostrom)。

1982 年 1 月，以加里·万斯莱为首的美国弗吉尼亚州立理工学院公共行政与政策中心的五位教授利用休假的机会，通过头脑风暴的形式对公共行政发表各自的看法，最后由万斯莱领衔撰稿“公共行政与治理过程：转变政治对话”一文，以便于学界与政府官员的共同交流。与明诺布鲁克宣言相对应，人们以这次会议召开的地点将其称为《黑堡宣言》。经过多次修改后，1983 年万斯莱在纽约希尔顿饭店召开第一次发表会，宣读了这份著名的宣言，并邀请 30 多为专家参与讨论，得到热烈回响。会后万斯莱将宣言正式发表。《黑堡宣言》的主要观点有如下几点：①行政人员应成为具有自我意识的公共利益受托者；②行政组织基本上是一个具有专业能力来提供特定社会功能以达成公共利益的制度性宝库；③公共行政应可成为宪政秩序下政府治理过程的正当参与者；④公共行政的权威在于政府治理过程中能够涵盖不同的利益，借以促进公共利益的实现。1990 年，万斯莱等将该宣言以及数篇延伸该宣言观点的论文以及相关的批评性文章收集起来，以《重建公共行政》出版。1996 年，万斯莱等出版《重建民主行政——现代困境与后现代挑战》，继续探讨黑堡宣言中所表达的民主行政观点。

美国政治学家、行政学家文森特·奥斯特洛姆和埃莉诺·奥斯特洛姆(后者是 2009 年诺贝尔经济学奖获得者)夫妇提出的民主行政理论所关注的中心问题是，如何在公共政策与行政中贯彻民主治理和多元共治。他们通过对美国联邦体制的思想与实践的系统阐释，并结合当时政治经济学和宪法理论的研究成果，认为当时盛行的官僚行政理论犯了知识上的错误——错误地理解和偏离了美国宪政创始者“主权在民”的原意，而且在实践上具有极大的危害。因此，他们提出必须实现公共行政范式的转变，由官僚行政走向民主行政，认为公共行政的核心价值在于代表和最大限度地表达公共利益，使公共行政始终是“主权的委托者”，始终尽心尽责地维护社会公平与正义，始终以增进人民福祉为己任。他们还较早提出了多中心治理、打破政府对公共服务和公共产品供给的垄断、采取多种公私复合的组织形式提供公共物品等观点。显然，民主行政理论交叠式地支持了当代西方的新公共行政运动和新公共管理运动。他们旗帜鲜明地反对政治与行政二分法，主张政府官员承担其社会与政治责任，向社会和公民负责，这些思想与新公共行政运动的主张是一致的。同时，民主行政理论中内含了许多后来被新公共管理运动所张扬的观点，这些思想在新公共管理运动之前提出并得到美国行政学界的认同无疑也是他们的一个重要贡献。

(四)新公共管理阶段

为了回应全球化、信息化、市场化和财政危机对政府管理的挑战，自 20 世纪 70 年代末 80 年代初开始，西方各国掀起了一场声势浩大且旷日持久以追求“三 E”为目标的政府改革运动。其主要内容包括：反对低效和浪费，实行私有化；以市场取代官僚组织，将企业管理方法引入政府管理；在行政管理中引入竞争机制，在公共服务中坚持顾客导向等。尽管西方各国政府改革的起因、议程、战略、策略以及改革的范围、规模、力度有所不同，但都具有一个相同或相似的基本取向，这就是采用商业管理的理论、方法及技术，引入市场竞争机制，提高公共管理水平及公共服务质量，这就是“新公共管理”(new public management)运动。这场运动不仅对西方公共部门管理尤其是政府管理实践模式产生了重大影响，而且推动了公共行政学理论的范式转变，即从传统的以官僚制为核心的公共行政学转向以市场为导向的公共管理学。

新公共管理运动主要解决三个方面的问题：第一，重新调整政府与社会、政府与市场的关系，减少政府职能，以求使政府“管得少一些但要管得好一些”；第二，尽可能地实现社会自治，鼓励社会自身的公共管理，也就是利用市场和社会力量来提供公共服务；第三，改革政府部门内部的管理体制，尽可能地在一些部门中引进竞争机制，以提高政府部门的工作效率和社会服务质量。为此，精简机构、削减政府职能、放宽规制、压缩管理、政府业务合同出租、打破政府垄断和公共服务社区化以及战略管理、全面质量管理、标杆管理、绩效管理、组织再造等企业管理方法的引入就成为共同的改革措施。按照新公共管理理论的观点，政府不应该是一个高高在上的、自我服务的官僚机构，而应该是一个为公众服务的机构；公众作为为政府提供税收的“纳税人”，是政府的顾客，理应享受政府提供的良好服务，公共部门有义务按照顾客的要求，倾听顾客的意见，提高服务质量。为了提高公共部门的服务效率，政府有必要引进私营部门的管理方法，因为私营部门具有比公营部门更优越的管理创新能力、管理方式、管理手段以及服务质量和效率。在他们看来，政府应该是一种企业型政府，像企业那样，尊重顾客，按照顾客的需求提供回应性服务。

新公共管理运动的突出理论成果是由美国学者戴维•奥斯本(David Osborne)和特德•盖布勒(Ted Gaebler)提出的“重塑政府理论”(也称“企业家政府理论”)，他们勾勒出了一种全新的政府形象，即起催化作用的政府，掌舵而不是划桨；社区拥有的政府，授权而不是服务，服务由社区提供；竞争性的政府，把竞争机制注入到提供服务中去；有使命感的政府，改变照章办事的组织；讲究效果的政府，按效果而不是按投入拨款；受顾客驱使的政府，满足顾客的需要，而不是官僚政府的需要；有事业心的政府，有收益而不浪费；有预见的政府，预防而不是治疗；分权的政府，从等级制到参与和协作；以市场为导向的政府，通过市场力量进行变革。

新公共管理理论，和其他公共行政的理论和学说一样，代表着人类在新的社会发展背景下寻求良好政府治理(good governance)的一种努力，反映了社会以及公民对有效率的政府服务的合理期待，也拓宽了公共行政的理论视野，代表着公共行政学发展的一个新阶段。但对市场的过度崇拜、对效率的过分要求、对公民顾客比喻的失当、公私管理的混淆等，都可能导致公共行政公共性价值的偏离和公共行政在民主治理过程中正当性的丧失。

(五)公共行政理论的当代发展

公共行政学是一门与时俱进的学科。进入 20 世纪 90 年代，在世界格局变化、网络技术发展和新公共行政、新公共管理等理论的推动下，政府管理实践领域继续发生深刻的变化，公共行政研究领域仍然不断产生出新的思想和新的观点，反映出当代公共行政理论的新发展。

(1) 新公共服务理论。“新公共服务”是指公共行政在以公民为中心的治理系统中所扮演角色的理论，它的理论基础主要有民主公民权、公民社会、组织人本主义、后现代公共行政等理论。该理论的创立者是美国亚利桑那州立大学公共事务学院罗伯特·登哈特(Robert Denhardt)教授，他的代表作有《新公共服务：服务而不是掌舵》、《意义之寻求》等。新公共服务理论的主要观点有：政府的职能是服务而不是掌舵；公共利益是目标而非副产品；在思想上要具有战略性，在行动上要具有民主性；为公民服务，而不是为顾客服务；行政责任不能简单化；重视人，而不只是重视生产率；公民权和公共服务比企业家精神更重要。新公共服务理论是基于对新公共管理理论的反思，特别是针对作为其核心的企业家政府理论缺陷的批判而建立的一种新的公共行政理论，它常常被认为是以公共行政思想和实践(即基于传统公共行政学和新公共管理理论)的发展为基础的第三种选择，为公共行政学提供了新思维。而新公共管理对市场的推崇、对私人部门管理的借鉴可能会损害公平、正义、参与等民主和宪政价值，即“当他们忙于掌舵的时候，他们是否忘记了是谁拥有这艘船呢？”，总之，未来的公共服务将以公民对话协商和公共利益为基础。当然，新公共服务理论由于缺乏一套可操作的组织结构与运行方式，很难像人们期望的那样成为新公共管理的一种替代模式，更多地是对宪政主义与管理主义两种理论的融合，而不是一种理论突破。

(2) 治理理论。随着全球化不断深化和全球性问题的日益凸显，人类的政治生活、政治过程正在发生重大的变革，即从统治(government)走向治理(governance)、从善政(good government)走向善治(good governance)、从政府的统治走向没有政府的治理(governance without government)、从民族国家的政府统治走向全球治理(global governance)、从国家中心观的治理模式向社会中心观的治理模式的转型。这样，20 世纪 90 年代以来，世界范围内兴起的“全球治理运动”催生出治理这一新的公共行政理论。最早应用这些理论的是国际组织，如世界银行、国际货币基金组织、联合国教科文组织等，它们把善治作为评估受援国的主要标准，对那些缺乏良好治理的国家，要求进行必要的改革。治理理论的代表人物有美国华盛顿大学教授詹姆斯·罗西瑙(James N. Rosenau)、澳籍政治学家罗德·罗茨(R. Rhodes)、美国行政学者盖伊·彼得斯(Gug Peters)等。按照全球治理委员会的定义，治理是指各种公共的或私人的个人和机构管理其共同事务的诸多方式的总和，它是使相互冲突的或不同的利益得以调和并且采取联合行动的持续的过程，既包括有权迫使人们服从的正式制度和规则，也包括各种人们同意或以为符合其利益的非正式的制度安排。治理理论的主要观点有：①治理主体的多元化。治理的主体既可以是公共机构，也可以是私人机构，还可以是公共机构和私人机构的合作。②治理要求重新定位政府职能，强调国家与社会的合作，更加强调国家对社会的依赖关系。③治理意味着参与者最终将形成一个自主的网络。④治理是一个上下互动的管理过程，依赖治理对象的参与，主要通过合作、协商、伙伴关系、确立认同和共同的目标等方式实施对公共事务的管理。⑤治理以善治为目标。当然，在民族国家依然是公共事务治理主体的今天，治理理论更多是理念上的，只是人们对有效解决全球公共事务的一种良好愿望，但它确实为全球范围内公共事务的管理提供了市场自发手段与政府强制管理手段之外的另一种选择。

(3) 整体性治理理论。为了应对 20 世纪 80 年代和 90 年代政府改革带来的碎片化问题，英国学者希克斯(Perry Hicks)于 1997 年在《整体政府》一书中首次提出建构整体性政府的策略，并于 2002 年与其同事合作出版了《迈向整体性治理：新改革议程》一书，使整体性治理理论得到进一步完善。整体性政府理论倡导组织机构间的合作与整合，以协调、整合和责任作为核心要点，具有丰富的内涵：在理念上，注重治理问题的预防导向、公民需求导向和结果导向，以满足公民需要的整合型政府运作为核心；在组织架构与形态上，坚持治理层级的整合、治理功能的整合和公私部门的整合；在组织结构上，推崇以功能性分工为基础的部会结构；以预算管制和行政目标管理为核心，定期评价政府业务整合的程度；以信息技术的制度化设计为基础，建立政府业务整合系统结构；在策略上，坚持协调、整合和责任，以整合为主；在手段上，以信息技术和网络技术作为治理手段；在目标上，解决部门碎片化和服务裂解性，实行政府的整体性运作。整体性治理是对政府组织以功能分部化的传统官僚型行政，或主张分割式公共服务的新公共管理的彻底反思，它不仅是一种工具理性意义上的治理模式变迁，更是一种治理理念的重塑，反映了政府治理的新趋向。

(4) 网络治理理论。网络治理亦称网络化治理，是为了实现与增进公共利益，政府部门和非政府部门(私营部门、第三部门或公民个人)等行动主体彼此合作，在相互依存的环境中分享公共权力，共同管理公共事务的过程。这一理论是由美国印第安纳波利斯市前市长、现哈佛大学肯尼迪政府学院教授斯蒂芬·戈德史密斯(Stephen Goldsmith)和德洛特研究所的威廉·埃格斯(William Eggers)提出的一种全新的通过公私部门合作，非营利组织、营利公司等广泛参与提供公共服务的治理模式，多层治理、多中心治理、公私伙伴关系等是网络治理的具体运作形式。网络治理理论继承了政策网络、多中心治理、协商民主等理论，充分利用信息、网络技术的治理手段，呼应了公民参与的社会需求。网络治理理论在新的社会历史条件下为众多的行动主体彼此合作、共同参与公共事务管理提供了一种具有启发性的理论视野和一个具有可操作性的实践框架。但是，这一理论目前仍面临一些难题，还需要不断完善。

总之，当代公共行政理论的发展表现出如下一些共同的特征：治理主体的多元化、治理结构的网络化和整体化、非政府组织和公民参与意识的增强、新的技术手段的运用等，这些展示出未来公共行政变革的走向。正如政府管理面临社会变革和公共需求的挑战而不断调整与改革一样，公共行政的研究领域也必然会不断产生出新的理论，公共行政学依然是一门年轻的、蓬勃发展着的学科。

三、中国公共行政学的产生与发展

我国是世界四大文明古国之一，历史悠久，行政管理经验丰富，特别是在漫长的封建社会演变中，逐步形成了一套内容丰富、特点鲜明、比较完善的封建行政管理制度和行政管理思想。其中，尤以中央集权的大一统国家行政体制、官吏制度和监察制度而见长于世。对于其中仍有启迪价值的行政管理思想值得认真总结和借鉴。

19 世纪末 20 世纪初，公共行政学初创之时，我国就开始引进、借鉴西方行政学。如翻译出版了美国人撰写的《行海要术》、《行政纲目》和日本人撰写的《行政学总论》、《行政法撮要》等著作。1897 年，梁启超在《读日本书目志书后》中曾提出“愿我公卿读政治宪法行政学之书”的建议，但当时并无行政学译本。民主革命的先行者孙中山参考国外行政学的理论与实践，创造性地提出了立法、行政、司法、考试、监察五权分立的主张并付诸实践。从 20 世纪 30 年代起，我国学者撰写的行政学著作才陆续问世，如罗隆基的《我们要什么样的政治制度》、《专家政治》等。1935 年商务印书馆出版的张金鉴教授撰著的《行政学之理论与实际》，是我国第一部系统的行政学专著。1934 年，当时的国民党政府成立了“行政效率研究会”，后更名为“行政效率促进委员会”，创办、发行半月刊《行政效率》(后改为《行政研究》月刊)。同时，一些高等院校已开始设立行政学课程。此外，还成立了一些群众性学术研究团体，如“中国行政学会”、“中国行政问题研究会”、“中国县政学会”等。但是，由于近代中国社会动荡不安、民族危亡、政治统治腐败等，行政学难以获得稳定的发展空间，未能得到广泛的传播和深入的研究。

1949 年新中国成立以后，中国共产党和人民政府根据我国国情和发展阶段，对国家行政管理、政府社会管理进行了艰苦的探索，积累了许多行政管理的经验和教训。当时，从学科和理论看，1952 年我国高等教育院系调整时，错误地把行政管理专业及课程取消了，使行政学的研究与教学中断近 30 年。这在相当的程度上影响了我国政府管理的科学化和现代化，也制约了公共行政学的积累与发展。直到党的十一届三中全会以后，拨乱反正、解放思想和改革开放的开启，才为包括公共行政学在内的社会科学的发展提供了空间。1980 年 12 月，中国政治学会的成立，开始出现恢复和发展行政学的氛围，有学者开始撰文呼吁重视行政学的研究。1982 年，夏书章教授最早在《人民日报》发表文章呼吁“把行政学的研究提上日程是时候了”，标志着公共行政学在我国重建的开始。1985 年，夏书章教授主编的《行政管理学》出版，被认为是行政学恢复的重要标志。而改革初期政府行政改革中暴露出来的许多问题客观上也要求公共行政学的理论指导。1984 年，国务院办公厅和劳动人事部联合发起召开全国性行政管理学会，并在 1988 年夏正式建立中国行政管理学会，编辑会刊《中国行政管理》。这些都极大地推动了公共行政学在我国高校和研究机构的恢复和重建的热潮，高校行政管理专业、教学和研究机构纷纷设置，一批公共行政学教材和著作出版，国外公共行政学的重要著作不断翻译出版，研究的理论视野和领域不断拓展。1995 年国家行政学院在北京正式成立，各省市相继成立类似的培训机构，公共行政学成为干部培训的必修课。同时，学界和政府也加强了与国外公共行政学界的交流与合作，密切跟踪国际公共行政学理论研究和政府改革的前沿课题。1997 年我国首次在研究生教育中增设公共管理一级学科，1998 年中国人民大学、中山大学、复旦大学成为首批获得行政管理专业博士学位授予权的 3 所高校。2001 年第一批公共管理硕士(MPA)专业学位研究生入学学习。可以认为，20 世纪 90 年代以后，公共行政学的教学和研究在我国进入了一个繁荣和快速发展的良好局面，成为我国社会科学领域的一门“显学”，受到政府和社会各界日益广泛的关注。

当然，与国外尤其是西方发达国家相比，我国公共行政学整体上存在着学科边界模糊、知识体系不完整、研究方法陈旧、引介多创新少、理论的针对性应用性不强等方面的不足。公共行政学是研究和探索国家行政机关或公共组织依法对政府和社会公共事务进行有效管理与服务规律的应用性学科。中国处于社会转型的历史转折时期，政府管理面临众多的问题与挑战，社会管理和公共服务的职能不断加强，这些都要求不断深化公共行政的理论研究和实践探索。立足于国情深入研究、全面总结中国公共行政体制改革和创新的经验，借鉴西方国家公共行政的理论和实践，提炼和形成有中国特色公共行政学理论体系，对于推进我国公共行政体制改革和管理方式创新，实现公共行政的科学化、法制化、规范化，将具有非常重要的理论意义和深远的历史影响。

第三节 学习公共行政学的意义和方法

公共行政学既有着相对完整的知识体系，又有着很强的实践性和应用价值。对于正在走向现代化的中国社会来说，发展着的公共行政学对于正确认识现代社会发展规律、建设公共服务型政府、提高公民参与社会治理的素质等，都具有十分重要的现实意义，必须通过科学有效的方法全面掌握公共行政学的理论、精神和方法。

一、公共行政学研究的对象与内容

公共行政学是以国家行政现象和行政规律为研究对象的科学。一个学科体系，一般包括主体、客体(对象)、目标、职能、方法、环境等基本要素。关于公共行政学的研究对象和内容，由于对行政、公共行政、公共管理以及历史上不同时期公共行政理论发展的不同理解，人们对于公共行政学的研究对象和研究内容，往往也有着不同的界定。这种认知的不同主要表现在对公共行政的主体和客体即对象的不同理解方面。传统的公共行政学侧重于对政府自身管理活动现象和规律的研究，其主体和对象都相对明确，方法和工具也相对规范。而当代的公共行政学无论在主体还是对象方面都不断扩展，行政的“公共性”和“管理性”(工具性)都在不断强化。但在总体上，经过威尔逊以来公共行政学一百多年的发展和政府管理模式的不断演进，人们对公共行政的主体、对象、目标、职能等方面认识日趋一致，公共行政学基本上已经形成一个相对完整的理论体系。

具体说，现代公共行政学是研究以政府为主体的公共组织依法对国家事务和公共事务进行有效管理与服务规律的科学。这一概念中，公共行政的主体是掌握公共权力的政府以及法律法规授权的组织；公共行政的客体即对象既包括涉及范围广泛的社会事务或公共事务，也包括政府组织自身的结构、职能、人事等方面的问题，当然政府改善自身管理的目的仍在于更好地为社会提供服务；公共行政的职能涉及政治、经济、社会、文化等多个领域，包括决策、执行、监督、服务等各个环节；公共行政的管理方式方法，主要是运用公共权力和公共资源，同时也包括利用市场和社会的力量。此外，公共行政还需要处理政府与社会之间的关系等问题。公共行政的最终目的是维护公共利益，为社会提供满意的公共服务。

基于上述对公共行政学研究对象的理解，本书把公共行政学的主要内容分为以下几个方面。

(1) 公共行政组织及其人员。公共行政组织及其相应的组成人员是公共行政的最基本要素，合理的组织结构和有效的运行机制是公共行政过程的基本保障，也是公共行政学研究的重点内容。公共组织理论研究公共组织的结构、特征和运行机制，也研究作为公共组织主体的行政人员的管理问题，即人事行政和公务员队伍建设问题。

(2) 政府职能及其治理工具。政府职能涉及政府与社会、政府与市场的关系问题，是公共行政的研究重点。这一部分主要研究政府职能的特征与分类、政府职能的演变及其趋势、我国政府职能的转变演进，以及实现政府职能的工具选择问题。

(3) 公共行政的政治与法律基础。公共行政的政治性表明了公共行政的宪政价值，而依法行政是公共行政的基本要求。这一部分主要研究公共行政的宪政基础、公共行政的政治控制、民主行政与参与式治理的兴起以及依法行政的依据、行政立法、行政司法、行政监督等方面的内容。

(4) 公共行政的权力基础。公共行政是行政权力的行使与运用过程，行政权力是公共行政的生命线，本部分主要研究行政权力的内涵与特征、分化与结构，探讨行政权力的行使和监督问题。

(5) 公共行政的财政基础。公共财政是为社会提供公共产品与公共服务的政府分配行为，主要着眼于满足社会公共需要，弥补“市场失灵”的缺陷。本部分研究公共财政的产生与职能、公共财政收入、公共财政支出以及政府采购管理等方面的问题。

(6) 公共行政的运行机制。这里公共行政的运行机制主要是指公共行政的领导、指挥、协调、沟通等方面的职能，它们构成公共行政良性运行的主要因素。

(7) 公共行政的过程。公共行政过程一般包括行政决策、行政执行两个环节，这一部分主要就行政决策、行政执行的基本内涵、类型、原则等基本理论问题进行研究。

(8) 公共行政的方法与技术。方法与技术是保障公共行政实现职能、提高服务质量的技术条件，现代公共行政越来越重视公共行政方法与技术的研究。这一部分主要对系统分析、战略管理、全面质量管理等重要方法进行介绍。

(9) 公共行政的伦理与责任。公共行政的伦理和责任是公共行政运行中的道德因素和文化因素，既包括公共行政组织和过程中的伦理问题，也包括公务人员的责任和伦理问题。这部分主要阐述公共行政责任和伦理的内涵，探讨行政问责和行政伦理建设的途径。

(10) 政府绩效评估。绩效评估是公共行政有效的管理工具，是实现行政效率的重要措施。这一部分主要探讨政府绩效评估的内涵、类型、程序和方法，探寻改进政府绩效评估的有效途径。

(11) 行政生态与行政改革。组织与环境之间的关系是现代管理学研究的一个重要问题。公共行政的生态或环境主要探讨行政内外部环境如全球化、信息化、市场化等对公共行政各个方面的影响，探讨全球化、不确定环境下风险社会及其治理问题，同时探讨行政改革与发展的动力与机制等问题。

二、学习公共行政学的意义

公共行政学是一门发展中的学科，自 20 世纪 80 年代后期在我国重建以来，随着改革开放和政府改革的推进，公共行政学在我国获得长足的发展，并反过来成为推动我国政府行政体制改革、改进政府服务水平的重要力量。无论对于公共管理类专业的学生，还是其他专业学生，乃至各级领导干部与一般社会公众，学习和了解公共行政学的基本理论和方法，都是十分必要的。

(1) 学习公共行政学有助于培养高素质和专业化的公共行政人员队伍。现代公共行政不是一种没有专业性和技术含量的简单行政工作，而是一门专业性、实践性很强的管理与服务工作。我国改革开放、发展市场经济、参与全球经济竞争需要造就一大批高素质的新型公共行政管理人员队伍，特别是国家公务员队伍。这种新型的公共行政管理人员应该具有完善的知识结构、科学的思维方式、开拓创新的实践能力，特别要具有现代公共行政的基本素养，熟悉现代公共行政的理论与方法，才能更好地履行公共部门的职能，完成公共服务的神圣使命。无论对在职的公共行政管理人员，还是对将来有可能走向公共决策和公共管理方面工作的学生来说，系统地学习公共行政学，无疑是培养现代公共行政意识和素质的一条重要途径。今天的公共行政学研习者，有些可以期待成为未来具备社会责任和专业技能的领导者或管理专家。

(2) 学习公共行政学有助于构建合理的知识结构和提高综合素质。政府与社会、政府与市场的关系问题是现代社会发展的核心问题，如何认识二者之间的辩证关系，明确政府与社会、市场各自的功能和边界，是现代人的知识结构和基本素质的一个重要方面。正如亚里士多德所说，人在其本质上是一种"政治动物"，无论学习何种专业，也无论从事何种职业，作为一个社会成员、一个现代公民，都可能与政府、与各种非政府组织打交道，因而都有必要了解现代政治的基本规则和现代政府的运作机制，进而在适当的时候以适当的方式参与公共决策与公共管理，维护自身的权益和社会公共利益。因此，公共行政学的知识体系是现代人的知识结构和理论素养的一个重要组成部分，"公共性意识"也是人的现代意识的内在要素。在此意义上，一个合格的现代公民，理应具备基本的公共行政的理论知识和自觉意识。显然，学习和掌握公共行政学理论，参与公共组织实践活动，就是培养现代社会合格公民的不二法门。毕竟，今天的学习者，就是未来社会发展的建设者。

(3) 学习公共行政学有助于深化对我国政治与行政体制改革的认识。公共行政是以政府及其对公共事务的管理为对象、以公共利益为目的的管理活动，可以说是治国安邦的学问，尽管公共行政领域不断地变革，但政府依然处在现代社会发展的关键位置上，一个民主、法治、高效、公平的现代政府，是当代社会发展主要的掌控者和引领者。一方面，随着全球化、知识化和信息化的快速发展，世界范围内的政府改革与创新浪潮一浪高过一浪，公共行政领域的竞争越来越成为全球竞争的主要因素。参与国际事务和全球竞争，对我国的政治体制、行政体制及其运行机制都提出了新的要求和挑战。另一方面，随着改革开放的不断深入和经济社会的持续发展，随着人们物质生活条件的改善，人们政治参与的愿望不断提高，对政府社会管理、公共服务的要求也在提高，政府在领导经济、社会发展的同时，也面临着自身改革以及社会管理、公共服务方式改革与创新的重任。通过公共行政学的学习，可以帮助人们思考政府管理领域的变革，理解我国政治和行政领域的改革任务，从而能够自觉地参与到公共行政和社会管理领域的变革之中，推进我国政治民主化和政府管理的法制化、科学化进程。

三、学习公共行政学的方法

公共行政学是一门理论性、知识性与实践性、应用性兼备的综合性学科，它的学科基础涉及政治学、管理学、法学、社会学、经济学、文化学等诸多学科知识。如公共行政学可以从社会科学的不同学科框架来研究，主要的有政治学途径、管理学途径、经济学途径、法学途径等。所以，学习公共行政学既要有扎实的相关专业理论功底和宽广的理论视野，又要随时掌握当今国内外政府管理领域的实际变化，综合应用各种有效方法，才能真正把握公共行政学的科学内涵和精神实质，提高分析问题和解决问题的能力。

(1) 系统分析的方法。系统分析是把研究对象作为一个整体，着眼于整体与部分、整体与层次、结构与功能、整体与环境之间的有机联系和相互作用，探求对研究对象的全面而深入的认识。公共行政学具有综合性、跨学科的特征，系统分析的方法要求在学习过程中对公共行政内部的结构、功能、要素及其相应的运行机制、运行方式等方面进行系统分析，把握公共行政各个方面的本质特点，同时对公共行政组织与环境之间的关系进行动态分析，把握环境影响公共行政的机制和公共行政应对环境变化的方式。行政学说史上，以巴纳德为代表的社会系统学派就把组织看成是一个复杂的社会系统，并以社会学观点来分析和研究组织管理问题，奠定了现代组织理论的基础。整体分析、结构分析、层次分析、环境分析、动态分析等，都是系统分析的具体表现。系统分析要求把公共行政学当做一个有机的理论体系给予全面的把握，并善于从跨学科的视野来认识公共行政的理论和实践问题。

(2) 理论联系实际的方法。公共行政学理论来自政府管理实践，又随着实践的变化而不断发展。学习公共行政学，必须密切关注国内外政府管理实践领域的变化，及时了解政府改革实践中出现的新情况、新问题，并从中加深对理论问题的理解。特别是要紧密结合社会转型过程中我国政府改革与管理创新以及公共服务的实际情况，来拓展公共行政学的理论视野和思维方式。从学习的角度看，理论联系实际的方法主要表现为以下两点。

一是调查研究法。公共行政学是一门实践性、应用性很强的理论，“没有调查研究就没有发言权”。学习过程中，要积极创造条件，深入群众、深入基层，特别要深入基层政府管理的第一线，了解社情民意，掌握第一手资料，从基层政府自身改革和社会管理、公共服务的创新实践中，增强对公共行政学基本理论和应用方法的理解和掌握。

二是案例分析法。由于各种条件的限制，学习公共行政学的过程中，不可能经常性、长时期地深入现场进行调查研究，但是，案例分析正好提供了可以联系实际、总结经验的机会。无论是历史上，还是当代实践中，国内外公共行政领域都产生了许多影响广泛的行政事件，这些事件可以成为公共行政学理论联系实际的鲜活案例资料。因此，不仅教学过程中要充分利用案例分析法来丰富教学内容，而且在学习过程中也要主动收集、整理各种公共行政案例，甚至可以自己动手编写案例。行政案例分析不仅可以加深对公共行政学理论的理解，而且可以提供分析问题和解决问题的能力，值得认真探索和大胆运用。

(3) 比较研究的方法。有比较，才能有借鉴。比较研究是公共行政学常用的一种方法，包括历时性比较和共时性比较。不同的国家，由于自然环境、文化传统和经济社会发展程度的差异，自然会形成各不相同的政治制度、行政体制和管理方式，通常会各有长短。同样，我国历史上不同朝代在维护政治统治和社会秩序的过程中，也积累形成了许多良好的行政管理经验和管理思想，也值得批判性地借鉴。学习公共行政学，要善于从各个国家政治制度、行政组织及其运行机制、行政文化等方面的横向和纵向比较中，实事求是地权衡利弊，取长补短，为我所用。当前，我国特别要注意学习和借鉴西方发达国家公共行政方面的理论成果和实践经验，并结合实际，加以创造性运用，从而推进我国政府的公共行政改革和公共行政理论创新。

(4) 历史研究的方法。逻辑与历史的统一是社会科学理论建构的基本原则，也是一个重要的学习和研究方法。自从国家产生以来，政府管理领域一直处在不断的演变之中。同样，公共行政学自创立以来，也产生了各种各样的理论观点和流派，一直处在动态的发展之中。公共行政学的学习，既要从中外政府管理的历史实践中总结经验，汲取教训，又要从公共行政思想与流派的历史演变中探求规律，把握趋势，从而加深对公共行政学基本理论的理解，提升理论思维的能力。

当然，公共行政学的研究方法还有很多，如模拟演练法、统计分析法、归纳总结法等。在学习的过程中，要根据不同的理论内容，灵活地、创造性地运用这些研究方法，才能增强学习效果。

复习与思考

1. 如何理解行政、行政管理与公共行政之间的区别？
2. 如何理解公共行政的“公共性”？
3. 公共行政的基本特征有哪些？它与公共管理之间有何关系？
4. 公共行政学的发展经历了哪几个阶段，各有什么特点？
5. 当代公共行政学有哪些最新的发展？
6. 什么是公共行政学，它主要包括哪些内容？
7. 如何才能学好公共行政学？

【案例分析】

上海整治“群租房”引发社会不满

2007 年，上海对“群租房”问题出重拳整治，一时引来轩然大波。2006 年 12 月，上海市房屋土地资源管理局(简称房地局)出台《关于加强居住房屋租赁管理的若干规定(试行)》，将“居住房屋分割搭建若干小间，按小间或按床位出租或转租”的行为定性为违规经营社会旅馆，必须在限期内予以改正。为进一步加大整治力度，该局还制定并下发了《关于抓紧完善业主公约，增补规范租赁行为相关条款的通知》，引导业主通过自律，进一步加强住宅小区“群租”现象的整治力度。根据上述规定，民房出租，一间房只能出租给一个家庭或一个自然人居住。出租给家庭居住的，家庭人均承租的居住面积不得低于 5 平方米。住宅小区居住房屋出租或转租给单位用于员工宿舍的，也应该符合上述标准。规定还授予物业公司对房屋装修和租赁备案的管理权限。对违反公约出租或转租的，业委会可书面责成业主或承租人立即终止租赁行为。

“群租房”在上海风行，反映的是上海居住体系中留给外来低收入人员的位置不多。

据报道，群租禁令一出，房客四处流散。所影响的不仅仅是房屋租赁市场，禁令也给遍布上海的服务行业带来了难题。支撑大城市发展的一大支柱是服务业。而服务行业提供集体宿舍是“惯例”，这通常也是“群租”。在浦西的老市中心区的中餐馆的雇员，人数多，都是外来人员，不解决住宿，这些餐馆基本上招不到人。新规让许多服务行业陷入困境，禁止群租，又没有合适的宿舍选择，给上海服务行业带来了严峻的考验，最终受影响的是上海市民。

实际上，群租房在城市的产生有着复杂的原因。其初始的原因在于房地产市场化导致的房价升高。2003 年起，上海房价飙升。仅从 2006 年 8 月至 2007 年 8 月 22 日约一年时间内，上海市全市纯商品住宅价格从 8818 元/平方米攀升至 10 280 元/平方米。另一方面则是巨大的住房需求。资料显示，上海闸北、浦东、闵行、普陀、嘉定等区，三分之一以上的小区都存在“群租”现象。它分布面广，既有位于市中心区新建小区和中高档小区内的；又有城郊接合部及农村周边地区的，村民将大量闲置的私房分隔后出租给外来务工人员；还有商铺、饭店、娱乐场所、工厂、工业园区周边的，多以打工人员的集体宿舍为主。

不可否认，群租确实存在隐患，主要体现在三个方面：治安隐患、人身安全隐患以及对相邻方的影响。但问题在于，群租本身作为一种交易行为，同时满足了供应和需求两方，对两方可以说是皆大欢喜。所以，存在问题和隐患不是完全否定的理由。特别是城市化的社会转型过程中，必然有大量的农村人口将涌入城市，城市的建筑业、服务业等诸多行业也需要他们。如果我们从社会转型的角度审视，政府不仅没有权力将他们拒之于城门之外，反而有责任接纳；政府不仅没有权力整治群租房，反而有责任在市场化不能解决居住问题时提供低价、廉租房。然而，正是由于政府保障性住房建设严重滞后，不能提供充足的廉租房或经济适用房，使得城市还有无数的低收入家庭不得不挤在狭小的“群租”空间里。针对外来务工单身人口为主的特定的“廉住”需求，是城市化中势必要出现的市场现象，这是一种典型的刚性需求，而且，需求的总盘子会越来越大。

(资料来源：上海整治调查群租. 载西安晚报，2007-09-13)

问题：

(1) 解决城市居民住房问题，政府的作用应体现在什么地方？市场能发挥什么作用？

(2) 上海市房地局处置“群租房”的行为有何问题？

【推荐读物】

1. [澳]欧文 • E.休斯著. 公共理导论(第 3 版). 张成福，王学栋等译. 北京：中国人民大学出版社，2007

2. [美]文森特 • 奥斯特罗姆著. 美国公共行政的思想危机. 毛寿龙等译. 上海：三联书店出版社，1999

3. 张康之，李传军. 公共行政学. 北京：北京大学出版社，2007

4. 陈振明. 公共管理十五讲. 北京：中国人民大学出版社，2004

5. 张帆. “行政”史话.北京：商务印书馆，2007

6. 竺乾威. 公共行政理论. 上海：复旦大学出版社，2008

第二章　公共行政组织及其人员

【学习目标】

通过本章的学习，读者应该掌握公共行政组织的含义、特征、构成要素；了解公共行政组织的类型；了解公共行政组织结构的内涵与分类，掌握管理幅度与管理层次之间的关系；了解公共行政组织体制的内涵，掌握公共行政组织体制的不同类型及其优缺点；掌握公共行政人员的职业特殊性以及人事行政的不同发展形态；掌握公务员制度的概念、特征，了解公务员制度的基本内容。

【关键概念】

公共行政组织；组织结构；管理层次；管理幅度；公共行政组织体制；首长制；委员会制；集权制；分权制；行政人员；人事行政；恩赐官职制；政党分赃制；功绩制；公务员制度；职位分类；品位分类

【导读案例】

2008 年 10 月以来，全国各省级政府机构改革陆续展开，新一轮地方政府机构改革的大幕开启。目前，各地市县级机构改革正如火如荼地有序推进。在这一轮市县级机构改革进程中，不少地方结合本地具体情况推出了一些典型做法，顺德作为广东和中国改革的一枚棋子，将在更漫长的改革征程中显示出其重大的标本意义。佛山市委常委、顺德区委书记刘海坦承："这一次在顺德的改革压力更大，感觉更难。"顺德人彻底冲破了人们的思维惯性，在机构设置时不再顾忌有没有"上下对口"，不再顾忌有没有"党政分开"。一个机构该不该设，顺德的标准只有一条：是否利于解决实际问题。

"合并同类项"后，顺德 41 个党政机构被压至 16 个，意味着利益格局的重大调整：部门的存废、官员的调整、财权的转移、人员的安置、人情的纠葛，都与个人、部门、集团的利益息息相关。如何平衡错综复杂的利益关系，考验着改革者的智慧。

压力首先来自顺德内部。随着部门数量的急剧减少，官位也越来越少。改革前的各局局长变成了副局长，副局长变成了局务委员。对普通科员而言，意味着升迁的机会更少，等待的时间更长。聪明的顺德人搞了一个重要"发明"，就是在区一级设立"政务委员"，在局一级设立"局务委员"，编制不突破、人员不降级、薪酬也优化，人员安置的困局随之破解。压力还来自顺德外部。由于顺德大部制改革整合了原由广东省、佛山市垂直管理的工商、地税、质监、药监、国土、规划、社保等部门，在省、市相关部门看来是惊天轰雷，一夜之间在顺德的直接对口部门就没了。有人惊呼顺德"不改革是等死，但改革却是找死"。让人始料未及的是，省里、市里非常支持，省里还专门召集了双管部门开会，协调这些部门与顺德改革的对接问题。改革由此顺利推进。

(资料来源：雷辉，雷雨，顾大炜. 顺德大部制改革满月透视：不再顾忌是否"上下对口". 南方日报，2009-11-3)

公共行政组织改革历来是世界各国政府改革的重心与主题。如何调整职能部门，理顺权责关系，设置科学合理的组织结构，不仅涉及组织的机构重组，结构框架的调整，还涉及组织体制的重新选择、职责关系的重新分配以及组织中行政人员的安置分流，因而是一个极其重要的问题。

第一节　公共行政组织概述

一、公共行政组织的含义

“组织”一词可以从动词和名词两个角度进行解读。作为动词的组织是指特定类型行为的操作过程，是有目的、有系统的集合起来，如组织群众、组织会议，这种组织是管理的一种职能；作为名词的组织是指按照一定的宗旨和目标建立起来的集体，是一个实体，如工厂、机关、学校、医院、各级政府部门等。可以说，组织是人类社会生活中最常见、最普遍的社会现象。

公共行政组织是所有社会组织中最重要的组织形态，也是公共组织中规模最大、结构体制最为稳定和成熟的一种形态。公共行政组织是公共行政的主体，也是公共行政的载体，是公共行政活动得以展开的物质承担者，一切公共行政都是靠公共行政组织来推动的。正如法约尔所说，“管理的基础是组织，没有组织，管理就不会存在，而离开了管理，组织也就无法形成并得到维护”。因此，公共行政组织始终是公共行政领域最基本的问题之一。但是，直到目前为止，公共行政学界并没有形成一个公认的定义，许多学者基于自己的研究，从以下几个角度对公共行政组织做出各种各样的解释。

(一)广义与狭义的角度

从广义上讲，公共行政组织泛指一切具有计划、组织、指挥、协调、监督和控制等管理功能的组织机构，它既包括国家行政机关，也包括国家的立法、司法机关中管理行政事务的机构，同时还包括企业、事业以及社会团体中管理行政事务的机构。从狭义上讲，公共行政组织主要指国家行政机关，即指依法成立的享有和行使国家行政权力、管理国家事务和社会公共事务的政府组织。

(二)静态与动态的角度

从静态的角度理解，公共行政组织是一种特定的静态组织结构，即国家为执行行政管理任务依法组建的行政机关体系。从动态的角度理解，公共行政组织是一种特定的动态组织行为，即行政机关为完成行政管理职能而进行的各种组织活动和运行过程。

(三)生态与心态的角度

从生态的角度讲，公共行政组织是一个有机的生命体和发展体，是一个随着内外环境的变化而不断调整的社会生态系统。从心态的角度讲，公共行政组织是一个社会心理系统，公共行政组织是其内部工作人员对权责观念的认识、感情交流与思想沟通所形成的一种集体意识。

二、公共行政组织的特征

公共行政组织是社会组织中极其特殊的一种组织形态，是公共行政的主体，是推行国家政务和社会公共事务的重要工具。公共行政组织除了具有社会组织的一般特征，如统一性、系统性、目的性、适应性、层次性以外，还具有一些自身的有别于其他社会组织的特征。

(一)政治性

公共行政组织并不是单纯为管理社会公共事务建立起来的，它是国家组织的重要组成部分，是统治阶级维护本阶级利益、巩固其统治地位的工具，其所拥有的权力和责任都来自于国家，并体现国家意志，这种情况决定了它的政治性，决定了它必定具有特定的政治目的和政治意义。从奴隶社会到现代国家中的形形色色的公共行政组织，其首要目标和主要工作是利用政权的力量维持社会秩序，强化统治意识和统治地位，即使是其所进行的社会公共事务管理工作本身也具有这种性质和特点。

(二)法治性

公共行政组织依法代表国家行使行政权力，它的设立和所有行为都必须在宪法和法律的规范下进行，否则就会动摇其存在的基础，得不到民众的支持。公共行政组织对法律规范遵从的要求与其他社会组织对法律遵从的要求有比较明显的不同。公共行政组织必须遵从“法无明文授权(规定)即禁止”的行为规则，缺乏法律的授权则不能行为，而其他社会组织则只要法律未明文禁止的都可以行为。一方面，公共行政组织的目标宗旨、机构设置、人员编制、行为规范、财政预算等都必须符合宪法和法律的规定；另一方面，公共行政组织必须坚持依法行政原则，在法定职权范围内行使国家行政管理职能，一切行政行为必须具有相应的法律依据，否则要承担相应的法律责任。

(三)权威性

公共行政组织是国家权力机关的执行机关，代表国家行使行政权力，其行为建立在宪法、法律的基础之上，并以宪法、法律和国家武装力量为后盾，因而具有权威性。公共行政组织的权威性来自于其合法性。与其他社会组织相比，公共行政组织拥有很高的地位和权威，这是由国家宪法和法律明确规定的。公共行政组织的建立是依照国家宪法和组织法的要求来完成的，同时按照法定职权来行使权力、承担责任。公共行政组织依法制定和发布的法律、法令、法规、政策等，任何组织和个人都必须遵守和执行，否则就会受到国家法律的制裁和国家机器的惩罚。

(四)社会性

公共行政组织的社会性是由公共行政组织的社会职能所决定的，管理社会公共事务是公共行政组织的一项重要职能，也是公共行政组织对社会承担的一项重要职责，这决定了公共行政组织的社会性。公共行政组织与其他各种政治组织、军事组织不同，它不是单纯为政治目的或维持统治的需要建立起来的，它是履行国家管理职能，负有社会公共事务管理职责和公共服务职责的政权组织。它的活动领域包括经济、科技、文化、教育、卫生、交通、社会保障、环境保护等各个方面，涉及社会每一个成员的物质利益和经济利益，它需要从整个社会的角度进行计划和协调工作。

三、公共行政组织的要素

行政组织是一个由若干要素组成的有机整体。它同其他社会组织一样，从表面上看，是由人、财、物和信息等各种要素构成的。但这些要素的组合并不能发挥行政组织的有效功能。因为行政组织还有能反映其行使行政权力和对社会事务进行管理这一特征的其他要素。这些要素决定了行政组织不同于其他社会组织，也决定了行政组织能否发挥其功能。

(一)职能目标

组织都是为了实现某个目标而建立起来的，职能目标决定着组织行为的方式和组织发展的方向。公共行政组织首先要有明确清晰的职能目标。职能目标是公共行政组织的灵魂，是公共行政组织赖以存在和发展的基础和前提，也是行使行政权力的依据。职能目标分为总目标、分目标和工作目标，这些构成公共行政组织的目标网络，决定着组织规模、内部职位设置等方面的内容。

(二)机构设置

机构设置是公共行政组织履行行政职能，实现职能目标的载体。机构设置是依据组织的职能目标需要，按照一定的法律程序设置相应的组织机构体系。机构设置是公共行政组织的核心，是决定行政效率的关键。

(三)行政人员

人是组织的生存的灵魂。任何组织都是以人为核心的，组织首先不是物质关系的体现，而是人际关系的体现。组织目标的实现和组织任务的完成都离不开行政人员的共同努力。行政人员的素质及其组合结构，直接影响到行政组织的效能，因此组织成员是行政组织的一个重要因素。

(四)权责划分

权责划分是指组织中各个部门、各个层级和各个成员之间的一系列从属、并列关系，是公共行政组织结构的基础。公共行政组织是一个纵横交错的权责体系，它强调有权必有责，权责一致，职责和职权密切相关。权责体系是否科学，权责关系是否明确，是公共行政组织能否高效运转的关键。

(五)物质条件

物质条件是公共行政组织赖以存在的载体，包括场地、房屋、办公设备、办公用品、经费、公文图书等。没有这些条件，公共行政组织就无法对国家事务与社会公共事务进行管理，无法向社会提供公共服务，甚至无法存在。其中，经费是物质条件的核心。

(六)法制规范

有效的公共行政组织，必须建立完善的规章制度和法律规范。法制规范是以书面形式对组织目标、职能任务、运行程序、权责关系、内部分工以及工作方法等进行严格规范。法制规范对组织成员具有普遍的约束力。行政组织是执掌公共权力的特殊组织，依法行政是其基本要求，完善的法制规范是行政组织合法地位和依法行使权力的保证，法制规范的完善程度，是衡量公共行政组织是否健全的主要标志。

(七)价值观念

价值观念体现行政人员对组织的认同感、责任意识和价值取向，它们关系到组织成员的工作状态和进取精神，关系到组织的稳定和发展。因此，它是公共行政组织的一个基本要素。

四、公共行政组织的类型

现代社会发展迅速，结构复杂，这决定了公共行政组织的多样性。从不同角度对公共行政组织进行分类，可以加深人们对公共行政组织的全面了解。

根据管辖的地域范围，公共行政组织可以分为中央的、地方的和基层的行政组织。很明显，在我国，中央行政组织的管辖范围涉及全国，指的是国务院及其各职能部门；地方行政组织是指地方各级人民政府(省、市、县)及职能部门；基层行政组织则是指城市中的区、农村中的乡以及兼具城乡二元特征的镇，也包括这些基层政府的派出机构。

按照权限性质，公共行政组织可以分为一般权限机关和专门权限机关。一般权限机关指的是管理全国或一定地区内的全面性、综合性行政事务，统一领导各行政部门的工作的行政组织。各级人民政府就是典型的一般权限机关。专门权限机关指的是在全国或一定地区内管理某一项或几项行政事务的行政组织。各级政府的职能部门就是典型的专门权限机关。

根据功能和作用的不同，公共行政组织可以分为领导机关、职能机关、监督机关、辅助机关、咨询机关和派出机关。其中，领导机关是一级行政组织的中枢，对辖区内的重大行政管理问题进行决策，并指挥督导决策的实施。我国的国务院和地方各级人民政府都是领导机关。职能机关是分管专门行政事务的机构，它服从领导机关的意志，在其管辖范围内负责各产业部门的事务及其他社会事务。国务院各部委就属于职能机关。

监督机关是根据领导决策机关的决定和组织制度，对各种行政机关及其活动进行监督检查的执法性机关，如政府中的监察、审计机关等。监督机关是在行政组织体系内部建立制衡机制的重要组成部分，督促各种行政机关围绕组织目标开展工作、履行职责、遵纪守法。

辅助机关是指为了使行政首长或职能机关顺利开展工作而设立的承担服务性和辅助性工作的机构。它分为综合性的(如国务院和地方政府的办公厅或办公室)和专业性的(如各机关的人事和财务部门)，政务性的(如政策研究室)和事务性的(如机关事务管理局)等。

咨询机关，又称智囊机关或参谋机关，是一种特殊的辅助机关。它是指为决策机关提供信息和决策方案供其选择的机关。咨询机关有很强的专业性，主要从事决策咨询、研究论证、培训人才等事务，主要由一些权威专家和学者组成，有时也会吸纳一部分退休后的资深政府官员参与。咨询机关的工作具有独立性，不受政府政策和行政首长意志的干扰。美国的兰德公司、我国的国务院以及各级政府中的研究室，都属于咨询机关，甚至一些高等院校和科研部门的系、所实质上也成了政府的咨询机关。

派出机关是指一级政府或政府部门按管辖地区授权委派的代表机构。一般情况下，派出机关没有独立的法律地位，它以派出它的政府或部门的名义行使行政权力，其行为的法律责任也由派出它的政府或部门承担。在我国，派出机关有很多，如省人民政府下设的地区行政公署，县级人民政府职能部门派驻到乡镇的各种所、站等。

【案例 2-1】2005 年，时任审计署审计长的李金华在掀起“审计风暴”时指出：现在，各省市区、地级市甚至县，都在北京设立办事处，有些问题就随之产生。2006 年，关于驻京办的诸多问题进入中央高层的视野，有关领导作出了调研的指示。2010 年 1 月 19 日，国务院办公厅印发《关于加强和规范各地政府驻北京办事机构管理的意见》，其中规定，除各省市区保留驻京办，地级市若有必要保留驻京办，需经省政府审批，其余驻京办一律撤销，时限为 6 个月。此次文件涉及三个层面：部分予以保留；部分经所在省(区、市)人民政府核准后，方可保留；部分被列入撤销范围。

据不完全统计，目前在北京，副省级以上单位的驻京办有 52 家，市级单位驻京办 520 家，县级单位驻京办 5000 余家。如果加上各级(主要是省)政府职能部门及各类开发区管委会设的联络处(或办事处)、各种协会、国有企业和大学的联络处，各种驻京机构超过 1 万家。

诞生于 20 世纪 50 年代的驻京办，曾经是各省与中央各部门保持“上传下达”的纽带，成立初衷确有其合理性。但随着时代的变化和社会的发展，此“景”早非彼“景”，驻京办的原有职能逐步消失。而万余家驻京办究竟花费了多少，此前也没有确切的统计数据。据有关专家估算，如果一个驻京办每年的经费保守按 100 万元计算，所有驻京办每年需要的全部经费就在 100 亿元以上，而用于“公关”等项目的花费更不知多少。由于财政管理上漏洞多，驻京办主任对这些钱有绝对的支配权，花销起来很随意，也为腐败提供了制度缝隙。为此，新方案还要求切实加强驻京办廉政建设。

问题：驻京办属于公共行政组织的哪一类型？结合政府结构设置的基本要求，分析我国各级政府驻京办产生及其机构调整的基本动因。

分析：

政府驻京办主要是指各级地方政府派驻北京的办事机构，属于政府派出机构。北京作为我国的政治中心，目前全国除北京以外的县以上的各级政府或一些重要工作部门一般都在北京设立了驻京办事处或联络处。驻京办的主要目的与功能是便于各级地方政府与中央政府之间的沟通与联络，因此，在我国国家建构过程中一直扮演着不可或缺的角色。

行政派出机构在不增加政府纵向机构设置的同时，实现了对行政事务的有效管理。因此，驻京办作为政府派出机构在发展地方经济、宣传地方文化、加强中央与地方政府间的沟通等方面起到了积极作用。然而，由于行政派出管理不充分、法律地位不清晰造成了近年来我国政府驻京办数量肆意膨胀，机构内部职能混乱、行政效率低下以及权力寻租现象严重。尽管各级政府的驻京办存在时间很长，然而相关立法工作滞后，相应规章制度不健全，造成了当前我国政府的驻京办缺乏有效的制约和监督机制。加之，由于在外部监督、约束乏力的前提下，掌握着资源分配权或项目审批权的官员，享有较大的自由裁量权，从而造成了我国政府驻京办“跑部钱进”的局面。可以说，驻京办发展过程中问题重重。

随着经济、社会的发展、科学技术的进步，驻京办最初的信息传递与沟通职能已逐渐被高科技的电子通信技术和便利的交通设备所取代，至于招商引资、产品推介会，办事处的作用也在弱化，现在已基本委托市场中介组织运作。所以，我国各级政府驻京办因而受到相关调整。

(资料来源：杨琳，李松. 驻京办迎来大撤销. 瞭望，2010(4))

此外，根据行政组织存在时间的长短，可以分为常设机关和临时机关；根据承担任务的状况，可以分为常规性机构和任务型机构；根据管理的客观复杂程度和管理对象，可分为综合行政机关和专门行政机关。

第二节　公共行政组织的结构框架

组织的结构形式影响着组织的性质和功能，不同结构形式的组织具有不同的性质与功能。例如，在自然科学领域，石墨、金刚石和富勒烯(Fullerene)，都是由碳元素构成的，但由于碳的排列组合方式不同，即结构不同，就产生了性能明显不同的物质。研究公共行政组织结构的目的，就在于优化各类公共行政组织结构，使其功能得以充分发挥。

公共行政组织结构是公共行政组织的基本框架，只有通过公共行政组织结构的设置，才能显示出组织内部成员之间的权责关系以及各部门之间的分工合作关系、工作程序、活动方式、控制方式，也才能表达出组织内部许多变量之间的关系。在公共行政组织中，为了提高管理效率，一般要在组织内部进行垂直分工和水平分工。组织的垂直分工涉及管理层次的问题，形成组织的纵向结构；组织的水平分工涉及管理的幅度问题，形成组织的横向结构。纵向结构和横向结构构成公共行政组织最基本的结构，纵向和横向的交叉结合形成公共行政组织的整体结构。

一、公共行政组织的纵向结构

公共行政组织的纵向结构也叫公共行政组织结构的层级化或层次化，是指在公共行政活动中，上下级公共行政组织之间以及各级公共组织所属部门内部的工作、权力、责任划分及其相互关系。

在这种结构中，职位、职权、职责在合法基础上，从组织最高层向最低层垂直分配，形成不同的等级系列。每个层级拥有所管辖范围的所有决策权和指挥权。不同层级所管辖的业务性质大体相同，只是所管辖的范围随着层级的降低而逐步缩小。换句话说，在一个公共行政组织中，所处的层级越高，其管辖范围越广，权限与责任越大，但组织机构的数量越少；反之，层级越低，其管辖范围越窄，权限与责任越小，但组织机构数量越多。不同层级间垂直的领导与被领导、服从与被服从的上下级关系是这一结构形式最突出的特点，这样，就使公共行政组织自上而下形成了一个正金字塔形的垂直领导关系结构。层级制是产生时间最早、也是最为常见的组织结构形式，我国行政组织中的国务院—省—县—乡(镇)，工厂中的厂—车间—班组都是纵向的层级制结构。

纵向层级制结构是由管理公共行政事务的性质所决定的，如果没有等级从属关系相互牵制，就会破坏行政活动的统一性和一致性，而各层级之间上统下属的隶属关系使其相互制约，具有指挥统一、行动迅速的优点，所以统一指挥是层级结构的基本精神。不过公共行政组织的层级制结构还是存在不少问题。比如，各级首长及决策机关负责本层级的全面工作会造成事繁责重，难以保证决策的准确性。实践中，层级制结构仅适用于从事简单作业活动的组织，当社会分工精细复杂，公共行政管理承担的任务加重时，层级制结构就远远不能满足需要，还需要有其他结构形式作为补充。

二、公共行政组织的横向结构

公共行政组织的横向结构就是公共行政组织的部门化，也称为部门制、职能制、分部化或分部制。它源于公共行政组织的横向分工，是以公共行政组织内部各功能单元之间以协同与制约关系为主要内容的结构形式，即在层级制的统一系统之外，按照专业化原则设置的职能系统，它是公共行政组织的一种水平延伸。公共组织结构的部门化是公共行政活动的客观要求。由于公共行政组织管理范围大，管理的公共事务繁杂，并且随着社会的发展，公共行政组织管理的事务越来越多。并且，由于科学技术的迅速发展，促使社会分工日益精细化，公共行政活动的专业性和技术性日益增强。为此，公共行政活动只有通过职能不同的各个公共行政组织才能进行，任何一个单一的公共行政组织都是不可能胜任的。因此就需要在划分层级的基础上，按业务性质等的不同，设立平行的不同部门，以便分门别类地管理好各种事务。由此可见，专业分工是职能制的要义。与纵向结构的领导与被领导的关系不同，同级部门之间是平等合作、分工协作的关系。

横向职能部门直接对上级行政首长负责。一方面，对行政首长提出工作建议，履行参谋职能，另一方面，对下级职能部门进行管理。横向职能制结构也较为常见，政府及企事业单位、社会团体内部都存在职能结构。例如，中央政府有部、委、办，省政府有厅、局、委、办，在各个厅、局、委内部又有处、室，而在各个处、室中又有各个职位的划分。在实际操作中，横向职能部门的划分宜粗不宜细，能一个部门完成的事，尽量不要涉及多个部门。要尽可能地在总目标的统率下，按照业务、程序、管理对象、地域相近的原则进行归类，如果以两个圆的关系来比喻的话，就是这两个圆只能相切，而不能相交、相离。

公共行政组织的横向分工，一般常用的有下列四种方式。

(一)按业务性质或职能分工

这是指按公共行政的业务性质即职能性质的异同来进行的分工。例如：农业、教育、财政、外交等均为不同的业务，就以此为基础，设置不同的部门。这种划分方法是世界各国公共行政组织横向分工的基本方式。公共行政组织中绝大多数部门，都是按业务性质不同而设置的。

按业务性质进行分工的方式，其优点是：第一，符合分工专业化的原则。每个部门只负责某一项业务工作，有利于工作人员熟悉本专业工作，以提高管理效率。第二，有利于统一管理业务的方针、政策和法规。同一性质的业务由同一单位管理，使公共行政组织易于统一同一类业务的方针、政策和法规，避免政出多门的混乱状态。第三，体现事权一致的原则，便于协调。

但这种分工方式也有缺点：业务事权过于集中，容易形成条条分割，不利于不同业务性质的工作之间的合作、协调；分工过细，易造成部门林立；有些业务性质混淆不清，不易作出明确的划分，易产生组织冲突。

(二)按行政程序或流程分工

这是指按照行政程序的不同来分别设置公共行政组织部门。行政程序一般包括咨询、决策、执行、反馈和监督等环节，根据这些程序划分参谋咨询部门、领导决策部门、行政执行部门、信息处理部门和行政监督部门等，每个部门在行政程序过程中各自发挥其功能作用，使公共行政的功能齐全，管理过程井然有序。例如，各级政府的首脑机构就是决策部门，各级政府的政策研究室就是咨询部门，一般的业务部门就是执行部门，统计局就是信息部门。

按行政程序进行分工，优点是：第一，注重本项工作的技术方法，有利于提高行政人员的专业技术水平；第二，由于采用同样的技术设备和工作程序，有利于节省人力、物力、财力；第三，公共行政中的重要程序由专门机构去完成，有利于提高公共行政的整体效能。

当然这种分工方法也有其缺点：工作人员易产生重技术、轻政策，重过程、轻目的的倾向；使用范围的局限性，只能对那些有较大独立性的程序才可以设置部门，而大多数的工作程序则无法独立出来。

(三)按管理和服务对象分工

这是指按公共行政组织服务的人群、财物等对象进行的部门设置。这一分工方式最常见的是政府经济行业主管部门的设置。例如，农业部、工业和信息化部、铁道部和交通运输部等，都是按不同对象类别实行的分工管理。

按管理和服务对象分工的优点是：第一，根据管理和服务对象分工，可使公共行政组织服务管理专门化，满足其管理对象的需要；第二，群众对公共行政组织的职责一目了然，能够简化民政关系，利于民政沟通。

这种分工方式的缺点是：随着管理的对象日益增多，势必导致公共行政组织部门林立，不利于精简节约；容易忽视甚至割裂管理对象之间的相互联系，可能产生综合性的工作无人管理的现象；容易造成本位主义，有碍于整体利益的提高；按管理与服务对象划分部门往往与按业务性质划分部门发生重复、交叉关系，降低工作效率。

(四)按地区或地域分工

这是指公共行政组织以地区或所处地域为基础而设置部门的方式。例如，国务院各部委在各地区设立的分部，特别是国务院各垂直部门在各地区设立的分部。在同一层级，按照地区设置组织的基础是行政区划。在我国，全国划分为若干个省、直辖市和自治区；省又划分为若干个市、县；县又划分为若干个乡、镇。

按地区分工的主要优点如下：一是便于同一地区内各项工作的协调与监督；二是便于因地制宜地制定政策和科学决策，以适应各地区的不同需要和差异；三是有利于就地解决问题，避免层层请示，影响工作效率。

这种分工方式的主要局限性如下：一是各部门容易各自为政，挟地自重，忽视行政总体目标；二是容易产生地域观念，不利于全国性统一政策的执行。

综上所述，依照各种分工方式所设置的部门，从部门内部的运作来看，均有其优势。但是，从部门之间或者跨部门的运作来看，最突出的问题就是容易导致部门本位及其协调困难、交叉重复与多头指挥，从而增加部门之间的运作成本，降低行政效能。因此，在横向分工过程中，上述设置行政部门的几种分工方式，各有长处和缺点，不能将其中的某种方式视为唯一的恰当方式。要综合考虑各种因素，特别是要从有利于实现行政总体目标、维护公共秩序、实现公共利益、提高行政效能和社会服务质量等方面，来决定采取何种方式。不论采用何种分工方式设置行政部门，最终必须以各部门职能及其业务行使的有机统一为原则，既要避免划分层次过多和过细以有利于降低部门间的运作费用与行政成本，又要着力解决机构重叠、职责交叉、政出多门等问题。

三、管理层次和管理幅度

公共行政组织结构有纵向结构和横向结构，它们之间各有优劣，互相制约，互相补充，互相依存。在社会分工、分化复杂的现代社会，公共行政组织不可能采取单纯的纵向结构或横向结构，实际上它们也不可能单独使用，而是将两者有机结合起来，使其相互补充、制约。由此就形成了纵向结构的管理层次与横向结构的管理幅度之间的关系。管理层次和管理幅度问题是影响公共行政组织结构形态的两个决定性因素。

管理层次是指公共行政组织中自上而下从最高管理层到具体执行层之间的不同管理层次。纵向层次的设置必须适中适宜，层次过多，工作线路长，拉大了领导层与操作层的距离，给上下沟通带来不便，不仅会造成程序复杂、手续繁多、公文旅行、官僚主义丛生，也会带来信息的失真扭曲。合理的管理层次一般分为领导决策层、中间管理层和技术操作层三个层次。

管理幅度是指同一个层级的公共行政组织或者某一位行政首长直接控制的下级机构或者人员的数目。它是对公共行政组织横向结构进行裁量的问题，如同挂钟的摆幅一样，对管理者来说，他所能有效管理的人数总是有限的，即管理幅度是有一定限度的，过大或过小都将影响管理效能。

在规模不变的同一组织系统内部，管理层次和管理幅度呈反比例关系。管理层次多，管理幅度则较窄，管理层次少，管理幅度则较宽；反之亦然。这是公共行政组织中客观存在的管理幅度与管理层次间的制约关系。这种制约关系使组织形态及其功能存在两种明显的差异。一种是，幅度小而层次多，公共行政组织的外部形态呈“锥形结构”。这种结构集权优势比较突出，指挥控制的难度较小，决策、行动、指挥较为迅速。另一种是，幅度大而层次少，公共行政组织的外部形态呈“扁平结构”。这种结构分权优势比较明显，有利于发挥各单位及成员的积极性。

由此可见，管理层次和管理幅度是需要综合权衡的两个方面，如何设置需要考虑诸多因素的影响。如工作性质及难易程度，领导者水平与手段先进与否，被管理者的素质，工作内外部条件等。因此，片面强调增加或减小幅度并不能保证组织结构的有效性，而应当考虑主要的限定性条件来作出合理选择。

第三节　公共行政组织体制

公共行政组织体制是指公共行政组织内部各层级、各部门之间所形成的权力分配关系和机构体系的各种制度规范的总和，其实质是权力关系的制度化和程序化。公共行政组织体制是国家政治体制的重要组成部分，也是发挥公共行政组织整体效能的关键环节。一般来讲，公共行政组织体制可以大致分为三种类型。

一、首长制和委员会制

根据公共行政组织中掌握最高行政决策权人数的多寡，可以把公共行政组织体制划分为首长制和委员制。

(一)首长制

首长制又称为一长制或独任制，是指公共行政组织的法定最高决策权由行政首长一人执掌的公共行政组织体制。在这种体制下，其他领导成员只不过是首长的下属和助手，只有建议权，没有最终的决策权。首长制不遵循少数服从多数的原则，而是由首长一人决策，其基本特征是首长对行政机关各种事务具有最终决定权。美国的总统制是典型的首长制。美国宪法第二条明文规定：“行政权属于总统。”例如，林肯总统某次召集七位部长开会讨论一个重要问题，七位部长都反对林肯的意见，但林肯仍坚持自己的主张，并最后宣布说：

"七人反对，一人赞成，赞成者胜利。"

首长制的优点是：权力集中，责任明确，指挥统一，易于保密，有利于提高行政效率，迅速完成任务。缺点是：由于首长一人大权独揽，有可能导致权力滥用，独断专行，使行政决策民主化受到影响；不易监督，易于营私舞弊，而且受首长个人精力与能力的限制，考虑问题总有不周之处，容易造成决策失误。

(二)委员会制

委员会制又称合议制，是指公共行政组织的法定最高决策权由两个以上人员组成的集体或委员会所执掌的一种公共行政组织体制。委员会制的基本特征是公共行政组织的最高决策权属于全体委员。在决策时，所有委员的地位平等，一人一票，并按照少数服从多数原则集体讨论决定。瑞士是全世界实行委员会制最典型的国家。瑞士联邦委员会由七位委员组成，其中一位是主席，七位委员轮流担任主席，不管是主席还是委员，其地位完全平等。全部行政事务由这七个人共同进行决策。

委员会制的优点是能够集思广益，采纳多方观点，有利于决策的民主化与科学化；委员能相互监督，防止营私舞弊。但其缺点也很明显：权力分散，责任不够明确，容易造成争功诿过的现象；委员间意见难以协调，导致决策迟缓，决策成本增加，并且容易泄露决策机密。

首长制与委员会制各有利弊，在实践中应视具体情况权衡运用。一般来说，属于执行性、指导性、速决性的事务宜采用首长制，可发挥其行动迅速、效率高的长处；属于立法型、政策性、咨询性、协调性的事务宜采用委员会制，可发挥其集思广益、整体功效的优势。在现实管理中，由于行政事务纷繁复杂，有些工作性质不明，或具有多种性质，所以许多公共行政组织宜采用混合制，即一部分事务由委员会行使，另一部分则由首长个人行使。混合制可以兼有首长制与委员会制的优点，但如果运用不当，则会使两者的弊端产生合力，危害更大。

二、层级制和职能制

根据公共行政组织内部各机构的职责权限的性质与范围的不同，可以将公共行政组织体制划分为层级制和职能制。

(一)层级制

所谓层级制，又称为直线制、分级制、层次制或者系统制，是指公共行政组织在纵向上按照等级划分为不同的上下节制的层级组织结构，上下对口，下级对上级负责，不同等级的职能目标和工作性质相同，但管理范围和管理权限却随着等级降低而逐渐变小的制度形式。

层级制的优点是层级节制，上下统属，权力关系清楚，有利于统一领导、提高效率、推行政策；责任明确，有利于监督；上下贯通，利于协调。层级制的缺陷是：层级节制严格，不利于调动下级组织的积极性；行政首长管辖事务过于繁重，无暇顾及组织的变革与发展等重大问题。

(二)职能制

所谓职能制，又称为分职制、机能制或者幕僚制，是指公共行政组织在横向上平行地设置若干个职能部门，各部门业务性质不同，但管辖范围大致相同的权力结构形式。

职能制可以扩大公共行政组织的管理职能，强调专业分工，有利于专业化管理，同时使行政首长从繁重的事务中摆脱出来，使其能专注于组织的重大问题，从而提高效率，适应公共行政复杂化的需要。但职能制如果分工过细，会造成部门林立、权力交叉，各单位之间缺乏合作精神、协调困难，不利于统一领导和统一指挥，从而影响行政效率的提高。

层级制和职能制分别形成了公共行政组织的纵向和横向结构。现代公共行政组织大多数将层级制和职能制有机结合起来。例如，我国的行政组织采用的就是层级制和职能制相结合的组织结构形式。从纵向看，从中央到地方按范围大小划分为中央(国务院)—省、自治区、直辖市—自治州、县、自治县、市—乡、民族乡、镇四个层次，每一层次内又再作进一步的层次划分。从横向看，每级政府内部又按业务性质平行划分为若干职能部门，各部门所管业务内容不同，但管辖范围大体相同，地位平等。它们主要对同级政府和首长负责，同时也接受对口的上级职能部门的领导或指导。我国行政组织由此构成纵横交错、相互配合的层级职能体系。每个国家的公共行政组织都将层级制和职能制结合起来，既设有层级的公共行政组织，又将各层级的公共行政组织分设为平行的若干部门。

三、集权制和分权制

根据上级公共行政组织和下级公共行政组织的权限集中或分散程度划分为集权制和分权制。

(一)集权制

集权制，又称为独立制，是指中央政府或上级行政组织对地方政府或下级行政组织有完全的指挥监督权，地方政府或下级行政组织必须接受中央政府或上级行政组织的命令的一种公共行政组织体制。在集权制中，行政权力集中在上级政府或行政首长手中，上级政府或行政首长掌握决策、指挥、监督的权力，下级处于服从命令、听从指挥的被动地位，一切行政行为要按照上级政府或行政首长的指令来行动，自主权很少。可以说，集权制表明中央政府的绝对权威，确定上级政府对下级政府的绝对领导地位。

法国是实行集权制最为典型的国家。中央通过财政手段控制地方，80%的财政收入是由中央政府掌握的。地方政府要使用钱，必须向中央政府申请。中央对地方的控制是通过中央对地方的财政援助来体现。

集权制有很多优点：政令统一，便于统一领导、统一指挥；因为权力集中，行政首长反应灵活，决策及时，效率较高；具有协调配合的全局观念。但集权制存在诸多缺陷：组织结构僵化，下级缺少自主权，缺乏主动性和积极性，使组织缺乏活力和创造性；决策过于集中，容易产生官僚主义、主观主义而造成决策失误，也容易出现文牍主义；层级过多导致信息传递迟缓，对外部环境反应较慢，不利于处理突发事件。

(二)分权制

分权制是指地方或下级行政组织对其管辖地区内的行政事务有自主决定的权力，中央或上级政府一般不予干涉的公共行政组织体制。分权制是按照一定的原则与方式把行政权力分配给地方或下级行政组织，地方或下级具有明显的独立性，对地方权限范围内的事务，中央或上级只拥有监督权而一般不加干涉。

美国是实行分权制的国家之一。在美国，州以下的郡、市、镇这样的地方政府都对本地方的事务有自主决定的权力。这些地方政府由地方议会或选民选举产生，因此它们直接对地方议会或选民负责，而非直接对上级政府负责。这充分体现了地方政府在管理本地方事务时的自主决定权。它们的提拔、竞争和利益分配不是由上级政府决定的，而是由本地议会和本地的选民所决定的。

分权制的优点在于独立自主，可以结合本部门、本地区的实际情况，因地制宜地进行决策和管理；分层授权，分级管理，有利于调动下级的积极性和主动性；反应灵活，不需要层层请示汇报，信息传递较快，对外部环境反应也较快，宜于近点决策处理突发事件，效率较高。分权制的缺陷是权力分散，不利于形成统一意志，不利于统一领导、统一指挥；分权不易于集中资源，统筹规划；过度分权容易导致各自为政，形成地方主义和本位主义。

集权制与分权制各有利弊。绝对的集权或分权都是不可取的。最理想的公共行政组织体制是综合运用集权制和分权制，把两者有机结合起来，在中央或上级政府和地方或下级政府的权力关系中保持一种平衡，凡关系到全局的，涉及国家整体利益的事务由中央或上级政府集中管理，而那些与地方利益相关的事务则应分权归地方或下级政府管理，中央或上级政府不加干涉。只有这样，才能充分发挥中央和地方两个积极性，在权力上保持一种平衡。

【案例 2-2】某处张处长毕业于某名牌高校，他崇尚民主思想，主张在管理工作中分权授能，让下属充分发挥积极性和创造性。他把绝大多数权力都分配给下属机关，自己只负责最重要的事情。他常说，管的越少的领导就是最好的领导，民主才能产生效率。有人找他反映问题，他总是说，这件事情不归我管，你去找某某去。他充分信任下属机关，从来不过问他们的具体工作。半年里，他只开了四次会，每次会上他都首先对大家的辛苦工作表示感谢，并对下一步的工作提出具有原则性的意见。后来上级领导前来检查，发现下属机关之间互相扯皮，人心涣散，很多工作没有落实。张处长非常伤心，觉得下属辜负了自己的信任，决定把所有的权力都收回来，所有的事情自己一个人说了算。

问题：试根据集权制和分权制的关系原理评价张处长的做法。

分析：

集权制和分权制各有优缺点。行政权的分配要适度，过分的集权和分权都不利于行政管理。本案例中，张处长开始时过分分权，把绝大多数权力都分配给下属机关，然后放任自流，不管不问，终于导致下属机关之间互相扯皮、人心涣散的局面。后来他又决定把所有的权力都收回来，搞过分集权，这同样不利于行政管理。决定集权与分权的关键在于所集中或分散权力的类型与大小。高层管理者应重点控制计划、人事、财务等决策权；而将业务与日常管理权尽可能多地放给基层。

(资料来源：魏娜，汪大海. 2003 年 MPA 联考高分突破・行政学分册. 北京：中国人民大学出版社，2003)

第四节　公共行政人员

一、行政人员的职业特殊性

行政人员，也就是我们常说的行政工作人员，一般是指国家行政组织中代表国家掌握并运用行政权力、从事行政活动的人员。行政人员是行政过程的第一要素，他们肩负着实现行政目标的任务和使命。公共行政是一种特殊职业形式，它需要一种终身制的，能够同样为任何政治领导人服务的职业官僚人员。行政人员正是扮演了这样的角色，它具有公共利益代言人和代理人的基本特征，同时，公共组织的本质特征规定了行政人员必须具备相应的制度属性和道德规范要求，其角色的定位是竭诚为公众服务。所以，行政人员是一种独特的职业群体。

首先，行政人员的职业特殊性表现在这种职业的公共性。在公共行政组织中担任公职，行使行政权力的行政人员，在本质上必须具有公共性的追求。行政人员手中所掌握的权力直接地就是公共权力，这种公共权力来自于社会，又凌驾于社会之上，并且对几乎整个社会生活有着支配的能力，它不允许在根本性质上发生改变，不能以变异的形式存在；否则，就会成为公共权力的腐蚀剂和蛀虫。公共权力为行政人员所掌握但在性质上与行政人员的职业相分离，不允许归属行政人员所有。

其次，行政人员的职业特殊性表现在这种职业的服务性。行政人员职业的这种特殊性体现在，行政人员作为公民和社会的服务者，必须正确对待手中的权力，这种权力不应成为为自己、为小集团谋取私利的工具，而应成为更好地满足公民需要、更好地服务于社会的手段。行政人员所行使的公共权力是全体社会公众所赋予的，行政人员只是公共权力的行使者，所有者是全体社会公众，不是某个人或某部分人，因此，行政组织中的行政人员理应服务于公民，服务于全社会，反映公民的意愿，为公民利益尽心工作。

再次，行政人员的职业特殊性表现在这种职业的政治性和权威性。在现代社会，行政人员作为国家行政权力的实际行使者，作为国家公共行政事务的实际执行者和国家行政责任的实际承担者，其地位和身份都是由法律明文规定的。因此，行政人员具有职业上的政治性和权威性，主要表现在以下几个方面：行政人员有资格作为国家的代表，以国家行政机关的名义从事活动，其行政行为是国家意志的体现；行政行为引起的效果由所属的国家行政机关承受，行政执行中的个人过错行为，其所属的行政机关负有连带责任；行政人员在从事公务活动时，享有行政职权和行政优益权，他可以按单方面的意志构成与被管理的个人或组织的法律关系，在行政行为被依法撤销前，可推定为有效，并继续执行。

最后，行政人员的职业特殊性要求这种职业有着特殊的法律要求和道德要求。行政人员对某类公共行政事务的管辖权力及管辖权限必须由法律法规明确授权和界定，不能带有主观随意性，他们必须站在政府的立场上，从法律和政策的角度来考虑和处理所面临的各种问题，行政人员必须成为法律的具体执行者。然而，仅仅依靠法律并不能解决所有的问题。对行政人员的从业要求除了法律方面的要求外，还必须强调道德要求，即行政人员从业的行政道德标准。这种特殊职业的道德，具有高于其他职业道德的特殊内容，代表职业道德较高层次，体现职业道德发展的较高境界。

二、人事行政与公务员制度

人事行政是一个范围较为广泛的概念。人事行政是政府从政治建设和经济发展的全局高度，以国家政权力量为依托，对整个社会以及政府工作人员的人事活动进行规划、引导、规范、调控的宏观管理。人事行政具有两方面的内容：一是从微观角度，即各个行政机关和部门内部的人事管理活动，包括录用、分类、晋升、考核、任用、培训、奖惩、交流、回避、辞职、辞退、退休以及工资、福利、保险等方面的具体管理，带有一定的技术性和执行性；二是从宏观角度，即国家人事部门通过一系列法规、制度和措施对公共行政人员所进行的宏观的、综合性的人事管理活动，侧重组织、计划、指挥等带有设计性、统筹性的工作。

人事行政是政府行政管理的重要组成部分，也是国家政治制度中不可缺少的成分。它是国家产生之后才出现的一种社会政治现象，它的发展与国家政权机构发展相关联，受整个国家管理制度的支配。当然，作为公共行政组成部分的现代意义上的人事行政则是近代资本主义产生以后的事情。纵观人类行政管理发展史，人事行政形式多种多样。但从总体上看，主要经历了三种不同的发展形态。

一是以恩赐官职制为主要内容的人事行政。这种人事行政形态大体上产生于奴隶社会。当时实行的是以宗法血缘关系为特征的世袭制度，形成父死子继的世卿世禄制。官吏之间存在着层级依附关系，一切官员都是依靠专制统治者的恩赐而取得官职的，这种专制集权制度必然导致行政人员的依附人格的出现。我国古代的世袭制虽然在各个朝代略有差异，但大都采取由嫡长子继承的办法。在资本主义社会早期，各国国王仍控制着官吏的任免权，官职由君主恩赐，官员只对国王负责，官员任用标准是门第出身和对国王的忠诚，而个人的品德和才学则无足轻重，结果使无能之辈塞满政府，工作效率低下。

二是以“政党分肥制”为主要内容的人事行政。这种人事行政形态于 19 世纪二三十年代以后在美国兴起。在每次大选之后，上台执政的政党往往把官职作为战利品，公开合法地进行分赃，大批更换政府工作人员，把官职赠予那些与执政党有千丝万缕利益关系的、为政党获胜立下汗马功劳的利益集团或个人。这样，每到执政党更迭时就会引起政府官员的大换班，使得政府的行政活动缺乏连续性和稳定性。

三是以“功绩制”为主要内容的人事行政。其特征是全部公职向全体国民开放，任何人都可以通过竞争获得政府职位，而不受其政治信仰、社会地位和出身门第等因素的影响，行政人员的任用只根据其真实的治事才能，而非其他标准。19世纪70年代，英国建立了重表现看才能的官吏考核制度，这种“论功行赏”的晋升方式称为“功绩制”。此后，这种人事行政制度在欧美各国得到广泛推行和日益完善。

公务员制度，在西方国家也称为文官制度，是以“功绩制”为主要内容的人事行政模式的制度化，它通过制定法律和规章，对公务员进行依法管理，是人事行政的制度化、法制化、科学化管理较为完备的形式，是人事行政的核心内容，体现了人事行政发展的一般趋势。公务员制度是现代国家最基本的人力资源管理制度，也是现代人事行政制度的主要存在和表现形式。

三、公务员制度的结构特征

现代意义上的公务员制度是西方资本主义制度的产物。它源于中国古代的科举制，而始于英国资产阶级革命后建立的文官制度。其间经历了若干个发展阶段，至今已相当完善。虽然各国建立公务员制度的时间不同，制度本身也各有特点，但仍具有一些共同的结构特征，具体包括以下几方面。

(一)公开考试、择优录用

这是公务员制度最根本的特征。绝大多数公务员都必须通过公开的竞争考试，择优录用，政府任何一级公务员职位，都要向成绩优秀者开放。公务员的考试录用要坚持公开、平等、竞争、择优原则，参加考试的人员不因民族、种族、性别、出身、党派、宗教信仰、家庭背景、婚姻状况等因素而遭受歧视或享受特权。考录原则是公务员制度的基础。西方各国几乎都用立法的形式把考试的条件、内容、方式、机构等方面固定下来，形成制度。公开考试、择优录用可以杜绝用人制度上的重血统、看资历的弊端，有助于提高公务人员的专业素质和能力，适应政府职能扩大化和专业化的需要，从而提高了政府绩效。

(二)严格考核、晋升唯功

功绩制就是以公务员工作实绩作为评价的主要依据。公务员的晋升要根据实绩择优晋升，即在严格考核的基础上，把公务员的工作成绩与其职务升降、工资待遇、奖惩联系起来。对公务员实行严格考核，按功绩晋升是提高工作效率的重要环节。功绩制原则的作用就在于激励公务员努力工作，提高政府工作效率，同时，又可以强化竞争机制，促使公务员不断地争先创优。西方各国都非常重视对文官的考核工作，一般都坚持职责一致原则、奖惩结合原则和公平对待原则。

(三)政治中立、职务常任

在西方国家，公务员按其产生方式、任期和与执政党的关系不同而分为政务官和事务官两大类。政务官实行任期制，由民选产生或由政府首脑任命，与内阁共进退，负责政党政策在政府工作中的贯彻执行；事务官实行常任制，多数通过考试录用，主要负责执行政府的日常业务，不随政府更迭而进退，其职务由法律保障，非因法定事由和非经法定程序不被免职、辞退和开除。为防止政党分赃，要求政府中的事务官，即文官，在执行公务过程中保持客观、公正、公平的态度，在政治上实行中立原则，不参与政治活动，不偏袒某一政党或政治团体，不介入政治纷争，不受利益集团的影响，专心本职工作。

(四)人事分类、法制管理

分类管理是公务员制度中的一种科学的管理方法，普遍为各国采用。从各国公务员制度的分类情况看，主要表现为两种形式：一种是以事而分的职位分类，分类的主要依据在于职务或岗位的客观需要；另一种是以人而分的品位分类，即主要依据公务员个人具备的条件，如学历、年龄、资历等进行分类。职位分类和品位分类两种分类形式各有千秋。实际上，每个国家的公务员都不是完全按照一种形式进行分类的，而是以其中一种形式为主，兼顾另一种形式的优点，这是各国公务员分类管理发展的共同趋势。法制管理是公务员制度的一个基本特征，是实行公务员制度的根本目的，也是人事制度现代化、科学化的一个重要标志。各国都有比较完备的关于公务员的法律、法规，对公务员的身份、地位、权利和义务作出了十分详尽的规定。

(五)专业培训、素质更新

培训是提高公务员素质的有效环节，是实现公务员知识更新的根本途径。为了适应现代公共行政的复杂化、多样化和规范化的发展趋势，各国十分重视公务员的培训，并相继对公务员培训进行立法，制定了多项公务员的培训法规，使公务员培训制度逐步建立健全起来。

四、公务员制度的基本内容

关于公务员制度的基本框架，各个国家大致相同，但其具体内容却因国情不同而差别很大。各国公务员制度的具体内容一般都以法律形式作出明确规定，便于理解和执行。我国公务员制度建立于20世纪90年代，它是中国社会政治、经济发展，特别是经济体制改革纵深发展的必然产物。它既继承了我国传统干部人事制度的优点，又借鉴了西方发达国家公务员制度的有益经验，是适合现阶段我国国情的人事行政制度。2005年4月27日通过的《中华人民共和国公务员法》规定了我国公务员制度的基本内容，主要包括以下几个方面。

(一)职位分类

职位分类就是根据职位的工作性质、责任轻重、难易程度和所需资格条件，分为不同的类别和等级，然后用文字的形式固定下来，形成规范性文件，为公务员的考试录用、考核、晋升、培训、奖惩、工资待遇等各项管理提供依据。

我国公务员职位分类制度是在总结吸取职位分类和品位分类优点的基础上建立的。公务员职位类别按照公务员职位的性质、特点和管理需要，划分为综合管理类、专业技术类和行政执法类等类别。国家根据公务员职位类别设置公务员职务序列。我国公务员的职务分为领导职务和非领导职务。其中，综合管理类的领导职务根据宪法、有关法律、职务层次和机构规格设置确定。公务员的职务应当对应相应的级别。公务员的职务与级别是确定公务员工资及其他待遇的依据，公务员的级别根据所任职务及其德才表现、工作实绩和资历确定。公务员在同一职务上，可以按照国家规定晋升级别。

【案例 2-3】2010 年 2 月 3 日，深圳市人力资源和社会保障局召开新闻发布会，下发了《深圳市行政机关公务员分类管理改革实施方案》。根据方案的规定，深圳行政机关公务员将被划分为综合管理、行政执法、专业技术三大职类，分别实施不同的招考、培训、管理、交流和晋升方式。

根据《深圳市行政机关公务员分类管理改革实施方案》的设计，深圳此次改革的重点是从综合管理类职位中划分出行政执法类和专业技术类职位，并根据两类职位的性质和特点建立独立的职务序列。改革后，行政执法类公务员职务统称为执法员，设 7 个职级，从高至低为一级执法员至七级执法员，各职级间没有上下级隶属关系，职级晋升与个人年功积累和工作业绩挂钩，其职级的设置不受机构规格限制；而专业技术类公务员也由高至低设主任、主管、助理等职级，专业技术职务晋升将与专业技术条件挂钩。

在这样的分类下，深圳市委、市政府将市直 10 个部门的执法单位和各区有关执法单位约 6300 人，统一划为行政执法类公务员，再加上此前已经推行改革的公安队伍，改革后深圳市行政执法类公务员人数将达 2.4 万多人，约占行政机关公务员总数(3.5 万人)的 69%。而专业技术类公务员目前仅确定了市气象局的两个处共 16 人，以后将逐步扩大范围。从此以后，这一大批身处基层的“王涛”被从传统的“官道”中剥离出来，“大一统”的管理模式以及职场的天花板就此被打破。

问题：深圳市为何进行此次改革？这样做具有什么意义？

分析：

长期以来，我国的公务员管理采取的是“大一统”模式：考试一张卷、培训一堂课、考核一根尺、升迁一把梯、待遇一锅饭……从事综合管理、战略规划、政策研究等工作的人员与一线执法和辅助服务人员混同招录、选拔、培养和使用。这样一来，不仅无法满足选贤任能和培养人才的需要，而且各种待遇都与行政职务级别挂钩，导致公务员队伍“官本位”意识浓厚。而由于受到机构规格和职数限制，基层公务员晋升空间狭小，大家都想挤进上级机关而不安心基层工作。为此，不少单位就以各种理由分拆、增设机构、提高规格以相应增加领导职数来解决干部待遇，进而又加剧了机构重叠、职能交叉等弊端。为此，2005 年在国家颁布的《公务员法》里，明确将分类管理确定为公务员管理的基本原则。深圳市正是此次改革的试点。

深圳市进行此次公务员分类管理改革试点工作具有重大意义。首先，克服了以往公务员职位分类过于单一的现象，将公务员职位类别划分为综合管理类、专业技术类和行政执法类，可以为公务员提供广阔的职业发展空间；其次，改变了单一化的职务设置，根据公务员的职位类别设置公务员职务系列，为公务员提供多样化的职业发展阶梯。

(资料来源：深圳公务员分类管理打破晋升“天花板”. 南方日报，2010-04-19)

(二)考试录用

考试录用，是指国家机关根据用人计划，按照规定的条件和程序，通过公开竞争考试，择优录用人才进入公务员队伍的做法。考试录用的基本原则是平等、公开、竞争和择优。所谓公开，就是面向社会公开举行选拔录用活动，包括公告考试程序、录用条件、考试成绩等。所谓平等，就是只要符合规定条件的每一个公民，都有参加考试的机会，录用时只能以考生的考试成绩和品德为标准，不得以性别、种族、宗教信仰、年龄、家庭背景等因素为理由歧视或优待某些人。所谓竞争和择优，就是指应考者凭自己的知识技术水平和能力，优胜劣汰。我国公务员法规定，录用担任主任科员以下及其他相当职务层次的非领导职务公务员，采取公开考试、严格考察、平等竞争、择优录取的办法。

【案例 2-4】2009 年，广东公务员招考 9600 人，报名 18.6 万人，入围面试 2.2 万人，均为历年之最。在严峻的就业形势下，公务员招录工作能否公平公正令人瞩目。如何有效消除考生和家长的担心、猜疑和不安，突破各种可能的人为干扰，为“独木桥”上的千军万马创造一个真正展示才能的平台，广东省进行了“大改革”的探索。

以往，公务员的面试工作多由招考单位自己组织，公务员主管部门进行指导监督。但是，在今年的改革以后，面试工作由省级和地级以上市公务员主管部门集中统一组织，统一抽调和委派考官。考生、考官都要抽签，使考生不知自己的面试考官是谁，考官不知面对自己的考生是谁，有效地打破了关系网。更重要的是，在今年的公务员考试面试中，广东省首次将面试评委提高到 9 人，首次吸纳“两代表一委员”担任面试考官，首次推行面试考官异地交流，大大提高了面试的公正、公平和公开性。

此外，封闭管理杜绝了考题泄露。在今年 6 月份的公务员考试面试中，一共有 5 天的面试，以半天为一节，每节都从题库中随机抽取一套题目。根据规定，无论是出题人、考官、考生还是考场工作人员，都要接受封闭式的管理，以防止考题泄露、考生之间互相串题。

问题：此案例体现了公务员考试录用制度中的哪个基本原则？

分析：

本案例体现了公务员考试录用制度中的公平原则。主要表现在不能有“与生俱有”的差别歧视，如家庭出身、性别、种族、政治信仰等，但对一定职位所需的技能、资历、学识等资格条件，普遍作出一定的要求，从而保证平等与竞争的有机结合。

(资料来源：广东改革公务员考试面试“双抽签”击碎关系网. 南方日报，2009-11-25)

(三)考核与奖惩

公务员考核是指按照管理权限，机关或公务员管理部门根据有关法律规定所确定的考核内容、方法和程序，对所管辖的公务员进行的考察和评价。我国公务员的考核内容包括德、能、勤、绩、廉五个方面，考核的重点就是在全面考核德、能、勤、绩、廉的基础上，着重考核工作实绩，并把工作实绩作为评价公务员的主要依据。公务员考核等次划分为优秀、称职、基本称职和不称职四个等次。《公务员法》规定，把定期考核结果确定为调整公务员的职务、级别、工资以及公务员奖励、培训、辞退的依据，使考核作用的发挥有了法律保障。

奖惩，是指国家机关依据有关法律、法规，对公务员的表现情况进行奖励或惩戒。奖励是运用激励手段，促进公务员奋发进取、积极向上。惩戒则是惩治过失，以此规范公务员的行为，制止和预防越轨行为发生。奖励和惩戒是相对应的。我国国家机关对在工作中表现突出、有显著成绩和贡献以及有其他突出事迹的公务员或者公务员集体，给予奖励。奖励分为：嘉奖，记三等功、二等功、一等功，授予荣誉称号。惩戒，可以叫做纪律处分，是对违反纪律的公务员按照有关规定进行惩罚。我国公务员法明确了公务员应当受到惩戒的十六项基本违纪行为，确定了处分的六种种类、影响期以及法律后果。

(四)职务升降与任免

职务升降是升职和降职的简称。升职是根据机关工作需要和公务员本人的工作表现，提高公务员原有的职务，由较低层次的职务升任至较高层次的职务。降职是对不称职的公务员，依一定程序，降低其原有的职务，由较高层次的职务改任较低层次的职务。公务员晋升职务，应当逐级晋升。特别优秀的或者工作特殊需要的，可以按照规定破格或者越一级晋升职务。公务员的晋升方式有考核晋升、委任晋升、招聘晋升、考试晋升以及公开选拔与竞争上岗。

任免包括任职和免职两个方面。任职是指由有任命权的机关按有关法律规定，把符合条件而又需要的人员安置在国家机关的一定职位上，并授予与其职务相联系的权利和义务的法律程序。免职是指经过任命的人员，如不胜任工作或调动工作，或辞职辞退，或退休退职时，要经过一定手续，免去其原任职务的程序。

(五)培训、交流与回避

培训是指国家机关根据国民经济和社会发展的需要以及职位的要求，通过各种形式，有计划、有组织地对公务员进行政治理论、文化知识、科学技术、操作技能等方面的培养和训练。我国公务员培训主要包括五种类型：初任培训，任职培训，专门业务培训，在职培训，后备领导人员培训。国家建立专门的公务员培训机构，如行政学院、管理干部院校以及党校等。机关根据需要也可以委托其他培训机构承担公务员培训任务，如高等院校、科研院所。公务员培训实行登记管理，培训情况、学习成绩作为公务员考核的内容和任职、晋升的依据之一。

交流是指国家机关根据工作需要或公务员个人愿望，通过法定形式在机关内部调整公务员的工作职位，或者将非公务员身份的公职人员调入机关担任一定层次公务员职务的管理活动。目前，我国公务员交流的形式分为调任、转任和挂职锻炼三种。调任是取得公务员身份的一条途径，国有企业事业单位、人民团体和群众团体中从事公务的人员可以调入机关担任领导职务或者副调研员以上及其他相当职务层次的非领导职务。转任是公务员在公务员系统内的流动，不涉及公务员的身份问题。对省部级正职以下的领导成员应当有计划、有重点地实行跨地区、跨部门转任。对担任机关内设机构领导职务和工作性质特殊的非领导职务的公务员，应当有计划地在本机关内转任。挂职锻炼是培养公务员，特别是有培养前途的中青年骨干公务员，促进他们成长的有效途径，也是一种比较特殊的交流形式。根据培训锻炼公务员的需要，可以选派公务员到下级机关或者上级机关、其他地区机关以及国有企业事业单位挂职锻炼。公务员挂职锻炼期间，不改变与原机关的人事关系。

回避是指在国家机关中，为了防止公务员出于某种亲情关系或个人利益，不能秉公执行公务，甚至徇私枉法、以权谋私，而对其任职和执行公务等做出的事前限制性措施。回避针对的是亲属聚集现象。我国国家公务员制度规定应回避的亲属关系包括：夫妻关系、直系血亲关系、三代以内旁系血亲关系和近姻亲关系。公务员回避的方式一般包括：任职回避、公务回避和地区回避。

(六)辞职、辞退与退休

辞职是指公务员依照有关法律规定，根据本人意愿，主动辞去所任公职或所任领导职务的行为。这里有两种情况：一是公务员辞去公职，包括领导职务和非领导职务，其直接结果是取消公务员身份，机关与公务员的任用关系随之消失；二是担任领导职务的公务员辞去现任领导职务，可以按照规定另行任职，但不丧失公务员身份。它包括四种情形：因公辞职、自愿辞职、引咎辞职和责令辞职。

辞退是指国家机关依照法律、法规规定，通过一定的法律程序，在法定的管理权限内做出的解除与公务员的任用关系的行为。辞退是机关在人事管理中的一项法定职权，机关在遇到法定的辞退情形时，必须按照程序辞退公务员，同时也是机关的单方面行为，不需要征得公务员本人的同意，但它不是行政处分，不具有惩戒性。我国从保护公务员的合法权益出发，特别是女性公务员的合法权益，保护伤、病、残公务员的合法权益，规定了不得辞退的情形。被辞退的公务员，可以根据国家有关规定享受待业保险，可以从事新的职业或重新报考国家公务员。

退休是指公务员达到一定的年龄、工龄或者由于丧失工作能力，依照法定程序退出工作岗位，享有领取一定数额的退休金和其他待遇等权利的行为。退休是国家安置老弱病残公务员的基本方法，也是社会保障工作的重要内容。公务员退休后，享受国家规定的退休金和其他待遇，国家为其生活和健康提供必要的服务和帮助，鼓励发挥个人专长，参与社会发展。

(七)工资、福利与保险

工资是在公务员依法履行职责、完成本职工作后，国家以法定货币的形式支付给公务员个人的劳动报酬。公务员实行国家统一的职务与级别相结合的工资制度。公务员工资制度贯彻按劳分配的原则，把工资分配与公务员的工作情况和实际贡献结合起来，使工资的高低真正反映劳动支出的多少。国家建立公务员工资的正常增长机制。我国公务员工资包括基本工资、津贴、补贴和奖金。其中，基本工资主要包括职务工资和级别工资。津贴主要包括地区津贴(含地区附加津贴、艰苦边远地区津贴)和岗位津贴等。公务员按照国家规定享受住房、医疗等补贴、补助。公务员在定期考核中被确定为优秀、称职的，按照国家规定享受年终奖金。公务员工资应当足额发放。公务员的工资水平应当与国民经济发展相协调、与社会进步相适应。国家实行工资调查制度，定期进行公务员和企业相当人员工资水平的调查比较，并将工资调查比较结果作为调整公务员工资水平的依据。

福利是指国家和单位为保障和解决公务员工作、生活及家庭中的基本需要和特殊困难，在工资和保险之外给予的非货币化的报酬。国家根据经济发展水平提高公务员的福利待遇。公务员实行国家规定的工时制度，按照国家规定享受休假。公务员在法定工作日之外加班的，应当给予相应的补休。

保险是国家对公务员在退休、患病、工伤、生育、失业等情况下提供的必要的帮助和补偿。公务员保险主要包括养老保险、失业保险、医疗保险、工伤保险和生育保险等形式。国家建立公务员保险制度，保障公务员在退休、患病、工伤、生育、失业等情况下获得帮助和补偿。公务员因公致残的，享受国家规定的伤残待遇。公务员因公牺牲、因公死亡或者病故的，其亲属享受国家规定的抚恤和优待。

(八)申诉与控告

申诉，是指公务员对国家机关作出的涉及本人权益的人事处理决定不服，依法向法定机关提出意见和要求，要求法定机关重新进行处理的法律活动。控告，是指公务员对国家机关及其领导人的失职、渎职、打击报复、栽赃陷害、以权谋私以及其他侵害自己合法权益的违法乱纪行为，向上级机关或者纪检、行政监察机关提出的指控。建立公务员申诉和控告制度，有利于维护公务员合法权益，也有利于发扬民主、克服人事行政中的不正之风。

复习与思考

1. 公共行政组织的特征及其构成要素是什么？
2. 简述公共行政组织的纵向结构和横向结构的优缺点。
3. 管理幅度与管理层次之间有何关系？
4. 联系实际，对首长制与委员会制、集权制与分权制进行比较分析。
5. 简述行政人员的职业特殊性的表现。
6. 简述人事行政的不同发展阶段。
7. 简述公务员制度的结构特征。
8. 简述我国公务员制度的基本内容。
9. 结合实际，谈谈应如何进一步健全与完善我国的公务员制度。

【案例分析】

成都武侯区成立行政审批局　推进政府职能转变

位于成都城区西南边的成都市武侯区行政审批局，是迄今为止我国第一家“行政审批局”，它的招牌刚一亮相，就迎来社会各方面的目光和惊叹，有专家称：这是改革政府职能的破冰之举。该区将发改局等22个区政府部门的行政审批职能整体划转至该局，政府行政审批和监管相互分离，相互制衡，实现了高效透明、真正方便群众的目的。

2006年以来，四川成都市武侯区结合“规范化服务型政府建设”，推进以政务中心“一站式”办公为重点的行政审批改革，在提高行政效率等方面取得了明显成效。

但是，随着政府自身建设的深入推进，这种单纯的地理空间集中而非审批权集中的模式逐渐显现出它的局限性和弊端，最为突出的现象是，政务中心对部门各自为政的审批体制管理显得力不从心。由于窗口审批人员的权限受限，从办证群众手中接过来的大部分审批件都要交回原单位逐级上报审批，这不仅影响审批效率，还常常让办证群众跑了政务中心窗口又跑部门办公楼，跑了不少“冤枉路”。

“这中心，那中心，方便群众才是最大的中心！”武侯区委、区政府的领导深感推进政府审批体制改革事关民意，事关社会经济又好又快发展，势在必行！

针对政务中心存在的问题，武侯区《武侯区行政审批委托试行办法》将办件量小或办件季节性强的10个部门的行政审批权委托给政务中心，初步建立起行政审批局的管理模式，并于2008年10月投入运行。不久之后，成都武侯区区委书记刘守成提出在行政效能和行政审批的改革上先行一步，向纵深推进。同时，四川省委书记刘奇葆同志到实地考察，对成都武侯区的行政审批制度改革给予了肯定，并鼓励他们加快改革步伐。

2009年4月，《武侯区行政审批新机制运行管理暂行办法》正式出台。这个文件依据中央“大部门体制”和决策权、执行权、监督权相分离的改革思路，依据相关法律法规，在全国率先成立了行政审批局，作为深化行政审批改革的突破口，探索建立更加高效、便民的行政审批新机制。

审管分离，使政府职能得以整合和强化。武侯区按照便于监管、方便群众的原则，将区发改局等22个区政府部门的主要行政审批职能划转至该局。行政许可审批职能划转后，由行政审批局集中行使行政审批权，原职能部门主要承担相应的监督和管理职能，实行全新的审批与管理相分离的行政管理体制。

对划转到行政审批局的行政审批事项，按照社会、经济、建设三个领域进行归口整合，设置三个审批科，分别负责相对应审批事项的办理。采用“编随事走、人随编走”的原则，工作人员主要由各行政职能部门原来派驻政务中心窗口的员工担任。

以规范优化审批流程，合理设置审批环节和审批权限为重点，以政务公开为依托，促使权力公开透明运行。

(资料来源：刘裕国. 九成行政许可审批被“收编”. 人民日报，2009-11-23)

问题：

(1) 为何要建立成都市武侯区行政审批局？试用公共行政组织的有关原理进行分析。

(2) 行政效率与公共行政组织之间是什么关系？

【推荐读物】

1. [美]罗伯特·B.登哈特著. 公共组织理论. 扶松茂等译. 北京：中国人民大学出版社，2003

2. [美]加里·德斯勒著. 人力资源管理. 吴霖芳等译. 北京：中国人民大学出版社，2005

3. 教军章. 公共行政组织论. 哈尔滨：黑龙江人民出版社，2005

4. 唐兴霖. 公共行政组织原理：体系与范围. 广州：中山大学出版社，2002

5. 张柏林. 中华人民共和国公务员法. 北京：中国人事出版社，党建读物出版社，2006

6. 周敏凯. 比较公务员制度. 上海：复旦大学出版社，2006

7. 李金龙，黄建红. 完善和超越官僚制：我国行政组织体制改革的理性选择. 湖南大学学报(社科版)，2007(1)

8. 张康之. 行政人员是一个独特的职业群体. 公共行政与人力资源，2000(5)

第三章　政府职能及其治理工具

【学习目标】

通过本章的学习，读者应掌握政府职能的概念、特征；了解政府的职能体系；掌握确定政府职能的意义；了解政府职能定位应该考虑的因素；掌握政府职能的范围；掌握政府失灵的表现及其防范；了解西方国家政府职能的历史演变，掌握西方国家政府职能发展的趋势；掌握我国政府职能转变的必要性与内容；了解政府治理工具的概念及其选择。

【关键概念】

政府职能；政府基本职能；政府职能市场化；政府职能社会化；政府职能服务化；公共物品；政府职能转变；政府治理工具；强制性工具；混合性工具；志愿性工具

【导读案例】

英国是近代海洋强国，建造灯塔有着久远的历史，也最早形成了较为完善的“灯塔制度”，经济学家多是围绕英国灯塔及其收费制度的研究而形成了各自的经济理论。第一个讲出灯塔故事的是近代英国著名经济学家、哲学家穆勒(J. S. Mill)，他早在1848年的《政治经济学原理》一书中就对灯塔作了如下分析：“为了确保航行的安全，建造和维修灯塔、设置浮标等属于政府适当的职责。由于不可能向受益于灯塔的海上船只收取使用费，没有人会出于个人利益的动机而建造灯塔，除非由国家的强制征税给予补偿。”

这里，灯塔因为收费困难、无利可图而又无法排斥那些不付费而“搭便车”的船只，并且增加一只船的使用也不会导致费用的增加，所以，为公共利益考虑，“灯塔服务”只能由政府免费供应。然而，政府建造和维护灯塔由于缺乏利己动机的刺激，很容易导致成本上升、数量减少或质量降低，而且更重要的是，由于人们都来吃这“免费供应的午餐”，必然导致灯塔供给的不可持续。由此，人们开始质疑政府垄断公共物品供给的合理性。

1991年诺贝尔经济学奖获得者、美国著名经济学家罗纳德·科斯(Ronald Coase)通过对英国灯塔制度深入的历史考察，发现事实却恰恰相反，英国早期的灯塔大部分是由私人建造并经营的。这些私人建造者根据船只的大小、所经过灯塔的数量，成功地对私人船主收费，以此作为维护灯塔日常开支的费用并从中获利。后来，灯塔建造者逐渐发现，有些过往的船只总是想方设法逃避交费，或者绕过灯塔行驶，或者以自己熟悉海路为名拒绝交费。这样，慢慢地，私人建造的灯塔就关闭了。但是，对灯塔的需求始终是存在的。1836年之后，政府通过法令，要求领港公会将私营灯塔逐步全部收购(即国营化)，由政府负责建设和维护。但科斯发现，并不是因为私人无法收费，而是因为私营收费过高，才导致灯塔由政府建造。科斯由此得出结论：不是私人灯塔制度本身效率不高，而是政府对相关的制度提供工作没有做好，导致了私人灯塔制度演变为公共灯塔制度。只要政府做好相关的制度保证，政府监管下的私人经营就可以既解决私人交易成本过高的问题，又解决政府经营效率低下和浪费资源的问题。所以，不能由灯塔收费的困难引申出只能由政府提供公共物品的结论。

政府与市场、公共物品与私人物品的关系问题是公共行政学的基本问题之一。传统公共行政认为，由于公共物品的非竞争性和非排他性这一独特性，市场机制在提供公共物品方面是失灵的，像灯塔这样的公共物品只能由政府来供给。但是，现实中，政府在公共物品的供给过程中容易产生资源浪费、效率低下、寻租行为等弊端(所谓政府失灵)，新公共管理运动中提出一种新的观点，即政府供给公共物品，并不等于政府生产所有的公共物品，更不等于政府完全取代公共物品的市场竞争。政府可以直接生产公共物品，也可以通过某种方式委托私人企业或其他公共组织来间接生产。这就是政府职能的市场化和社会化。

(资料来源：王跃生. 没有规矩不成方圆：新制度经济学漫话.北京：生活•读书•新知三联书店，2000)

在当今世界，政府的职能和治理工具问题越来越成为人们关注的焦点，正如世界银行《1997年世界发展报告：变革世界中的政府》所指出的那样，“在世界各地，政府正在成为人们注目的中心。全球经济具有深远意义的发展使我们再次思考政府的一些基本问题：它的作用应该是什么，它能做什么和不能做什么，以及如何最好地做这些事情。”在这里，“政府的作用是什么，它能做什么和不能做什么”指的就是政府职能问题，而“如何最好地做好这些事情”指的就是政府的治理工具问题。

第一节 政府职能概述

政府职能是公共行政的核心内容，是公共行政的本质表现，它满足了公共行政的根本要求，规定着公共行政的基本方向、基本任务、基本方式和作用范围。政府职能是政府机构设置的根本依据，它的实施情况是衡量行政效率的重要标准，也是评价政府工作的依据。政府职能还是行政管理体制和机构改革的关键，是现代中外政府改革的核心所在。

一、政府职能的概念及特征

(一)政府职能的含义

何谓政府职能，历来为中外政治学和行政学者所关注，研究成果颇丰，但是由于所处时间和地域的不同，更由于立场和方法的差异，所得出的结论往往歧义横生，迄今仍是需要讨论的问题。我们认为，政府职能，亦即行政职能，是国家行政机关依法对国家和社会公共事务进行管理与服务时应承担的职责和所具有的功能。它反映着公共行政的基本内容和活动方向，是公共行政的本质表现；同时，它也强调阶级性，兼顾社会性和公共性。从定义看，政府职能包括以下五层意思：①政府职能的实施主体是国家行政机关；②政府职能的主要内容是管理国家和社会公共事务，提供公共服务；③政府职能的实施手段主要是依法行政；④政府职能是完整统一的体系；⑤政府职能是阶级性、社会性和公共性的统一体。

(二)政府职能的特征

政府职能的特征主要包括以下几个方面：公共性、共同性、法定性、执行性、强制性、差异性与动态性等。

(1) 公共性。政府的职能是对国家和社会公共事务进行管理，政府作为人民权力的授予者和委托权力的执行者，应按照社会的共同利益和人民的意志，从保证公民利益的基本点出发，制定与执行公共政策，其根本目的是为社会公众提供普遍的、公平的、高质量的公共服务。这种公共性指的是一种公有性而非私有性，一种共享性而非排他性，一种共同性而非差异性。

(2) 共同性。政府职能的共同性，就是不管在什么时代、什么社会形态和政治制度下的政府职能，都要对社会的公共事务进行管理，这一点是共同的。如中国政府要加强基础设施建设，努力提供社会必需的公共物品和优质的公共服务，比如，修筑铁路、修水电站、修自来水厂等公共设施；同样，资本主义国家的政府也承担这样一种职责，要对公共事务进行管理，要提供良好的公共服务。

(3) 法定性。政府职能的法定性是指政府的一切活动都要在宪法和法律的范围内进行，政府职能的实施手段主要是依法行政。政府职能的法定性主要源于宪法和法律对政府职能的界定，这样，政府职能任何形式的越位、缺位、失位都是不被允许的，都要追究相关行政责任人的法律责任；同时也为公众监督政府职能的行使提供了基本依据。

(4) 执行性。与国家职能中的国家意志表达与制定法律不同，政府作为贯彻和执行国家意志的机关，其职能具有明显的执行性。政府执行力主要表现为对各项政策的执行力。提升政府执行力的实质和关键也就是增强和提高各级政府对政策的执行力。

(5) 强制性。政府职能的强制性是指它的实施要以国家强制力为后盾，任何人、任何团体都不得阻碍政府职能的正常行使。政府职能的强制性源于国家权力机关的授予，受到法律、法规的法制规定和制度保障，比如，政府有依法收税权，可以对任何形式的偷税、漏税行为在法律规定的范围内进行强制行的处罚。

(6) 差异性。政府职能的差异性就是指在不同社会政治制度下的政府，政府职能的阶级属性不同、职能范围有差异、管理的侧重点也有差别。如，国家的历史、文化、政治制度的差异决定了世界各国政府管理社会经济的模式的差异，这种管理社会经济模式的差异在一定程度上就会影响到政府职能作用的范围。比如，英美国家倡导自由市场经济模式，政府管理社会经济的范围就要小一些；中国则是政府主导型的市场经济模式，政府管理社会经济的范围就要多一些，相比英美国家，宏观经济调控手段和措施要多得多。

(7) 动态性。政府职能的动态性就是指政府职能始终是变化的，是随着社会经济的发展而变化，随着时间、地点的变化而不断变化的，这取决于市场经济条件下政府与市场关系的演变、政府与社会关系的力量对比以及政府与自然界的关系互动。

二、政府职能体系

政府职能是政府运作的核心，它是一个完整统一的职能体系。一般来说，政府职能体系分为政府的基本职能和政府的运行职能。

(一)政府的基本职能

所谓政府的基本职能，就是依据政府管理的事务的性质而划分的政府职能，是最普遍的一种政府职能分类法，是行政组织建立和政府机构设置的主要依据。它包括政治职能、经济职能、文化职能和社会职能四种类型。

1. 政治职能

政治职能是维护国家统一的政治秩序，对外捍卫国家安全、对内维持社会秩序的基本职能，其核心在于维护和巩固国家政权。它包括专政职能和民主职能两个方面。专政职能表现为国家行政机关必须运用职能机关，防范和打击敌对势力和反社会分子，保障现代化建设事业的顺利进行。具体说来，包括加强国家军事管理、外交及对外事务管理，防御外来敌人的侵略和颠覆，保卫国家的独立和主权，保卫公民的合法权益和生命安全，同时承担起应有的国际义务，保卫世界和平，打击和惩治各种违法犯罪分子，维护正常的政治秩序、经济秩序等。民主职能表现为政府必须进一步完善各种民主制度，建立健全民主监督程序，提高政府活动的公开性、民主性，不断扩大政府同群众联系的渠道，提高公民的参政意识，完善公民参政议政的机制等。

2. 经济职能

经济职能是指为了国家经济的平稳运行和发展，政府在国家经济管理活动中的职责范围和应发挥的作用。在社会主义市场经济条件下，政府的经济职能比以往任何时期都显得更为重要，它是对市场调节局限性与不足的一种有效补充。根据我国社会主义市场经济发展的不同阶段和具体国情，政府的职能主要是统筹规划、掌握政策、信息引导、组织协调、提供服务和检查监督。概括起来包括：保持社会总需求与总供给的动态平衡，确保经济稳定、协调发展；制订中长期经济发展计划，实现国家和地方经济发展目标；制定各种法规和规章，并就执行情况进行监督检查；制定产业政策和重大投资政策，优化生产力布局和产业结构；实施有效的税收政策，调节行业之间、企业之间、个人之间的收入；健全市场体系，健全市场监督，维护市场秩序，依法行政，保护企业的合法权益；直接控制必须由国家经营的某些行业企业，保证国民经济的有效运转；提供信息引导，推进市场的完善和发展；建立和完善社会保障体系。

3. 文化职能

文化职能是指政府为满足人民群众日益增长的物质文化生活的需要，依法对全民的思想道德建设以及教育、科技、文化、卫生、体育、新闻出版、广播影视、文学艺术等方面的管理。这是建设高度发达的社会主义精神文明所必需的。文化教育职能的具体内容是：制定教育、科学文化事业的发展战略和规划，并负责具体实施；颁布教育、科学文化事业的发展政策、法令和规定；指导、监督、协调各地区各部门对教育、科学文化事业的发展；

有领导、有秩序地逐步开展教育、科学文化体制的改革；采取切实措施加强全民的思想道德建设。

4. 社会职能

社会职能是指为社会提供各种服务和搞好社会保障，搞好诸如环境保护、医疗卫生、城市规划、旅游娱乐以及建立健全养老保险制度和待业保险制度，逐步完善社会保障体系等。我国公共行政的根本宗旨是为人民服务，因此，搞好社会管理与社会服务，改善人民生活是我国公共行政的一项重要职能。社会职能的具体内容有：制定各种社会福利的法律、法规，建立完善的社会福利和保障体系；建立健全社会福利管理体制，加强对社会福利工作的指导、规划和协调；筹集社会保障基金，奠定社会福利事业的物质保证基础；创办各种社会服务事业，解决涉及百姓日常生活的各项设施和问题；保护和合理利用各种自然资源，努力开展对环境污染的综合治理，加强生态环境的保护等。

(二)政府的运行职能

政府的基本职能必须通过各管理环节才能实现，这个实现的过程就表现为政府的运行职能。关于政府运行职能的内容，综合国内外学者的不同概括，其基本内容包括以下四类。

1. 决策职能

决策职能是指政府为完成某一特定时期内的任务，制订战略目标，确定实施步骤的管理过程。决策职能是公共行政过程的首要职能，因为在管理过程中，无论是计划、组织、领导还是控制，其工作过程说到底都是由决策的制定和决策的执行两大部分活动所组成的。行政组织进行管理活动，首先必须根据客观实际资料，确定行政目标和任务，并具体设计出实现目标的方案、步骤、方法等。决策活动贯穿于行政过程的始终，具体说来，它包括：制订行政组织的战略目标；围绕战略目标，制定可供选择的方案；对方案进行分析评估，选择切实可行的最优方案；确定具体的实施步骤。

2. 组织职能

组织职能是指为了有效地实现既定的公共行政目标和任务，通过建立行政组织机构，确定职位、职责和职权，协调相互关系，从而将组织内部的各个要素联结成一个有机的整体，使人、财、物得到最合理的使用。任何管理目标和任务都要通过一定的组织机构和具体的指挥活动才能完成，所以，组织是一项重要的决策运行职能。组织职能的要求是，通过科学设计组织结构和权责关系，合理安排和指挥组织系统内各种机构及各类人员的工作。公共行政的组织职能具体表现为：对机构的设置、调整和有效运用，搞好编制管理；对组织内部的职权划分和人员的选拔、调配、培训和考核；对具体行政工作的指挥监督等。

3. 协调职能

协调职能是指行政组织领导者从实现组织的总体目标出发，依据正确的政策、原则和工作计划，运用恰当的方式方法，及时排除各种障碍，理顺各方面关系，促进组织机构正常运转和工作平衡发展的一种管理职能。协调活动是公共行政过程的核心环节。可以说，每一项政府职能的开展，都离不开协调。有了协调，组织可以收到个人单独活动所不能收到的良好效果。公共行政的协调职能可分为内部协调和外部协调两大类。无论是内部协调还是外部协调都要协调好三方面的关系：上下级之间的关系，包括上下级政府机关、领导与群众之间的关系；同级之间的关系，包括平行的部门、单位、职位之间的关系；计划方案利益攸关方之间的关系。通过行政协调，理顺、沟通各方面的关系，减少、消除不必要的冲突和能量损耗，从而建立和谐的分工合作、相互促进的联系，实现公共行政目标。因此，公共行政过程必须重视公共关系与协调功能的发挥。

4. 控制职能

公共行政的控制职能是依据行政计划标准，来衡量计划完成情况并纠正计划执行中的偏差，以确保行政目标和计划目标实现的管理活动。控制职能的发挥，包括确立控制标准、获取偏差信息、采取措施进行调节和实行有效监督等几个环节。控制职能在具体表现形式上可分为前馈控制、现场控制和反馈控制。因此，要实现控制职能，基本前提就是要有计划和标准，要有健全的组织机构和得力的控制手段。控制职能贯穿于公共行政活动的全过程，为了有效地发挥控制职能，必须进一步建立健全监督控制的组织系统，采取配套的、有效的控制手段，以保证公共行政目标和任务的顺利完成。

三、确定政府职能的重要意义

政府职能是公共行政的核心内容，直接体现公共行政的性质和方向。政府职能主要是解决政府是“干什么的”、“应该干什么”、“不应该干什么”、“正在干什么”等问题。通过了解政府职能，就可以把握公共行政活动的任务、内容、范围和方向。因此，正确地确定政府职能，对于发挥政府作用，有效地组织各项管理活动，具有极为重要的理论和实践意义。

(一)政府职能是行政组织建立和人员配备的基本依据

政府职能与政府机构是辩证统一关系，这可以从两方面来理解：一方面，政府机构是政府职能的物质载体，政府职能的实施主体就是政府机构，政府职能实施手段也依赖于政府机构的选择，政府职能要想高效地执行，就必须通过政府机构来实现；另一方面，政府机构设置必须依据政府职能这一重要标准，这决定了行政组织机构的运作效率，对行政组织的发展影响很大。西晋的哲学家傅玄在其著作《傅子·安民》篇中说：“量时而置官，则吏省而民供。吏省则精，精得当才而不遗力。”这就是说要根据社会环境的现实，根据政府职能的现实来设置政府机构职位。政府职能的状况在很大程度上决定了政府机构的设置、规模、层次、数量以及运行方式。

(二)政府职能是行政组织管理活动科学化的重要基础

政府职能不仅是政府机构设置的根本依据，还是行政组织管理活动科学化的重要基础。科学、合理的政府职能不但确定了行政管理活动的任务、目标和方向，也是约束行政管理活动的重要尺度。以当代中国公共行政为例，现代公共行政活动的缺陷主要是职能不到位，而且存在某些方面的缺失。本来行政机关的职能定位应该是经济调节、市场监管、社会管理、公共服务，但是过去我们比较注重市场监管和经济调节，而忽略社会管理、公共服务，这是造成当前我国政府职能越位、错位、缺位现象的重要原因。因此，职能上的定位需要进一步明确，政府要把更多的注意力和精力放在社会管理与公共服务上，实现职能的真正转变。

(三)政府职能转变是行政管理体制和机构改革的关键

行政管理体制和机构改革，要紧紧抓住政府职能这一关键因素。建国后尤其是改革开放以来，为适应客观环境的变化和现实社会的需要，我国的政府机构和职能曾数度改革和调整，却由于对政府职能缺乏系统认知和合理规划，只是治标不治本，片面强调减人、减机构，致使政府机构改革和职能变革一波三折，虽历经多次改革，始终达不到应有的效果，但至今仍踯躅于精简—膨胀—再精简—再膨胀的怪圈。因此，政府机构改革要根据政府职能的变化来进行。

(四)政府职能的实施情况是衡量行政效能的重要标准

政府职能是公共行政的基本内容，公共行政的最终目标在于追求行政效能的不断提高。一般来说，影响行政效能的因素很多，比如行政组织机构的设置、工作人员状况、工作环境、工作程序等。但衡量行政效能高低的最终标准，应该要看整个政府职能发挥的好坏。如果政府职能配置合理，实施效果良好，行政效能就可能得到提高；反之，政府职能实施效果差强人意，行政效能就低下。

(五)政府职能关切到政府的合法性与稳定性，关切到改革的成效

经济决定政治，政治对经济具有反作用。一方面，政府职能和机构设置只有适应经济体制改革的需要，才具有合法性与稳定性；另一方面，合理、精简的机构和优化、高效的政府职能才能推进经济体制改革的顺利进行，政府职能优劣与改革的成果高度相关。

第二节 政府职能的定位与范围

政府职能的定位与范围问题是政府行政管理体制的核心问题。在不同的时代、不同的社会形态下，在不同的社会政治制度下以及在社会发展的不同阶段，政府职能的定位与范围都存在差异，关于政府职能范围的确定的争论也由此而起。但从各国公共行政的实践来看，政府职能的发展变化又具有一定的规律性，即政府职能的定位与范围总是通过处理政府与市场、政府与社会、政府与企业等的关系来实现的。

一、政府职能的定位

(一)政府与市场的关系

在现代市场经济中，政府与市场是两种基本的制度安排。而围绕着这两种制度安排在资源配置中应起多大作用问题的争论，构成西方经济学史的基本主题。正如林德布罗姆所言，政府与市场的关系既是政治学又是经济学的核心问题。归纳经济学说史关于政府与市场关系理论的不同观点，主要有四种类型。

(1) 在理想的政府和理想的市场之间进行理论比较所形成的观点，如古典学派的观点。古典经济自由主义的集大成者和奠基人亚当·斯密(Smith)在《国民财富的性质和原因的研究》中对私人经济活动和“看不见的手”表现出强烈的肯定态度，而对政府职能表示了极大的怀疑。他把国家比喻为“守夜人”，明确地对政府职能做了三点限制：首先，保护社会免受其他独立社会的暴力与侵犯的职责；其次，尽可能地保护每一个社会成员免受社会中其他成员的不公平对待和压迫的职责，或者建立一套严密的司法制度；第三，建立并维护某种公共事务和公共机构的职责，此种建立和维护从来不是为了任何个人或少数人的利益。在斯密看来，只要实行自由放任，在“看不见的手”的引导下就能促进国民财富增长，政府是一种“必要的邪恶”，因而奉行“最好的政府就是最小的政府”。但 20 世纪 30 年代资本主义经济危机的爆发，使古典学派的这种观点面临前所未有的挑战。

(2) 在理想完善的政府和现实不完善的市场之间进行比较所形成的观点，如传统的社会主义经济学和凯恩斯主义经济学的观点。传统的社会主义经济学认为，资本主义经济危机的根源在于其私有制和自由市场制度的自发性、盲目性和无政府主义，因此要由以公有制为基础的、无市场货币关系的社会主义计划经济取而代之。这实际上肯定了政府的存在，而否定了市场的必要性。而凯恩斯主义经济学认为，自由市场制度是一种有效的机制，它能够保障个人自由并激发人们的创造性，但市场机制本身存在缺陷，必须引入政府对经济进行干预，从而彻底否定了斯密提出的关于“看不见的手”引导下能够自我完善的市场机制。凯恩斯主义经济学为政府干预理论作出了革命性贡献。但到了 20 世纪 60 年代末期，由于长期采用凯恩斯主义经济政策，过度强调政府的作用，西方各国出现了“滞胀”现象，凯恩斯主义受到严峻的挑战。

(3) 在理想完善的市场与现实不完善的政府之间进行比较形成的观点，如新古典学派及各种自由主义经济学的观点。以马歇尔为代表的新古典经济理论摒弃历史和政策的因素于理论之外，只把政府作为既定的“背景条件”，从而专注于市场变量决定问题的研究，精细揭示市场资源配置的内在机理。这实际上是把市场作为配置资源的唯一机制，并且是无摩擦、无成本的“思想机器”，从而在另一个极端上为人们认识和把握政府和市场的关系提供了具有“片面深刻性的”经济学说。

(4) 在现实不完善的政府与现实不完善的市场之间进行比较所形成的观点，如西方新政治经济学尤其是新制度经济学的观点。新政治经济学应用经济学的理论假定和分析范式，研究政府—政治过程，以市场经济条件下的政府行为的限度以及政府失灵问题为重点，从而对政府与市场之间的关系提供了经典的经济学解释，指出市场的缺陷并不是把问题交给政府处理的充分理由，政府和市场是两种可以相互替代的资源配置方式和具体制度安排。也就是说，在现代经济中，并不存在完全的市场，也不存在完全的政府，市场与政府间的选择并非是在一个完善与不完善之间的选择，而是在不完善的程度与类型之间，在缺陷的程度与类型之间的选择。目前，这种观点已成为西方占主导地位的观点，并成为各国政府确定政府与市场关系的指导思想。

1991 年，世界银行《世界发展报告》以“发展面临的挑战”为题，重新评价了政府与市场在促进经济发展中的作用，提出政府与市场相互协作的“亲市场”战略。该报告认为，在促进经济发展的过程中，作为两种基本的制度安排，政府与市场起着互补作用，政府应支持而不是抵制市场的作用。

在西方市场经济国家的具体实践中，政府与市场关系的内部结合也有多种不同的模式，如美国模式、日本模式、德国模式等。美国属于自由主义的市场经济，其政府与市场关系的形成是与美国自由主义的文化传统密不可分的。该模式的核心内容是：强调市场力量对经济发展的促进作用，认为政府对经济发展起次要作用；推崇企业家精神，崇尚市场效率而批评政府干预；政府进行调控与否往往以是否有利于消费者利益为目标，而较少从生产者角度出发。日本属于政府主导型市场经济，其政府与市场关系的形成是建立在长期坚持经济优先、效益优先、企业优先和战略产业优先的基本国策的基础之上的。该模式主要具有三个特征：强调政府宏观调控与发挥市场机制相结合；政府不是市场经济活动的主体，而是市场经济主体(企业)的帮手；政府的宏观调控以实施产业政策为主要内容。德国属于社会市场经济国家，在政府与市场的关系上，其原则是政府要尽可能少干预，只给予必要的干预；政府在市场经济中起主要调节作用，并为市场运作提供总的框架。

通过对西方国家政府与市场关系理论与实践的简略考察，我们可以发现，无论是政府还是市场都远非完善的，都存在一定的缺陷。因此，在处理政府与市场的关系时，并不是要在纯粹的政府与纯粹的市场之间进行抉择，而是要根据各国的国情，充分发挥政府与市场的互补作用。

(二)政府与社会的关系

政府与社会的关系问题，既是一个重大的理论问题，也是各国公共管理改革中面临的一个重大实践问题。国家一经产生，政府与社会的关系问题就引起众多思想家的关注与思考。不同的历史时期，形成了不同的理论，并且以相应理论为依据，提出了不同的政策主张。一般说来，西方国家关于政府与社会的关系，主要有三种不同的理论。

(1) 无政府主义理论。在看待政府与社会的关系方面，无政府主义理论认为政府是一切社会祸害的根源，渴望社会和谐与均衡，主张立即废除政府，用一种有生命力的、自愿合作的自治组织来替代政府，以实现个人的绝对自由和社会的完全自治。该理论产生于近代，但其渊源可追溯到久远的古代社会。无政府主义在不同的时期、不同的国家有不同的表现，但就其实质而言，个人主义是无政府主义理论的出发点与归宿，个人至上是无政府主义者衡量一切社会问题的唯一标准。

(2) 国家主义理论。在看待政府与社会关系方面，国家主义理论走向了另一极端，它通过神化国家来解释政府与社会的关系。该理论认为，国家是神圣的，政府是万能的，国家高于、优于社会，社会的存在必须以国家的存在为前提；社会公众必须完全归顺政府，社会问题必须由政府来解决，社会不能自行其是、脱离政府，否则后果不堪设想；政府必须对社会进行实施全面的控制和管理，以追求“普遍利益”或“公共福利”，维持国家稳定。国家主义理论也有悠久的历史，最早可追溯到柏拉图的贵族主义的“理想国”，但真正开创政府神圣万能论之先河的是德国的费希特，黑格尔将其发扬光大。

(3) 自由主义理论。自由主义理论是在反对专制、争取民主的斗争中形成的，其思想基础是理性主义和个人主义。传统自由主义产生于17、18世纪的英国，主张政府权力必须受到限制，反对政府对社会的奴役，奉行“政府是必要的邪恶”的观点；到20世纪以后产生了新自由主义的思潮，它背离了传统自由主义，主张政府的积极干预；然而到了20世纪六七十年代，政府的积极干预带来了巨大的社会问题，人们开始怀疑政府干预的合法性和合理性，在此情况下，产生了向传统自由主义回归的当代自由主义理论。在看待政府与社会的关系方面，当代自由主义理论认为，政府对社会而言是必要的，政府应当承担社会管理的职能，政府的主要作用是保护公众的个人自由和社会秩序；政府不能太多干预社会，更不能取代社会，需要有相对独立的市民社会，以便市民阶层享受自由的空气；政府的权力应有一定的界限，只能限定在保护个人自由的限度内，政府不能成为权力过分巨大的怪物，必须受到法律的限制；政府权力有被滥用的可能性，社会应对政府的权力进行制约。

西方资本主义的发展经历了自由资本主义和垄断资本主义两个阶段，西方国家处理政府与社会关系的实践在不同的阶段又有着很大的不同。在早期自由资本主义时代，盛行的是自由主义的理论与政策，西方国家普遍信奉“最小的政府就是最好的政府”。政府是社会的“守夜人”，主要起到维护社会秩序的作用，而较少承担社会管理的职能，政府对社会的管理受到严格的限制。但是，市场并非万能，并非所有的社会问题都可以依靠市场来解决。随着资本主义自身的发展，尤其是工业革命后的经济、社会状况的巨大变化，西方各国政府已由较少承担社会管理职能转变为逐步扩大社会管理职能，政府与社会的关系已由早期市民社会与政治社会的分离变为政府权力向市民社会的逐渐渗透。

20世纪以后，政府在加强经济干预的同时，也加强对社会的管理，政府的角色已深入到社会生活的方方面面。现代政府职能扩展的一个重要表现是“福利国家”的出现。在处理政府与社会的关系上，“福利国家”政策强调政府对社会的积极干预，政府作为社会管理的主体，广泛地干预社会事务，涉及的管理事务是“从摇篮到坟墓”；政府不应仅是社会的“守夜人”，而更多的则是扮演社会的“管家婆”角色。“福利国家”政策极大了缓和了资本主义国家的内部矛盾，有利于社会的稳定与发展。然而，随着社会的发展，“福利国家”出现了严重的社会危机，导致了政府与社会关系的新的失衡，造成财政入不敷出、社会财富严重浪费、政府规模扩张、市场作用减弱等。而且，政府全面干预社会致使个人的自由权利受到侵犯，政府的合法性出现危机。20世纪80年代以后，西方各国政府开始对“福利国家”政策进行检讨与反思，在社会管理方面呈现出多元化、分散化和民营化的趋势。政府一改原先由自己直接包办各种社会福利和社会服务，而是通过市场、非营利组织、其他社会团体共同参与社会管理，这既大大减轻了政府负担，又释放了市场组织和非营利组织的能量，极大地提高了效率和服务质量。

(三)政府与企业的关系

企业作为一个国家国民经济的基本构成单位，是一种以营利为目的、从事商品与服务的生产和经营的经济组织。政府的经济作用归根结底表现为政府与企业的关系。政府与企业关系理论实际上是建筑在对政府与市场关系的理解之上。由于企业一般分为私营企业和公共企业两种，因而西方国家处理政府与不同性质的企业之间的关系是不一样的。

在自由资本主义时期，古典经济学者主张对私营企业实行自由放任的政策，认为市场力量就像一只“看不见的手”引导着企业和消费者的行为，企业和消费者自主地决定生产和消费，政府对企业的干预应降低到最低限度。但自由市场经济的实践和现代经济学的发展表明，市场并非尽善尽美，市场失灵为政府干预企业提供理由。因此，在现代西方各国，政府远非如斯密所主张的那样无为而治，企业也不是完全自由，政府对企业应发挥一定的作用。概括起来，西方国家政府主要是通过法律与经济手段对私人企业实施规范与管制、促进与援助以及间接引导，但在不同的国家中，政府对私营企业的影响程度不尽相同。

公共企业也是西方国家普遍存在的经济现象。西方国家建立公共企业的理由包括：私营部门提供商品和服务的不足；挽救行将倒闭的、关系到公共利益的私营企业；改善竞争环境；降低社会成本(如环境的外部性)；甚至在某种程度上保护国家主权。在大多数西方国家，公共企业在很长一段时间内都是公共部门的重要组成部分，如何处理政府与公共企业的关系则成为公共企业存在的永恒问题。如果控制过于严厉，公共企业作为独立实体存在的优越性就无从发挥；如果政府控制过于宽松，公共企业可能不对其所有者(公众)承担责任。当前西方各国政府一方面对公共企业实行分级所有、分类管理，采取多样化的管理形式和严格的监督，另一方面通过出售、放松管制、签约外包等形式实施民营化，以改善政府与公共企业的关系。

二、政府职能的范围

通过对政府与市场、政府与社会、政府与企业等关系的考察，概括起来，在市场经济条件下，政府基本的角色或职能主要有以下几个方面。

(一)提供经济基础

政府为市场经济的正常运转提供必需的制度、规则和安排。这包括对产权的界定与保护，合同的强制执行，为货币、度量衡、公司章程、破产、专利、版权提供标准，法律秩序的维护以及关税体系。现代经济社会也是政治的体系，没有政治体系为其提供的游戏规则和经济生活的框架，经济体系根本无法运行。实践证明，市场交易的前提是受保护的财产权，得到维护的交易秩序和对纠纷的有效解决，而政府则提供安全、秩序和公正的、具有规模经济的制度安排。

【案例 3-1】2007 年深圳华为公司组织安排满 10 年以上工作年限的员工主动辞职，辞职员工随后即可以竞聘上岗，职位和待遇基本不变，唯一的变化就是再次签署的劳动合同和工龄。全部辞职老员工均可以获得华为公司支付的赔偿，总计高达约 10 亿元。主要原因是：公司为了避免承担即将在次年 1 月 1 日实施的《劳动合同法》的有关规定，该法规定，用人单位在雇用员工满 10 年后必须签订无期限的劳动合同。华为此次“买断工龄”事件引发各方关注。

针对此事件，2008 年 5 月 8 日，国务院法制办公布了《劳动合同法》实施条例草案，对《劳动合同法》部分条文不清晰、界定模糊等地方做出补充和说明。其中，条例草案中的第十三条规定，劳动合同解除或者期满，用人单位未依法支付经济补偿，或者未办理解除、终止劳动合同的手续并办理工作交接手续，仍继续留用该劳动者的，视为续订固定期限劳动合同。这一条款其实就是针对“华为买断工龄”事件做出的补充规定。这样，今后再有类似华为想法的企业，都将无法实施买断工龄的措施了。

问题：如何理解“华为买断工龄”事件与国务院法制办公布的《劳动合同法》实施条例草案中第十三条规定的出台？

分析：

在本案中，实施的《劳动合同法》的一个很重要的目的在于有效地保护消费者的权益，这是政府为市场经济的正常运转提供必需的制度、规则和安排，是政府市场监管、社会管理、公共服务职能的重要体现。然而，华为公司针对该法规“用人单位在雇用员工满十年后必须签订无期限的劳动合同”的规定预先采取了相应的对策：买断工龄，重签合同。这在一定程度上侵害了劳动者的切身利益。

为了实现正义、秩序和稳定，在经济上保护弱者、抑制强者的行动，国务院法制办在随后公布的《劳动合同法》实施条例草案第十三条中做了补充性规定和解释，今后再有类似华为想法的企业，都将无法实施买断工龄的措施了。

(资料来源：中国网，2007-11-05)

(二)提供各种公共物品与服务

有些有益于整个社会的公共物品对个人而言却很难根据使用的数量而付费。一旦将这些公共物品提供给某一个人，整个社会都可享用它们，出现“搭便车”现象。这些公共物品具有应用的广泛性、不可分割性以及非排他性等特征。这些特征使公共物品很难禁止他人不付费而坐享其成，从而使得私营部门很少有诱因去生产，造成公共物品与服务不足。因此，政府有必要介入提供这些公共物品。典型的公共物品包括国防、道路与桥梁、航行救助、洪水控制、下水道清理、交通管理系统以及其他基础设施。但政府干预并不意味着由政府全部直接提供，对一些公共物品或准公共物品政府可通过私营部门来提供。

(三)解决与调整团体冲突

在一个社会中，不可避免地会发生各种各样的冲突。政府得以存在的一个基本理由是需要解决和缓解社会冲突，以实现正义、秩序和稳定。这包括在经济上保护弱者、抑制强者的行动。政府可以通过制定童工法、最低工资法和劳工补偿计划等以平等取代剥削。

(四)维持竞争

从某种意义上讲，市场机制的有效性来源于市场中的有效竞争。但竞争在私营部门中并不总能持续进行，这常常需要政府干预以确保企业竞争的真正实现。离开政府的控制，自由企业制度的优越性将无从体现。如果缺乏适度的管制，一些公司将会发展成卡特尔集团，限制其他企业进入该行业，并自行制定商品价格。

(五)保护自然资源

我们不能仅依赖于竞争性力量来防止资源浪费、保护自然环境不受侵害以及确保后代的利益不致受损。市场活动对环境的破坏是外部性和市场失灵的例证。只有政府才能缓解这种对环境的破坏。

(六)收入与财产分配的调节

就全体人民而言，市场运行有时会产生某些残酷的或社会难以接受的后果，如贫困、失业、营养不良等。其他一些人则由于疾病、年迈、缺少文化或其他什么原因而被排除在市场经济之外。这就需要社会有一种公平再分配的机制。由于政府拥有强制征税的权力，从而使其能大规模进行再分配工作，并且能通过税制解决由于市场的不完备性和垄断定价产生的收入分配问题。政府实现再分配的直接手段有：税收转移、累进所得税及对高收入消费者购买的货物进行课税。

(七)保持经济稳定

在市场经济中，充分就业与物价稳定不会自动实现，相反会出现周期性的经济波动。而政府则可以通过财政预算、货币政策以及对工资与物价的调控等行为来缓解这种波动，以保持宏观经济的稳定。尽管政府行为经常存在缺陷，甚至有时是错误的，但社会依然认为政府应当对国家经济负责，并且社会还普遍对政府抱有期望，认为政府应试图解决任何问题。

三、政府失灵的表现及其防范

政府失灵(government failure)是现代市场经济国家政府干预所产生的一种普遍现象，是一个重大的理论与实践课题。西方学者特别是公共选择与政策分析学者对这个问题进行了较长时间的研究，形成了颇为系统的“政府失灵理论”。

(一)政府失灵的类型与原因

所谓政府失灵，是指由于政府机制存在的本质上的缺失，而无法使资源配置效率达到最佳的情形。依据公共选择与政策分析学者的研究，典型的政府失灵的类型与原因在于以下几个方面。

1. 成本和收益的分离：过剩和成本提高

无论市场怎样不完善，它都是与生产成本的活动相联系，这种联系是由价格决定的。政府活动因为缺乏任何价格的指引，便割裂了这种联系，因为维持政府活动的收入具有非价格来源，即来源于政府的税收等。由于缺乏这种联系，使得政府产生的价值同生产它的成本割裂。这种割裂意味着资源错误配置的程度增加，因此，无论公共政策采取何种形式(管制、直接提供)，政府活动的一个趋势是明显的多余成本，从而导致社会资源的浪费。

2. 政策制定的复杂性和低质的政策

公共政策的制定是一个复杂的政治过程，由于选民的理性无知、利益集团对公共政策的影响、等级制和官僚制本身的障碍、政治家的偏好因素，以及政府部门的本位主义和机关利益等各种因素的综合存在，使得政府的公共政策并不能反映公共的利益，也不符合有效率的资源配置。

3. 内在性问题

公共组织为了进行其内部的管理，需要发展它们的标准或规则，这些标准或规则即内在性(internalities)，即用来评估机构的运行和机关人员的行为标准或准则。这些标准很接近“私人”的组织目标，因为机构内的动力是由个人或集体的行为产生，而不是机构为公共的目的和责任产生的。政府组织内在性是规范组织运作的重要因素。正如外部性因素对市场经济的影响一样，内在性也同样影响着政府。外部性意味着社会成本和利润没有包含在私人决策者的考虑之中，而内在性则意味着“私人”的或组织的成本和利润很可能支配公共决策者的计算。市场失灵的核心是外部性，而政府失灵的核心是内在性。内在性在政府机构中的具体表现为：①预算的内在性。由于政府机构缺乏利润作为评判的标准，政府至少将预算规模作为其主要的目标。②机构的内在性。追求工作人员数量的扩张和高技术可能成为政府的目标。③信息的内在性。信息本质是一种权力，而控制信息使之转化为有价值的产品或权力可能成为一个目标。由于内部性的存在，政府机构运作的成本大大提高了，而其成本则被广大的纳税者分担了。

4. 政府组织的低效率

政府是唯一的对其成员拥有强制力且有权征收义务税的组织，从这个意义上讲，政府是名副其实的自然性垄断者，“就此一家，别无分店”。由于缺乏竞争，政府管理部门以及管理者缺乏竞争的压力，政府官员亦缺乏企业管理的理念，没有降低成本和改善服务的动力，缺乏追求利润的动机，这样导致运作的低效率。

5. 另一种分配的不公平

政府作为一个拥有强制力进行分配的组织，这是其优势，也是其缺陷。因为政府运用权力进行收入分配时，不仅使财富从富人手中转移到穷人手中，而且也可能使财富又从穷人手中转到政治力量强的阶层手中。由政府活动产生的分配不公平，通常不是集中在收入或财富上，而是集中在权力或特权上。由于政府的公共政策本质上涉及价值和权力的分配问题，而这种再分配都给不公正和滥用职权提供了机会。

6. 寻租行为

根据布坎南的定义，租金是支付给资源所有者款项中超过那些资源在任何可替代的用途中所得款项的那一部分，是超过机会成本的收入。

寻租(rent-seeking)是指在某种政府保护的制度环境中个人寻求财富转移的活动，或者追求非生产性利润的活动。寻租与寻求利润不同，寻求利润是生产者通过自身的市场生产力而获得高于生产成本的那部分收入，而寻租则是政府干预的结果。在政府干预的情况下，寻租者从政府那里寻求到某种特权，从而某项资源具有垄断权，或者任何其他方面的政府庇护以保证寻租者按自己的意愿生产。寻租的结果是导致社会资源的浪费，主要表现在：首先，为了获取租金，寻租者需要花费时间、精力和金钱，这种活动对社会没有任何效率；其次，如果寻租得以实现，相关生产者和消费者将由于政府干预而付出代价，这种代价之和比寻租者所得到的利润额还要高；最后，整个社会也同样为此行为付出“道德的成本”，甚至于政治的成本。

7. 政策执行的无效率

政府干预的公共政策能否达成预期目标，不仅取决于政策设计，亦取决于政策执行。但是在实践中，由于各种因素的存在导致公共政策不能达到预期目标，而导致政府的无效率。典型的情景有：部门利益的存在使得部门可能出现“损公肥私”的情况；地方利益的驱动使地方政府作出与政策目标相反的选择；因委托—代理关系而导致的“逆向选择”和“道德风险”；沉淀成本(sunk cost)的存在，在执行过程中，可能会发现政策有误，但政府部门因过去计划投入的资源，而不愿终止原有计划，因为怕背上“政策失误”的罪名。

上述政府失灵的表现表明，市场失灵并不是把问题转交给政府去处理的充分条件，市场解决不好的问题，政府未必解决得好，甚至会把事情弄得更糟。

(二)政府失灵的防范与纠正

针对政府失灵现象，公共选择与政策分析学者主要围绕改革公共政策体制及政治制度、利用市场力量两方面提出了防范与纠正政府失灵的对策措施。

1. 改革公共决策体制与政治制度

公共选择理论认为，政府失灵是由西方公共选择或公共决策体制的缺陷所造成的，实质上是西方政治制度的失灵。因此要避免政府失灵，首先必须改善现有的西方民主政体，发明一种新的政治技术和表达民主的方式。公共选择理论提出了改造现有西方民主政体的具体措施。①进行立宪改革，改进政府—政治过程，为政策制定提出一系列所需的规则与程序，从而使决策方案更合理，减少或避免公共决策的失误。②对政府的财政过程尤其是公共支出加以约束。要有效地抑制政府的扩张与浪费，必须在政府的财政过程上下工夫，通过财政立宪、税制选择、平衡预算和税收支出的限制等措施来约束政府的财政过程尤其是公共支出。③完善表达民主的方式以及发明新的政治技术，以克服现有民主政体，尤其是投票规则或公共决策方式的各种缺陷。

2. 利用市场力量改进政府效率

公共选择与政策分析学者主张用市场力量来改善政府的职能，提高政府效率，以克服政府失灵现象。他们认为，市场力量是改善政府职能的基本手段，通过在政府管理中输入市场因素，可以缩小政府失灵的影响范围。他们还提出了如何运用市场力量提高政府效率的具体措施。如威廉·尼斯卡宁在《官僚机构与代议制政府》中提出了三项措施：①在政府内部重新确定竞争机制；②在高层行政管理者中恢复发挥个人积极性的制度，其作用将与利润在私营部门中的作用相同；③更经常地采用由私营企业承担公用事业的政策，即更多地依赖市场机制来生产某些公共物品或公共服务。政策分析学者韦默和维宁在《政策分析》一书中提出了利用市场机制来纠正政府失败的三种方法，即解放市场、促进市场和模拟市场。应当说，这些措施与方法对有效地防范与纠正政府失灵现象发挥着积极的作用。

第三节　西方国家政府职能的演变及其趋势

政府职能既是一种政治范畴，也是一种历史范畴，它随着社会历史的发展、国家性质、社会形态、历史形势和任务的变化而不断改变配置方式和运行方向。比较分析西方国家政府职能的演化，从理论上厘清西方国家政府职能的演化历程，准确把握政府职能发展的基本趋势及其本质，对于当今中国政府职能的转变与发展，无疑具有极为重要的借鉴意义。

一、西方国家政府职能的演变

政府职能的演变实质上是政府机构的结构和规模、政府权力的大小和作用领域的变迁。在市场经济发展的过程中，始终存在两种截然相反的观点，即经济自由主义论和政府干预主义论。围绕经济自由主义和政府干预主义的论争，市场经济发展的数百年间，西方国家在理论上大体上经历了三次大论战，在实践上经历了三个阶段，形成了相互承继的三种政府职能模式：弱政府模式、强政府模式和新公共管理模式。

(一)弱政府模式

16世纪，在资本主义发展初期，资产阶级本身的经济力量相对弱小，在一定程度上需要国家的保护和扶持。在这一时期，重商主义抬头，它认为金银货币是国民财富的基本形态，除了金银矿藏外，对外贸易则是获得财富的主要源泉。因此，重商主义者主张利用政府手段干预金银货币的输出，并力主积极发展海军和商业，实行保护关税等政策来发展对外贸易。

但随着资本主义的发展，机器大工业取代手工作坊成为生产的主要形式，市场在资源配置中的作用越来越大，资产阶级已能够依靠自己的力量发展经济，重商主义迅速衰落，资本主义进入到自由资本主义时期。实际上在19世纪，孔斯坦(B.ConStant)、密尔(J.Mill)等人就已经意识到如果政府干预过多就会因影响自由竞争而妨碍社会的进步，因而主张政府的职能应当集中在保护个人最大限度的自由及其私有财产权方面。这一时期，古典经济自由主义的"自由放任"思想逐渐抬头，其最具代表性的人物是英国古典经济学家亚当·斯密和大卫·李嘉图(D.Ricardo)。亚当·斯密以理性经济人假设为基础，着力论证市场这只"看不见的手"的作用，抨击重商主义时代政府对经济生活的无端干预，倡导通过不受政府规制的自由市场来保持经济高效率。他认为社会经济运行主要由市场这只"看不见的手"来自动调节，无须政府过多干预，"管得越少的政府就是最好的政府"，政府只充当"守夜人"的角色。其职能只是局限于为经济运行提供良好的环境，即维护主权和领土完整；制定和实施法律，维持社会基本秩序；保护产权；监督合同的执行；维系本国货币的价值。这种自由市场的观念被19世纪的美国奉为圭臬。

从18世纪到20世纪30年代，在西方国家资本主义发展中，自由放任思想始终占据主导地位，政府只充当了"守夜人"的角色，政府职能有限。这种弱政府模式的功效在于：顺应了资产阶级反对封建专制、自由发展资本主义经济的需要，较好地实现了社会资源的有效配置，为资本主义经济运行提供了良好的政治条件和社会环境，促进了资本主义市场经济的充分发育和不断成长，从而推动了资本主义经济的迅速发展。其缺陷在于：过分夸大了市场的作用，忽视了市场的不足，也放任了市场的失效及其所带来的社会不公；没有正确认识到政府的作用，把政府职能仅仅局限在"守夜人"的狭小范围内。自由放任政策导致的市场失灵，造成了生产的无政府状态和产品相对过剩，最终酿成了特大经济危机和社会危机。

(二)强政府模式

经济自由主义者奉为圭臬的"自由放任"原则，并没有自动带来市场的均衡，市场失灵不仅导致资本主义世界经济危机的周期性频繁爆发，而且，毫无约束的自由竞争也造成了规模庞大的垄断公司和托拉斯，给资本主义经济的健康发展造成了严重危害。人类社会进入20世纪以后，自由资本主义过渡到垄断资本主义，由于资本主义固有矛盾的深化以及"市场失灵"，导致西方国家在20世纪30年代爆发了严重的经济危机。人们开始反思他们曾经崇敬的"经济自由主义"。实际上，在这种自由市场的倾向还未达到完全的自由放任的状态之前，即在19世纪末，美国政府对经济活动的规制开始稳步扩展。1886年美国成立国内商务委员会来管理州铁路的运价，1890年又颁布了《谢尔曼反托拉斯法》，随后西方一些工业国家也制定了一系列反托拉斯法，政府干预经济的思潮开始出现。尤其是1929—1933年资本主义世界经济危机的爆发，造成了诸如失业率上升、贫富分化加剧、环境污染严重、经济大萧条等问题，酿成了严重的社会危机，更使西方各国政府对经济和社会的大规模干预达到顶峰。

时代的变化呼唤新理论的诞生，早在 19 世纪晚期，以格林(T.Green)、霍布豪斯(L.Hobhouse)为代表的英国思想家就已经察觉到政府干预社会生活的必要性。他们指出，国家在涉及公共利益的地方进行干预，能够为每个公民的自由发展提供更多的社会条件和更有利的社会环境，这同个人的自由并不冲突。费边社会主义的思想家认为，要实现资产阶级自由、博爱和平等的根本价值，就必须在经济上给予人们以最低标准的保证；政府不但要承担起维持全面收入的职能，还要广泛介入到社会生活中，解决公民的教育、医疗等问题。费边社会主义的一些观点后来成为了现代福利国家的理论基础。1936 年英国经济学家凯恩斯出版了《失业、利润及货币通论》一书，在这本书中，凯恩斯批判了过分强调“自由放任”的自由市场经济观念，认为应强化政府在经济中的作用，提出克服市场失灵的国家干预主义学说以及与此相匹配的一整套财政和货币政策，这就是著名的凯恩斯主义。凯恩斯主义认为，市场不是万能的，如果没有国家的宏观调控，市场经济就会成为万恶之源。因此，政府不能仅仅充当社会秩序的消极“守夜人”，而应积极干预社会经济生活。从罗斯福新政一直到 20 世纪 70 年代，凯恩斯主义在美国乃至其他西方发达国家一直居于主导地位，西方各国政府都不同程度地加强了对经济和社会事务的直接干预，以弥补市场的不足，纠正市场的失灵。

强政府模式的功效在于抓住了古典经济自由主义的缺陷，对症下药，以强大的政府干预来医治市场缺陷的痛疾，取得了举世瞩目的成就：经济增长率较快，通货膨胀率较低，周期性衰退的时间较短、程度较轻。它的缺陷则在于：当为纠正市场缺陷而进行的政府干预不同程度地超过其有效范围时，就会导致政府失灵，包括政府机构的膨胀、高行政成本、行政效率低下、庞大的财政赤字、行政人员以权谋私、官僚主义严重等现象。20 世纪 70 年代以后，西方发达国家无一例外地进入了经济停滞与通货膨胀和高失业并存的“滞胀”时期，这意味着政府干预主义的有限性。

(三)新公共管理模式

20 世纪 70 年代，随着西方发达国家陷入经济停滞与通货膨胀和高失业并存的“滞胀”泥潭，“福利国家”政策纷纷破产。既然市场会失灵，政府也会失灵，那么，应该如何才能够避免市场失灵和政府失灵呢？在这一时期，学术界出现了“百花齐放、百家争鸣”的局面，新自由主义、新凯恩斯主义等纷纷登场。实际上，早在凯恩斯主义兴盛的 20 世纪 60 年代，新自由主义的代表人物哈耶克(F.Hayek)就推出了名著《自由秩序原理》，在这本书中，他提出了“自生自发的秩序”的概念，主张回归古典自由主义，实行自由市场经济，反对任何形式的国家干预主义。货币学派的代表人物、美国经济学家弗里德曼(M.Friedman)也表达了他对国家干预主义的看法，他认为：正是国家的干预活动阻碍了市场的健康发展，导致了西方经济“滞胀”现象的出现；各种福利措施造成极大的浪费，降低了人们的工作积极性；更为重要的是，国家干预的过程中还包含着对公民个人自由的限制。因此，政府的干预必须减少而不是增多，它的主要职能在于防御外来敌人的侵略，调节内部的纠纷。公共选择学派的代表人物布坎南在《自由市场和国家》一书中提出了“政府失灵”的概念，用“经济人”的假说来分析政府行为，并以此作为分析国家干预行为的基础。他认为，政府干预经济是必要的，但也要相信市场的调解能力，市场的缺陷并不是把所有问题都交给政府处理的理由，政府机构和政府官员的“经济人”属性必然会带来行政效率低下、行政费用高昂等政府缺陷。因此一方面应该优化政府职能，将政府干预限制在适度范围内，另一方面政府应该引进市场经济机制及企业运行机制，这样才能达到消除“市场失灵”和“政府失灵”的双重目的。凯恩斯主义的信徒也对其进行了一定改良，形成了一个新的学派——新凯恩斯主义学派，他们沿袭了凯恩斯主义的传统，同时强调对市场失灵的微观原因的探讨，重视市场的不完全性。

理论的新发展以及西方国家职能的调整，最终促成了 20 世纪 70 年代末、80 年代西方各国的声势浩大且旷日持久的政府管理与改革运动，学术界称之为新公共管理运动。它以公共选择理论、私营部门管理和管理主义为理论基础，主张运用市场手段和企业管理技术和方法“再造”、“重塑”政府，其核心为“三 E”，目标是建立企业型政府。1979 年，玛格丽特·撒切尔上台执政后，率先在英国开展了政府行政改革：实行市场经济，大力削减政府的权力及官僚主义影响，更大地发挥个人积极性和通过控制货币供应量解决通货膨胀。此后的十多年间，其他各国也纷纷仿效英国推行了改革，如奥地利的行政管理计划、法国的革新公共行政计划、美国的政府重塑等。这些改革实践不仅瓦解了传统官僚制，革新了人们的管理理念，而且预示着新公共管理时代的到来。到 20 世纪 90 年代，一种奠基于西方行政改革实践基础上的新型管理理论——新公共管理诞生了。现今，新公共管理已经成为绝大多数国家公共行政的基本模式。可以说在行政发展史上还从来没有哪次改革像这场改革那样深刻、持久和影响深远。

二、西方国家政府职能的发展趋势

综观西方国家政府发展的历程，可以清晰地发现政府职能的发展趋势存在三个方面：一是政治职能相对弱化，社会管理职能不断增强；二是政府职能的社会化、市场化和服务化；三是政府的宏观调控与综合协调职能增强。

(一)政治职能相对弱化，社会管理职能不断增强

在政府职能体系中，政治职能一直占有重要地位。国家的本质决定了国家首先是作为阶级统治即政治统治的工具或机器而存在，其次才是作为执行社会职能的社会管理机构而存在。政府的主要职责和任务是通过对内阶级镇压，对外扩张或防卫，维护统治阶级的特殊利益。政府的社会管理职能被视为实行政治统治的必要补充，是从属于政治统治和为政治统治服务的。

然而，政治统治职能只能起到控制社会矛盾和冲突的作用，不能消除这种矛盾和冲突。统治阶级日益认识到，统治者与被统治者的两极对立最终会损害统治者的利益，赤裸裸地剥削只会激起被压迫阶级的激烈反抗，反而会危及自身的统治；而且，随着社会生产力的飞速发展，资产阶级认识到适度改善被压迫阶级的境况，会给自身带来更大利益。于是，他们开始转化剥削、压迫的手法，采取了更为隐蔽、更为温情脉脉的剥削手段。第二次世

界大战后，发达资本主义国家的剥削形式发生了一系列引人注目的新变化。在资本所有权上，出现“资本民主化”；在经营管理上，实行“管理民主化”；在分配方面，采取“收入均等化”；等等。这些新变化并不意味着现代资本主义已经变成一个既没有剥削又没有贫困的“新型社会”。但实际上，资本主义工资是劳动力价值或价格的转化形式，工资数量变化并没有改变资本剥削雇用劳动的基本经济关系，况且，工资的增幅远低于新价值的增幅，因而剩余价值总量不断递增。

在当代资本主义社会，尽管政府的政治统治职能依然存在，但它以更隐蔽的面貌呈现出来。同时，由于社会公共事务的日益增多，政府的社会管理职能不断增强和膨胀，从而使政府的政治职能呈现出弱化的趋势。

(二)政府职能的社会化、市场化和服务化

20 世纪 70 年代末、80 年代兴起的新公共管理运动的目的是试图在政府与市场、政府与社会之间找到最佳结合点，实质上是对政府职能进行符合现代社会发展的深化改革，实现政府职能的社会化、市场化和服务化。

政府职能社会化也就是政府社会职能的改革，实质上是重新界定和划分政府与社会发生作用的界限与范围。它指的是剥离多余的社会职能，并通过引入社会力量改善现有的政府职能，即把政府行政管理与社会自我管理分开，把部门职能与一般社会职能分开，培养社会自我管理组织，提高社会的自律水平，将大部分社会事务还给社会组织(中介组织、社会团体、民间的服务机构以及群众的自我教育组织)进行管理。它应包括两方面内容：一是把政府吞噬的社会职能归还社会，如政社分开；二是通过吸收社会资本参与政府社会职能的实现，或把一部分政府社会职能交由社团、中介组织、非营利组织来做，即公共服务输出社会化，如社会福利社会化、行业服务性职能社会化、鉴证与监督性职能社会化、媒介咨询性职能社会化以及后勤服务性职能社会化等。在这种情况下，政府被迫把某些社会公共事务的管理权交还给社会，集中精力管自己应该管、有能力管也管得好的事情。

政府职能市场化也被称为公共事务管理民营化，实质上是重新界定和划分政府和市场的关系。它指的是政府职能市场化趋向，包含两层：一是把政府职能中的市场经济职能归还市场，如政企分开；二是把市场机制引入政府职能，实现政府公共服务的市场化，即公共服务输出市场化，如合同出租、公私合作、用者付费、凭单制度和内部市场等。如：日本政府将清洁卫生、维修公共设施、修建学校等社会公共事务委托给地方自治体、民间团体或私人管理，除社会福利设施外，其他社会公共事务委托管理面达 80%左右；而美国大约有 35%的地方政府让私营公司负责收集城市垃圾，42%的地方政府使用私营企业经营城市公共汽车系统。

政府职能服务化就是政府服务职能的改革，指的是实现由管制型政府向服务型政府的转变，构建服务型政府的新治理模式。它主要包括两方面的内容：一方面要把政府职能定位于提高公共服务的质量与效率，倡导回应式服务；另一方面要改进政府对公共服务供给的管理方式，实现公共服务供给主体的多元化以及公共服务的市场化、社会化。

(三)政府的宏观调控与综合协调职能增强

市场经济不是资本主义的，社会主义也需要市场经济；计划也不是社会主义独有的，资本主义也有计划。在西方国家的政府与市场间关系实践与理论的演进中，逐渐认识到，政府和市场不是非此即彼的零和博弈，而是相互补充的：市场良性发展离不开政府调控，政府发展及其职能履行需要引入市场机制。虽然西方各国有其政治、文化、经济、历史等因素的差异，但是，几乎都不约而同地把市场与政府的有机结合作为致力追求的目标。

正是在这种背景下，西方各国政府普遍加强宏观调控和综合协调部门，建立和完善综合协调机制。如英国的内阁委员会、财政部，法国的总统府、经济计划厅等，都是承担宏观调控和综合协调职能的重要部门。各国政府普遍重视综合运用计划手段、经济手段与法律手段。一方面，政府通过制订指导性计划，对国民经济发展前景作出预测，向社会经济组织提供政府经济政策和市场发展前景的综合信息；另一方面政府通过预算调控、货币金融调控、物价调控等经济手段及法律手段，对市场进行调控，以保证市场的正常运行和竞争的公正性、合法性。

第四节　转型期我国政府职能的转变

当前，我国已进入了社会矛盾的多发期，意味着我国已进入现代化转型的“深水期”。这个阶段是“经济容易失调、社会容易失序、心理容易失衡、社会伦理需要调整重建”的关键时期。这势必要求政府切实转变政府职能，提高政府能力，以顺应和推进改革的顺利进行。所谓政府职能转变，是指政府在一定时期内，根据经济和社会发展的需要，对其职能的范围、内容、方式的转移与变化。

一、转型期我国政府职能转变的必要性

从 1949—2008 年，我国先后进行了 10 次较大规模的以机构改革为重点的行政体制改革。然而，对于政府职能与机构的辩证关系，并不是一开始就了然于胸的，而是经历多次改革的曲折，逐渐由模糊到清晰的过程。当前我国政府职能的现状却并不令人满意，其应对现代化转型“深水期”社会现实的能力还严重不足。这势必要求政府切实转变政府职能，提高政府能力，以顺应和推进改革的顺利进行。

(一)转型期深化政府职能转变面临的主要问题

1. 政府权力的异化问题

我国政府权力异化主要表现在三个方面：其一，政府权力的“三化”问题，即政府权力部门化、部门权力个人化和个人权力私利化。其二，政府权力的“三位”问题，即越位、

错位和缺位。政府管了很多不该管、管不好也管不了的事，而本应履行的职责却没干好。其三，政府权力万能神话的作祟，使得人们对政府权力形成了依恋情结，遇到问题就祈望权力“解决”，权力成了“救世主”，无所不能。这也在一定程度上造成了官员对权力的迷恋，加剧了权力的异化。所有这些因素都是造成政府改革不到位、政府职能转变困难的成因之一。

【案例 3-2】为了“振兴洞宾酒业，发展芮城经济”，近日，山西芮城县委、县政府专门出台了《中共芮城县委、芮城县人民政府关于促进洞宾酒业振兴的意见》，将当地出厂的洞宾酒的销售，作为一项重要“政治任务”下达给了各乡镇、县直部门。为此，芮城县还专门召开了“振兴洞宾酒业”动员大会，在相继召开的“芮城县经济工作会议”以及芮城县“两会”上，“振兴洞宾酒业”作为全县重点工程被多次提及。“洞宾酒业技改与促销项目”还被列入该县 2010 年“双十工程”和县市重点考核项目。于是，在“芮城人喝芮城酒”等口号指引下，芮城县的白酒“地方保护战”在县城、集镇、乡村如火如荼展开。

问题：如何看待山西芮城县委、县政府的这种做法？

分析：

在市场经济的背景下，企业是经济发展的主体，政府理应为企业提供各种便利和服务。但是，政府的这种服务应当是为企业的发展提供一个公开、稳定、有序的竞争环境，提供一个便捷、高效、文明的服务环境，而不是直接介入、越俎代庖，以行政权力和手段介入到企业的生产和经营中。在产品滞销、市场疲软的情况下，芮城县委、县政府不是采取措施推动洞宾酒外销，引导企业合理调整产品结构，而是出台“销酒令”，向辖区硬性摊派销售任务，这种做法或许能起一时之效，让企业得到一时实惠，但从长远来看，其危害性无疑更大，是行政权力对市场经济秩序的粗暴干涉和破坏，是一种典型的行政乱作为，在其背后是地方政府职能的错位。

(资料来源：陈英凤. “销酒令”凸显地方政府职能错位. 时代商报，2010-06-23)

2. 对政府职能认识的偏差问题

对政府职能认识的偏差主要包括三个方面：其一，对政府职能与机构的辩证关系的认识存在偏差。把政府职能的转变看作简单的部门的裁撤、增设或合并，人员编制的增减，权力的收与放，没有认识到职能为机构而生、机构依职能而定的道理。其二，对政府职能的定位的认识存在偏差。过于偏重政府的作用，而相对忽视了市场、社会、民主法制作用的发挥；过于偏重政府的经济职能，而相对忽视了政府的社会职能、服务职能。其三，对政府职能的配套改革的认识存在偏差。初期改革只是孤立的机构改革，根本没有认识到政府职能问题；中期改革虽然认识到政府职能问题，但对配套改革的认识并不深刻；后期改革虽然认识到要实现政府职能的根本转变，机构改革、职能转变需与配套改革同时进行，但配套改革的力度仍较弱。

3. 政府职能转变中的监管机制与刚性约束缺失问题

政府职能转变中的监管机制与刚性约束缺失主要表现在：其一，机构编制的法律约束机制尚不健全，可操作性差。虽然有宪法和组织法的规范，但是由于法律比较原则、弹性大、操作性差，因而现实中以政策代替法律的现象比较普遍；并且机构编制立法的实体约束力不强，不仅机构的设置和编制的增减缺乏法律的标准和依据，而且现实中的监管也流于形式。其二，对机构编制的财政预算约束力度不够，约束不力的财政预算使得不是编制服从预算，而是预算服从编制，这为随意增设机构和增员带来了可乘之机。其三，由于法律和财政预算刚性手段的缺失，在机构编制管理上，人治现象突出也就顺理成章。在一些单位因人设岗、因人设事现象严重；一些主要领导人随意增裁机构、增加人员问题突出。其四，机构改革和职能转变的监管机制和评估系统不健全。我国的机构改革缺乏一套自上而下的、强有力的监管机制，这使得机构改革往往“雷声大、雨点小”，贯彻不彻底；改革效果评估系统不健全，独立性差，权威不够，也是机构改革不彻底的重要原因。

4. 政府特殊利益的化解问题

机构改革和职能转变实质上是权力和利益资源的再调整与再分配，机构改革与职能转变必然面临既得利益者的阻力。其一，各级政府所承受的压力不同，改革的动力也不同。具体说来，中央政府和省级政府由于回旋余地和活动空间较大，改革动力就较大；而地方的基层政府由于回旋余地狭窄，利益牵扯更为直接，改革的动力要小得多。其二，各政府部门的利益刚性也使得改革阻力重重。由于各部门与所分管领域的关系密切、利益直接，所以政企分开、政社分开、政事分开难以彻底。其三，利益受损的各级行政人员的抵触情绪更为严重，定岗分流难度更大。

5. 配套改革不足问题

机构改革是一个复杂的系统工程，是诸多因素协同配合的整体工程，不仅受到政府自身因素的影响，也受到外部因素的作用。配套改革不足问题一直是我国的机构改革和政府职能转变难以取得较大成效的重要原因。其一，现有的权力安排不尽合理，执政党、政府和人大的权力界限和分工不明晰，权力交叉、职能重叠现象严重。其二，干部人事管理制度比较落后，虽然公务员制度已实施多年，但干部的任免、奖惩和晋升机制仍欠规范，任人唯亲、论资排辈现象比较严重。其三，事业单位的剥离不彻底，至今许多事业单位的行政色彩依旧异常浓重，这不仅客观上造成了政府机构的臃肿与人员编制的庞大，也无形中大大增加了政府的财政负担。其四，社会保障体制不健全，覆盖面狭小和运行效果不佳，这也在一定程度上为下岗分流和离职退休后的生活保障带来一定影响，势必会影响政府职能转变的效果。

(二)转型期深化我国政府职能转变的必然性

1. 没有政府职能的真正转变，就没有市场经济的充分发展

政府职能转变与市场经济发育是一对互动关系：政府职能转变只有适应经济体制改革尤其是市场经济发展的需要，才能够稳步地向前发展和取得成效；只有按照市场经济发展的要求，及时转变政府职能，也才能推进经济体制改革的不断深化和市场经济的发展壮大。需要强调的是，由于我国的“后发”性，市场经济发展的内推力极其微弱，很大程度上政

府是我国的经济体制改革的发动者和推动者。虽然我国市场经济的发展离不开政府的推动，但是经过30多年的发展，我国的市场经济体制已初具规模，已形成了自身的、相对独立的"主格"，这就要求政府必须切实实现角色转换，由"培育者"过渡为"监护者"。

2. 深化政府职能转变，是建设有限的、负责的阳光政府的必然逻辑

现代社会应该是多支点的稳态系统，除了政府外，还应有市场、民主法制和公民社会；现代政府也应该是有限的、负责的阳光政府。政府全能主义在我国曾大行其道，根深蒂固，在改革开放前和之后很长一段时间，在社会制度结构中，政府都是大包大揽、独臂之擎，市场、民主法制力量微弱，所有的权力同所有的责任都重重地压在政府身上——好都是政府的好、错都是政府的错，这是极其危险的。萨谬尔森(Paul Samuelson)说过："人类有一种本能——将成功列在自己名下，而将失败归咎于他人——特别是政府。"市场经济本质上是一种旨在分散责任的经济制度，通过市场经济和民主法制的培育来分载社会压力，来实现多支点的现代社会制度结构安排，稳态社会的形成才具有现实性。无限责任的政府等于不负任何责任，对于全能政府和计划经济的不当，哈耶克有过精彩的描述："'计划'受欢迎的原因很大程度归因于这个事实，即每个人当然都希望我们应当尽可能合理地处理问题，并在这样做时，应该尽量运用我们所能获得的预见。在此意义上，每一个人只要不是彻底的宿命论者，就是一个计划者……只有好的和坏的、聪明而有远见的和愚蠢而短视的计划之分。"①因此，深化政府职能转变，不仅是市场经济深化发展的需要，而且是分散责任、实现社会稳定的需要，更是政府成熟的标志。

3. 深化政府职能转变，是构建社会主义和谐社会的客观要求

小政府、大社会是现代化社会的恒态，然而不幸的是，全能型政府却曾是我国历史的"常态"，在"万能"政府强大行政权的挤压下，不仅社会的独立性丧失，沦为政府的"婢女"，而且对于孕育现代社会的市场经济、民主法制、公民社会的培育更是无异于"与虎谋皮"。随着经济体制改革和政治体制改革的深入发展，我国公民的独立人格和自主精神的养成、市场经济的成熟度、民主法制理念的张扬、公民社会的构建都有了长足进步，社会自身的运作机制也渐趋完善；尽管政府把相当一部分社会权力归还社会，但是它在社会中的比重仍太大，这已经成为制约我国现代化社会发展的瓶颈。

二、转型期我国政府职能转变的内容

政府职能转变，不仅包括政府职能内容的转变，还包括政府职能实现方式、政府职能的重新配置以及相应政府机构的调整和改革。基于我国政府机构改革历次变革的经验教训，参照国外政府职能变革的实践经验以及我国政治、经济社会的现状，转型期我国政府职能转变的内容主要有以下三个方面。

① [美]F.A.哈耶克. 通往奴役之路. 北京：中国社会科学出版社，1997，39

(一)政府职能的外部转移

政府职能的外部转移，即政府与其他外部组织之间发生的职能重新调整和组合。按照社会主义市场经济的要求，政府将不应属于自己的职能交还给企事业单位以及社会中介组织。对于当代处于转型期的中国来说，主要是正确处理好政府与市场、企业及社会的关系。

1. 正确处理政府与市场的关系

在市场经济体制下，政府与市场关系的总原则是：市场机制可以解决的，由市场解决，政府只管市场做不好、做不了的事，政府引导市场。因此，正确处理政府与市场的关系，就是要充分发挥市场在资源配置中的基础作用，建立面向市场、以市场为导向的政府。在市场经济条件下，政府要起好“掌舵”作用、催化作用、促进作用，而不是“划桨”作用和大包大揽作用。

【案例 3-3】2009 年 3 月份，南京鼓楼区环卫所与南京玖生环保科技有限公司签订“服务外包”合作协议，区政府投入 570 万元，将中央路、湖南路、山西路、中山(北)路、模范马路、广州路、虎踞路等 18 条道路的清扫保洁工作承包给“玖生环保”。“玖生环保”自行购置机扫车 12 台、洒水车 4 台，每天对 18 条道路进行机械化清扫作业。保洁质量由区环卫所监督考核，考核结果与经费拨付“挂钩”。区环卫所从“扫地的”转型为“监督扫地的”。

“干得好，就拿得多！”玖生环保一名负责人说，为了提高机械化清扫作业质量，他们给每辆车安装了 GPS 定位系统，在每台机扫车上安装了摄像头，确保保洁质量全程监控。为了实现“让城市每天都干净”的承诺，他们实行“两班倒”，人歇车不停，白天洒水降尘、机械化保洁，夜间进行道路冲洗、机械化清扫。

“此外，‘服务外包’还大大提升了道路清扫保洁效率，减少了财政支出。”周影秋说，机扫之前，原来 18 条道路需要 254 名保洁员，机械化清扫后，只需要 133 人，节省用工 121 人，每年节省财政支出 200 多万元。

鼓楼区副区长李晖说，尝试环卫作业市场化的目的是通过引入竞争机制，提高环卫作业的质量和市民的满意度；同时节约成本，花较少的钱办同样的事，甚至更多的事。目前，该区已将“解放”出来的保洁力量，全部转入背街小巷和社区院落进行卫生保洁，社区环境卫生水平因此大大提高。“与此同时，民营公司参与环卫市场竞争，还可以盘活整个环卫作业市场，推进服务型政府建设，减轻政府‘无限兜底’的压力。”

问题：鼓楼区为什么要把“环卫外包”？

分析：

在本案中，鼓楼区把环卫外包是一种典型的政府外包行为，是公共服务市场化改革中的重要制度安排，它所涉及的领域也很广，包括监狱管理、道路维护、公共税收的收缴、垃圾收集、路灯的制造和修理等。在传统政府体制中，政府不仅是城市环境卫生唯一的管理主体，同时还是唯一的投资主体、运营主体。政府不仅承担环卫管理职能，还要投资建设环卫设施，组织专业队伍，配置相应设施设备，配备足够的人员，以及足够的运行经费。这种状况严重制约了政府的行政能力，使得城市环境卫生滞后于城市发展。

在实行政府环卫外包后，一方面，把政府从环卫服务的日常运作中解脱出来，专注于环境卫生行政管理职能和市场监管职能；另一方面，民营公司参与环卫市场竞争，还可以盘活整个环卫作业市场，提高服务质量，降低财政负担。可见，政府外包既可作为提高政府服务水平、缩小政府规模的一个重要途径，也是降低成本、节约开支的有效手段。

(资料来源：鼓楼区试水“环卫外包”环卫“走市场”还有多少坎. 南京日报，2009-08-25)

2. 正确处理政府与企业的关系

正确处理政府与企业的关系，关键是政企分开，建立政府为企业服务的新体制，不管“管得了”管不了，不管“管得好”管不好，不应管的一律不管。要进一步“完善国有资产管理体制，深化国有企业改革”，对原有竞争领域的国有企业，要实现国有资本的退出，将收回的资金转向关系国民经济命脉的重要行业和社会保障、公共服务领域。对各种所有制的经济主体一律实行国民待遇，为其创造公平竞争的条件与机会。

3. 正确处理政府与社会的关系

在管理范围上，改变政府包办一切的做法，向社会提供合理的“公共物品”；管理模式上，从“大政府，小社会”向“小政府，大社会”转变，建立政府与社会共同治理的新模式。这就要求大力培育社会中介组织、加强社会保障体系的建立、确立政府与社会之间的良性互动关系等。

(二)政府职能的内部转移

政府职能的内部转移，即政府系统内部纵向层级之间和横向部门之间的职能配置和划分。主要包括以下两个方面。

第一，在纵向层级之间要按照必要的集中与适当的分散相结合的原则，合理划分各级政府的职能范围，明确各自的权力和责任。中央与地方的职权划分，归根到底是由中央与地方的经济政治利益关系决定的，中央与地方同样存在着利益关系的矛盾。因此，要遵循在中央统一领导下，充分发挥地方积极性和主动性的宪法原则，本着既要加强中央的宏观调控、确保中央政令统一，又要增强地方活力，同时有利于建立统一的全国市场、有利于中央宏观经济调控与省级政府宏观经济调节的精神，科学、合理地划分中央与地方的事权。

第二，在横向部门之间要按照相同或相近的职能由一个部门承担的原则，合理配置和划分政府部门之间的职责分工。对于当前政府职能改革来说，就是积极推进大部制改革，并建立健全政府间协调机制。所谓大部制即为大部门体制，即为推进政府事务综合管理与协调，按政府综合管理职能合并政府部门，组成超级大部的政府组织体制。特点是扩大一个部所管理的业务范围，把多种内容有联系的事务交由一个部管辖，从而最大限度地避免政府职能交叉、政出多门、多头管理，从而提高行政效率，降低行政成本。

(三)行政管理方式的转变

行政管理方式，即政府行使职能的方式，包括工作方式、工作作风、运行程序等各个方面。政府职能转变应从过去聚焦经济领域扩展到更为广阔的领域，从微观管理到宏观管理，从直接管理到间接管理。同时，转变政府行政管理手段，就是要按照社会主义市场经济的要求，将传统计划经济体制下的单一行政手段，转向以综合运用经济手段、法律手段为主，辅之以必要的行政手段。

【案例 3-4】2009 年 11 月 21 日央视《经济半小时》播出节目“一个女人的燃烧瓶和政府铲车的拆迁大战”。据报道，上海市闵行区一户主，不肯在明显低于市场价的拆迁协议上签字,结果遭区政府强拆。女户主称政府侵权，官员称其“脑子别住了”。面对多人的强拆队，女户主用燃烧瓶抵抗暴力拆迁。抵抗了几小时后，房屋最终被推平。

问题：如何看待上海市闵行区政府的强拆行为？

分析：

当前，由于在很多地方存在着政府与拆迁单位、拆迁评估机构没能有效分离，还有着千丝万缕的联系，为了谋取私利，滥用行政权力造成拆迁规划不合理、降低补偿标准、安置补偿不到位等行为屡见不鲜；同时，一些地方政府为了“政绩工程”、“形象工程”，为筹集到城市建设的资金，不尊重普通民众的财产权和基本利益，一味为谋求与开发商的合作而向其妥协，由此而产生不能依法行政、滥用行政裁决和擅自实施强制拆迁等政府职能错位行为。这也是在本案中上海市闵行区政府强拆的原因所在。

要有效解决暴力拆迁问题，政府必须明确自身的职能定位，在尽快实现由主导建设型政府向公共服务型政府转变的同时，在实际操作中，政府部门要从过去直接组织房屋拆迁中解脱出来，严格依法行政，施行“拆管分离”，实现拆迁管理方式从注重依靠行政手段向注重法律手段的根本性转变，由拆迁市场的受益者转为监管者，专心扮演“裁判员”的角色，使拆迁管理规范化，这是解决目前拆迁问题的至为重要的一点，也是实现行政管理方式转变的重要内容。

(资料来源：上海夫妇扔燃烧瓶抵制强拆. 东京时报，2009-11-23)

第五节 政府治理工具及其选择

政府的职能，所代表的仅仅是政府所欲达到的某种理想状态，而职能的达成，必须透过某些或者一套具体的方式、方法，一套政府和有关利害关系人相互作用的机制才能完成。政府治理工具是联系政策目标和政策执行的桥梁，政府职能只有透过有效的治理工具才能达成。

一、政府治理工具的概念

所谓政府治理工具，也称为“政府工具”、“政策工具”或“公共行动的工具”，指的是政府为解决某一公共问题或达成一定的政策目标而采取的可辨别的具体手段和行动机制。它包含如下几方面。

(1) 揭示了政府治理工具的内在逻辑顺序，即针对出现的治理问题确定政策目标，然后根据治理工具的特性与环境的关联度等因素选择具体的治理工具，并制定相应的公共行政或公共政策方案。

(2) 治理工具治理的对象是政府外部的公共问题，一般不包括政府内部的管理手段。

(3) 政府治理工具的主体是多元的。

(4) 政府治理工具是一系列行动机制。萨拉蒙(Lester Salamon)在其主编的《政府工具——新治理指南》一书中指出，每种治理工具的特征都包含着如下的基本要素：一是提供公共物品的具体类型，如产品、服务、现金、保护等；二是公共物品的交付方式，如贷款、税收等；三是公共物品的交付系统，如政府部门、非营利组织、地方政府；四是提供公共物品的一系列规则。

(5) 政府治理工具是可辨别的。治理工具的识别、分类、选择与应用是其研究的重要主题：首先对各种工具的特性进行研究，据其特性划分为不同的类别，而不同类别的政府工具彼此有较鲜明的差别，这是治理工具的分类；然后，再结合不同的行政情境进行选择与应用，理解政府工具与环境之间的关系非常重要，公共行政应该研究的是在什么样的情境下特定工具的表现优劣。由此可见，政府治理工具必须是可辨别的。

二、政府治理工具的类型

在公共行政实践中，“强制—混合—志愿”的三分法被广泛接受。按照这种分类框架，可以将政府治理工具分为：强制性工具、混合性工具和志愿性工具。

(一)强制性工具

强制性工具也称指导性工具或管制性工具，指的是政府运用带有强制性的法律、规则、命令等贯彻治理意图，以迫使目标团体及个人采取或不采取某种行为。它包括以下几种形式：管制、公共企业以及直接提供。其优点在于：直接性高，属于政府直接行政，所需的信息较少，较容易实施和管理，成本较低，效果具有直接性且更易见效，适应于作为处理危机的工具；在社会需要而私人企业因无利可图等原因而不愿提供的某些物品和服务领域中，它是一种有效的工具；能够避免间接提供所出现的一些问题，如谈判、讨论和较高的信息要求，使交易内在化，从而减少由间接提供所带来的交易成本；公平性较高，能够促进稳定和平等。其缺点在于：一刀切的做法不利于管理，官僚制僵化，过于刻板而缺乏灵活性，也使得行政效率低下，成本高昂，且易诱发腐败；公共企业的运作是低效率，甚至是无效率的，易于造成垄断并将负担转嫁到消费者身上等。

(二)混合性工具

混合性工具指强制性介于强制性工具和自愿性工具之间的那部分政府治理工具，因而混合性工具选择的情境最为广泛。它们允许政府在一定程度上卷入非国家行动者的活动，而将最终的决策权留给私人部门，包括以下几种形式：信息传播和规劝、补贴、产权拍卖以及税收和使用者付费。其优点在于：容易使用且较稳定，是一种具有灵活性的工具；通过提供财政激励，有助于革新；信息传播和规劝还是一种民主的手段，与重视自由、个人价值的民主规范相一致。其缺点在于：信息传播和规劝这种工具是一种虚弱无力的工具，这种工具的效果往往是有限的；补贴也不是处理危机的合适工具，补助也往往过多过滥而导致失效，一旦补贴建立起来就难以取消；而产权拍卖业鼓励投机行为甚至产生欺诈行为；税收和收费水平难以准确确定，管理成本高且繁杂。

(三)志愿性工具

志愿性工具又称非强制性工具，指的是在所期望实现的任务上，政府较少地介入，而由民间力量或市场自主运作。在人们已经有一定诱因改变自身行为的时候使用最为有效，而如果人们没有改变的激励，那么志愿工具的作用就非常有限甚至是完全无效的，这就是志愿工具选择的基本情境。它是执行经济政策和社会政策的重要工具，包括：家庭和社区、志愿组织、市场。其优点在于：家庭和社区不花或很少花政府的钱；志愿者组织也是一种提供社会服务的有效手段，它们提供的服务是可靠的、低成本的、灵活的和具有回应性的；市场是资源配置的有效工具，在某些公共物品和服务领域，也可能是改进效率和效益的一种有效途径。其缺点在于：家庭和社区作为一种政策工具，是虚弱无力的，它们往往只能作为一种辅助工具来使用；志愿者组织这种政策工具的应用范围有限，且容易蜕化而变成准官僚机构；市场工具有其明显的局限性，在大部分公共物品和服务领域中，它并不是一种有效的工具，由于存在着不同类型的市场失灵，市场在提供收费物品和公有物品上也存在困难；此外，市场工具也产生严重的公平方面的问题。

三、政府治理工具的选择

政府工具的选择、应用和组合是政府工具研究的最基本的主题和归宿。当出现公共治理问题时，政府就面临一个基本问题：如何选择有效的治理工具去解决问题。

当然，政府治理工具的选择是复杂的，它既涉及意识形态、思维传统、信仰、舆论以及决策者对于目标群体的假定与偏见等主观因素，也涉及各国历史背景、文化和制度等客观因素。任何一种治理工具的选择都是多种价值观念和标准权衡的结果，没有哪一个价值观念和标准能够起决定作用。尽管影响因素复杂多样，但并不是没有共性。彼得斯的“5I”框架具有代表性，经由比较政治相关文献的整理，他筛选出政府工具选择的五项主要因素：观念(ideas)、利益(interests)、个人(individuals)、制度(institutions)、与国际环境(international environment)。

(1) 观念。观念和意识形态影响治理工具的选择。范·尼斯彭认为工具选择大多出于主观的判断标准，如经验、偏好、惯例或对工具可利用性的判断；摩尔也认为观念建构了公共政策辩论与执行的网络。

(2) 利益。政府会选择利益最大化但负担成本最小的治理工具。戴维·伊斯顿认为，政治是价值的权威性分配。而涉及利益分配的公共行政或公共政策本身就充满政治性，治理工具的选择较之所要达成的目标更会引发激烈的政治辩论，带有强烈的政治性。可见，政治因素较之效能或效率对于政府工具的选择有更直接和更大程度的影响。

(3) 个人。某些个人会对治理工具的选择产生较大的影响。在西方民主制下，“政策企业家”就起着向政治人物推销议题，使其获得支持并成为政策的作用，而议题中也连带着解决办法即治理工具。在我国实行首长负责制，具有较大权力的政府官员则对治理工具选择影响巨大。

(4) 制度。由于历史背景、经验、习惯等原因，在特定的制度下可能形成对于某些政府治理工具的偏好；而且，政府一般都偏好所熟悉的工具，因为能够预期其运用的结果，并且相信它能达成所设定的目标。

(5) 国际环境。随着信息和全球化时代的到来，世界各国的联系日益密切，一国国内政治与国际政治的互动更趋密切，甚至国内政策与国际政策间的界线日益模糊，因此，来自外部的影响成为一国在选择政府治理工具时不得不考虑的重要因素。

除此之外，选择治理工具时还必须依据一定标准对它们作出可供比较的评价。萨拉蒙的评价标准具有代表性，他认为政府治理工具的评价标准包括：有效性、效率、公平性、可管理性、合法性和政治可行性等。

【案例 3-5】全国的环保系统都有一个“12369”的环保举报电话，四川省的乐山市也有，可一直很少有群众举报。不是因为乐山已经多么环保，而是群众怕举报了不给处理，举报者会受“追杀”。2005 年，为了鼓励社会监督，乐山市特意想了个妙招，出台了《环境违法行为有奖举报暂行办法》。奖金低的 100 元，高的 10 000 元。其创举是可匿名“密码举报”，你打了电话，可以不用透露身份，环保热线会给你一个“序列码”，只要举报属实，奖金就可直接打到你的卡上。这一招还真灵，2006 年一年里，就奖励出资金 52000 多元。乐山这笔钱得到社会的热烈欢迎，更重要的是，在当地营造了良好的环境气氛，有了群众的支持和响应。

问题：结合政府治理工具理论来分析这个案例。假如你是当地领导，你会如何选择治理工具？

分析：

在本案例中，乐山市政府出台了《环境违法行为有奖举报暂行办法》来鼓励群众监督环保工作，这一举措主要采用了政府治理工具中的管制规定和财政补助。管制规定，指政府机关颁布某些管制规定，包括：禁止某些不法行为、进行价格管制；设定产品指标；分摊配额等。暂行办法还设立了专项的奖金，这体现了政府治理工具中的财政补贴。财政补贴指政府机关给予标的团体某些经费上的补助或支援。案例中的专项奖金主要是对环境违法行为的个人或单位进行举报所设立的专项财政支出。暂行办法中的 “密码举报”和所设立的“专项奖金”都是用来鼓励全社会人们对环境违法行为进行大胆的举报，“专项奖金”的设立可以激发人们的积极性，“密码举报”的举措可以打消人们的“后顾之忧”。

如果我是当地政府领导，我会采取多元组合的政府治理工具。一是储备、开列一笔资金，大力奖励有功于环保的“优秀社会群众”；二是出台相关惩罚机制，加大对环境违法行为的惩罚力度；三是成立民间环保组织，以“非政府组织”的名义，带领本地群众共同持续关注本区域的环境公益；四是设立“环保监督员”，督促政府相关职能部门正当地、硬气地行使权力；五是以生动、创新的形式开展多种环保系列的趣味活动和知识与实务讲座，倡导公民在个人的生活中要遵循环保原则。

(资料来源：陈丽霞，吴颖薇，刘晓雯. 从乐山市政府的“环保举报”所得到的启示. http://zh1.jnu.edu.cn/plaw/ show.aspx? id=192&cid=24)

复习与思考

1. 简述政府职能的概念及其特征。
2. 简述政府的职能体系。
3. 简述政府与市场的关系。
4. 简述政府与社会的关系。
5. 简述政府与企业的关系。
6. 简述政府职能的范围。
7. 简述政府失灵的表现及其防范。
8. 简述西方国家政府职能的发展趋势。
9. 简述转型期我国政府职能转变的必要性。
10. 简述转型期我国政府职能转变的内容。
11. 简述政府治理工具的概念及选择。

【案例分析】

上海浦东实行的公共教育服务“管办评”联动机制

上海浦东的相关改革，正是政府角色的一种回归。2005年6月，浦东新区政府与民办教育管理机构——上海成功教育管理咨询中心——签订协议，委托后者管理公办东沟中学。分管副区长张恩迪推动的教育领域“管办评”联动改革就此拉开序幕。

根据协议，委托管理期间，学校的性质不变，与新区社发局的隶属关系不变，政府的拨款和其他任务不变，学生的学习支出不增加，新区政府每年支付给管理中心管理费，即政府购买服务。

管理中心入主东沟中学后，从委派校长、输入教育理念、创新管理模式到培训教师、组织教学等全部实行自主管理。最终学校办得好不好，不是由政府和管理中心说了算，而是由专业的中介评估机构评估。为此，浦东于2005年底成立了上海浦发教育评估中心。

委托管理一年后，评估中心对东沟中学进行了第一次评估，认为学校教学成果与委托管理前发生了很大变化。无记名调查结果显示，教师、学生和家长对学校成功教育的满意度分别达到92.2%、94.7%和97.7%。

浦东新区区委研究室的人士介绍，“管办评”联动改革，与浦东新区行政管理体制改革的目标“小政府、大社会、大服务”是一致的。教育领域的这一改革，明确了政府、学校、社会三者各自承担的职能。

到目前为止，浦东新区教育委托管理项目已达20个。从委托管理项目受托方看，分为三类：第一类是公办院校，如华师大、上师大、上海市实验学校；第二类是民办中介机构，如上海成功教育管理咨询中心、上海浦模教育发展服务中心、上海福山教育文化传播与管理咨询中心等；第三类是行业协会，如新区学前教育协会、新区成人教育协会、浦东教育学会等。从委托的内容看，分为两类，第一类是学校，在20个项目中，有17项均属此类，占绝大多数；第二类是教育行政部门的某些管理事务，有3个项目。

浦东新区的人士介绍，委托专业化的教育类社会中介机构管理学校，主要是通过输出管理理念、管理模式和提供师资培训等，提升办学水平。

(资料来源：胡伶. 我国教育行政职能变革：趋势、难点和对策. 教育实践与研究：中学版(B)，2008(11))

问题：

如何看待上海浦东的这一改革？结合材料，分析我国政府职能转变的趋势。

【推荐读物】

1. [美]查尔斯·沃尔夫. 市场或政府：权衡两种不完善的选择. 北京：中国发展出版社，1994

2. [美]查尔斯·林德布罗姆. 政治与市场：世界的政治—经济制度.上海：三联书店，上海人民出版社，1994

3. [美]丹尼斯·C.缪勒. 公共选择理论(第2版). 北京：中国社会科学出版社，1999

4. [澳]欧文·休斯著. 公共管理导论(第3版). 张成福，王学栋等译. 北京：中国人民大学出版社，2007

5. 世界银行. 1997年世界发展报告：变革世界中的政府. 北京：中国财政经济出版社，1997

6. 张康之，李传军. 公共行政学. 北京：北京大学出版社，2007

第四章　公共行政的政治与法律基础

【学习目标】

通过本章的学习，读者应了解公共行政与政治的不可分离性，掌握公共行政的宪政价值；掌握公共行政的政治控制途径；掌握民主行政及参与式治理模式的兴起；了解传统的确定性法律的内涵与特征；掌握现代促进性法律的概念与特征；掌握行政立法、行政司法的概念与特征；掌握公共行政法制化的概念与内容。

【关键概念】

公共行政；政治基础；宪政价值；政治控制；参与式治理；依法行政；确定性法律；促进性法律；行政立法；行政司法；公共行政的法制化

【导读案例】

民主恳谈是温岭市原创的新型基层民主形式。自 1999 年创建以来，民主恳谈致力于探索构建社会公众广泛参与的民主决策、民主管理、民主监督的基层地方治理模式，并取得成效：2004 年 3 月，温岭民主恳谈获得第二届“中国地方政府创新奖”。其后，试图探索民主恳谈的制度化途径，尝试将民主恳谈引入基层人大体制。2005 年，温岭市进行了民主恳谈与基层人大结合的新的尝试，将民主恳谈引入镇人大对预算的审查和监督，探索建立乡镇参与式公共预算，以预算民主为切入点，进一步以民主恳谈“激活”乡镇人大，以期推动基层人大的改革。从 2005—2007 年，温岭市新河镇进行了五次年度预算审查和中期预算调整的参与式预算改革，取得了一些创新成果，在公共预算改革领域有一定的突破。 温岭的参与式公共预算，是将民主恳谈这一体制外的制度创新与现行制度相融合，把民主恳谈引入乡镇人代会的预算审查、监督过程，从预算民主切入，以民主恳谈“激活”基层人大，促进基层人大和人大代表依法履行自己的权力，使人民代表大会制度回归人民民主的本来意义。

温岭市的民主恳谈制度的成功之处主要在于激活地方人大在预算过程中的核心作用的同时，扩大普通百姓的参与，从而搭建起公众需求和政府决策之间的桥梁，使得政府的决策真实地反映了公民的需求，因而提高了政府决策的科学性，也增加了公民对政府的信任感；百姓亲自参与公共事务的讨论，增进了对政府管理的理解，有利于减少对政府的不满情绪;同时，公开的讨论也有利于不同利益群体之间的相互理解，从而降低社会矛盾;最后，公民参与的过程有利于培养公民理性的思考，提高公民的理性思维。总之，预算民主恳谈给政府的民主治理提供了一个契机。

(资料来源：陈奕敏. 参与预算的温岭模式. 当代思潮，2008(5))

政治与行政的关系问题一直是政治学家们和行政学们长期争论不休的问题，盖·彼得斯更是将其称作行政现代的中心问题。公共行政必须建立在现代民主政治与宪政的基础之上，体现公共行政的政治与宪政要求，实现公共行政的合法性与合理性。

第一节　公共行政的政治基础

现代公共行政是在批判传统官僚制行政的基础上发展起来的，是为适应全球化背景下现代民主政治与宪政发展的需要而发展起来的。传统官僚制行政认为政治与行政相分离，行政问题是管理问题而不是政治问题，因而倡导行政理性，主张效率至上的工具理性价值，忽视了现代民主政治与宪政所倡导的公正、民主、法治、人权等基本价值，也忽视了公共行政在捍卫这些基本价值方面所承担的角色。

一、公共行政的宪政价值

作为替代传统官僚行政的现代公共行政注意到了传统官僚制行政存在的问题并力图加以改进，它倡导公正性、代表性、回应性、责任性、合法性等宪政价值，从而构成现代公共行政的政治价值基础。

(一)公正性

公共行政因其公共性的本质特征，自其出现伊始就与公正紧密地结合在一起。公正的公共行政来自这样一些基本理念：首先是保持有正当的法律程序，即保护个人免于受到政府恶意的、武断的、错误的或反复无常的违法剥夺个人本应享有的平等权利和机会的必要程序。其次，是对个人应享有的机会的平等保护，即每个人都有平等的生存、获取、发展的权利与机会，这些权利和机会不因个人的出身、性别、种族、血缘、财富、背景等的差异而受到损害，不能被特权或权力所剥夺，也不能拿来与其他人的经济利益交换。机会均等有内在的要求政府在公共行政的过程中平等地、公正地对待当事人，抑强扶弱，尽量减少或排除可能造成不平等或偏见的因素，防止或减少实际的不平等；否则，机会平等便失去实际意义。

【案例 4-1】2007 年 2 月 14 日，河南省财政厅、教育厅联合发布了《关于做好 2007 年春季农村义务教育“两免一补”工作的通知》(以下简称《通知》)，规定“享受免除学杂费的对象具体包括：国家级贫困县农村地区 (含县镇)义务教育阶段在公办学校就读的学生；非国贫县(市、区)农村地区(含镇)义务教育阶段在公办学校就读的学生和在县城所在地义务教育阶段公办学校就读的贫困家庭学生；农、林场等所属义务教育阶段学校就读的学生”。在民办中小学就读的学生被排除在外，从而引发了一场河南省农村民办学校的生存危机。

问题：如何看待河南省财政厅、教育厅联合发布的这一通知？

分析：

这一通知既是对民办教育的歧视，也是对现代公共行政的认识偏差，严重违反了《义务教育法》确立的公平公正原则。我国《义务教育法》规定：“凡具有中华人民共和国国籍的适龄儿童、少年，不分性别、民族、种族、家庭财产状况、宗教信仰等，依法享有平等接受义务教育的权利并履行接受义务教育的义务。”因此，在《义务教育法》的法律框架内，义务教育阶段的适龄儿童、少年无论在公办学校还是在民办学校接受的都是义务教育，都应公平地接受公共财政的经费资助。必须注意的是，政府是全社会的政府，而并非仅仅只是公办学校的政府；公共财政是全体纳税人的公共财政，而并非仅仅只是公办学校的公共财政。

(资料来源：人民政协报(教育在线双周刊)，2007-06-06)

(二)代表性

代表性是指公共行政能够充分地反映公众意志，积极地回应公众要求，以一切特殊利益背后的社会普遍利益为目标取向等内容。它要求行政人员在行使行政权时，必须考虑这种行动能够成为那些未参与组织的和未被直接代表的人的代表。基于对代表性的重视，唐纳德·金斯利(Donald Kingsley)于 1944 年明确提出了“代表性官僚”一词。他认为，官僚机构作出的决定会更接近公众的意愿，如果这些机构的职员能反映一般的人口统计学特征的话。代表性官僚的概念目前已深深根植于美国人事行政之中，这种通过人事将公共机构落实到代表制组织的想法，和韦伯与泰勒所主张的员工应被形塑成非人性化的“小螺丝钉”以达到效率的说法实在是南辕北辙。公共行政的代表性，一方面要求选拔那些在政治上和社会上能够代表一般民众的公共行政管理者，另一方面要求公共组织与政府机构应该是多元的。换句话说，它们应当是社会中不同政治、社会和经济团体的代表。公共机构应该为这些利益集团提供代表机会，而公共政策应该通过机构间的政治竞争来制定。

(三)回应性

回应性是指体系促进官僚的决定与社区或者声称代表民众的官员的偏好相一致的程度。回应性的核心是驱动公共机构根据以民为本、以服务为本的宗旨，按照社会需求及时提供高效的公共产品和公共服务。对回应性的关注反映了这样一种观点，即公共行政不只是政治中立的、技术的或管理的努力，人们应该从政治选择的角度考虑公共行政。为确保回应性而采取的最突出的做法是：一方面，在公务员的录用、选拔与晋升上，广泛运用恩惠制，而恩惠制的主要功能在于维系政党政治；另一方面，由人民选举官员，再由政治官员任命那些同情政党政策的行政管理者，以促进行政对民选官员的政治回应性，进而促进对民众的回应性。为确保公务员的回应性而采取措施已经导致某种形式的意识形态或政治过滤。如在美国历史上多次发生的对公务员是否忠诚而进行的调查。而且，确保公务员回应性所作的努力也形成了许多有关人事行政的立法活动。这些立法活动不仅关心政府机关的人事行政品质和合法性，同时成为一股追求改变人事行政的重要力量。如代表公务员利益的公务员工会和致力于各种社会团体品德的组织，经常出现在涉及公共人事政策的立法听证会上。

【案例 4-2】2008 年 10 月，江苏常州知名的“化龙巷论坛”，因市长王伟成与网民 slala 之间的一场特殊对话而热闹异常。10 月 6 日，网民 slala 在该论坛“龙城茶座”板块上发帖，标题是“造 BRT 到底好在哪？谁受益了！”。行文语气非常强烈，指向也很明确，说市长王伟成在 BRT 工程中为家人、亲朋“捞了很多好处”。文中说的 BRT(bus rapid transit)，指的是当年常州市正式开通的快速公交一号线。10 月 20 日，王伟成也在该论坛上发了一帖，标题是“我对 BRT 工程为什么这么热心和积极？”，对网民 slala 的责难一一予以反驳、澄清，表示没有让自己任何一名家属、亲戚参与到常州的 BRT 项目中。在这篇回应文章中，王伟成还说：对政府工作和市长有意见可以发表，语言偏激一些也可以理解和谅解，但不能造谣诽谤人。因为“市长也是人，他的人格尊严也要依法得到保护”。10 月 22 日晚，王伟成接受媒体记者采访时说，考虑到自己一直想借助网络与市民建立一个平等交流的平台，澄清事实，解决问题，就在网上发帖回应，文章“每一个标点符号都是自己写的”。市长回帖迅速引起广泛热议，许多网民热“挺”市长：“赞赏市长的态度，欣赏市长的风度。”但也有网友担心：“王市长经历过这件事后，估计不会再上网和网民交流了。”对此，王伟成表示，这次的事件，市政府会认真总结经验教训，更加重视网络上的社情民意。

问题：应如何看待常州市市长网上回帖的行为？

分析：

现在地方政府对民意的回应普遍不够，政府与群众沟通的渠道太少，造成透明度不高，而回应性是服务型政府的重要标志。常州市市长通过网络回应质疑，有着积极意义，是公共行政回应性的重要表现。但另一方面，政府的回应性应该是制度化的，不能靠政府官员偶尔为之。一个网民有一个想法，一万个网民可能有一万个想法，市长是不是每一条都去回复？所以，增加政府回应性，需要改进和完善聚集民意的机制、表达民意的环节，下情上达，上情下达，保障群众表达权的落实，促进民主决策，这种制度的构建，对于增强政府的回应性至关重要。

(资料来源：新华网，2008-10-27)

(四)责任性

公共行政的政治性也强调责任的观点，它要求行政人员应该对议会或民选的官员，特别是应该对立法者负责。因为行政人员工作中的许多因素都可以导致对公共利益的曲解，引发腐败与颠覆破坏行为。随着行政自由裁量权的扩张，行政人员在公共政策中的作用日益增强。那么行政人员作为公共利益的捍卫者、公共信任的维护者，如何对立法部门或民选官员负责便成为一个极其重要的问题。因此，公共行政的运作必须有明确的责任机制与问责机制。公共行政的价值追求是公平、正义和善，公共行政者必须明确其应为、可为和不可为的范围以及以何种方式去实现这些价值。公共行政的责任性是实现这些价值追求的保障。公共行政的责任性首先来自法律规范的要求，同时也来自公众对公共行政的合理期待。前者是刚性的要求，后者是柔性的约束。但从本质上说，二者都要求公共行政行为以是否符合广大群众的意愿、要求与利益为标准来衡量其责任性。公共行政的责任性还来自公共行政者的价值观、信念与良知，是职业伦理和道德良知的一种具体体现和要求。

(五)合法性

宪政意义的合法性包含着合法律性和政治学意义上的合法性。政治学意义上的合法性意味着某种政治秩序被认可的价值。也就是说，公共行政的合法性是公共行政的目标、措施、行为得到公众基于内心的认同和支持，现实的社会秩序和公共行政得到认可与服从的良好状态。在合法律性的前提下，为公共利益而进行的公共行政还有可能面临如何代表与实现公众要求和愿望的合法性，即政治学意义上的挑战。一方面，社会公共事务不断增加，角色群体不断分化，公共行政只有最大限度地实现公共利益，不断满足公众合法的利益需求和意愿才能获得合法性基础；另一方面，随着公民参与性的增强，社会自治能力的提高，社会自主治理功能本身也蕴涵着合法性。这就要求政府不断回应公民，形成一种以政府权力为中心，同时包含社会自治和共治机制权在内的互动体系；同时，公民只有主动参与到与自身利益切身相关的公共事务的管理中，才能形成与公共部门的良好合作，这是民主行政的现实基础。

二、公共行政的政治控制

为了保证公共行政的公正性、代表性、回应性、责任性与合法性等宪政价值，避免公共权力的滥用从而侵犯人民主权，必须对公共行政施予必要的政治控制。这是现代代议制制度的基本要求。

传统上对于公共行政的政治控制主要是通过政党分赃制式的官员任命实现的，在当代则主要依靠下列其他政治控制途径。

1. 一般立法控制

一般立法控制主要是指立法部门的成员(议员)、议员的幕僚人员，以及其他具有立法职能的机构对公共行政组织及其工作人员的控制。这种控制是提升公共行政人员回应性与责任性的强力手段。美国国会对行政机关及其工作人员控制的严密程度，超过任何其他西方国家对行政的控制。这种控制方式主要通过立法、行使质询权、调查权、弹劾权、不信任表决权、否决权等实现的。

2. 预算控制

从历史的经验看，财政约束通常被认为是制衡公共行政组织的一个重要的工具。在美国，国会议员虽有预算控制权，但是监督政府财政开支常用的方法，包括运用像依赖首席财务官报告进行监督的总审计局，举行听证会等方式。有时也可能直接涉入机构决策的过程中，进行所谓的“微观管理”。

3. 职位轮换

公共行政的政治性非常注重对公共行政人员在机关内部不同岗位之间，或者在政府内外之间进行轮换的必要性。这是预防公共行政人员在同一机构或职务中任职过久可能形成的对公共利益的误解。在美国，19 世纪 40—50 年代时期的政党分赃制便是主张职位轮换的一种，一旦公共行政人员不再受政党领导者的青睐，随时都会被撤离其职位；然而现代的文官制度则有不同的方式。以美国 1978 年联邦文官改革为例，其中一项重要措施就是设立高级文官职位(SES)，使位居高层的常任文官能够在部门与部门之间相互调动，其目的就是希望这些高级文官能够持续的以更宽阔的视野看待公共利益。

4. 公民参与

公共行政的政治性，要求公共管理应为公众提供参与公共行政的途径。它认为公民参与有助于强化公共行政理解公民并回应公民需要的能力，公民参与被视为公民完全融合于公共行政之中的一个途径。它特别强调公民参与的重要性，认为：①在现代政府治理中，缺乏公民参与会降低政治体系的代表能力和回应能力；②缺乏参与将会侵蚀民主国家的公民精神，因为它削弱了公民参与政府治理的道德意识与政治义务。③公民参与有助于促进公民对政府的理解；④政府缺乏公民参与的有效途径，会导致民众的疏离和“主人翁”意识与责任感的缺失；⑤公民参与助长了政治社群意识和政治整合意识；⑥公民参与有助于加强政府的合法性，促进公民对其决策的认同。

5. 公开化

公共行政的政治性认为，公共行政人员及时向公众及其代表(如议员)公开政府组织中对公共利益的违反或对民众行为的误导是适当的和合乎公务伦理的要求的。也就是说，公共行政人员被期待用其声音来对抗那些被视为是不合法、不道德的行政事务，基于此，引咎辞职与“检举揭发”行为被视为合适且具有高度道德的行为。除此之外，美国联邦政府还设置了一条“欺诈、浪费、滥用职权”热线，通过它，不管是行政人员还是普通群众，均可向总会计局揭发政府的任何不良行为，以便其进一步调查。

6. 阳光措施

公共行政的政治性认为，促进政府行政公开，让公众获得更多的政府行政资料是确保行政责任实现与维系行政伦理水平的重要途径。在美国，有多种方式使政府处于“阳光之下”。这包括面向公众的听证及会议制度，以及赋予公众获取联邦政府文件权利的《信息自由法案》。目前，美国联邦政府已将信息公开以及听证会公开的规定列入基本的行政法(即行政程序法)之中。

7. 利益冲突

公共行政的政治性认为，对公共行政人员与所任职务间的利益冲突应力求限制与回避；也认为公私部门间的“旋转门”虽不至于完全封闭，但应仔细把关，因为这可能会使行政组织对其所面对的经济利益群体更具回应力。之所以对利益冲突进行严格规范，其用意与其说是减低组织内层级节制的权威，不如说是借以消除利用职位获取私人利益的诱惑。

三、民主行政与参与式治理的兴起

(一)民主行政及其意义

由政治民主向行政民主的转变是当代民主发展的重要趋势之一。行政民主集中体现为公民直接参与公共行政，并逐渐发展成为公民与政府合作的治理关系模式。民主行政的提出正是世界民主化浪潮与行政改革浪潮相互激荡的结果。民主行政是指政府的行政机关(区别于立法机关和司法机关)在制定和实施公共政策以及社会管理中的民主制度、民主作风和民主意识。民主行政的意义体现在以下几方面。

(1) 民主行政有利于提高公共行政的合法性。政治学意义上的合法性意味着某种政治秩序被认可的价值。行政权力的行使不只取决于行政权力的强制性、支配性、惩罚性，还必须取决于行政相对方即社会公众的同意。现代社会随着人们民主意识的提高，人的主体意识进一步增强，人们进一步认识到，政府不再是“统治者”，政府应是人民意志的执行者，是为公众服务的。民主行政就是政府给民众更多的参与权、知情权、表达权和监督权，使公众参与国家和社会事务的管理。只有这样，政府才能获得公众的认同，政府的权威才具有合法性。

(2) 民主行政是避免政府失灵的有效机制。科学技术的突飞猛进，使得当代经济的发展更具有开放性、动态性和复杂性的特点，因而经济和社会的发展也就具有更大的风险性和不稳定性。然而，作为经济和社会调控主体的政府，并不是神造物，并不具有无所不在和正确无误的天赋。如今，在“市场失灵”之外，也常常出现“政府失灵”。因此，政府要在管理和调控经济、社会的过程中尽量避免“失灵”这种状况的出现，就必须更多地依靠社会力量，更多地依靠公民的参与，从而了解更多的正确信息，对高度开放、动态和复杂的经济和社会发展及时作出灵活的反应。有鉴于此，公民的直接参与在行政管理过程中越来越成为不可或缺的环节。

(3) 民主行政能实现行政效率与民主的有效统一。传统公共行政追求“效率至上”，这种效率往往体现的是经济效率而不能实现公共利益、个人价值、平等、自由等社会价值的有机统一。民主行政不排斥作为公共行政基本价值取向的“效率”，但这种“效率”应是建立在公平、民主之上的效率。民主行政追求的是民主与效率的统一。民主行政通过管理活动的公开性来接纳广泛的社会参与，广泛的社会参与能使管理者与公众之间形成统一的认识，实现有效的社会整合，形成整体的合力，个人在整体中存有强烈的归属感，那么对公共行政也就有一种认同感，从而有利于政策的实施，进而提高行政效率。

(4) 民主行政是社会稳定和繁荣的减震器。民主的宗旨就在于让公众自我管理，实现社会的自治或是通过代表实现对国家事务的管理和参与。在这样的参与过程中，个人的意愿得以表达，满足了人们参与社会事务管理的心理要求，从而避免了人们采取激进的方式表达自己对政府或社会的不满情绪。在一定意义上，民主行政为人们提供了宣泄不满的渠道。“为水者决之使导，为民者宣之使言”，因而，民主成为社会动荡的减震器，而社会稳定是国家繁荣的基础，在稳定的环境下，社会才能走向繁荣。

(二)参与式治理的兴起

民主行政的实现必须建立起参与型的社会治理模式。社会治理的民主化程度如何将决定着整个公共行政的民主化程度。公民对社会治理的参与是民主行政的逻辑起点和核心内容。公民参与治理，是政治文明建设的本质属性，是民主行政的内在要求，它可以发挥集体智慧去解决社会问题，可以调动社会资源和公民积极性来推动计划的实施，也可以使更多的公民通过参与过程认识政府公共行政中政策的制定和执行。

自 20 世纪 90 年代以来，随着全球化时代、信息时代的来临，人类政治过程的重心正在从“统治”走向“治理”，从“善政”走向“善治”。而善治的过程就是一个还政于民的过程，表示政府与社会之间的友好合作，它有赖于公民自愿的合作和对权威的自觉认同，要求公民的积极参与。由此，公民参与已成为世界多数国家民主行政的主要议题之一，参与式治理也成为世界许多国家政府治理的主要模式。

参与式治理模式的出现，是因应传统政府治理模式挑战的产物，是民主行政的内在要求。自 20 世纪 70 年代以来，由于财政危机、经济衰退以及官僚机构效率低下，导致公众对政府的信心产生动摇。在这种历史条件下，西方国家开始谋求新的政府治理模式，政府进行了一系列的治道变革。传统治理模式下政府是公共权力和公共权威的唯一拥有者，公众与社会的意见和需求只被理解为一系列公共政策实施和公共权力行为后的附带结果，而新公共管理理念扭转了政府管理过程中的主体中心主义，确立了管理客体中心主义原则，公众的参与程度和满意程度成为评判公共行政正当与否的重要标准，原先那种行政体系自我评价、自我判断变成了公众的评价与判断。参与式治理模式因其对公众参与行政的高度重视而成为一种重要的治理模式。参与式治理模式的出现，有助于公共行政人员获得有关公共服务需求的更完善的信息，有助于增强公共政策与公民需求之间的相互适应性，有助于社区公民接受政府制定的公共项目规划，有助于公民帮助政府组织推行公共项目的实施。

根据世界各国的实践经验，在公共行政的过程中，公民参与政府治理的主要渠道大致有以下几个。

(1) 公开听证(public hearing)。在涉及公共利益和公民利益的政策、规划和决策上，邀请有关方面的专家、民意代表或一般公民，进行公开的探讨和论证，以广泛听取社会公众和利益群体的意见。

(2) 公民调查(citizens surveys)。在新公民参与运动发展出来的新的公民参与途径中，公民调查是一项引人注目的参与技术。公民调查是运用访问、问卷调查等形式，以获取或了解民众的意见和建议。调查结果反映了公民对政府的期待和对政府政策的评价，以及对政府行为和绩效的评估，因此公民调查是促进和提高政府责任能力的基础。

(3) 咨询委员会(advisory committees)。咨询委员会是一种被普遍采用的公民参与形式。吸收外界人员参加咨询委员会，可以加强政府与公民的联系，改善行政机关和外界的关系；可以扩大行政机关作出合理决定的范围，提高政府的公信力；可以利用外部专家的知识，使政府决策更加科学化。

(4) “赛博”(cyber)，也称论坛(forum)。这里聚集着包括各个领域专家在内的志同道合的社会成员，这些人通过相互交流自己掌握的信息，使得“网友们”彼此拥有丰富的信息，做到信息共享。他们不仅能够提出自己的看法，还能广泛征求别人的意见，随时获取必要的信息。

(5) 公私合作生产(public/private co-production)。这是政府与民间共同合作产出公共服务的模式，是公民参与政策过程的一种具体的途径。在公私合作生产的这种模式中，民众由单纯的消费者转而成为服务的生产者，促使民众通过合作的机制，而获得对公共事务的“控制”与影响，以实现公民的参与权。公私合作生产的优势在于：使公民有参与公共事务的机会，并能有效地进行资源的分配与整合。

(6) 利益团体(interest group)。利益团体是增强公民参与公共行政的另一途径。任何社会中，都不同程度地存在着各种形式的利益团体。作为非官方组织，利益团体是实现政府与社会、公民互动的桥梁。虽然利益团体并不一定完全代表公共利益，但在一定程度上有能力将成员的愿望转变为政治需要；它可以通过有组织的游说或舆论，促使政府有关政策或法规的制定或修正；同时还可以起到监督政府的作用。在西方国家，没有利益团体的协助，政府的很多业务是很难进行的。

(7) 协商和斡旋(negotiation and mediation)。一些政策问题十分难以解决，用我们这里所列的任何一种参与技术都无法奏效。对这一事实的认同使得人们越来越多地采用了协商和斡旋手段。在协商中，第三方面通过调停，在争议者之间寻求冲突解决方案。

第二节 公共行政的法律基础

公共行政的过程也是行政权力的行使与运用过程。行政权力是政治权力的一种，它是公共行政组织依靠特定的强制手段，为有效执行国家意志而依据宪法原则对全社会进行管理的一种能力。行政权力是一把“双刃剑”，一方面行政权力在维护社会秩序、增进公共利益、保护公民、法人或者其他组织的合法权益方面具有积极的能动作用，离开行政权力的积极作用，社会就会出现无序、混乱；另一方面由于执掌权力者主客观情况的复杂性，加之行政权力又是一种支配力量，是一种可以不顾及相对方是否情愿强制相对方服从的力量，行政权力有被滥用的可能性。而对行政权力不加控制与制约，就必然导致滥用，这是人类几千年的历史已经反复证明了的经验。在对行政权力的诸多控制方式中，法律控制是最基本、最重要的方式，依法行政，已经成为发达国家政府普遍奉行的基本行为准则，成为衡量公共行政文明进步与否的主要标志，成为公共行政的重要特征与重要发展趋势。

一、依法行政：传统确定性法律

进入近代资本主义社会，鉴于数千年专制统治的惨痛教训，新兴的资产阶级政治家、思想家和法学家对政府机关有着强烈的戒备和防范心理，提出个人主义和自由主义的口号，防止政府滥用统治权侵犯个人自由，于是在政治上建立了“三权分立”的政治体制，在思想上塑造了“人民主权”的民主精神，在法治上确立了“依法行政”的法治原则，并提出了“政府最好，管事最少”的消极行政的思想。其体现的法律理念是：公权力是一种极具膨胀性的权力，其膨胀的边界直至遇到阻隔为止，因此，在立法上，试图通过对政治国家与市民社会严格界分，为市民社会的自由发展预留一定空间，使政治国家的权力不得轻易介入并干预市民生活。所以，这一时期的国家职能主要限于政治统治职能，而国家的公共行政职能受到严格限制，在行政立法方面，立法重心主要限于对行政权力的分配与制衡，以公共行政为基本内容的立法不是很发达。在这种思想的指导下，行政法被作为“控权法”而产生并发展。在这一时期各国所主张的都是一种消极意义的法治，是一种形式的、机械的法治，要求行政机关的一切活动都必须以议会制定的确定性法律为依据，必须严格执行议会制定的法律并受这些法律的约束。

传统的确定性法律主张通过事先制定并明确公布的法律规则对政府权力进行控制，确信法律就是按照一定的逻辑组合形成的规则体系，它通常细致而完善，能为执法者和被管理者的行为提供完全的指导。它主张“无法律即无行政”，行政机关是规则构成的法律的服从者、执法的机器，公务人员只需严格按照规则行事，不需任何自由裁量的权能，就可以实现法律的正义。

传统确定性法律的性质定位为强制与管制，它是一种管理法，其主要采用调整性规范，但多以义务性规范与禁止性规范为主，主要是对行政权力的权力行使方式进行规范，目的在于限制行政权力的膨胀。传统确定性法律是自由资本主时代特定历史条件下的产物，是由当时特定的，经济的、政治的、意识形态的等诸多因素决定的。在确定性法律主义盛行时期，公共行政权的范围受到了非常严格的限制。

的确，确定性是法律的形式特征。法律的确定性意味着法律规定了一定行为与一定后果之间稳定的因果联系，将人类一定行为模式固定化、法律化了。法律因之有可预见性，人们在行为之前即可预料法律对自己行为的态度，从而根据法律趋利避害地设计自己的行为。法律若失去确定性，人们将因不能预料自己的行为后果而无所适从。确定性也意味着法律规定必须明确，必须尽可能地排除不确定规定，因为法律的可预见性以其明确性为前提；否则，尽管法律有规定，但模棱两可，人们仍会因不能确定地把握法律的意旨而陷入无所适从。确定性还意味着法律是一种不可朝令夕改的规则体系；否则，法律将丧失权威性，人们将因法律的不断变动而对之产生怀疑，丧失法律信用。从技术上看，确定性使法律成为不加区别地规范一切人的行为的稳定的规矩绳墨，成为一种无私无欲的客观尺度，从而使人们获得了效率、安全等价值。

然而，事物的性质总是如此，任何价值获得的同时即意味着某种价值的丧失，法律正是为获得这些价值付出了代价，其局限性正是由上述价值而生。这种局限性表现在以下几个方面：第一，不合目的性。法律的普遍性特征决定了法律只注意其适用对象的一般性而忽视其特殊性。然而适用于一般情况能导致正义的法律，适用于个别情况的结果可能是不公正的。第二，不周延性。法律对于其调整的社会生活应具有最大的涵盖面。但是，立法是一项探索真理的认知活动，必然受到人的认识能力非至上性的限制，立法者制定出来的法律不能涵盖一切社会关系，必然存在一些缺漏与盲区。第三，模糊性。法律应尽可能明确，以便于当事人准确地把握立法意图，从而准确地根据法律规范自己的行为。但是，法律借助于语言来传递法律规范的内容，作为法律载体的语言本身存在局限性，需要进行进一步解释；客体运动的连续性和它们之间类属性态的不明晰性，使立法者难以做到以精确化的语词界定它们截然的性态与类属边界，而不得已求助模糊语言，对模糊客体以模糊的语言形式把握；立法技术的失误，立法者之用语与其本意不合，可能造成立法意图与法律文字表现的背离。此三种情况皆会导致法律模糊性的出现。第四，滞后性。法律一经制定应保持相对稳定。但是，一方面，修改法律是程序性极强的立法活动，其过程漫长而复杂；另一方面法律调整的社会生活却是变动不居的，由此造成法律与社会生活或大或小的脱节现象。

实际上，确定性法律作为一种法律类型，并没有完全付诸于行政管理实践，其致命之点便是脱离实际，完全排斥人的因素。因为确定性法律若想在现实中实现的话，必须满足如下前提：①立法者具有完全的理性和超强的预见能力，能够制定出逻辑严密、完美无缺的法律；②法律的正义性问题在立法程序中迅速而全部地解决，官员在执法过程中无须为正义操心；③社会生活是静止的，法律不会因社会的发展而与现实脱节。前提的不能满足，结果的失败自然是题中应有之义。

二、现代促进性法律

在20世纪初，西方国家进入垄断资本主义时期以后，政治经济形势发生了巨大的变化。尤其是30年代以来，国家主动干预社会经济生活，政府管理社会经济事务的职能不断扩大；相应地，行政行为的技术性、专业性大大增强，行政活动的多样性、复杂性更加明显。由于市场经济自身无法克服的弊端诸如垄断与不正当竞争问题、失业与社会救济问题、环境污染与资源瓶颈问题等需要引入公权力的调控与推动，国家在经济生活中扮演的角色逐渐由一个消极的“守夜人”转变成为一个积极的管理者，国家开始担负起宏观经济调控的职能、促进就业及劳动保障与社会保障的职能，以及保护生态环境与资源促进社会经济可持续发展的职能，因此催生了经济法、劳动与社会保障法、环境与资源保护法等国家职能型法律部门的分化。这种分化一方面是传统的行政法律部门从对行政权力的形式规制到行政权力的内容规制的分化；另一方面这种分化也是行政权力干预市民社会的结果，关系到市民社会的经济效益、社会效益及生态效益，同时也伴随着社会团体力量的参与。因此这些法律部门的立法思想着眼于社会整体利益的国家干预与社会参与，具有公法与私法兼容的特点，在调整手段上则表现为各种法律手段的综合应用，围绕经济、社会、生态利益作纵向的专题式立法，专项解决由于市场失灵及个人本位立法所造成的社会整体利益调整的缺失性问题。

应当说，这一时期的立法相对于自由资本主义时期的确定性立法而言，立法思想从个人本位和有限政府的立法理念转变到对社会利益的提升和政府积极干预的立法理念，是一种进步，是对传统立法理念的修正。但是，这一时期国家主要扮演的是一个市民社会的管理者的角色，立法的性质仍然是国家的强行性立法，仍然是试图通过制定一系列明确的法律规定来规范公共权力的行使与运用，此时的立法仍然是传统确定性立法的一种延续。因此，虽然随着公共行政的发展，国家干预的形式从管理型为主逐渐转变为服务推动型为主，国家从消极守夜人角色向积极的管理者角色转变之后，公共行政职能进一步分化为宏观调控管理职能和公共服务职能，并且要求政府在履行宏观管理职能时在角色范围上也必须定位在服务者而不再是管理者身份上，这种转变要求一种不同于传统的政府强制性、确定性立法而体现为政府引导、推动、服务、鼓励的新型立法的产生。传统的确定性法律已不适应公共行政发展的需要，一种新的法律形式必将诞生。这种新的法律形式就是促进性法律。

所谓促进性法律，是指出于对国民经济薄弱环节、弱势行业或新兴行业的扶植需要，不强调权利义务与责任的对应而较多采用任意性规范、授权规范和鼓励性规范的政策型、引导型法律。促进性法律是在国家职能从单纯的调控管理角色向服务推动角色转变，立法开始注重经济自由与经济调控相结合的背景下产生的。从立法层面上讲，这种转变实际上是对传统确定性法律立法思想扬弃的结果。促进型法律既保留了传统法律部门的普遍性，又在这一普遍性的基础上赋予法律以特殊性和专业性的特征，从而使法律具有明显的政策性、灵活性和政府主导性。其优点是政策性、灵活性强，有利于弱势行业的逐步推进，是强制性、确定性法律的有益补充。这是传统确定性法律所不具有的一种优越性。相比较于传统的确定性法律，现代促进性法律具有如下特征。

(1) 在立法所调整的领域方面，促进性法律主要定位在关系国家发展全局和社会利益的基础、薄弱产业或事业，需要由国家推动或参与发展的领域。促进性法律的使命是为弥补利用市场手段无法实现的提供公共产品及制度平台构建的局限，由政府通过立法将政策法律化，公共服务制度化，为市场经济的长远发展及制度平台的建构提供法律的保障。市场的短期性与盲目性的局限，决定了那些关系国家发展全局和社会利益的基础、薄弱产业或事业，如科学技术、生态保护、农业发展、能源利用等，只能通过政府根据社会经济的长远发展目标与近期发展状况进行理性引导或主动参与。

(2) 在立法目的及调整手段方面，促进性法律主要是鼓励和促进基础、薄弱产业或事业的发展，然而对基础领域的解决是采用促进、引导的方式而不是传统立法采用的调控或调整的方式。也就是说，政府在其中不是充当的调控者管理者的角色而是促进者服务者的角色。因此，这类立法通常在立法目的上不采用本法“规范”、“调整”等法律术语，而是采用本法“促进”、“推动”等带有服务性色彩的字样。

(3) 在法律机制的配置方面，促进性法律以促进基础、薄弱产业或事业发展为中心，以法律机制配置政府、社会、个人的人力、物力、财力资源，使这种配置机制法律化。也就是说，在此类法律中通常是围绕促进基础、薄弱产业或事业发展所需的相关人、财、物及其他资源优化配置和进程的优化控制进行的，这实际上体现了市场经济优化配置的高效性的思想；市场经济优化配置资源的高效性在普通市场领域是高效的，但在基础、薄弱产业或事业领域中却是低效或者失灵的，为了防止这种低效或者消除失灵的状况，引入了政府手段的介入，但政府仍然需要按照市场规律操作，保证市场的效率性，并采用立法的手段将这种政府鼓励和促进的模式制度化，使其具有制度层面的保障；总而言之，就是利用法律的手段将资源配置的模式与进程控制的模式法律化，使之成为一个相对稳定的法律操作模式，将技术性的操作同法律的规范性与保障性相结合，实质上是一种法律机制配置的重组。

(4) 促进性法律具有较强的政府主导性和政策性。正是因为促进性法律是为促进基础、薄弱产业或事业的发展，而由于市场机制在这一领域的失灵，基础、薄弱产业或事业的发展不能通过市场手段来解决，只能通过政府来推动和引导，控制发展进程和配置相关要素，所以在促进基础、薄弱产业或事业发展的全过程中，政府始终扮演着主要参与者的重要角色：从规划与建设，到推广与运用都主要是政府组织和引导；同时，政府的主导性参与必然使此类法律具有较强的政府意志，为其打下政策性的烙印。

(5) 促进性法律中有较多的鼓励性规范，表现出鲜明的鼓励性特征。此类法律的基本性质是政策性，虽然对基础、薄弱产业或事业的发展是政府主导的，然而政府最终也需要通过引导和鼓励相对人来开展基础、薄弱产业或事业，市场经济的自发机制失灵使相对人对基础、薄弱产业或事业的发展失去了经济动因，而强制相对人进行基础、薄弱产业或事业的建设将破坏市场经济秩序，也不符合经济民主的要求，同时现代政府管理由单纯的强制型管理向服务型管理转变，并且强调政企分开，社会组织的相对自治性，政府也不能简单地应用行政权力强制相对人开展对基础、薄弱产业或事业的建设，而只能采用诱因化的经济机制，在尊重相对人的组织利益和个人利益的基础上，通过政府的政策性宣示，并提供相关的保障和优惠措施或奖励措施，引导并鼓励相对人采取与政策目标相一致的行为。

(6) 促进性法律具有淡化相对人法律责任的特点。促进性法律在规范设置上通常包括三种方式：一是指导性规范要求，法律制定特定的指导性标准作为立法中设置的鼓励措施的依据，但不规定违反指导性规范的法律责任，所以指导性规范不具有强制性；二是自愿性规范要求，相对人可以根据自己的实际情况自愿选择是否按照立法的要求作为，法律不作强制性要求，只是鼓励相对人依法作为；三是强制性规范要求，立法要求相对人必须按照法律规范的要求作为，否则将承担相应的法律责任。在该类型立法中主要是指导性规范和自愿性规范，即鼓励性条款相对较多，强制性条款相对较少。

我国早在 1993 年就有促进性法律《农业技术推广法》出台，其后又相继制定了《科学技术进步法》、《民办教育促进法》、《中小企业促进法》等。这些促进性法律都已在各自领域发挥出了独特的作用。从立法例来看，各国循环经济基本法和部分综合性法多以促进性法律为主。如日本的《推进建立循环型社会基本法》和《促进资源有效利用法》，美国的《1969 年国家环境政策法》和《1990 年污染预防法》。更为重要的是，我国于 2002 年颁布的《清洁生产促进法》作为一部促进性循环经济法，已被普遍认为是比较成功的，这种立法模式应当继续得到推广。

三、行政立法与行政司法

(一)行政立法

1. 行政立法的概念

行政法学意义上的行政立法，主要是指特定的行政机关根据法定权限并按法定程序制定和发布行政法规和行政规章的活动，或称准立法行为。美国称之为行政规章制定；英国过去多用委任立法一词，现在也称规章制定；法国称条例制定；德国称为规章制定。行政机关兼有行政、立法的双重职能，成为立法主体之一。

在我国，从中央到地方多层级、人大与政府分享立法权的立法体制中，行政立法是国家立法的重要组成部分。作为立法主体的行政机关，在众多的立法主体中，其地位仅次于立法机关，无论是在法律上还是在事实上，行政机关都享有广泛的立法权。行政机关作为立法主体所立的“法”称为行政法规和行政规章。在我国，享有行政立法权的主体包括国务院，国务院各部委，国务院直属机构，省、自治区、直辖市人民政府，省、自治区人民政府所在地的市人民政府，经济特区市人民政府，经国务院批准的较大市人民政府。

2. 行政立法的产生

行政立法的兴起源于经济和社会对扩大政府职能的需求。随着资本主义的发展，古典自由主义奉行的“守夜人”的政府角色不能满足社会政治、经济发展的需要。从19世纪末20世纪初开始，在凯恩斯主义的理论影响下，国家职能日益加强。社会生活的复杂化，对立法数量、立法技术以及立法时限等提出了越来越多、越来越高的要求，仅靠议会立法已经不能满足社会发展的需要，必须赋予行政机关以行政立法权。当前，在世界范围内，包括规章在内的行政立法获得合法性已在一些国家普遍存在。

具体说来，行政立法存在的理由主要表现为：①面对日益繁重的立法任务，议会受会期的限制，没有足够的时间去作出细微缜密的详细规定。在许多情况下，议会立法只能是原则性、概括性的规定，然后由行政机关再作出具体的、具有可操作性的规定。②议会的立法程序严格缓慢，无法适应瞬息万变的社会现实，而行政机关迅速快捷的活动程序，可以较好地弥补议会立法的不足，特别是在紧急情况下，只有授权行政机关制定必要的或适当的法律规范，才能把握时机，应付紧急状态。③行政管理过程充满了不确定性，议会对此无法作出准确无误的预测并加以事先规范，而只能授权行政机关根据以后出现的新情况作出灵活性的规定。④随着科学技术的发展，立法的专业性、技术性特点日益突出，而民选的代表一般欠缺专门知识，也不熟悉行政管理的实际状况，因此，就不能不授权直接从事行政工作且具有专业优势的行政机关去制定相应的法律规范。由于以上诸多客观原因的存在，所以，行政立法的出现是自然而然的事情。

3. 行政立法的特征

从行政立法职能的特征看，它是一种结合了行政性质和立法性质的活动。受传统的权力分立原理影响，有人把这种不同于立法机关立法活动的职能称为“准立法活动”。

行政立法的行政性质表现在：①主体。这一活动的主体是特定国家行政机关，而不是立法机关。②调整对象。行政立法所要调整的社会关系多是与行政管理有关的社会关系。当代行政国家中的行政管理几乎无所不在，传统意义上的民事关系也因为国家行政的介入而在很大程度上与行政管理有了勾连，所以，当代行政立法所调整的范围是相当广泛的。但是，刑事领域依然是由立法机关垄断的，行政机关不得对刑事问题进行立法。③目的。行政立法的目的是实现行政管理的目标，而立法机关的立法活动因为调整范围更加广泛，其目的也自然更加多样化。在这些因素中，主体因素是最为凸显的一个特征。

行政立法尽管表现出明显的行政性质，但是它与传统法理所认为的“行政”(实现立法机关意志的执法活动，也就是我们现在通常所理解的具体行政行为)有所区别：①主体。在我国，行政立法的主体只能是特定的国家行政机关，而行政执法活动几乎是任何一个行政机关都有权进行的。②对象。行政立法的对象是不特定的多数人，而具体的行政执法活动针对的是特定的行政相对方。③时间效力。行政立法是自颁布之日起生效并持续比较长的一段时间，其是对未来发生效力的，而具体的行政执法活动是针对具体事项(通常是过去发生的事件)作出一次有效的决定，一般不具有持续的效力(当然也有例外，如行政许可)。

④程序。行政立法的程序与立法机关的立法程序颇多类似，更多强调多元的民主参与、协商和妥协，即各个相关的利益主体都参与其中，对立法中的议题进行充分的讨论与妥协，而具体的行政执法程序，更多强调准确地、公正地执行法律。

行政立法是一种准立法活动，其本身也融入了一些立法性质，主要表现在：①结果。行政立法是制定法律规范的国家活动，其制造出来的产品——行为规则——具有法的属性。②过程。如行政立法的过程颇类似于立法机关的立法程序，它不是按照固定模子锻造产品的过程，而是各种力量相互碰撞、妥协，其产品事先较难预料的过程。

然而，行政立法与立法机关的立法活动仍然存在较大区别：①主体。这是非常明显的差异，行政立法是由特定国家行政机关完成的。②内容。根据传统法理，立法权乃立法机关所有，故而立法机关的立法内容涉及面相当广泛，可谓无所不包。而行政立法的内容就要受到较多的限制，不仅不能规定与行政管理无关的事项(如刑事制裁)，甚至与行政管理有关的某些事项也是不能加以规范(如限制人身自由的行政处罚的设定)。③规则的效力等级。在我国，全国人大及其常委会制定的法律在效力等级上仅次于宪法，行政法规、行政规章都低于法律，地方人大及其常委会制定的地方性法规尽管在效力等级上低于行政法规，但高于相应的地方政府规章。④程序。行政立法的程序与立法程序类似，不过，行政立法在一定程度上是为了弥补立法机关立法缓慢的弊病而产生的，所以，行政立法的程序较之立法程序更为简便一些、更多一些对效率的考虑。⑤形式。相比较立法机关制定的法律或者地方性法规，行政立法的形式更为灵活一些。在名称上，立法机关的立法必定冠以“……法”，而行政立法可以冠以“条例”、“办法”、“规定”等。⑥立法效果。通常情况下，立法机关的立法效力持续时间较长，修订或者废止程序比较严格，而行政立法的修订或者废止程序相对而言比较灵活，从而可以适时地顺应社会需要的变化。

4. 对行政立法的监督

对行政立法的监督，是保障行政立法权合理行使的重要机制。一般说来，对行政立法的监督主要从以下几个方面进行：①权力机关对行政立法的监督。为了保证民意代表机关作为主要立法者的地位，行政立法权必须受到立法机关的监督和制约。立法机关监督和制约行政立法的主要方式，就是在授权法中明确规定授权的范围，行使所授之权的目的、条件、方式、原则、程序，从而保障基本的政策性决定由直接向人民负责的机关规定，使行政立法在符合立法机关所定的标准之下进行。②司法审查对行政立法的监督。近代以来，国家职能的显著变化之一就是行政权力的不断扩张，而这一趋势又总是与司法权对扩大中的行政权进行相应限制的历史同步发展的。法院对行政权的监督和制约是通过司法审查的手段来实现的，即法院通过审查如果认为包括行政立法在内的行政行为违反了宪法、法律或者超越法律授权，有权予以撤销，使其无效。鉴于议会的授权标准已变得越来越不可捉摸，司法审查作为一种经常性的、局外的、有严格程序保障的、具有传统权威性的监督方式，受到了越来越广泛的重视，它在对行政立法的制约体制中，发挥着不可替代的重要作用。③公众参与。在利益多元化的社会结构下，只有让所有受到影响的利益在行政立法过程中都能得到充分的反映，才可能在相互竞争的利益之间达成一种妥协、形成某种共识，才能保证公众对最终立法结果的认同和支持。同时，健全的民意表达渠道和利益协调机制也是制约行政立法权的必备手段和保证立法内容客观、公正的必要前提。因此，在行政立法过程中，诸如听取意见、说明理由、说明先例和根据、公开决定等程序性规定的核心就是实现和扩大公众对行政立法的参与。

【案例 4-3】在东方银座广场有限公司诉北京市建设委员会一案中，北京市建委依据建设部《房地产开发企业资质管理规定》(建设部第 77 号令)第十七条中，关于注销房地产开发企业资质证书的规定，以原告存在不良经营行为“取消”其开发企业资质。

经审理，法官发现，建设部第 77 号令第十七条中关于注销资质证书的规定，实质上是一种吊销处罚。而根据《行政处罚法》第十二条，部门规章只能在法律、行政法规规定的给予行政处罚的行为、种类和幅度的范围内作出具体规定。对尚未制定法律、行政法规的，部门规章可以设定警告或者一定数量罚款的行政处罚。而建设部第 77 号令第十七条关于注销房地产开发企业资质的规定，已经超越了《行政处罚法》规定的行政处罚设定权限，违反了上位法之规定。

问题：如何对部门规章进行立法监督？

分析：

行政立法包括行政法规与行政规章两部分，建设部《房地产开发企业资质管理规定》(建设部第 77 号令)属于行政部门规章的范畴。根据《立法法》第八十七条、八十八条之规定，国务院有权改变或者撤销不适当的部门规章和地方政府规章；《规章制定程序条例》第三十五条规定，国家机关、社会团体、企业事业组织、公民认为规章同法律、行政法规相抵触的，可以向国务院书面提出审查的建议，由国务院法治机构研究处理。因此，国务院是部门规章的监督审查机构，国家机关、社会团体、企业事业组织、公民都可以向国务院书面提出审查的建议，由国务院法治机构研究处理部门规章的合法性。

(资料来源：“民告官”审视部委行政. 瞭望，2007-05-22)

(二)行政司法

1. 行政司法的概念与特征

行政司法是指行政机关根据法律的授权，按照准司法程序审理和裁处有关争议或纠纷，已影响当事人之间的权利、义务关系，从而具有相应法律效力的特殊具体行政行为。行政司法是行政机关在其职权范围内依法处理纠纷的行为。

行政司法这种特定的纠纷解决机制在许多国家和地区的经济和社会生活中起着越来越重要的作用，成为现代市场经济国家加强国家宏观调控和政府对经济间接干预的重要手段。一般说来，行政司法具有如下特点：①行政司法的主体是行政机关。这一点使行政司法同人民法院主持的行政诉讼相区别。②行政司法行为带有司法的性质。虽然行政司法行为是一种行政行为，但其明显不同于行政机关的其他行政行为。在行政司法行为中，行政机关处理纠纷时是充当纠纷裁决人这一“法官”角色的。③行政司法行为必须依法进行。行政机关作出行政司法行为，必须严格遵守行政法律规范的规定，依照行政司法程序进行。行政司法的程序属于特别的行政程序，具有司法程序的某些形式。但比司法程序更为简便易行。④行政司法的对象是特定的纠纷。行政机关在行政司法行为中只处理法律、法规明确规定由行政机关调解和裁决的纠纷，而不是处理所有的纠纷。行政机关处理的纠纷主要分为两类：一类是与行政管理有关或者适宜于行政机关处理的民事纠纷，另一类是行政机关的具体行政行为使得行政管理相对一方当事人不服而产生的行政纠纷。

2. 行政司法的类型

根据行政司法的对象和职责划分，行政司法分为行政复议、行政调解和行政裁决三种方式。

(1) 行政复议。行政复议是指公民、法人或者其他组织认为行政机关的具体行政行为侵犯其合法权益，依法申请行政复议机关解决和行政复议机关解决该行政纠纷的法律活动。行政复议具有以下特征：首先，行政复议是由认为行政机关的具体行政行为侵犯其人身权和财产权而依法向行政复议机关申请的公民、法人或者其他组织提起的。行政复议是行政机关经依法申请才能作出的行政行为，没有申请人的申请，行政机关不能主动复议。行政复议的申请人只能是处于行政管理相对一方当事人地位的公民、法人或者其他组织，而不是作出具体行政行为的行政机关。当公民、法人或者其他组织主观上认为行政机关的具体行政行为侵犯了其人身权和财产权，而对该行为不服，要求行政复议机关予以解决纠纷时，行政复议便开始进行。其次，行政复议以行政纠纷为处理对象。所谓行政纠纷，是指因履行行政职能而发生的行政机关与行政管理相对一方当事人之间的纠纷。行政复议只能以因行政处罚、行政强制执行等具体行政行为引起的行政纠纷为处理对象，而不能以双方平权主体间的民事纠纷为处理对象。行政复议机关处理行政纠纷，只能在其主管事项范围内。对于申请人来说，复议申请只能向有管辖权的行政复议机关提出。对于行政复议机关来说，行政复议机关只能接受属于自己管辖范围的复议申请。再次，行政复议的主体是行政复议机关。行政复议只能由作为行政机关的行政复议机关作出，而不能由司法机关作出。所谓行政复议机关，是指依法审查行政机关的具体行政行为并作出复议决定的行政机关。一般来说，行政复议机关大多数是作出具体行政行为的上级行政机关或者原行政机关。最后，行政复议是行政机关作出的一种特殊行政行为。行政复议行为虽然是行政机关作出的一种行政行为，但是明显不同于行政机关的其他行政行为。行政复议所依据的程序既不是普通的行政程序，也不是完全的司法程序，而是一种特别的行政程序，即行政司法程序。行政复议的程序与行政诉讼相比，具有程序简便、易于纠正错误、范围广泛和经济有效等特点。一般来说，行政复议的程序包括复议申请、审理、裁决、执行以及起诉等步骤。

【案例 4-4】2000 年 6 月初，某县经贸公司向某县环保局、工商局提出投资建设苦味酸(俗称黄色炸药)生产项目的申请。县环保局和工商局分别于 6 月 24 日、6 月 27 日批准了该经贸公司的申请。某县经贸公司于 2000 年 8 月正式投入生产。2000 年 11 月 24 日某市环保局接到某县群众举报称：某县经贸公司生产苦味酸，排放污水，造成对其周围环境严重污染。某市环保局经过调查，认为某县经贸公司未按《化学危险品安全管理条例》的规定程序报批，擅自投资生产苦味酸，利用渗坑排放污水，造成厂区附近土壤及饮用水井水质污染。据此，认定该经贸公司的行为违反了国务院《化学危险品安全管理条例》和《水污染防治法》的规定，决定对经贸公司处罚如下：①立即停止苦味酸的生产，拆除苦味酸生产设施；②罚款人民币 5 万元；③在一个月内清除所排废液及已污染的土壤。某县经贸公司不服某市环保局的行政处罚决定，遂向某市政府申请行政复议，请求撤销某市环保局的行政处罚决定。

在审理过程中，复议机关围绕本案的焦点问题，即投资生产苦味酸是否具有合法的审批手续，进行了全面调查、取证，并对经贸公司生产苦味酸现场进行了实地勘查，认为：某县经贸公司投资建设苦味酸生产项目，虽然经过申请并得到某县环保局和工商局的审查批准，但根据《民用爆炸物品管理条例》的规定，建立民用爆炸器材工厂，必须符合法定的前置审批条件，某县环保局和工商局审批同意投资建设苦味酸生产项目，属于越权许可行为。因此，某县经贸公司实际上并未真正取得合法的苦味酸生产资格，且在生产过程中造成对周围环境的污染。上述行为违反了《民用爆炸物品管理条例》和《水污染防治法》，依法予以处罚。但某市环保局作出的行政处罚决定明显适用法律错误：责令拆除生产设施无法律依据；罚款人民币 5 万元不适当。为此，某市政府决定撤销某市环保局的行政处罚决定，责令其重新作出具体行政行为。

问题：如何看待这一行政复议案件？

分析：

本案是一起典型的撤销具体行政行为并责令重新作出具体行政行为的复议案件。本案中，行政复议机关对事实认定得比较清楚，更重要的是在如何适用法律和作出行政复议决定的处理上比较妥当。主要表现在以下两个方面：一是查清本案在申请、审批、建设、生产各个环节及造成环境污染的原因，是认定过错并确认由谁承担法律责任的主要根据。根据《民用爆炸物品管理条例》第九条规定："建立民用爆炸器材工厂，必须由其主管部门提请所在省、自治区、直辖市主管爆炸器材生产部门会同有关部门审查同意，由兵器工业部根据国家计划审查批准，持批准文件和设计图纸，向所在地县(市)公安局申请许可，经审查符合规定，发给《民用爆炸物品生产安全许可证》，并向所在地工商局办理登记手续，取得营业执照后方可生产"。某县环保局、工商局显然违背了上述法定审批前置条件的规定，擅自审批同意某县经贸公司投产苦味酸项目，属于越权许可，其行为无效。某县经贸公司在未真正取得生产苦味酸资格的情况下，擅自投产，并在生产过程中采取"渗坑排放污水"的方法，造成周围土壤和饮用水井水质污染的违法事实。上述事实的查明，为本案的正确处理奠定了基础，由谁来承担法律责任也就明确了。

(资料来源：毛新国. 自设处罚复议决定撤销. 法制日报，2005-08-17)

(2) 行政调解。行政调解是指由行政机关主持的，以国家政策和法律法规为依据，以自愿为原则，通过说服教育等方法促使纠纷双方当事人友好协商，互让互谅，达成协议，从而解决纠纷的一种活动。行政调解具有以下特征：首先，行政调解的主体是行政机关。行政调解不同于司法机关和社会群众组织的调解。行政调解只能由行政机关主持，由行政机关的行政职权派生，并体现在各种具体的法律规范中。其次，行政调解的对象多是与行政管理有关的民事纠纷。从实践和理论上看，行政调解主要用来解决民事纠纷，而不是用来解决行政纠纷。因为从我国现行法律规定看，除行政赔偿纠纷外，行政纠纷不适用调解原则。再次，行政调解以自愿为原则。是否申请行政调解和调解是否达成协议，必须由纠纷双方当事人自己决定，而不是由行政机关单方强制决定；调解所达成的协议是否履行，由当事人双方自愿决定，行政机关无权强迫任何一方当事人履行义务。行政调解的这一自愿原则决定了行政调解不是行政仲裁或行政诉讼的必经程序，而是诉讼外的调解。最后，行政调解必须依法进行。如果法律、法规和规章未规定对某项纠纷可以调解方法解决，行政机关就不能对该纠纷进行调解。不仅如此，行政机关进行调解时，还必须依据国家的法律法规、规章和政策，不能无原则地“和稀泥”。

(3) 行政裁决。行政裁决是指行政主体根据法律的授权，以中间人的身份，依照一定的程序，裁决平等主体之间与行政管理相关的民事争议的行政行为。在我国主要表现为损害赔偿裁决、对权属纠纷的处理决定等。行政裁决的特点是：首先，行政裁决的主体是属于行政机关。其次，行政仲裁的对象是特定的民事纠纷，即与行政管理相关的民事纠纷，如损害赔偿纠纷、权属纠纷等；而不是所有民事纠纷。再次，行政裁决的程序，一般由行政法律规范作出具体规定。最后，纠纷双方当事人对行政裁决不服，有权对行政裁决机关提起行政诉讼。

在上述三种具体的行政司法行为中，行政复议和行政裁决都是典型的具体行政行为，它们通过作出行政处理决定来解决有关纠纷或争议，所作出的行政处理决定具有行政法律效力，同当事人之间发生行政法上的权利、义务关系，因此都是可以提起行政诉讼并使其接受司法审查的；而行政调解则是行政机关居间对双方当事人发生的纠纷进行调停，而不是行使行政权力，所达成的调解协议一般不具有法律效力和执行力，是靠当事人自觉履行，而调解不成或不服调解的还可进行裁决或可申请仲裁，并可向法院提起民事诉讼。

四、公共行政的法制化

依法行政是现代法治国家普遍遵循的一项法治原则，实行依法行政，建设法治政府，是现代公共行政模式和公共行政观念的一场深刻革命。公共行政的法制化已成为现代公共行政的重要特征与发展趋势。

所谓公共行政的法制化，是指公共行政要通过法律加以稳定和巩固，使整个公共行政管理真正做到有法可依、有法必依、执法必严、违法必究，用法律手段，即以立法的形式，来保证和维持公共行政的权威性与行政效能，做到在公共行政中真正靠法治，而不是靠人治。公共行政的法制化主要表现为法律化、规范化、程序化上。法律化就是要求在公共行政中，一方面把公共事务的内容纳入法律之中，明确其作用的范围和程序；另一方面要对公共行政的过程以及管理主体的权限作出明确的规定，即依法行政。规范化就是要求公共行政组织必须依据公共行政的总体目标和具体要求，提出和确定具有系统性、协调性和超前性的社会公共事务的发展标准和指标。程序化就是要求在公共行政中，按照法律法规所规定的行政程序，对公共行政的内容作出科学合理的安排，以保证公共行政的合法性、公正性和有序性。所有这些都是实现公共行政法制化的基本条件和重要基础。

一般地，公共行政的法制化主要包括公共行政意识的法制化、公共行政职权的法定化、公共行政程序的法定化、公共责任的法定化等几方面基本内容。

(1) 公共行政意识的法制化。公共行政意识的法制化是要求建立与依法行政模式相适应的公共行政文化环境与公共组织风气。公共行政活动是要通过具体的行政管理行为来加以实施的。行为主体是否具有法治意识，尤其是法律至上与法律面前人人平等的思想与行为意识，是依法行政得以实现的文化与思想前提。而公共行政主体的思想与行为意识是在公共文化的社会化过程中形成的，并要受其所在部门组织风气的制约与影响。因此，依法行政的首要内容就是要促成与培养相适应的公共文化环境和公共组织风气。

(2) 公共行政职权的法定化。公共行政职权的法定化就是指公共行政组织及其工作人员的职能范围、权限大小与关系都要有法律规范的明确授予与规定。一方面，公共行政主体的职能要有明确的规范。这包括该主体管什么、管辖范围、与其他主体之间的分工关系及界限等内容。另一方面，还要遵循事权一致原则，通过法律规范形式赋予公共行政组织及其人员以相应的管理权力。其中，权限大小与管辖范围以及各种权力关系都应该有明确的规定。

(3) 公共行政程序的法定化。公共行政程序是公共行政主体及其工作人员在行使公共权力、履行公共行政职能过程中所遵循的一系列具有时间上的衔接性的行为步骤、方式与过程的集合。为确保公共行政行为的公开性与透明度，避免公共权力的滥用，同时促成公共行政行为的科学化、合理化，对公共行政程序予以规范化、制度化，构成依法行政的又一项基本内容和要求。

(4) 公共责任的法定化。权责一致是现代公共行政的基本原则和要求。现代公共行政不允许只行使权力并享受相关权利而不承担相应的行政与法律责任的现象发生。依法行政模式要求在法律规范上明确体现这一原则，即通过各种行政法律规范的形式对公共行政主体及其工作人员由于没有履行法定职责和义务所应该承担的行政与法律责任作出明确、具体的规定，这就是所谓的公共责任法定化。公共责任法定化的实质是要建立起责任行政机制，实行问责制，即对没有履行法定责任的公共行政主体或工作人员追究法定责任，包括要求他们辞职、给予纪律处分，直至追究刑事责任。这既是依法行政模式的基本要求，也是这一模式得以实现的根本保障机制。

复习与思考

1. 公共行政的宪政价值有哪些？
2. 如何实现对公共行政的政治控制？
3. 参与式治理的途径有哪些？
4. 简述民主行政及其意义。
5. 说说传统确定性法律的内涵并对其进行评价。
6. 促进性法律的特征有哪些？
7. 简述行政立法的概念与特征。
8. 简述行政司法的概念与特征。
9. 简述公共行政法制化的概念及其内容。

【案例分析】

原国家计委依据铁道部报送的相关材料，批准对铁路部分旅客列车运价实行政府指导价，铁道部依据国家计委《批复》，发出《关于 2001 年春运期间部分旅客列车实行票价上浮的通知》，规定：节前(1 月 13 日至 22 日)自广州(集团)公司，北京、上海铁路局始发；节后(1 月 26 日至 2 月 17 日)为成都、郑州、南昌、上海铁路局始发的部分直通客车票价上浮，其中新型空调列车上浮 20%，其他列车上浮 30%。除夕、正月初一、初二不上浮。儿童、学生、现役军人、革命伤残军人票价不上浮。河北律师乔占祥购买了 2001 年 1 月 17 日 2069 次从石家庄到磁县的车票，2001 年 1 月 22 日 2069 次从石家庄到邯郸的车票。第一张车票比涨价前多支出了 3 元，第二张车票比涨价前多支出了 4 元。据此，乔占祥认为铁道部关于涨价的通知未举行听证会，未经国务院批准，违反法定程序，侵害了其合法权益，向法院提起诉讼。

(资料来源：中国法院网，2003-05-17)

问题：

(1) 列车票价是否属于应该举行听证会的事项？

(2) 国家计委的批准行为是否有效？

【推荐读物】

1. [美] 戴维·罗森布鲁姆著. 公共行政学：管理、政治和法律的途径. 张成福等译. 北京：中国人民大学出版社，2002

2. [美] 乔治·弗雷德里克森著. 公共行政的精神. 张成福等译. 北京：中国人民大学出版社，2003

3. [美] 盖伊·彼得斯. 政府未来的治理模式. 吴爱明，夏宏图译. 北京：中国人民大学出版社，2001

4. 黄健荣等. 公共管理新论. 北京：社会科学出版社，2006

5. 张康之，李传军. 公共行政学. 北京：北京大学出版社，2007

6. 张康之. 对政治与行政二分原则的审查. 国家行政学院学报，2001(4)

7. 王学栋. 政治与行政二分法视野中的行政自由裁量权. 行政论坛，2008(1)

8. 李艳芳. 促进型立法研究. 法学评论，2005(5)

第五章　公共行政的权力基础

【学习目标】

通过本章的学习，读者应掌握行政权力的概念与特征；了解行政权力的分类；了解行政权力的分化与结构；掌握行政权力的基础与手段；掌握影响行政权力行使与运用的因素；了解行政权力的滥用及其控制途径。

【关键概念】

行政权力；三权分立制；行政三分制；权力分化；权力结构；传统型权力；魅力型权力；法理型权力；行政权力公共性；制度；规训

【导读案例】

近些年来，我国各级政府政务行为日益向公开透明方向迈进，成都市近期向社会公众公布的“权力清单”堪称是一道政府执政为民亮丽风景线。从2005年河北邯郸市探索性地在国内公布首份市长“权力清单”，到贵州省、湖南省公布省政府诸多执法部门行政职权目录，每一次“晒”权力清单都能引来关注的目光，受到各种肯定和期许。但相比上述省份的做法，成都市无可置疑地更“透明”、更公开也更全面，其公布权力清单之举极具标本价值和现实意义。据悉，按照成都市政府办公厅《关于推进行政权力网上公开透明运行工作的意见》的要求，成都市政府法制办共清理出涉及49个市级部门和单位的行政权力7437项，其中包括行政许可126项、行政处罚6304项、行政征收45项、行政强制314项、其他行政权力648项。在这份成都市的行政权力清单中，公布的每一项行政权力，都拥有一张“身份证”。这张“身份证”其实就是按照统一格式、统一规范、统一管理的要求，对行政权力进行统一编码，列出了相关的项目名称、相关的法律依据、相关的主要成本结构等内容，并同步编制办事流程图。这些编制了“身份证”和流程图的行政权力，将按照行政许可、行政处罚、行政征收、行政强制等行政权力类型进行分类管理，为网上政务大厅的建立和完善奠定基础。不论是法人企业、社会团体、社会公众和新闻媒体等，对政府所有的行政权力运行都可以通过公开的渠道一目了然，并对其进行严格的监督。

（资料来源：南方报业网，2009-11-09）

毫无疑问，成都市等地方政府“公开权力清单”的改革举动，主要目的还是为了“建设透明政府”，并力求提高政府的行政效能和社会公信力，这不但符合现代法治社会的基本要求，而且还能够保障社会各界和广大公民的知情权、参与权、表达权和监督权，使行政权力的合法行使得到最大限度的保证，减少、遏制甚至消灭诸如不法的“钓鱼执法”式的行政滥权所造成的悲剧重现。因此，在我国，地方政府“公开权力清单”不但具有行政体制改革的标杆作用，而且还有普遍的推广价值。

第一节 行政权力概述

行政权力是公共行政的基础，离开权力绝无公共行政可言，公共行政本质上就是一种行政权力的行使与运用过程。诺顿·朗曾指出："行政管理的生命线是权力。权力的获得、保持、增长、削弱和丧失是实践工作者和研究者所不能忽视的。忽视了这点，其后果几乎可以肯定就会是丧失现实性和导致失败。"①

一、权力与行政权力

(一)权力的概念

权力作为社会公共生活中的普遍现象，在现实生活中如影随形，缠绕在我们的身边，但有时候却是看得见摸不着的。权力到底是什么呢？对于权力的定义颇为复杂，一般来说，对权力的界定有如下几种观点：①权力是一种影响他人的能力。也就是说，权力不仅是一种影响力量，而且是一种影响他人的力量，进一步说是一种影响他人做本不愿意做的事情的力量。②权力是一种工具。它是一个人或一个组织在社会系统中实现自己利益的凭借，有了它就可以实现自己的目标，特别是在资源稀有的条件下实现资源的相对充分占有。③权力是一种制度的力量，表现的是宰制与被宰制的关系，形式上是等级制、官僚制下法定职位的下级对上级服从。从不同的角度来分析，权力的含义就会有差异。目前来说，还没有一个普遍的、统一的定义。从公共行政学的视角来看，我们认为，权力就是在社会组织中，少数人掌握的能够影响一系列资源分配的力量。

可以看出，权力包括以下几个方面：第一，权力的存在需要寄托于一定的社会组织。组织正是权力存在和发挥作用的场所，这些场所可以是教会、工厂、协会、集团、政党、政府等。第二，权力必须由少数人持有。意大利政治社会学家米歇尔斯(Robert Michels)就系统研究了组织中权力的走向问题，认为在组织中必然会出现少数人的统治，这就是著名的"寡头统治铁律"。第三、权力能够影响资源的分配，这些资源既包括物质资源，也包括人力资源，包含的内容非常丰富。

依据不同的标准，权力可以划分为不同的类型。比如按照权力主要的作用方式和发生的主要领域，可以分为经济性权力、政治性权力、社会性权力、文化性权力等；德国社会学家马克斯·韦伯根据权威的合法性来源，实质上论述了权力的三种类型：魅力型、传统型和法理型。

(二)行政权力的概念

行政权力是政治权力的核心组成部分，是国家政治权力在行政系统内的体现，是立法

① 诺顿·朗. 权力与行政管理.//斯蒂尔曼. 公共行政学(上册). 李方等译. 北京：中国社会科学出版社，1988，211

机关根据宪法、法律等规范性文件，依据特定规则和程序，授予行政机关或法律法规授权的组织依靠特定的强制手段，为有效执行国家意志对全社会进行管理的一种能力。

可以看出，行政权力的主体必须是政府及其工作部门，在有些情况下，可以是依据法律，得到授权或委托的公共组织，但不能是私人组织；行政权力的根本目标是为了贯彻国家意志，即通过一定形式把统治阶级的意志上升为国家意志的法律、法规，不能是集团利益或部门利益；行政权力的作用方式带有强制性或强制性威胁；行政权力的对象是全社会，既包括个体的自然人，也包括各种法人团体，管理的对象广泛。

二、行政权力的管理特征

行政权力作为政治权力的重要表现形式，既具有政治权力的共性，也具有管理权力的独特性，特别是随着 20 世纪 80 年代以来公共行政的改革浪潮，这种管理权力的独特性越来越凸显出来。

(一)公共性

公共性主要就行政权力的属性、权力的来源、权力的指向而言的。首先，行政权力是公共利益实现的工具，是属于一个国家中的全社会的权力，是一种公共性权力。其次，作为政治权力的一个分支，行政权力同样来自民众的委托，是为民众服务的一种权力。最后，行政权力具有超脱性与全局性，在行政机关行使行政权力的时候，不能局限于特定个人或集团所关注的问题，往往需要超脱于某一个人或社会阶层之上，并着眼于社会中全局性的事务，或关系到整个社会秩序的基本问题。保持行政权力的公共性，防止权力的去公共性已经成为现代公共行政改革的重要内容。

【案例 5-1】江苏吴江市从 2006 年开始兴建垃圾焚烧发电厂。由于担心垃圾焚烧可能产生的二恶英污染，建设之初就遭到周围百姓的反对。但当地政府认为，电厂几乎具备了所有审批手续，是完全合法的，于是忽视了民意，导致矛盾越积越大。2009 年 10 月 21 日，当电厂准备点火发电时，数千当地居民聚集在电厂周围抵制工厂点火，最终造成一场公共危机事件。当地政府不得不紧急叫停这个投资 3 亿多、可解决江苏省吴江市生活垃圾处理的公益性工程。与吴江一样，在垃圾围城的现实困境之下，国内诸多城市纷纷上马垃圾焚烧发电厂，但都不同程度地遭到民众的反对。“吴江事件”的教训，对其他地方极具借鉴意义。

问题：一个具备合法手续的项目为何遭遇民众强烈抵制？为什么公共决策不能得到广大民众的支持？如何才能既做好公益又赢得民心？

分析：

表面上看，在这个案例中其实无法分辨谁对谁错、孰是孰非，所以才会各执己见，乃至“拔刀相见”。吴江市的决策也许真的出于大公无私的考虑，出于吴江市长久发展的考虑，但民众也没有错，他们认为垃圾焚烧会给他们的环境和身心健康带来严重的危害，出于自身利益的考虑要求政府停止建设也情理两合。有一个被忽略的共性问题，即政府对谁负责？为谁服务，如何服务？近年来，无论是学界，还是政府官员，都强调打造服务型政府，政府的首要职责是服务。它强调政府的公正与透明度，提倡多元主体的共同参与和治理，鼓励合作参与式的治理方式。也就是说，行政权力行使的目的——公共性及其公众参与权、知情权受到了挑战。

(资料来源：决策，2009(12))

(二)综合性

综合性是就行政权力的内容、作用对象、作用方式来看的。就行政权力的内容来看，涉及社会生活的各个方面，包括教育、医疗、社会保障、应急管理、社会救助、灾害救援等。如从行政规制的角度看，行政权力主要涉及两方面的内容：一是对经济发展方面的规制，表现在政府对经济的干预；二是对社会发展方面的规制，表现在政府对社会保障、环境保护、医疗、教育、基础设施、文化等经济社会发展保健因素等方面的规制。从作用对象来看，行政权力既能作用于自然人，也能作用于法人，同时，还在行政组织内部发挥巨大作用，因此行政相对人的范围较广。从行政权力的作用方式来看，既包括行政指导、行政强制、行政激励等方式的运用，也包括经济的、行政的、心理的、技术的手段运用，有时，一种权力作用要取得预期结果，需要综合运用多种方式和手段。同时，在组织中，行政权力相对于其他权力来说，具有优先性，掌握了行政权力，才能谈得上对其他权力资源(比如经济、文化资源)的支配。

(三)系统性

行政权力是一个完整统一的体系，在一个国家或地区内，拥有和行使行政权力的组织系统只能是一个，"政出多门"必然带来行政客体的无所适从。这种"一元性"在纵向上注重下级服从上级、地方服从中央；在横向上注重执行部服从核心部。由于行政权力作用方向和方式的特殊性，集中和统一就成为行政权力的固有特点。相应地，行政权力的运行必然具有单向性，即行政权力在上下级之间、主客体之间，具有"不可逆"性，上下级之间是命令与服从的关系，不存在讨价还价的余地。一元性利于政令畅通，有利于权力执行的迅速、有序，也有利于明确行政责任。如果发生多元权力，出现多个中心，不仅行政效率无法保证，行政公平无法达成，行政系统自身也有可能陷于瘫痪，严重的会造成国家分裂。在现代社会，行政权力的行使常常是牵一发而动全身，相互影响，行政权力的这种系统性特征也日益明显。

【案例 5-2】在山东省，许多建筑企业面临这样一个烦恼——技术监督局和建设管理局，都要对工地的塔机进行安全检测，形成"一个塔吊、两个司机"，重复检测，重复收费的怪现象，企业苦不堪言。这两个部门都拿出各自的法规(实际上是要加强监管的原则条款，而现在被误用来当作审批谋利的权力)，互相指责，最后闹到法院对簿公堂。争执事件持续了一年多，不仅影响了政府形象，也给山东建筑市场增加了不必要的成本。中润世纪公司有一个 1500 人参与施工的项目，现在却面临停工的危险，因为搞不清要到哪里办安全使用证。三箭建设公司副总说："刚在安全站办了，技术监督局来人说无效，要求去他们那里重新检测。"许多建筑单位被搞得无所适从，疲于应付，连省城重点工程"济南新科技会展中心"也连声叫苦。两个政府部门的纠纷持续了 18 个月，虽然济南市政府多次协调，但是最终也没能解决两个部门争管事的问题。

问题：如何看待这种争权夺利、相互扯皮的现象？

分析：

现实中，政府管理中争权争利、推诿扯皮的事例还有很多。之所以产生这种现象，主要是由于职责分工过细，部门林立、职能交叉、权责脱节、重复执法、部门争利，协调困难。这样，不仅行政效率无法保证、行政公平无法达成，而且严重影响了政府机关在社会中的形象，必须通过改革予以解决。

(资料来源：温德成. 政府精细化管理. 北京：新华出版社，2007)

(四)执行性

行政权力本身不是目的，而是实现目的的手段。行政权力属于派生性权力，它必须执行赋予其权力的公民或国家民意代表机关的意志，使政治意志具体化并付诸实施。现代行政权力从根本上说是行政主体执行民意代表机关的意志所拥有的权力，是一种执行性权力。正因为如此，威尔逊曾指出，行政管理就是“政府的执行、政府的操作”。行政权力的主体获得以及行使行政权力，其直接依据是国家法律法规，即国家权力机关的意志，并且以执行权力机关的意志为目的。行政权力的行使必须在法律的框架之内，并对权力机关负责。当然，行政权力也有决策功能，但这种决策权不同于立法决策权或政治决策权，而是在立法权力的输出功能之后起作用的，行政决策属于国家权力输出过程中的决策，因而更具有策略性与手段性。

(五)强制性

行政权力的运行须遵循法律，同时，为确保行政权力的效果，国家机器会成为其坚强的后盾。如果行政权力遭到抵抗，政府或公共组织会运用警察、法庭、监狱等强力部门的力量强制执行，必要的时候，军队也会出动。这都是其他权力所不能比拟的，这一点也是公权力和私权利的重要区别之一。行政权力在实际运行的时候，更多的是依靠强制力的潜在威胁，即不服从就可能会受到惩戒。因此，强制性就成为行政权力的突出特征。当然，在现代社会，特别是新公共管理运动兴起以后，政府执行一些职能时是通过行政合同的方式来实现的，但这并没有改变行政权力的强制性质，这样的合同或行政指导也是以强制力为后盾的。

(六)动态性

行政权力的动态性可以从两个方面进行考察。从宏观层面看，随着国家历史形态、政治治理理念、行政环境、公共事务的复杂性与不确定性等因素的变化，行政权力与其他公共权力的关系，行政权力的范围、大小、强度、方式等都在发生着或剧烈或迟缓的变化。从微观层面上看，行政权力表现出一种自然增长甚至恶性膨胀的趋势。随着现代社会的发展，政府管理的事务越来越多，行政权力侵袭的领地也就越来越广。从古典自由主义的“管的最少的政府就是最好的政府”到凯恩斯主义提倡的“政府干预”的盛行，再到新自由主义为政府干预社会的“正义论”的辩护，显示了行政权力的扩张本性在现代社会的运动轨迹。现代社会中的公民、组织在行动的时候，无不发现自己处在行政权力的囹圄之中。作为公民，生老病死几乎都受到行政权力的规制，国家的生育、退休、职业待遇、医疗、社会保障、殡仪政策等都对其产生影响。

(七)时效性

时间是行政权力结构中的重要坐标，效率是行政权力追求的重要目标之一，因此，注重实效是行政权力的明显特征。时效性指的是：一是面对具体行政事务时，行政权力的运用必须及时、迅速，否则，就会失去权力运用的意义，严重的会造成无法弥补的巨大损失；二是随着社会的发展，旧的情势会发生变化，新的情况也会不断出现，反映到行政权力中来，意味着权力的内容、方式、指向等要及时调整。

三、行政权力的分类

行政权力的体系庞杂巨大，依据不同的标准，可以将其划分为不同的类型。

根据行政权力的内部结构，可将行政权力分为决策权、执行权与监督权，即所谓的行政三分制。行政三分制与三权分立(separations of power)是不同的。三权分立是西方主要资本主义国家的政治学说与政治实践，将国家政治权力分为立法权、行政权、司法权，并分别掌握在议会(国会、代表大会)、政府、法院系统中，相互制约，以保持权力平衡，防止权力滥用。而行政三分制是指，在行政部门或地方政府中，根据行政权力的内部结构，将行政职能综合梳理，决策部门只对重要事项进行调研，进行科学决策；执行部门拥有执行权；监督部门拥有监督权，对行政执行情况进行跟踪、反馈。行政三分制是政府行政改革积极探索的成果，目的是为防止行政权力滥用，明确行政官员的责任，提高行政执行的效率。在西方新公共管理改革中，一些政府部门及地方政府实行行政三分制，取得了一定的效果。我国深圳市行政三分制改革也取得了积极的实践进展。

根据行政权力受约束的程度，可以将行政权力分为羁束的行政权力和自由裁量的行政权力。其中，前者是指行使范围、程度和方式均受到法律法规的严格限制的行政权力；后者是指法律法规只限定了行政权力的边界，对于在什么情况下将行政权力行使到何种程度，则由行政机关和行政人员自己酌情决定。

根据行政行为的模式，可将行政权力分为：①行政立法权，是指行政机关享有的依法制定和发布具有普遍约束力的规范性文件的权力；②行政许可权，是指行政机关对公民、法人和其他社会组织的某种活动予以许可或批准的权力；③行政确认权，是指行政机关享有的对于某种事实或资格予以证明的权力；④行政检查监督权，是指行政机关享有的对公民、法人和其他社会组织在社会生活中遵守法律、法规和行政命令的情况进行检查、监督的权力；⑤行政处罚权，是指行政机关拥有的对违反法律、法规和行政命令的公民、法人和其他社会组织予以惩罚的权力；⑥行政强制权，是指行政机关对不履行法定义务或行政命令的公民、法人和其他社会组织采取强制措施，迫使其履行法定义务、遵从命令的权力；

⑦行政司法权，是指行政机关依法对某些纠纷或争议进行裁决的权力。

根据权力存在和发生作用的基础，可以将行政权力划分为：①报酬性权力。这种权力的基础是行政权力的主体对于资源的控制，而这些资源又正是客体所希望得到的东西。行政主体一旦控制了这些资源，也就控制了获取资源的途径，从而意味着拥有了相应的权力。②制度性权力。这种权力的基础是行政组织结构所赖以运行的制度规则，包括一些象征性的规范，是一种通过规章制度的方式迫使行政权力的客体按照主体的意愿去行动的权力类型，行政权力客体是因为对制度权力的服从才获得了存在及其行为的合法性的。③知识性权力。这种权力来源于专业技术和信息等知识性资源占有的优势，是行政体系中的专家权力。

第二节 行政权力的分化与结构

从历史的发展看，行政权力萌芽于原始社会的管理权。作为国家权力的重要组成部分，它是随着国家的产生而出现的。但是，在前资本主义社会中，这种行政权力不是一种具有自主性的权力，而是与其他权力混合在一起。权力分化的历程是以近代社会的开端为起点的，这一时期的权力分化是人类社会的总的分化进程的继续，在权力分化的过程中造成了不同性质的权力、不同形式的权力的产生，造成了权力主体的多元化与权力结构的多样化。

一、行政权力的分化

行政权力的分化，包括外部分化与内部分化两个方面。行政权力的外部分化是就行政权力与其他国家权力的关系而言的；而行政权力的内部分化是就行政权力的内部结构而言的。

(一)行政权力的外部分化

前资本主义社会的权力是一种一体化和整体性的权力，国家的统治职能与管理职能处于混沌的统一状态，不存在立法权、行政权与司法权的划分，垂直的、单线的权力结构使权力仅仅接受来自某一个特定方向的约束。如在早期希腊的城邦中，不允许有单个政府首脑统一领导下的完整行政权力；执政官任期不一，它们由公民大会或其他相应机构选出并向其负责；公民大会也要处理许多具体行政事务，议事会也是一个掌握行政权力的机构。在东方专制国家中，皇帝集全国行政、立法、司法权力于一身。从中央到地方，一切事物的最高决定权都集中在皇帝手中，即所谓的“溥天之下，莫非王土；率土之滨，莫非王臣”。对于这一时期的权力，我们可以把其特点概括为它的整体性与唯一性。它的唯一性意味着，整个社会制度的设计都为这种权力的唯一性存在提供保证，不允许在这种权力之外存在着其他权力，即使存在着所谓族权、宗教权力等，也是从属于这个权力体系和与这种权力同质的，不仅在权力体系之外不允许异质权力的存在，而且在权力体系内部也不允许异质因素的存在。正是这种唯一性决定了权力的整体性，决定了权力与权力主体命运的一致性，决定了权力作为一种社会统治、压迫和治理的工具，其作用力方向的稳定性，即指向一切不掌握权力的阶级、阶层和社会成员，而权力主体不受权力的制约。因此，在这种权力体系中，行政权力是没有什么自主性可言的。

要使行政权力获得某种自主性，必须把行政权力从混沌的权力体系中分离出来，实现行政权力的外部分化。而封建专制制度的解体，以及经济上的商品制、政治上的民主制和文化上的多元制，出现了权力职能的分工，从而出现了立法、司法和行政权，才使得这种分化成为现实。行政权力的外部分化，受到资产阶级思想家提出的分权理论的重大影响。

1688 年，英国“光荣革命”确立了资产阶级君主立宪政体。1689 年和 1690 年英国著名思想家约翰·洛克接连发表了《政府论》上下篇，提出了立法权、行政权和联盟权的三权分立思想。1784 年，法国著名思想家孟德斯鸠发表了《论法的精神》，将国家权力划分为立法权、行政权和司法权，并论述了这三种权力的关系。这一分权理论成为以后资产阶级国家建立其政治制度的基本指导思想和理论依据。自此，在国家权力关系中，行政权力开始独立于其他国家权力，在国家政治、经济、文化领域中发挥其应有的作用。

(二)行政权力的内部分化

在行政权力分化的进程中，仅仅有行政权与立法权、司法权等的外部分化还是不够的，行政权力的外部分化仅仅是一种表面的、形式化的分化，行政权力还必须在其内部发生进一步的权力分化，即抽象行政权力与具体行政权力的分化。这是因为，由基于三权分立理论的行政权力外部分化而来的立法权、行政权和司法权都是一种抽象的权力，它们都忽视了具体权力主体的存在。实际上，立法权、司法权与行政权这三种权力都是不能脱离权力主体而存在的，它们都是与权力主体联系在一起的，是由具体的权力主体来加以行使的权力。因此，我们一旦把权力与权力主体联系起来，关于权力的理论认识就会获得一个全新的视角，我们在权力体系中看到的就不仅仅是立法权、行政权和司法权这三大构成要素，而是抽象权力与具体权力这两种形态。这种对一般权力的分析同样适用于行政权力，也就是说，行政权力也可以分化成抽象权力与具体权力，并且这种分化是一种行政权力内部的深层次分化。

抽象权力与具体权力是近代社会以来共同成长起来的两种权力形态，同处于一个权力体系之中。抽象行政权力是指行政体系中的那些法律制度化的权力，是一种规范的、有着充分的法律制度保证的权力，也是一种理念性权力。具体行政权力是指行政体系中的那些存在于法律制度化框架下的由个人或个性化的机构或部门所执掌的和用来处理一切具体事物的权力。就政治的和社会生活的公共领域而言，抽象行政权力的主体主要是抽象意义上的政府，而具体权力的主体一般说来则应理解为行政人员或人格化、个性化的行政机构。从理论上讲，行政权力的外部分化是行政权力内部分化的前提，但是在实践中，行政权力的外部分化与行政权力的内部分化是同时进行的，共同发生于权力分化的历史进程之中。行政权力作为一种整体性的权力，体现了抽象行政权力与具体行政权力的统一。

抽象行政权力与具体行政权力之间存在着相互转化的关系，存在着不断从抽象行政权力向具体行政权力转化的过程。在抽象行政权力与具体行政权力之间，存在着这样一种关系：抽象行政权力是具体行政权力的形式，决定着具体行政权力的性质；具体行政权力是抽象行政权力的内容，是抽象行政权力发挥作用的现实途径；抽象行政权力代表某种原则，而具体行政权力则使这些原则付诸实施。当然，抽象行政权力也能够单独地发挥作用，这时，表现为一种制度化的力量，是通过制度的形式来展示这种力量的，但这种发挥作用途径的客观性其实也是具体行政权力与各种客观因素之间的相互作用的形式化。也就是说，抽象行政权力必须通过具体权力才能实现自己的宗旨与目标，具体行政权力只有以抽象行政权力为依托，才能成为社会共同体的力量。因为抽象行政权力作为一种控制力量只是理论上的设定，是以制度的形式存在的控制力量，它是以程序化的方式发挥作用的。一旦权力为具体的人所执掌，在处理具体问题上发挥着特殊的作用时，它已成为一种具体行政权力。因此，抽象行政权力总是或隐或显地通过具体行政权力而成为一种现实的权力，抽象行政权力演化为具体行政权力是权力发挥作用的必要形式。

由抽象行政权力转化为具体行政权力，不仅是一种理论上的推演，更重要的是一种客观的历史进程。在行政权力形成与发展的历史过程中，抽象行政权力与具体行政权力的出现是近代社会以来的事情。在前资本主义社会中，不存在独立意义的行政权力，当然也不存在抽象行政权力与具体行政权力的分化。实际上，在前资本主义社会中，一切形式的权力都是一种整体性的权力。在这一混沌的权力体系中，权力等级具有从属性，较低层次的权力完全受制于较高层级上的权力，权力与权力的执掌者具有一体性，在很多情况下，权力的执掌者即是权力的所有者，权力结构体系中每一个关节点上的权力与其作用范围和作用力的大小是一致的。只是到了近代社会，与整个权力的分化相一致，随着行政权的外部分化以及独立的行政权力的出现，行政权力的内部分化即抽象行政权力与具体行政权力的分化开始形成。行政权力的内部分化是职业分工复杂化的必然结果。在这种分化的过程中，严格的行政权力等级被打破，行政权力的所有者与执掌者在理论上也被明确地区分开来，行政权力的执掌者行使着权力，但这种权力却被明确规定为不为其所有。这样，一方面，行政权力表现为非常规范的情形，行政权力的存在与运行有着明确的法律依据；另一方面，这种规范化的权力必须通过具体的人或机构来实施，从而使行政权力表现出一定的随意性特征。这一过程，实际上就是抽象行政权力向具体行政权力转化的过程。

当行政权力由抽象权力变为现实的具体权力，即变成行政机构及其工作人员的执掌的权力的时候，它就不可避免地具有了主观性。因为当处于不同层级的行政机构及其工作人员掌握并支配这些权力时，源于权力主人意志的制度规约已变为外在因素，而权力执掌者的价值观、伦理观、权力观等则成为其内在影响力，并对权力的行使发挥重大的作用。权力的具体化与主观性意味着权力执掌者具有自主甚至随意的支配和运用这种权力的“自由”，意味着行政自由裁量权的存在。

二、行政权力的结构

行政权力在内部分化的过程中，不仅形成抽象行政权力与具体行政权力的分野，而且还形成纵横交错的行政权力结构。行政权力结构建立在公共行政活动中权力分化的基础上，指的是行政权力整体性的关系状态和有序性的活动过程。

(一)行政权力的纵向结构

行政权力的纵向结构，实质是行政权力的层级结构，即层级制。它表现在两个方面：一是中央和地方行政关系，也即中央行政权力和地方行政权力的划分，包括不同层级的地方政府行政权力的划分；二是部门内部，即行政组织内行政权力的层级划分。行政权力的纵向结构受到国家结构形式的影响。目前，国家结构主要有联邦制和单一制两种形式，它们对中央和地方行政权力结构有一定的影响。

联邦制是由两个或两个以上的政治单位(如共和国、州、邦)结合而成的一种国家形式。一般来说，联邦宪法明确规定联邦政府统一行使的权力和地方政府所保留的权力；有的宪法仅仅规定了联邦政府的权力，未规定的即为地方政府所有。联邦成员有自己的独立的立法、行政和司法机构，这些部门与联邦国家的最高立法、行政、司法机构不存在隶属关系。联邦国家的主权由联邦和各地方政府分享，联邦政府对外代表国家主权。但是各地方政府也在联邦宪法允许的范围内(比如文化、教育、旅游、贸易等领域)享有一定的外交独立性，可以与其他外交主体签订一些协议。有些地方政府也可以参加一些非政治的国际组织。目前，实行联邦制的国家大约有 20 多个，主要有美国、墨西哥、巴西、德国、印度、俄罗斯、瑞士等。

联邦制国家内，除了宪法规定的须由联邦处理的事项，地方行政权力可以自主处理地方事务，联邦行政权力不能干预地方行政权力的运行。因此，整个国家内，行政权力是由联邦政府和地方政府分享，各自依照法律规定行事。但是，随着经济社会的发展，对于一些经济社会事务，联邦政府及地方都可以规制，行政权力难免出现交叉，如教育，原来只是地方政府负责，现在却成为联邦政府和地方政府共同管里的对象，只是侧重点不同；再比如，环境保护问题，原来只是地方行政权力规制的内容，现在也受到联邦行政权力的强力规制。当然，由于实行联邦制的国家，大多有深厚的地方自治传统，地方行政权力对经济社会的渗透和控制仍占据重要地位。

因此，在联邦制国家内，中央行政权力和地方行政权力是相互牵制和制约的，在现代社会，中央行政权力开始扩展，以各种形式夺取了部分地方行政权力的领地。当然，在地方政府内部的层级上，行政权力在本级和下级地方政府内是统一的。

单一制指由若干不享有独立主权的一般行政区域或自治区域单位组成的单一主权国家的结构形式。单一制国家只有一部统一的宪法以及统一的法律体系，国家具有统一的立法、行政、司法系统。国家主权在于中央政府，其独占国家的外交权，地方政府作为中央政府的下一级政府，没有地方宪法，没有独立的外交权。目前，世界上大多数国家和地区实行单一制，如英国、法国、中国、日本、意大利等。

在单一制国家中，中央行政权力与地方行政权力的关系是授权与服从的关系。地方行政权力来源于中央的行政授权，地方自治权或自主权是根据宪法由国家权力机关授予。在现代社会，严格的单一制，即地方行政权力严格地服从中央行政权力的安排，已经不合时宜了，因为现代社会管理更为复杂，需要地方行政权力因时因势作出安排；同时，现代民主政治条件下，地方民意代表机构也基本建立起来，地方行政权力也要对地方民意代表机构负责并报告工作。我国就明确规定，地方人民政府既对上一级人民政府负责并报告工作，也要对地方人民代表大会及常务委员会负责并报告工作；所有的地方政府都受国务院的统一领导。因此，从纵向结构上来看，单一制国家地方政府是上级政府的下级机构，同时，地方行政权力要受中央行政权力的制约。

在部门内部，行政权力纵向结构基本是与科层制共生的，和行政管理的层次一致。简单地说，下级服从上级即下级行政权力服从上级行政权力。

可以看出，行政权力的纵向结构具有以下几个要素：第一，强制性的法规。行政权力须由宪法和政府组织法等类似的法律来加以明确的规定。第二，明确的分工和责任。各级行政权力主体的职能、任务、使命须明确，在整个行政系统内的地位也要清楚；同时，各级行政主体的责任也要和地位对应。第三，有序的等级制度。只有等级关系明确，行政权力在纵向运行上才能畅通，否则便会出现梗阻现象。第四，合理层级制。行政层级的设置不宜过多，也不能过少。如何既能提高行政效率，又能提升行政效能，发挥行政权力的最佳结构安排，是层级制研究的重要任务。

(二)行政权力的横向结构

行政权力的横向结构是行政权力在同级行政机构、部门和行政人员之间制度化分配的方式，是行政权力合理配置的一个重要方面。在现实的行政管理过程中，行政体系的各个机构之间、部门之间以及行政人员之间都存在着追求自身权力更大化的要求，它们都会争取得到有关方面的支持以获得更多、更大的权力。由此，就存在着一个如何在各个机构、部门和行政人员之间进行权力配置的问题，以及如何保证权力行使的范围边界明确、衔接无隙，使它们之间既不交叉重叠，又不存在空场。所以，需要重视权力的横向结构的研究，以实现权力横向配置的科学化、合理化。

行政权力的运行过程也就是行政主体分配和行使权力的过程。对于现代公共行政而言，权力根据职能和调整对象的不同而被分成不同的类别，同一行政机构中的权力被分配给不同的职能部门，而同一部门中的权力也需要进行再分配，最终会落实到具体的个人来加以执掌和行使。行政权力的分类就是行政权力横向结构生成的基础。

认识行政权力横向结构的目的是要进一步提高行政权力的协调性，找到进一步整合行政权力的途径，以便行政权力能以一个整体的形式发挥作用。因此，通过认识和研究行政权力的横向结构，可以防止行政权力功能上的交叉重叠、矛盾冲突和作用边界的不衔接问题。从动态的角度看，行政权力的纵向结构是相对稳定的，是与整个行政体制联系在一起的。而行政权力的横向结构则是处在不断调整和变化之中的。一般说来，当行政体系出现不适应管理实际的要求时，总是首先调整行政权力的横向结构，以此方法来达到行政权力横向分配的合理化。

作为行政权力水平在横向部门差异的表现，每个国家的行政权力横向结构都有所不同，但基本的职能是相似的。特别是全球化时代条件下，公共行政改革的示范效应传播迅速，在一个公共行政系统内，通过设立新的部门或进行行政权力的整合后，公共行政绩效提升明显，这样的方法容易得到其他行政系统的学习。尽管行政权力在每个部门不尽相同，但它们共同构成了相同层级上的行政权力体系，相互配合，完成上级行政权力体系的任务，或指导着下级权力体系的运行。

第三节　行政权力的基础与手段

公共行政的目的与使命只有通过行政权力的行使与运用才能实现，而行政权力的行使与运用需要一定的基础与手段。行政权力的基础解决的是行政权力获得服从的正当性问题，而行政权力的手段解决的是行政权力内容的实现方式问题。

一、行政权力的基础

行政权力的基础探讨的是行政权力为何得到作用对象服从的问题，也即行政权力得到服从的正当性或合法性的问题。所谓正当性与合法性，即人们认为服从权力命令是正当的，是合乎法理的；不服从则意味着“离经叛道”。远古时代，野蛮世界还未被文明曙光照耀时，人们服从公社的首领、氏族的酋长，一方面是因为首领们英勇善战，能为部落带来更多的战利品；另一方面是首领们借助了自然的神秘力量，通过“占卜星术”惩罚不服从的“恶人”。奴隶时代和封建时代，君主们一方面更加擅长舞弄“受命于天”思想来加强奴隶和民众的服从思想；另一方面健全君主制度，锻造服从型文化，严厉惩戒自由思想。在西方有“黑暗的中世纪”宗教裁判所大肆审判“异端”，在东方有宋元明清开始显著并完善的封建服从纲领。在破除了自然、宗教神秘力量的“魔咒”之后，近代人们开始思索服从政治权力——行政权力的原因。霍布斯、洛克等开始从“契约论”入手；卢梭也受契约论启发，开始构建“人民主权”的大厦；德国、法国的思想家开始探讨“法的精神”，这种带有哲学思辨色彩的论证为服从理由另辟蹊径；美国打起“自由、民主”的大旗，并把能否保障民主自由作为是否服从政治——行政权力的重要判断依据。

在所有对行政权力背后因素探讨的学者中，德国社会学家马克斯·韦伯作出了重要贡献。韦伯学术兴趣广泛，就政治社会学方面来说，在论文《政治作为一种职业》及著作《经济与社会》中，他论述了权威的三种基础，实质上也是行政权力基础的三种分类：权力的传统型基础、权力的魅力型权力基础和权力的法理型基础。

(一)传统型权力基础

人们对这种权力的服从是因为传统惯例或者权力拥有者的身份是世袭而来，实质上是人们对来自古老规则的宣称和信仰并虔诚地遵守。比如“世袭制”，中国封建王朝的君主驾崩后，即使继位的新皇帝年方弱冠，也会受到群臣的尊敬和服从；西方世袭爵位的传承更是如此，上至君主，下至男爵，一旦得到爵位，也就有了支配臣子和奴仆的权力。当我们询问服从者为什么要服从这样的权力时，他会告诉我们，这是因为历来如此。传统型基础的权力一般有以下几方面的特征。

(1) 权力的拥有者和权力的服从者一般有亲缘关系。这种亲缘关系或是自然的血亲，或是至亲关系的比拟，甚或是一套亲缘的纲常礼教，在整个行政系统内外推广开来。从自然的血亲来看，王朝帝国的继任者和分封的同姓王公、贵族由血脉紧密相连，构成同气连枝的政治服从和行政服从之链，共同维护王朝的传统和权威。尽管历史上也存在为了争权夺利发生父子反目、兄弟相残的事件，但亲缘关系却是王朝维系的纽带，也是权力服从的重要基础。我国的宗族、欧洲的家族也具有这种特点，在一个宗族或家族内部，所有成员应该都具有或多或少的血亲关系。权力的掌握者一般是族长或长老之类，他们是权力的拥有者、宗规家法的解释者及执行者和争议的裁决者。大部分情况下，他们拥有绝对的权威，之所以如此，一方面是因为他们拥有更多的人生经验，即俗语“吃的盐比一般人吃的饭多，过的桥比一般人走的路多”，可以作出正确的决定；另一方面是因为他们是宗族家族的“长者”，是“历史的记忆”，是家族传统权威的继任者，他们自身就代表着家族的身份。从拟制亲缘关系来看，权力拥有者有时候为了笼络被服从者或者创造服从的激励效应，会特许少数人改姓，从而加入统治集团，或者人们通过“桃园结义”之类的形式，奠定服从首领的基础。从整个行政系统来看，统治者提炼亲缘关系的基本原则，总结亲缘统治的经验，推出了一系列纲常礼教的文化规训，使“天下”成为一个大家庭。在这个大家庭的体系内，人们可以找到各自的位置，并努力扮演好自己的角色。这样，“家族”权力运行模式就在政治系统(国家)得到提升，但权力的基础仍然是服从传统。

(2) 传统型权力与自然经济密切相关。自然经济是生产力水平低下和社会分工不发达的产物，主要以家庭(氏族公社、封建庄园、手工作坊)为基本生产单位，其构成基础是小农经济为主体的农业经济和家庭手工业。不发达的商品经济处于从属地位，长期处于被压制的状态，对社会生活起着补充作用。其理想的生产状态是“男耕女织”。这种“自然经济”就成为“天然权力”的沃土，小农经济发展目的是积累财富，特别是购买土地，即着眼于土地兼并；人力流动的近似僵滞为血缘关系构建起来的传统政治权力结构和统治秩序提供了保障；“耕者有其田”的理想在造就大批小农的同时，进一步巩固了传统的自然经济结构。在这样的状态下，人们容易形成权力本位的观念，崇尚人治的传统，考虑的并不是改变体制，而是“彼可取而代之”的对传统体制的膜拜。尤其是在亚洲，特别是在中国，在漫长的自然经济发展的过程中，形成了一套宗法家族制度，这套制度要求行政权力维护宗法，更要维护祖祖辈辈遵循的产生传统道德文化的乡土传统，实质上是维护产生血缘家庭的自然经济。

(3) 传统型权力统治的方式一般是家长制。家长制在现代社会，比喻为一种不讲民主的行政管理方式。它产生于原始社会末期父系家庭制，普遍存在于建立在自然经济基础上的具有亲缘关系的社会里。它一方面与自然经济伴生，一方面依赖于传统的传承，因此它自然演化为传统权力最适宜和最正当的统治方式。在家长制宗法制度下，法律、礼教、伦理道德和传统习俗同时发挥着重要作用。正式规则的规制，传统礼教的禁锢，伦理道德的规训，传统习俗的约束，各自相互支撑。在家长制统治方式中，所有的权力都属于亲缘金字塔的塔尖人物，他是权力规则的继承者和发展者，其权力来源于继承或更高统治者——“家长”的授予，他之所以获得人们的服从，是因为其祖辈处于统治地位。在家长制统治方式之下，各级官员是统治者的私人奴仆，官员升迁也主要依据对传统体系和统治者本人的忠诚度。

(4) 传统型权力要有一套完整的带有宗教性质的仪式体系。为了证明权力传承的正当，这套体系一是要借助特殊的仪式制度，二是要借助固化在象征权力的物件上。仪式制度在长期的历史发展中，逐步完善。比如：中国的“封禅”、“祭天”、“祭祖”等；西欧的“加冕”、“臣服”、“晋封”等。此类仪式一般选择吉日举行，各项之规定非常详细，使人们在仪式的驯化中习得对传统权力服从的自觉性。象征物更是权力的象征，这些象征包括：玉玺、王杖、虎符、印章、宫殿、服饰等，甚至赋予一定的神物(有些是人为创造)灵性，以此象征权力。比如在中国，麒麟、凤凰、龟、龙被认为是“四灵”，龙、凤皆被认为是帝王权力和尊严的象征。这些物件的授予也有特殊的仪式，仪式与象征物结合，也就为权力披上了合法性的外衣。

(二)魅力型基础

这种权力的拥有者之所以受到人们或下属的服从，是因为他们具有个人魅力。这种魅力一般是追随者的一种心理状态和认知。这种魅力可以由多个方面表现出来，权力拥有者或是足智多谋异于常人，或是英勇善战堪比虎狼，或是“神”的化身，或本身即是宗教领袖。这些特质使追随者和下属自愿服从。权力拥有者作为统治的核心，外层由亲信、精英、追随者、大众逐层展开，一般来说，权力拥有者通过亲信来传递行政命令，亲信虽然失去外层成员对“领袖”的神秘感，但忠诚度却是最高的。魅力型基础的权力一般有以下两方面的特征。

(1) 依赖于领袖魅力的统治实质上是一种人治。它依赖于领袖集权，忽视正式规则的效用和正式组织的功能(规则和组织依据领袖的喜好改变)，因此，此种权力的运作缺乏稳定性。人们对领袖的服从也带有膜拜性质。这种权力产生时期一般是在愚昧阶段，或者是社会不稳定时期，随着社会“由大乱到大治”，和平时期出现魅力型领袖的条件消失，权力基础就会转变到传统型或法理型基础的轨道上来。

(2) 魅力型基础权力注重公平正义。魅力型领袖一般要传达关注下层、注重平等的信息，给予追随者美好生活的希望，加上自己独特的魅力，获取信任和膜拜。不能否认，领袖是享受特权的，但魅力型领袖在某些时刻能表现出与民众同甘共苦的精神，并严厉打击骄奢淫逸之风，防止特权阶层的出现或扩张，以保持自身在民众中的形象。

(三)法理型基础

法理型权力建立在制度和法律的合法性基础之上，它是近代以来，经过政治思想启蒙和近代资产阶级革命，人类政治文明进入新的阶段以后，人们对权力合法性的新认识。权力拥有者必须依据法律和制度来进行社会治理，而且法律和制度还必须是合理的。合理即这些法律和制度必须建立在“人民同意”的基础上，是良法。当问到人们为何服从这种权力时，他们的回答一般是，因为这种权力是法律和制度产生的，服从权力即服从法律。法理型基础的权力一般有以下两方面的特征。

(1) 法理型基础的权力运行具有“非人格化”特点。法律和制度是理性的产物，权力拥有者依据法律发布行政命令，并依靠制度和正式组织运行。非人格化与官僚科层制密切相连，官僚制的特征即非人格化，要求官员泯灭个人特性，严格地按照规章制度办事。同时，官僚制行政有严格的等级秩序，权力严格按照等级制的原则进行横向和纵向的配置，运行依等级阶梯运行。权力执行者成为无个性的职业官僚。

(2) 法理型基础的权力统治方式一般是现代民主制。民主制是现代政治的基本制度。其发展经历了漫长的历史时期，从氏族公社的直接民主到如今的间接民主，民主的规模和形式已经发生了很大变化，但民主不断进步依然是我们追求的目标。特别是，近代以来的民主制以社会契约论、人民主权论、代表制、公务员制、权力监督思想等为基础，建立了现代的政府和法律制度。因此，到了现代社会条件下，崇尚法律权威、遵守政治规则已经成为民主政治的基本诉求。法理型权力也只能在民主制度下才能实现。

现代社会，随着世界经济政治一体化的加剧，全球化已是不可阻挡的历史潮流，特别是信息化、科技化、知识化、网络化条件下，如何在扁平行政组织内有效地进行行政管理，规范行政权力的运行，这是摆在世人面前的一项严重任务。随着新公共管理运动、电子政府运动的深入，人们对于权力的基础有了更多的思考，主要表现为以下几个方面。

(1) 权力的经济利益基础。利益关系是政治关系的基础，因而，获得利益或利益的预期是人们服从权力的基础。公共管理活动中经济因素的作用历来被行政权力拥有者所重视，经济利益(对个人来说，薪金、补助、津贴、补偿、减免等；对组织来说，财政补贴、税收优惠、股票债券购买、经济战略资助等)在一定时刻就成为权力运行的重要砝码，特殊时刻，会成为最重要的砝码。

(2) 权力的知识性基础。谁掌握知识，谁就掌握了权力，这里知识的含义，既包括治国理政策论，也包括学科知识，更包括各种利于权力运行的信息。掌握了知识，在某些情况下，也就拥有了支配别人的能力。

(3) 权力的社会资本性基础。社会资本属于资本的一种形式，是指为实现某一目的，资本主体通过社会网络来动员的资源或能力的总和。相对于传统的经济的物质资本，社会资本偏重于人力资本。社会资本要依赖于领导者和行政单位(两者相互影响)的人际关系、非正式组织等社会网络。社会资本对于权力的运用，具有双刃剑的作用，利用得好，可以作为正式规则的补充和润滑剂；利用得不好，则会泄露行政组织信息，影响行政组织绩效。

可以看出，行政权力的基础存在于多个方面，权力在运行时，依靠的也不是单一的基础。因此，我们在考察行政权力时，要从多个角度，才能对某一具体行政权力运行轨迹及其背后的力量作出准确认知。

二、行政权力的手段

要达到公共行政的目的，行政权力的运行不仅要建立在一定基础之上，也要凭借一定的手段。行政权力的手段多样， 既包括传统的行政管理手段，也包括现代的行政管理手段；既包括单纯的行政手段，也包括经济的、政治的、法律的手段；既有针对行政组织内部的管理手段，也有针对行政组织外部的管理手段；具体来说有规章、条例、惩罚、制裁、威胁、命令、指导、劝告、组织、调整、抑制、引导等。行政权力在运行过程中，既可以采用单一手段，也可以采用复合手段，也就是说，同一手段可以作用于不同的对象，不同的手段也可作用于同一对象。一般来说，行政权力的主要手段可以归纳为如下几个。

(一)强力或强力威胁

强制力是行政权力的重要特征，它包括强制力的威胁。比如行政强制执行，就可以采用代执行、执行罚和直接强制的方式达成目的。行政管理过程中，当行政客体违反行政法规、不服从行政权力、不配合行政主体的行政管理行为时，行政主体就可以动用必要的强制措施迫使其就范。在必要时，行政主体可以调动多种强力机构，军队、警察、安保、监狱等都成为可以利用的强力力量或威胁的象征。因此，行政客体作为行政权力的受体，会产生服从的自觉，不服从就要遭受损失或受到惩戒和制裁。

(二)劝告或劝告引导

劝告形式上是非强制的，但行政客体如果不服从，则会带来一系列不利的后果。如行政主体就产业政策的调整，向企业进行战略转型的劝告，如果企业不听从劝告，则可能会遭受出口、税收、劳工、技术等方面的限制。这样，行政客体就被迫配合行政主体的意愿。同时，行政主体也会利用一些政策优惠、经济利益、荣誉激励等措施引导行政客体服从行政主体的意愿。

【案例 5-3】20 世纪 90 年代，由于煤炭价格一直处于低谷，山西省开始引进民间资本。由此，包括浙江民间资本在内的许多民资涌入山西，在政府的支持下，采取购买、入股、合作等多种方式，完成了民间资本对山西煤业半壁江山的占据。2009 年，在金融危机之后，省政府提出了煤炭资源整合方案，私营矿业面临选择：参股国有煤企或取得赔偿款。大多民资选择了拿赔偿款退出煤业，但在 2009 年底，大部分民资补偿款的余额一直没有拿到。2010 年，政府拟出台新方案，剩余补偿款可以作为股份入股，民营资本在其劝告引导下，大多考虑入股。

问题：这个案例政府主要采用了何种行政权力手段？

分析：

在本案例中，山西省政府主要采用了行政劝导的方式。该方式具有潜在的行政权力强制属性，如客体不服从，则可能会蒙受各方面的潜在损失和政策优惠。这种方式一般应该是政府从全局或战略的角度作出的选择。

(资料来源：根据网上资料整理)

(三)制度或制度规训

制度，在社会学中，指的是规则或运作模式，其目的是用这些规则来规范社会个体，因此它蕴涵着社会的价值，其运行代表着一个社会的秩序。就制度本身来说，它是一种人们有目的的建构的存在物。在公共行政活动过程中，制度的作用也是巨大的。它包括法律、条例、规则等形式。公共行政的规律及行政利益的划分以制度的形式固化以后，在行政实践中，它就有了规训的作用。自从 1975 年法国思想家米歇尔·福柯的代表作之一《规训与惩罚》面世之后，人们开始思考各个领域的规训。就公共行政活动来说，要使行政权力得到行政客体的服从，制度的规训作用不可低估，通过维护制度的权威，行政客体就有了服从行政权力的意识。通过制度，行政权力主体的意愿就会贯彻到公共行政的过程中，即行政权力运用的环节中去了。当然，制度的规训作用的形成是一个长期的博弈的过程，需要用到强力或引导的手段。

第四节　行政权力的行使与运用

一、影响行政权力行使与运用的因素

在公共行政活动中，经常会碰到这样的情况：尽管行政主体付出了很大的努力，也采取了很多的行政手段，但行政权力的运行并不顺利；即使行政权力得到了服从，也没有取得预期的效果。原因就在于，行政权力的行使与运用涉及多个方面的因素，要取得良好的行政绩效，就需要重视其中的每一个因素。一般来说，影响行政权力行使与运用的因素主要有以下几个。

(一)行政权力本身的目的因素

在现代公共行政中，行政权力的行使必须为了公共利益，这是行政权力的基本属性。但在有些情况下，行政权力会发生异化，行政权力的异化有两个方面：一是集团利益，这种集团既可以是小集体，也可以是一个阶层，他们为了维护或获取特殊利益，而使行政权力的性质发生变质；二是行政权力行使者个人，为了个人利益或者受各种因素诱导，滥用权力。如果行政权力的公共性质遭到破坏，一般会受到行政客体的抵抗，这种抵抗可能是轻微的，也可能是激烈的，但都会对权力的行使及其效果造成严重的影响。

(二)行政权力行使人员的因素

行政权力在行使和运用过程中，执行人员对行政主体发布的行政信息的理解、对执行政策的把握以及选择的执行策略等，都对行政权力的行使产生影响。同时，执行人员的素质、性格、知识构成，以及人员的配备、合作关系都会对权力的行使与运用产生影响。比如关于性格的影响方面，美国政治学者詹姆士·戴维·巴伯曾写过《总统的性格》一书，专门分析了总统的性格对政府运作、行政权力行使效果的影响，他以总统在执行公务时花费精力的主动性与被动性(主动者是政策的革新者，被动者则是消极的反应者)以及总统性格中的积极性与消极性(即总统在多大程度上喜欢自己的职务，积极者有强烈的自我意识，欣赏或至少接受有争议的政治环境；消极者则容易对政治批判感到重负在肩，甚至受其伤害)为标准，将美国前 13 位总统分为四种类型：①主动—积极型，这类总统由于在幼年时期得到了温暖和真爱，并受到成功的鼓励，在良好的环境中形成了积极主动、自尊和尊重他人的性格，因此把政治视为获得成功的手段，能够主动履行公务并乐意行使自己的职权，面

对危机能泰然处之，面对反对时能保持沉着冷静和灵活的态度，并成功地走出困境。②主动—消极型，这类总统在幼年成长时缺少关爱和鼓励，结果形成较低的自尊和相应的需求。因此当任总统后由于始终感到自己处于无法摆脱的危机之中，常常把遇到的问题人格化，变成自身的危机，因此他们的目标是获取和保持权力，战胜对手，结果是经常导致政治上或心理上的挫折。③被动—积极型， 这类总统由于在成长时期得到太多的关爱而没有受到成功的鼓励，因此在政治上常常满足于来自人民的感情支持，但他们不能像主动—积极型总统那样以积极的态度处理总统事务。④被动—消极型，这类总统对待工作既不积极，也不主动，内心里真的不想当总统，只是政治责任感迫使他们答应参加总统选举并当上了总统。总统作为最高的行政首长，其性格自然对行政权力的运行效果产生巨大影响。个性分析是一个需要很多技巧的领域，不同的标准可以产生不同的性格分类，不同的分类也可以产生不同的解释，但这种划分可对我们分析行政人员性格如何影响行政权力的行使提供积极的借鉴。

(三)行政组织和制度因素

行政权力行使必须依赖于一定的组织架构，要对纷繁复杂的社会事务和活动进行管理，就需要设计合理、灵活的组织系统，此系统应既有有效的执行力，又能对信息进行及时的反馈。如组织设计不合理，行政执行力就会大打折扣，行政权力不仅运行不畅，组织绩效也不会理想。组织绩效与制度健全有很大关系，制度完善，行政权力运行才有法可依；否则，权力就会变成“脱缰野马”，在某些情况下执行有力、迅速，反而会造成更大的破坏。比如针对与腐败行为有关的行政权力滥用问题，组织和制度建设变得至关重要。良好的组织设计和制度规范，能够使行政权力在行使过程中不能也不敢逾越雷池一步。所以，在保障行政权力执行力的前提下，行政组织设计应该分权化，改变行政权力高度集中的现象；应该建立和完善与行政权力行使有关的制衡和规范制度。

(四)行政技术方法因素

行政技术方法在现代公共行政活动中发挥着重要作用。现代公共行政中，无论组织、人事、决策，还是执行、计划、协调，都受行政技术方法发展的影响。如控制论技术能对行政权力运行的环节和时间进行优化；目标管理法对组织设计和人员配备具有重要作用；计算机技术能模拟行政权力运行过程并针对薄弱环节给出参考解决方法；经济方法能调动行政人员及行政对象的积极性；法律方法能规范权力行使与运用的公正、公平。

(五)行政文化因素

行政文化作为社会文化在公共行政体系中表现出来的一种独特的文化形式，是指在一定的经济、政治、文化环境中形成的，关于公共行政活动的行政意识观、行政价值观和行政心理倾向的总和。它是我国当前公共行政管理体制改革实践，以及其他行政行为时时、事事、处处都碰到的最深层而又最现实的问题，是公共行政之魂。行政文化是行政权力行使和运用的“气场”和“氛围”，对人员、组织、制度、程序、监督等都具有看似无形却极为有力的影响。美国的行政文化是在遵守法纪和维护民众利益的前提下积极进取，开拓创新；英国的行政文化则相对刻板，墨守成规，严格地遵循程序和制度的官僚制文化；德国则塑造了严谨、细致、遵守法律和规范的“严守纪律”式的普鲁士行政文化；法国则形成了人文关怀式的行政文化，在不违反行政原则的前提下，行政官员会主动地为行政对象考虑。我国传统的行政文化既有“官员高人一等”和“唯我独尊”的糟粕思想，也有“勤政为民”好的思想，我们应该在继承优秀的传统行政文化的基础上，将其与现代行政文化有机地结合，形成“权力来自人民、权力为了人民、权力接受人民监督”的文化自觉。

(六)行政对象因素

行政对象是行政权力作用的终端，其财富的多寡、教育水平的高低、文化知识的多少和技术能力的强弱，在很大程度上都会影响到行政对象的认知与行为能力，进而会造成自身对行政权力的认同与反应程度。行政权力行使具有单向性的特征，但是否能取得预期效果，与行政对象有关，同一行政权力作用于不同行政对象，会遭到不同的命运。顺从型、臣民型的行政对象利于行政权力的运行；民主型的行政对象则会考量行政权力的正当性；法理型的行政对象则主要考量行政权力是否具有合法性、合理性。

(七)行政环境因素

行政权力的内外环境皆对权力行使具有影响。内部环境因素如组织、制度、人事、技术、方法、文化等对权力行使与运用有重要影响。外部环境因素它包括政治、经济、文化、社会因素对行政权力行使与运用影响巨大，它们构成的社会子系统与行政子系统相互影响。我国正处于社会转型的时期，转型的方向和步骤、改革目标的选择、改革利益的分享和成本的分担都影响着行政权力的运作。

二、行政权力滥用的表现

作为政治权力的分支，行政权力具有对社会资源和公共价值进行提取、分配、交换及管制的能力，这种能力以强制力为保证，其本身的目的是公共利益的实现。但在实践中，却会出现诸多权力滥用的现象，行政主体假借公共利益之名，行私人、部门利益之实。行政权力滥用表现多样，如漠视法律、执法随意、任人唯亲、贪污腐化、出台恶法、过度干预等。一般来看，行政权力滥用大体可从以下几方面来考察。

(一)行政越权类

一般来说，行政主体拥有的权力内容是明确的，行政主体不能超越自己的管辖范围和对象去行使权力，否则会造成职能重叠、部门扯皮推诿等现象，也会让行政对象无所适从。也就是说，国家行政机关必须依法行政，即它的任何行政行为或行政决定，必须有相应的法律依据或法理依据，而不得出现法定职权的行使与法律、法规相悖的情况，否则就会造成侵犯公民权利和利益的后果。国家行政机关的行政行为如果超越了法定界限，就因失去法律依据而构成行政越权。行政越权主要有两方面的表现：一是违法，是指行政权力行使与法律规定相抵触，比如，程序违法或不当、超越管辖权范围等；二是不当，是指行政权力行使不合理、不适当，比如，动机不纯、违反社会公平正义等。

(二)行政用人类

行政主体在机关工作人员的招录、提升、培训中变通解释用人标准，或是为亲朋近友“量身打造”职位，或是以领导者的喜好对人员擢升、罢黜，这既是用人权的滥用，更是最大的腐败。用人权的滥用不仅造成用人不当，还会使权力变异，消泯权力的权威，更会削弱行政系统的正当性。因此，为了保证不因行政用人不当造成对行政权力运行的干扰，必须严格按照一定的标准和程序，在制度范围内录用和提拔具备一定素质的人员。在西方，行政官员的提拔一般要求具有专业的知识背景、丰富的行政经验和良好的道德素养；在我国，提拔和考核行政人员的具体要求是“德、能、勤、绩、廉洁”，重点考核工作实绩。可以看出，放在首位的是官员的道德水平。包括我国在内的发展中国家，要杜绝用人的腐败现象，必须借助于制度建设和群众的有效监督。

(三)行政扩张类

在行政系统中，行政主体有时为了实现和扩大自己的利益，就会谋求职能的扩展。我们经常看到，许多行政主体对同一行政对象施加不同的管理职能，并“自创”职能，以图获利。如对旅游景区的管理，卫生、建设、工商、森林、水利、消防、公安、文化等部门会一拥而上；对新兴领域，部门也常怀觊觎之心，比如对物联网的管理。行政主体还会利用权力，进行多种方式的“创收”，特别是在基层，还会出现政府权力部门化、部门权力个人化，个人权力罚款化的倾向。行政扩张既是行政部门随着社会新发展而出现的职能延伸的“被动”的体现，也是行政人员掌握权力资源的“主动”而为。因此，行政编制和法制机构应该对行政部门不合理扩张的职权进行干预，以便随着社会的发展不断优化行政权力分配体系和运行路径。

(四)公权私用类

它表现在多个方面，如公车私用、公款吃喝、借工作考察之名行私人旅游之实、以权力作为利益交换砝码、分解公共产品变为私人产品等。比如公共绿地、公园变为私人后花园，公共湖泊变为少数人独享的领地。这在当代西方和发展中国家的行政权力运行中都存在，但由于西方较为全面和严格的监管体系，以及透明负责的社会舆论和新闻媒体的监督，相对来说存在较少的此类现象。

公共权力滥用的原因，一般存在于以下几个方面：第一，行政主体的行政权力过于集中，不能相互制约是权力得以滥用的重要原因。权力过大，且往往集中于少数人，假以时日，就会出现权力滥用现象。第二，制度不完善也是行政权力滥用的原因，特别是即使有一定的制度，不能得到严格遵循时，也为权力恣意留下了余地。第三，监督机制不健全、监督缺失缺位、监督力量低下也是权力滥用的重要原因。第四，行政领导及其工作人员的理想信念丧失，漠视行政对象利益和社会公平正义，也是其堕落腐化、滥用权力的重要原因。

【案例 5-4】海口一个 6000 多套限价房项目仅销售给公务员，房价约为每平方米 3000 多元，远远低于周边的 25 000 元的普通商品房价格。6 月 22 日，海口市直属机关事务管理局有关负责人说，建设该公寓的初衷是方便公务员上下班，“可节省油料”。次日，政府办公厅官员解释称因公务员收入过低，并表示“这种东西只能做，不会去说，也没有说的必要”。 建设限价房为公务员群体“谋幸福”，为何落得个“只能做不能说”，难道是公务员们吃了哑巴亏?能以周边房价 1/8 的低廉价格独享市中心黄金位置的住房，显然是占了“大便宜”。而占了谁的“便宜”？又为何没有说的必要呢？而“没有说的必要”，潜台词是“房照样住，管你们怎么说吧”。公权力与民众力量的博弈中，由于理亏而拒绝沟通，这种情况并不少见，但直接表示“没有说的必要”的却并不多。

问题：如何理解公权力的去公共性？

分析：

“限价房”作为一种公共福利产品，应为中低收入的住房困难户所享用，无论什么身份，只要符合条件即可申请，而不能仅为某些特定身份的人群独享。这些再简单不过的法律常识，难道政府官员不明白？一会儿称“节省油料”，一会儿又称“收入太低”，可见这并非不懂法，而是无心守法。正是由于破坏了程序正义，才将限价房建成了公务员群体的独立社区，海口的保障房建设才引起了公众的强烈不满。以经济适用房为“外衣”的公务员福利房“回潮”，不仅影响社会的公平，损害政府部门的公信力，还透出一种荒谬的逻辑——政府利用手中权力使自身群体直接受益。

(资料来源：廉政瞭望，2010(7). 有整理)

三、行政权力的监督与控制

行政权力是一把“双刃剑”，既是公共行政中不可缺少的工具，又存在滥用的危险，因此必须做到“弃恶扬善”，发挥其积极功能，限制其消极功能，对行政权力实施严格的监督与控制。就像西方思想家认为政府是“必要的邪恶”而采取多种制度和手段来制衡一样，行政权力之恶也必须用多种方式来加以控制。权力集中容易产生专权，导致滥用，因此，加强对权力的监督与控制便成为必然。英国历史学名家阿克顿(Lord Acton)在 1887 年所著《自由与权力》一书中，曾总结历史上擅权滥权危害，得出经验“权力导致腐败，绝对的权力导致绝对的腐败”，这是有一定道理的。权力分立与制约精神是人类政治文明思想的重要组成和标志之一。西方发达国家在长期的政治和公共行政实践中，建立和发展了建立在三权分立基础上的权力制衡路径。东方国家和许多发展中国家，也在社会转型和现代化建设中，探索总结行政权力行使与运用的经验，期望能够提出和建立适合本国历史传统与国情、具有本国特色的权力分立和制约的行政权力运行制度和机制。

对于行政权力的行使与运用来说，可以分为内部监督控制和外部监督控制两大部分。内部监督控制是行政系统的自我检查、监督、救济体系，是按照层级制的原则来建构监督体系，上级可以利用命令、视察、审计、调研、审查等形式对下级行政权力运作作出评估，并通过对个人的晋升、降级、嘉奖等方式，对组织的通报批评、政策及财政支持等方式予以奖惩。下级在执行政策和上级决定时，也可以根据法律和职责，以建议、批评等方式对上级权力作出回应。同级行政权力行使组织也可以相互监督，以此制衡，共同保障权力的正确行使。另外，行政机构体系内还可以设立专门的权力行使监督机关，这类机关一般依附于行政组织内，但又具有相对的独立性，或直接受最高行政领导的指挥。如我国的行政监察系统，它在行政组织内部，起着自我监控的作用；我国香港的"廉政公署"直接向行政首长负责，其地位、财政、人事、办案独立，有效预防和打击了权力滥用，使香港成为比较清廉的地区。

外部监督主要是指其他权力主体以及社会大众、新闻传媒等对行政权力的制约与控制。正如孟德斯鸠所言，从事物的性质而言，要防止滥用权力，就必须以权力制约权力。由此，分权与制衡便成为现代政治权力安排的基本规律。外部监督和控制体系对行政权力的正确行使发挥着重要作用。它主要包括以下几个方面。

(1) 立法监督。立法机关通过立法、质询、调查、听取行政报告、罢免行政人员、财政拨款等方式来确立对行政权力行使的影响。行政机关必须依法而为，依据的法律是由立法机关通过的，主要行政机关的设置及其职能也是由立法机关设立或者由其批准。这里值得提出的是，我国地方立法机关可以行使自身对政府的监督和监控权，比如 2006 年湖北荆州人大就否决了政府工作报告、郑州人大也否决了政府专项报告。在我国来说，这些都是立法机关对行政权力监督的进步。

(2) 司法监督。对滥用行政权力的人员和机关，司法机关可以进行依法审理，矫正行政权力，并对其他行政主体行使权力作出警示。司法机关是监督与控制行政权力的最后屏障。作为制衡行政权力和纠正错误行政行为的司法机关，必须提升其独立性和权威性。

(3) 社会监督。社会是钳制权力的重要屏障，主要包括公众、媒体、社团、政党等社会力量。公众可以通过举报、检举、示威、游行、不合作等方式对行政权力行使作出反馈。在现代社会，公民的监控手段大大扩展，他们采用网络举报、调查等方式对行政权力进行威慑。当然，也要防止公民"权利"泛滥。新闻自由是基本政治自由之一，作为"第四权力"的媒体，对监督行政权力运行负有更大的责任，很多滥用行政权力的行政组织和人员就是在媒体的不断追击下露出原形并得到制裁的。社团、政党作为有组织的社会力量，能够对行政权力行使制约负有更大责任，也能采用更有效的方式，因此它们对权力的监控起着重要作用。

【案例 5-5】有的领导干部掌权为己，贪婪无度，从收受礼物发展到大笔受贿、索贿甚至敲诈，最终官德沦丧，落得个身败名裂的下场。江西婺源县原县长杨峰利用职务之便，先后多次收受他人贿赂。他对金钱的贪婪近乎疯狂，开口就向私企老板索要上千万元。他恬不知耻地对客商说："你在婺源发了财，不对我表示表示是无论如何说不过去的"。陕西神木县原副县长高晓明受贿241万元，一审获判12年，他在悔过书中称，对于送礼的人，由开始的拒绝到后来的来者不拒，收钱多了，慢慢地就习惯了。

问题：这个案例有什么启示？

分析：

当官员对金钱的贪婪演变成一种习惯时，他就不会感觉到贪腐的耻辱与违法的畏惧，这就是官场上的“麻木腐败”。失控的权力会逐步让人麻木，进而在心理上变得心安理得、习以为常，最后欲壑难填。权力行使必须为公共利益之目的，这是其固有属性，为私行使权力则是权力的变质。对权力的制约，一是靠制度建设来分权，二是靠包括媒体在内的社会监督。

(资料来源：半月谈，2010(16). 有整理)

复习与思考

1. 简述行政权力的管理特征。
2. 简述行政权力的分类。
3. 简述行政权力的分化。
4. 简述行政权力的结构。
5. 简述行政权力的基础。
6. 简述行政权力的手段。
7. 简述影响行政权力行使与运用的因素。
8. 如何加强对行政权力的监督与控制？

【案例分析】

“全裸”乡政府的是与非

白庙乡位于四川省巴州区，在2010年两会期间，其网站公示了乡政府机关1月份的财务费用开支。从公示中可以看出，1月份，乡政府支出公业务费44笔，共8240.5元，其中最大的一笔开支是，1月24日招待“财务预算公开民主议事会观摩来客”，花费1269元；最小的一笔开支为“购买信纸”，花费1.5元。在公示的表格中，每笔开支的证明人一栏都填写着乡纪委书记“陈加才”的名字。在乡政府网站上，还公开了包括乡党委书记、乡长等所有公务员的工资单，乡党委书记张映上的工资合计为2929元，乡长欧明清的工资为3136元，基本工资、级别工资、工作补贴等所有工资项目全部列出。白庙乡财务公开被誉为“政府全裸第一例”，许多人认为这对推动中国政府财政公开公示具有重要意义。这与“阳光政务”、“阳光权力”联系紧密，也利于社会对行政权力滥用进行监督。也有人认为其公开的仅是账单，不是政府开支的全部，并不是“全裸”，因具有作秀、忽悠的嫌疑，并且长期性也值得怀疑。据《新京报》报道，白庙乡“裸账”后被上级部门“冷遇”，到各个部门苦跑了两个多月，没争取到一个项目和一笔资金。但媒体报道这样的境遇后，日前，该乡党委书记回应称，有的项目资金已到位，水电路等相关部门都很重视白庙乡的建设。

山西平遥县古城，自被评为世界文化遗产后，繁冗的公务旅游接待就开始令平遥县不堪重负。一年中大量的景点收费被公务接待给“免费接待”掉了，有据可查的是，最多的时候，该县一年“公务接待”近10万人次，仅门票一项就少收入1200多万元。而近10万人次公务接待的吃、住及礼品开销，更是不好统计的“天文数字”。这足以说明，现实中存在的公务接待问题实际上已成为吞噬当地政府财政收入的一个巨大黑洞，也是一个导致腐败滋生、特权意识蔓延的所在。平遥如果向白庙乡学习，也将自己每年的财政收入、财政预算、决算和支出情况完全“裸一裸”。这不仅对自己是一个自我约束，对一些“特权者”和来自上级部门想来“揩油”的个别领导，也是一个极大的监督和约束。但平遥并没有也不愿意这样做。

(资料来源：光明日报，2010-6-10. 有整理)

问题：

(1) 结合案例，谈谈媒体等社会力量监督对防止权力滥用的意义。

(2) 白庙乡的“冷遇”以及平遥不愿意“裸账”的原因在哪里？

【推荐读物】

1. [英]伯特兰·罗索著. 权力论. 吴友三译. 北京：商务印书馆，1991
2. [美]史蒂文·卢克斯著. 权力：一种激进的观点. 彭斌译. 南京：江苏人民出版社，2008
3. [美]凯特尔著. 权力共享：公共治理与私人市场. 孙迎春译. 北京：北京大学出版社，2009
4. 王亚南. 中国官僚政治研究. 北京：中国社会科学出版社，2005
5. 李景鹏. 权力政治学. 北京：北京大学出版社，2008
6. 王学栋. 论行政自由裁量权产生的历史前提. 中国石油大学学报(社科版)，2008(4)

第六章　公共行政的财政基础

【学习目标】

通过本章的学习，读者应掌握市场失灵的概念；掌握公共财政的概念、特点与职能；掌握财政收入的主要类型、成本效益分析的方法；明确分税制改革的背景、内容，充分理解财政效率化与均等化对政府财政体制改革提出的要求；掌握政府预算的概念、原则以及政府预算的程序。

【关键概念】

公共财政；市场失灵；公共产品；财政职能；财政收入；规费收入；使用费收入；分税制；财政地区均等化；购买性支出；转移性支出；复式预算；零基预算

【导读案例】

上海财经大学 2010 年 5 月发布了“2010 中国省级财政透明度排行榜”和“2010 中国省级部门行政机关透明度排行榜”，结果并不让人乐观。《中国省级财政透明度排行榜》中 2009 年中国省级财政透明度是 21.71 分，2010 年平均分是 21.87 分，如果按照这个速度，中国 300 年之后才有望越过及格线，达到 70 分。

2008 年 5 月 1 日，《政府信息公开条例》正式实施，上海财经大学调研中国省级财政透明度状况的团队从当年开始，就开始用挂号信的方式，将调查大纲寄给 31 个省的财政厅、社会保障部和国资委，但却只有 1/3 的部门给予了回复。在拒绝他们的部门中，一部分认为自己没有义务和责任去回答问题；还有一部分则询问课题组的调查目的是什么，其他省份的情况如何后，之后便没有了音讯。即使是给他们回复的部门，回答也仅仅是最粗略的选项。部门预算项目、支出总分类项目、基金收入项目和转移支付项目的平均得分率分别为 36.3%、34.4%、19.7%和 10.8%，并且随着问题细节的展开，信息透明度越来越低。例如，在政府资产负债项目上，除广东省以外的各地区均未公开任何信息，得分率几乎为 0；单位预算项目这一类，则得分率全部为 0。一些部门和单位在笼统的层面上可能会提供诸如“人员经费”和“公用经费”等信息，但如果涉及“人员经费”的具体内容信息，如工资、奖金、福利支出，或者“公用经费”中的具体内容信息，如差旅费支出、交通费支出、接待费支出等，能够获得的信息几乎为零。之所以不愿提供，是因为这些信息比较“敏感”，即公布真实情况可能引起社会公众对这些资金的使用有不同看法，与通常意义上的“国家秘密”联系不大。

课题组认为，在现有的财政透明度体制之下，各省既不愿充分公开信息，但又不甘排名太过落后导致了各省的信息公开状况高度相似。课题组建议预算信息的公开应有法律保障，需要将《政府信息公开条例》上升为《信息公开法》，把《保密法》作为《信息公开法》当中的一个特例。修改《预算法》，将“应及时公开”预决算作为一项要求写进去，对预算公开的方式、时间、内容的具体要求以及应该涉及的范围做出明确的法律规定。

(资料来源：上海财经大学公共政策研究中心. 2009 中国财政透明度报告：省级财政信息公开状况评估. 上海：上海财经大学出版社，2009)

财政是政府的生命线，获得并分配财政收入是维持国家机器运转的必要基础。在现代市场经济与民主政治制度下，建立一个公正、廉洁、高效的政府，必须立足于公共财政的建设。如何夯实公共行政的财政基础，已成为人们关注的焦点。

第一节 公共财政的内涵与职能

一、市场经济呼唤公共财政

迄今为止，人类社会存在三种经济体制形态——自然经济、市场经济和计划经济。相应地，财政也就形成了不同的类型——家计财政、公共财政和国家财政。

在自然经济状态下，存在的主要是“家计财政”类型。“家计财政”指的是以个人的、家庭的财政安排为主的类型。在农业社会的自然经济条件下，以古代君王为核心的中央集权的政治体制盛行，世袭的君主将整个国家视为一家一姓的财产，“普天之下，莫非王土；率土之滨，莫非王臣”的“家天下”的观念反映出一国所有即属个人所有，财政作为国家进行的活动自然具有个人的性质，即“家计”的性质。

在计划经济体制下，存在的是“国家财政”类型，国家在财物的生产、交换、分配以及消费方面，都是由政府先期进行计划。而此时国家必须拥有配置社会资源的财务手段，即财政。在计划经济体制下，生产条件完全由国家或集体所有，企业和个人没有什么独立性，都依附于国家，一切由国家安排。因此，国家吞噬社会，整个社会都被整合到一个大的组织中，财政就成为这个大组织的总财务。整个社会的经济活动就成为国家和政府指挥和操控的活动，企业和个人的经济行为都要贯彻国家的意图，围绕着国家和政府的经济计划来进行，财政的存在即为满足国家的需要，财政因此具有“国家”财政的性质。

公共财政最初产生于西欧。西欧社会在从自然经济向市场经济、从封建社会向资本主义社会的转化的过程中，封建的家天下的状态逐渐被否定，财政的家计性质也随之被财政的公共性质所取代。市场经济作为一种经济体制形式，其在西欧孕育、产生、发展和完善经历了数百年的时间。市场经济是以维护产权、促进平等和保护自由的市场制度为基础，以自由选择、自愿交换、自愿合作为前提，以分散决策、自发形成、自由竞争为特点，以市场机制导向社会资源配置的经济形态，市场经济承认和保护“私有”、“契约”、“独立”，以维护“产权”、“平等”、“自由”体现了人类文明进步的诸多成果，加上在社会资源配置中的高效率，其在经济发展过程中的基础性地位已得到了一致的公认。无论是西方还是东方，市场经济体制已经成为主导性的经济发展模式。

然而，尽管市场机制在大部分情况下能够有效配置社会资源，但也存在着固有的缺陷。而如何弥补这些缺陷，政府及其财政的公共服务对于市场经济来说就是其中关键的环节。

没有公共财政的支持，市场经济就无法正常运转，甚至无法存在。没有市场经济，政府分配行为难以“公共化”，公共财政也难以存在。市场经济作为发展经济的基础模式决定了政府及其财政活动必须与市场相协调，必须满足市场的根本要求，这在财政上的具体体现就是财政的公共化。可见，正是市场失灵的存在呼唤着公共财政，即“市场失灵”决定着公共财政存在的必要性及其职能范围。市场失灵是市场扭曲的反映，即市场价格不等于商品的边际社会收益与边际社会成本，资源配置偏离了帕累托最优状态，出现低效率或无效率的现象。但需要明确的是，市场失灵并不构成公共财政介入的充分条件，政府的干预都是有成本的，鉴于高昂的成本的存在，使用公共财政的方式可能并不恰当。在公共财政介入的各种方式中也需要综合考虑，谨慎选择合适的政策工具。

二、公共财政的概念与特点

公共财政作为一种与市场经济相适应的财政类型，是以市场的基础性作用为出发点，以市场失灵为前提的。所谓公共财政，是指国家的各级财政管理部门，为了管理社会公共事务和提供公共服务，依照国家有关法规和遵循经济及财政管理规律，对公共财政的收入和支出过程进行管理的活动。公共财政具有以下主要特点。

(1) 公共财政的分配主体是作为政权组织和社会经济管理者的政府。政府作为分配的主体，使得公共财政与其他类型的财政一样，都是政府的分配行为，进行的都是财政分配活动。而仅以政权组织身份进行的政府分配，又使它与处于或兼有生产资料所有者身份的政府分配行为相区别。

(2) 公共财政的分配目的是为了满足公共需要。公共财政是立足于市场经济，是与市场经济相适应的，是针对作为市场活动主体的企业和个人而言的“公共”活动。由于公共服务只能由作为政权组织的政府来提供，所以提供公共服务和满足公共需要所需的财力就成为公共财政的基本目的，它区别于其他财政类型或兼有或只为生产资料所有者服务的目的。

(3) 公共财政具有强制性和补偿性。这是由公共财政是凭借政治权力为市场服务、参与分配的性质所决定的。在市场经济体制下，企业和个人并无纳税的自觉性与自愿性。如果不考虑人们遵纪守法等因素的话，仅是社会公德是约束不了人们通过偷税漏税以增大自身利益的欲望的，因而需要政府凭借法律的强制力来进行税款征收。不过，公共财政的这种强制性是与利益补偿性相联系的。也就是说，尽管税收是强制征收的，却是与企业和个人的根本利益相一致的，是为了提供必不可少的公共产品而征收的。企业和个人通过纳税减少了自身可支配的财力，减少了自身的利益，但却从公共服务中获得了新的利益，这就在纳税与公共服务之间形成了一种利益补偿关系，决定了公共财政具有补偿性。

三、公共财政的职能

财政职能反映的是公共财政在社会经济生活中所具有的职责和应当履行的功能。按照现代公共财政理论，在现代市场经济国家中财政职能一般包括资源配置职能、收入分配职能、经济稳定职能三个方面。

(一)资源配置职能

在现代社会，如何有效配置资源往往需要发挥好计划和市场这两个手段。市场通过人们自发的交易与交换行为来实现，计划则是依赖具有强制性的公共部门来将部分社会资源集中起来，然后通过有目的的分配活动，提供社会发展必需的公共产品与服务。两种手段都是为达到全社会资源配置的有效率状态，稀缺的资源经由公共部门进行科学配置便是公共财政的职能。具体而言，财政的资源配置职能表现在以下几个方面。

(1) 调节社会资源在政府部门和社会之间的配置。这主要涉及确定财政资源在社会资源总量中所占的比重，即公共部门规模的问题。公共部门所从事的各种活动都需要消耗各种资源才能向全社会提供公共产品。在全社会经济资源具有稀缺性特征的条件下，公共部门所运用的资源必须达成高效的目标，着力解决市场失灵的问题。一方面打破或规制垄断，另一方面在具有公共产品、外部效应和信息不对称等特征的场合，充分发挥政府的责任。

(2) 在政府内部部门间配置资源。主要是根据不同时期社会发展的需要，通过对公共财政支出结构的调整，适当地将财政资源分配到国防、教育、医疗、科技、社会保障、经济建设等方面，以更好地满足人们当前与社会长远发展的需要。

(3) 对非政府部门资源配置的调控。尽管非政府部门的资源配置活动主要是通过市场机制来完成的，但公共部门可以通过财政资金的使用并配合相关政策，引导非政府部门的资源流向。如要引导产业结构的升级、发展高新科技，在市场机制难以有效发挥作用的情况下，公共财政可通过提供补贴或税收优惠等手段，帮助其快速发展。

(二)收入分配职能

收入分配指一国在一定时期内经济活动成果在各经济主体之间的分配。公共财政的收入分配职能是指政府运用税收、补贴及转移支付等手段来调节各经济主体的收入差距，以实现收入在全社会范围内的公平分配。如前所述，在市场经济中多种要素参与社会经济成果的分配，个人的后天努力仅是分配考虑的一个方面，因此社会财富初次分配可能是极不公平的。这种由市场有效运行带来的分配不公是无法通过市场机制本身来解决的。另外人类文明的发展使得一些基本政治、经济、社会权利成为人权的重要组成部分，成为人类尊严的保障，因此政府的职责之一就是要对社会公认的处境悲惨的弱势人群进行援助。单纯依赖人们之间的慈善、互助是不够的，只有借助政府的力量，才能对这种不公平现象加以改变。财政收入分配职能的实现可以通过下述三种政策工具来实现。

(1) 税收。最常见的税收工具是累进制的所得税，它旨在通过对高收入者可征较高的税收来缩小收入差距。另外财产税、遗产税、赠与税也能发挥类似的效果。

(2) 财政支出。这主要包括：福利性转移支出，即向处境不利的人们提供现金和物质救济，如食品券计划；社会保险性质的转移支出，包括对养老、医疗保健、失业和工伤等进行保险性支付，强制公众都要参加全社会范围内的保险计划，以克服私人保险在上述领域的不足；财政支出项目间接地影响收入分配格局，如政府的再就业工程、高水平的义务教育、奢侈品税等。

(3) 政府还可以对市场机制进行直接干预。典型的例子包括最低工资制度、房租管制等。

(三)经济稳定职能

充分就业、物价稳定、国际收支平衡、宏观经济的持续稳定增长是现代经济发展追求的目标，通过财政分配实现经济稳定是现代政府的一项重要职能。从市场经济诞生起，许多西方发达国家便受周期性经济波动，特别是经济危机的困扰。经济的剧烈波动造成社会损失惨重，因此必须保持社会总供求的基本平衡，包括总量平衡和结构平衡。在政府所采用的各种宏观经济政策中，财政政策工具的重要性日益突出。一般来讲，财政的稳定职能可通过以下方式来实现。

(1) 改变政府购买性支出的数量。政府需求是社会总需求的重要组成部分，在经济萧条时，社会有效需求不足，政府通过扩大对商品和劳务的购买，如增加国防支出、增加公路铁路等投资来增加需求，以刺激经济增长，从而也创造更多的就业机会；在经济过热时，政府可以减少对商品和劳务的购买量，以减少总需求，缓和通货膨胀的压力。

(2) 改变政府转移性支出的数量。在经济萧条时期，政府可以提高养老金、失业救济金的补助，或者增加对低收入的补贴，提高私人消费水平，从而扩大总需求；在经济繁荣时期，政府通过减少用于上述领域的支出，减少总需求，降低通货膨胀率。

(3) 调整税率。经济萧条时，政府通过减少税种或降低税率，刺激总需求；反之，经济过热时，可暂时提高税率，或者临时增加一些特别税种，来抑制需求。除此之外，通过恰当的财政制度性安排，财政还可发挥某种“自动稳定器”的功能，如累进所得税制、失业救济金支出等制度自动产生刺激或抑制需求的力量，与经济状况逆向运行，从而发挥稳定器的功能。

【案例 6-1】2005 年 11 月 7 日上午，浙江省人事厅与清华大学经济管理学院就浙江省非公经济人才培养和浙江经济研究及成果应用签订战略合作协议。根据协议，省人事厅在清华大学经济管理学院建立非公经济人才培训基地。清华大学经济管理学院为浙江省民营企业家量体裁衣，专门定制、设计课程，每年举办不少于两期培训班。据浙江省人事厅有关负责人介绍，学费由浙江省政府出资，12 天课时共 42 万元，住宿费和生活费由学员自理。

2009 年 8 月江苏省委组织部决定用两年时间在全省培养 1000 名民营企业家后备人才，入选“后备人才”的苗子年龄设定在 40 岁以下，大学以上文化，多为大型民营企业的接班人或成长型民营企业的负责人。据介绍，千名学员将在省、市两级中选拔产生，其中在江苏省百强企业中挑选 50 名，此外 13 个市中，每一市选拔 70～80 名。

2009 年下半年，一直培养公务员的浙江省温州市人事局下属的干部培训学校，大门口忽然增加了一块新牌子——温州市继续教育学院。据该校校长吴延风介绍，培训班招收的是未来的温州企业家，不但包括民营企业第二代，还包括职业经理人、二代企业家。研修班每期 8 天课程、每人费用为 1.28 万元。温州人事局决定用人才经费为每人补贴 8800 元，学员只需出 4000 元。

问题：如何看待浙江省运用公共财政培训“富一代”、“富二代”这种现象？

分析：

公共财政职能一般包括资源配置职能、收入分配职能、经济稳定职能三个方面，政府促进产业结构的升级、民营经济的发展对于改善资源配置、经济健康稳定运行是必要的，但必须遵循市场经济发展的一般规律、效率与公平并重的基本原则。政府应当通过财政、货币、产业发展规划等宏观调控措施来进行，给予民营经济公平竞争的平台。在政府基本公共服务职能还存在较大不足的情况下，对政府挑选的富人进行培训的做法既无效率，也显失公平。

(资料来源：石拓.42万元的学费合情合理吗？.第一财经日报，2005-11-09)

第二节　公共财政收入

一、公共财政收入的含义

一般而言，公共财政包含前后相继的两个过程，即将部分社会资源转移到政府手中的公共财政收入过程和以取得的社会资源从事公共物品提供的公共财政支出过程。所谓公共财政收入是指政府为履行其职能，满足公共财政支出的需要，依法取得的一切货币收入。它是政府为社会提供公共产品和服务的物质基础，推行有效管理的强大后盾。离开了充足的资金支持，政府就无法保证社会正常的秩序，就没有权威和能力积极引导社会的发展，从而为一国的人民谋福利。由此我们可以发现公共财政收入是手段，公共财政支出是目的，政府自身存在的意义是为社会公众服务，筹集多少财政收入主要视财政支出的需要而定。当然，这是从长期及规范的角度而言的，现实中公共收入的规模往往受到历史传统、经济发展阶段、经济发展战略及各国政府管理体制、制度的影响。

二、公共财政收入的形式

公共财政收入形式是指政府取得公共财政收入的具体方式，即政府通过什么具体的方式将部分社会资源转变为可统一支配的社会公共资源。按照国际间通行的做法，一般会将财政收入区分为税收收入和非税收入。政府非税收入是指除税收和政府债务收入以外的财政收入，是由各级政府、国家机关、事业单位、代行政府职能的社会团体及其他组织依法利用行政权力、政府信誉、国家资源、国有资产或提供特定公共服务、准公共服务取得的财政资金。目前我国取得财政收入主要有税收、公债收入、公共收费等形式。

(一)税收

税收是国家为实现其职能，凭借其政治权力，并按照法律规定，强制地、无偿地取得财政收入的一种形式。基于效率与公平等诸多因素的考虑，政府提供公共物品和服务往往不能从服务对象获得足够的补偿，因此强制性的税收使得政府依据法律灵活地取得足够的资金来源。无偿性的税收不会给政府带来偿还的负担。税收因此成为世界各国通常采用的最适合、最可靠、最有效的财政收入形式，成为政府取得公共收入的基本形式和主要工具。表6-1为2001年市场经济国家税收总财政收入的比重。

表 6-1 2001 年市场经济国家的经常性财政收入结构

国 家	税收占总收入的比重/%
美国	93.62
加拿大	91.39
泰国	82.52
印度尼西亚	63.91
阿根廷	90.40
中国	86.91

注：中国为 2009 年数据。

(资料来源：国际货币基金组织. 国际统计年鉴：2002. 北京：中国统计出版社，2002；国家统计局. 2009 年国民经济和社会发展统计公报. http://www.stats.gov.cn)

(二)公债收入

政府举借债务古已有之，但在古代多为一国国君的私人信用，这与现代的公债是有质的区别的。现代社会政府不断拓展其职能边界，支出也与日俱增，仅靠税收往往不能满足支出的需要。财政赤字一旦出现，政府必然要凭借自身的信用，以有偿的方式取得公共收入。公债即政府以债务人的身份举借的债，是政府为履行其职能，按照一定的程序和规定，依据信用原则，有偿、灵活地取得的一部分收入，是公共收入的一种重要形式。公债的基本功能是弥补财政赤字，还可以作为资本性支出，筹集延期或长期受益的公共产品，如基础设施的建设。另外，在许多国家公债也成为国家进行宏观调控的重要手段，如央行通过在证券市场上公开买卖一定数量的公债，可以对各银行的存款准备金率及货币流通的速度、数量进行调节，以达成货币政策的目的。政府利用公债动员和分配社会资源，调节社会需求，以进行反经济周期的操作，对于保持经济平稳运行可起到良好的作用。

(三)公共收费

公共收费是指政府根据法律、行政法规、地方性法规等有关规定，在向公民、法人提供公共产品和服务的过程中，按照受益和非盈利原则向特定服务对象收取的费用。按照受益原则，获得提供的相应服务，就应当为此支付部分的费用。非盈利原则指政府收取的费用往往不能完全补偿提供该物品或服务的成本。

公共收费主要有规费和使用费两种。规费收入是政府部门向公民提供某种特定的服务或实施行政管理而收取的手续费和工本费。它通常分为两大类：一是行政规费，即政府部门从事各种行政活动而取得的收入，如户籍费、户照费、工商执照费和商标登记费等；二是司法规费，它可分为诉讼规费(如民事诉讼费、邢事诉讼费等)和非诉讼规费(如出生登记费、财产转让登记费、遗产继承费等)。国家征收规费的行为，一方面可以取得财政收入，另一方面可对某些社会经济现象和行为进行统计和管理。

使用费收入，即政府或其他公共部门在提供特定的公共设施或服务后，按照一定的标准向使用者收取的费用。如高速公路通行费、水电费、电信收费等。国家收取使用费的目的，是为了筹集部分公共收入，增强公共产品的供给能力。此外，还可以在下述情况下产生正面收益：一是惩罚性收费，对产生负外部性的行为收费以使其承担某些社会成本，从而对其行为进行抵制和限制，如对污染企业收取的污染治理费；二是拥挤型公共产品收费，政府提供的公共产品如发生拥挤，一定的使用费的收取可以减轻拥挤问题，提高使用效率。

(四)国有资产收入

国有资产，是指国家所拥有的自然资源、资金资产收益及接受馈赠而形成的资产，其产权归属于国家。按照存在形态，可将其分为以国有资源为主体的国有资产(如湖泊、矿山、森林等)和人类加工利用而形成的国有资产(如各种国有企业)及其无形资产(如科技专利、商标权等)。资源型国有资产收入，指国家凭借对资源型国有资产的所有权向使用者收取的有偿使用费，包括土地出让收入、海域使用金、矿区采矿权使用费以及公共传媒机构占用国家无线电频率资源取得的广告收入等。人类加工利用而形成的国有资产可分为经营性的国有资产和非经营性的国有资产。非经营性的国有资产主要指国家机关、代行政府职能的事业单位、社会团体的固定资产和无形资产出租、出售、出让、转让等取得的收入。经营性的国有资产，是指国家对生产流通领域的各种企业的各种形式的投资及投资收益形成的或者依法认定取得的，用于生产经营并使其保值增值的国家所有制权益。具体包括资本金、资本公积金、盈余公积金和未分配利润，它主要表现为国家投资或资本收益而形成的国有企业。经营性的国有资产收入，即国有资本经营收益，包括国有资本分享的企业税后利益，国有股股利、红利、股息，企业国有产权(股权)出售、拍卖、转让收益和依法由国有资本享有的其他收益。

【案例 6-2】我国 1982 年宪法规定“城市的土地归国家所有”；现行的土地管理法第 43 条规定，“任何单位和个人进行建设，需要使用土地的，必须依法申请使用国有土地”；国土资源部的“修订草案”中增加了“商品住宅建设应当使用国有建设土地”。

既然是国有土地，地租就应该入国库。但现实并非如此，不是全国人民都受益于国有土地。大量的企事业单位和政府机关无偿使用国有土地资源，实际享用租金。国有企业、国有农场、国有林场不交地租。国土资源局文件《国有企业改革划拨土地使用权管理暂行规定》(1998 年)，规定国企进行改革时要把国有土地的价值计算出来，收益上交国库。但这隐含着，如果不改革，就可以继续免费占有国有土地。

据估计，我国每年没有上交的地租数额包括：①国有农场土地约 58 830 万亩，按每亩地租 400 元算，地租约是 2353 亿元；②国有矿山占地约 1131 万亩，按每亩 1500 元地租估计，有 169 亿元。关于国有居民点和工业用地面积，1984 年到 1995 年的数据是 426 万公顷，约合 7290 万亩。2009 年 8 月份 35 个城市平均地价是 3189 元/平方米，假定全国平均是 1500 元/平方米，按 4%推算地租，大约是每平方米 60 元，每亩将近 4 万元。还有一部分是工业用地。国土资源部工业用地出让最低价为 19.2 万元/亩，按 4%推算地租，约 7680 元/亩。假定居民点用地和工业用地各为一半，估算其总租金约为 17 365 亿元。有些国有土地已经通过招挂拍的形式出售，地租一次性收回。这部分大约有 30%，所以要剔除。剔除后，流失的国有居民点和工业土地租金约为至少每年 12 155 亿元。上面几个数，加在一起是 14 678

亿。保守地说，每年流失的国有土地租金至少在万亿以上，这还没有算国有园地租金和国有牧草地租金。

问题：土地租金应当上交国库吗？原因何在？

分析：

既然宪法规定了我国“城市的土地归国家所有”，那么使用国有土地就必须将土租上交国家。虽然资源型国家企业开始上交部分利润，但地租是与利润有明显不同的，这部分所得不论任何单位都无权私吞。在资源型国家企业没有将其包括租金在内的利润全部上交的情况下，实际上这部分国家企业侵占了部分租金，损害了全民的利益，因此必须首先追回这每年上万亿的租金流失。

(资料来源：盛洪．一万亿土地租金应上缴国库．http://blog.sina.com.cn/shenghong888)

(五)其他收入

在财政工作中还存在其他一些杂项收入，如罚没收入、捐赠收入、彩票公益金、利息收入、特许收入、货币发行收入等。

罚没收入，是指政府相关机构依法实施处罚所取得的罚款、没收的违法所得、没收的非法财物及其变价收入等。包括行政罚款和司法罚款，前者是指行政机关强制违反法规的行政相对人缴纳一定金额的行政处罚；司法罚款指审判机关强制违法行为人缴纳一定金额的处罚，称为罚金。

以政府名义接受的捐赠收入，是指政府为某些特定支出项目融资的情况下，得到的各类组织和个人的捐赠。如政府得到的对特殊群体提供救济的特别基金的捐赠及各类公共设施的捐助。

彩票公益金，是指从批准发行的彩票销售额中按规定比例提取的专项用于社会公益事业的资金，是社会公益金的重要组成部分。

利息收入，是指国库和财政专户中的财政资金，按照中国人民银行规定计息产生的利息收入。

特许金，是指政府机关给予公民或社会组织某种行为或经常活动的特别权利而收取的一定的费用。如出租汽车经营权、公共交通线路经营权、汽车号牌使用权等有偿出让取得的收入。

货币发行收入。货币发行收入与政府引致的通货膨胀联系在一起。当政府通过过量发行钞票或向中央银行借款的方式扩大倾向借给，就会造成物价水平的普遍上涨，从而引发通货膨胀，使得人们手中的货币购买力下降，政府部门能够支配的资源即公共收入增加。由于这种收入方式比较隐蔽，常被称为政府收取“通货膨胀税”。

三、完善分税制财政体制

(一)分税制的概念与内容

所谓分税制，是上下级政府在明确划分事权及支出范围的基础上，按照事权和财权相统一的原则，划分中央与地方的税收管理权限及税收收入的预算管理体制模式。

分税制包括分税、分权、分征、分管等内容，其核心便是分税，一般是按税种或税源，将全部税收划分为中央和地方两套税收体系。分权即税收的管理权限在中央与地方之间划分。这里的税收管理权限包括税收的立法权、解释权、征税权、调整权及减免权等。分征即分别建立中央税与地方税各自独立的征收系统。中央政府设置国家税务，负责征收中央税和共享税；地方政府设置地方税务局，负责征收地方税。分征有利于保证税法的贯彻和各级税收收入的实现。分管即中央政府与地方政府之间建立分级预算，分别管理各自的收入。

(二)我国分税制改革的背景及主要内容

1. 我国分税制改革的背景

改革开放以来，中国的财税制度经历了几次重大调整。1978 年实行的是“增收分成、收支挂钩”的财税体制，1980 年开始实行多种形式的“收支划分、分级包干”的财税制度，1986 年又实行“财政包干”制度，这几次调整本质上还是属于统收统支的财税制度的范畴。1994 年实行的分税制改革，则彻底改变了原先统收统支的财税制度，是在我国社会主义市场经济快速发展的情况下，进行的一次具有深远意义的巨大改革。

20 世纪 80 年代的国家政府间财政关系被称为“分灶吃饭”。所谓“分灶吃饭”，指在国家统一领导下，中央与地方财政分开，保持各自相对独立和稳定的收支预算。但两灶之间也保持一定的关系，互相之间都负有对对方的责任。地方对中央灶负有上交定额的义务，中央有对地方灶按定额补助差额的责任。获得了相对独立的财政和地方经济的自主权，负有大部分地方民生支出职责的地方政府加大了投入，地区经济发展出现了均等化的趋势，经济增长并伴随着人们收入分配的改善，这一财政体制与中央计划下统收统支的模式相比无疑是一次巨大的进步。然而，这种财政体制也滋生了不少的问题。首先，鉴于各省不断变化着的复杂情况所采取的不同包干办法使得中央与地方的谈判充满着不确定性和陷入频繁的拉锯战。其次，地方政府将需要与中央分成的税收千方百计挪为地方的预算外收入，从而使得全国财政收入占 GDP 的比重从 1978 年的 31.2%下降到 1992 年的 13.1%，而预算外收入则从 9.6%上升到 14.5%。尤其是中央财政收入占财政总收入比重由 1979 年的 46.8%下降为 1993 年的 31.6%，中央财政面临严重的困难。因此分税制改革于 1993 年便被提上了日程。

2. 我国分税制改革的内容

分税制改革的基本原则是：按照中央与地方政府的事权划分，合理确定各级财政的支出范围；根据事权与财权相结合原则，将税种统一划分为中央税、地方税和中央地方共享税，并建立中央税收和地方税收体系，分设中央与地方两套税务机构分别征管；科学核定地方收支数额，逐步实行比较规范的中央财政对地方的税收返还和转移支付制度；建立和健全分级预算制度，硬化各级预算约束。分税制改革的具体内容如下。

(1) 中央与地方事权和支出的划分。中央财政主要承担国家安全、外交和中央国家机关运转所需经费，调整国民经济结构、协调地区发展、实施宏观调控所必需的支出以及由中央直接管理的事业发展支出。具体包括：国防费，武警经费、外交和援外支出，中央级行政管理费，中央统管的基本建设投资，中央直属企业的技术改造和新产品试制费，地质勘探费，由中央财政安排的支农支出，由中央负担的国内外债务的还本付息支出，以及中央本级负担的公检法支出和文化、教育、卫生、科学等各项事业费支出。地方财政主要承担本地区政权机关运转所需支出以及本地区经济、事业发展所需支出。具体包括：地方行政管理费，公检法支出，部分武警经费，民兵事业费，地方统筹的基本建设投资，地方企业的技术改造和新产品试制经费，支农支出，城市维护和建设经费，地方文化、教育、卫生等各项事业费，价格补贴支出以及其他支出。

(2) 中央与地方收入的划分。根据事权与财权相结合的原则，按税种划分中央与地方的收入。将维护国家权益、实施宏观调控所必需的税种划为中央税；将同经济发展直接相关的主要税种划为中央与地方共享税；将适合地方征管的税种划为地方税，并充实地方税税种，增加地方税收入。中央固定收入包括：关税，海关代征消费税和增值税，消费税，中央企业所得税，地方银行和外资银行及非银行金融企业所得税，铁道部门、各银行总行、各保险总公司等集中交纳的收入(包括营业税、所得税、利润和城市维护建设税)，中央企业上交利润等。外贸企业出口退税，除 1993 年地方已经负担的 20%部分列入地方上交中央基数外，以后发生的出口退税全部由中央财政负担。地方固定收入包括：营业税(不含铁道部门、各银行总行、各保险总公司集中交纳的营业税)、地方企业所得税(不含上述地方银行和外资银行及非银行金融企业所得税)、地方企业上交利润、个人所得税、城镇土地使用税、固定资产投资方向调节税、城市维护建设税(不含铁道部门、各银行总行、各保险总公司集中交纳的部分)、房产税、车船使用税、印花税、屠宰税、农牧业税、对农业特产收入征收的农业税(简称农业特产税)、耕地占用税、契税、遗产和赠予税、土地增值税及国有土地有偿使用收入等。中央与地方共享收入包括：增值税、资源税、证券交易税。增值税中央分享 75%，地方分享 25%。资源税按不同的资源品种划分，大部分资源税作为地方收入，海洋石油资源税作为中央收入。证券交易税，中央与地方各分享 50%。

(3) 中央财政对地方税收返还数额的确定。中央财政对地方税收返还数额以 1993 年为基期年核定，按照 1993 年地方实际收入以及税制改革和中央与地方收入划分情况，核定 1993 年中央从地方净上划的收入数额(即消费税＋75%的增值税－中央下划收入)。1993 年中央净上划收入，全额返还地方，保证现有地方既得财力，并以此作为以后中央对地方税收返还基数。1994 年以后，税收返还额在 1993 年基数上逐年递增，递增率按全国增值税和消费税的平均增长率的 1∶0.3 系数确定，即上述两税全国平均每增长 1%，中央财政对地方的税收返还增长 0.3%。如若 1994 年以后中央净上划收入达不到 1993 年基数，则相应扣减税收返还数额。

(4) 原体制中央补助、地方上解以及有关结算事项的处理。1994 年实行分税制以后，原体制的分配格局暂时不变，过渡一段时间再逐步规范化。原体制地方上解仍按不同体制类型执行：实行递增上解的地区，按原规定继续递增上解；实行定额上解的地区，按原确定的上解额，继续定额上解；实行总额分成的地区和原分税制试点地区，暂按递增上解办法，即按 1993 年实际上解数，并核定一个递增率，每年递增上解。原来中央拨给地方的各项专款，该下拨的继续下拨。地方 1993 年承担的 20%部分出口退税以及其他年度结算的上解和补助项目相抵后，确定一个数额，作为一般上解或一般补助处理，以后年度按此定额结算。

通过分税制改革中国与地方的财政收入采用相对固定的税种划分的方式，避免了不确定性及无休止的谈判过程。通过设立独立的国税系统及采用企业的主体税种共享的方式，保证中央财政收入随着地方的发展而增长。最后实行税收返还和转移支付制度，一方面税改初期税收返还照顾了地方既得利益，可调动地方协助组织中央收入的积极性，随时间的推移权重逐渐降低的税收返还则使这部分利益趋于消失；另一方面财政转移制度支援了不发达地区，从而有助于财政地区均等化目标的实现。

(三)我国分税制改革的完善

1. 我国现行分税制存在的问题

由于采取渐进的改革方式，分税制预算管理体制只是建立了一个框架，在分税制运行的过程中也逐渐暴露出一些矛盾和问题。

(1) 各级政府的事权划分和支出职责尚缺乏科学合理的界定。主要表现为：各级政府的政府职能界定不够清晰、具体，事权划分过于粗略，存在交叉重叠，并且侧重于依据行政隶属关系划分事权。政府间模糊的责任边界为上级政府下压无资金保障的支出责任提供了有利条件，中央政府以下地方各级政府在事实上有权决定它与下一级政府采取的财政划分办法，这也就使得各级地方政府的财政自主权大打折扣，也使得财政体制的稳定性难以保证。

(2) 财权和收入划分不够合理。财权和收入的划分应有利于分级管理并充分发挥税收的收入功能和调节功能，但现行分税制不能完全体现这一要求。首先，税收立法权和税收政策制定权全部集中在中央，地方没有税收立法权，这不利于地方因地制宜地安排财政预算和调控地方经济发展。其次，地方税收收入水平不高，自给率偏低。现行税种中，只有营业税在地方总收入的比重最高，其他的多数是小额税种，这就形成了各级政府在收入划分上以共享税为主、固定税种为辅的收入分配格局，这必然淡化了各级政府的税收责任。在我国营业税主要是对建筑业和第三产业征收的税收，其中建筑业又是营业税的第一大户，近年来地方政府在土地开发、基础设施投资和扩大地方建设规模的热情背后有其追求收入增长的强烈动机。而地方税收来源不足会影响到地方财政职能的有效发挥，从而导致地方政府收入机制的紊乱。巨大的财政压力下地方政府必然加大对预算外和非预算收入的追求，“土地财政”现象的出现便是顺理成章的事情了。

(3) 转移支付制度不够科学。转移支付的作用主要包括两个方面：一是实现地区间财政支出的均等化，使得各个地方能够享有相近水平的公共服务；二是实现中央政府对地方政府行为的规制，实现中央政府的意图。在我国现行的分税制中，规范的转移支付制度并未建立起来。在改革后相当长的一段时间内，中央对地方的转移支付主要是通过税收返还来进行的，这在一定程度上恶化了财政支出均等化目标的实现，只是近几年来税收返还的比重开始随着时间的推进而不断下降。另外，担负中央财政为实现特定的宏观政策及事业发展战略目标的专项转移支付规模持续扩张，由于其决策权分散于中央各部委之中，“跑步(部)

前(钱)进”的乱象表明转移支付制度的规范化平台还没确立起来。

2. 完善我国分税制改革的对策

在我国，要逐步形成科学、规范的中央与地方财政分配关系，就要努力发挥分税制稳定性、协调性和制衡性的特点，因此必须对我国的分税制进行完善。具体而言，可从下面几个方面努力。

(1) 进一步明确各级政府的事权范围和各级财政主体的支出职责。在中央和地方之间进行明确的职权划分，属于全国性和跨区域的公共事务其受益范围广大或具有外溢性，需要由中央政府统一管理。如外交、国防、海关、宏观调控，从立法到执行都应由中央直接负责。另外鉴于我国的地区发展差距较大、地方及部门利益膨胀的基本国情，义务教育、公共卫生、社会保障、基础设施建设等领域的支出也要由中央政府负责。属于地方行政区域内部的公共服务，需要因地制宜者，则由地方负责提供，以提高地方的积极性，降低成本。如治安、消防、地方工程等。对于需要中央和地方共同管理的事务，也应当通过制度化的形式确立中央与地方在立法与执行方面的合作模式，包括中央严格立法地方执行，以及中央原则立法地方灵活执行等不同形式。在明确划分事权的基础上，进一步调整中央与地方政府的支出范围，对那些属于中央政府职责范围，支出责任应当归于中央财政，而不论是否由地方负责执行。而对于中央和地方共同管理的事务，中央有义务根据执法成本和地方经济状况提供适当的财政补贴。

(2) 调整税收权限及分配格局。按照公共产品受益范围标准将涉及全国范围的宏观经济稳定、收入分配公平的税种及税基分布不均匀的税种划给中央政府；将涉及地方性的、便于地方管理的、受经济周期影响较小的税种划给地方政府。在税收立法权和管理权方面，应当适当下放权限，对于那些难以由中央统一制定的税法，或者虽由中央统一制定但可操作性不强的税法，交由地方因地制宜地根据当地社会经济发展程度、税源状况、财政收支需要等客观情况，允许地方政府在中央授权范围内调整税率，开辟具有地方特色的税源，或者设立地方性税种。通过完善地方税体系，保证地方财政收入的稳定性和可持续性。

(3) 建立科学合理的政府间转移支付制度。根据地区间人口、经济、财力和支出标准等综合因素，确定各地财政收支差额，以科学的公式来确定财政转移支付的规模和数量。设置一般均等化转移支付项目和指标，从体制上扼制地区间差距拉大的趋势，抑制地区间不平衡发展，缩小各地提供公共服务能力的悬殊差异。另外，要规范专项补助，通过明确目标，进行周密的论证和客观的评审，建立公平、公正、公开的平台，以提高支出的效益，减少腐败滋生的机会。

第三节　公共财政的支出

公共财政支出是指政府把筹集到的财政收入有计划地进行分配与使用，转化为政府实现其职能所需要的商品和劳务或其他支出的过程。它不仅是政府实现其职能的重要手段和国民经济发展的重要资金来源，而且还是实现社会公平与正义的重要途径。

一、公共财政支出的原则

公共支出涉及社会生活中各种人群的不同利益，各种复杂的矛盾在公共支出的过程中都可能会碰到，如公共支出与公共收入之间的矛盾、公共支出中平衡各项支出的矛盾以及公共支出如何实现高效益的问题。要正确处理这些矛盾，必须遵循一定的准则。概括而言，应当坚持以下原则。

(一)经济效益原则

经济效益原则是指通过公共支出使资源得到最优化的配置，使社会得到最大的“效益”。这一原则要求：一是资源在公共部门和私人部门之间达成最优配置，即要考虑公共支出的社会机会成本。这就要求公共财政支出给社会带来的收益应大于因为政府取得该收入使社会付出的代价。二是政府配置财政资源时也应以获得最大社会效益为原则。这要求政府应坚持不同支出方案的优化选择和追求自身管理运行成本的节约化。

(二)公平原则

公平原则是指通过公共支出提供的公共产品在各个阶层的居民中的分配应达到公平状态，能恰当地平衡各个阶层居民的需要。从横向上要求对同一层次的居民一视同仁、同等对待，从纵向上要求差别对待不同层次的居民。具体而言，这要求考虑目标群体的受益能力。公共支出的公平原则是涉及受益能力的原则，这一原则主要适用于对居民的生活状况有直接影响的特殊支出，特别是各类补助支出，通过此类支出可以对社会收入和财富分配有所改变，只有再分配作用。这类支出的目标是使社会获得最大利益，同样的支出对低收居民的效用要更大，因此它要求收入越少，补助越多。

(三)稳定原则

稳定原则是指，通过公共财政支出杠杆的运用，以谋求经济的稳定与均衡，从而达到高度的就业水平、物价水平的合理稳定、经济的适度增长等经济发展目标。具体来说，当社会产品供不应求，需求出现膨胀时，应减少公共财政支出，当社会产品供过于求，需求出现不足时，应增加公共财政支出，从而有利于实现经济的稳定和均衡。

二、公共财政支出的结构

随着现代社会政府职能的扩张，公共财政支出的规模快速膨胀，其必要性与合理性也得到人们越来越多的关注。通过对公共财政支出进行分析，判断其对社会需要满足的程度，就成为一项重要的任务。

现代社会政府的基本职能即提供公众所需的公共产品和服务，由此公共财政支出的出现就成为必然。一旦一国政府决定以什么形式、何种数量向公众提供公共产品，则公共财政支出实际上就是由此而产生的各种成本。因此，公共财政支出可以被界定为政府为履行其职能所进行的各项活动的成本。公共财政支出的规模、结构、内容及形式的变化也体现了政府财政职能的内容、形式及范围的调整，其中公共财政支出的结构是政府不同种类支出的构成状况，它反映了政府职能的范围、方向及重点。通过对公共财政支出结构的分析有利于加强社会公众对政府财政状况的认识，并对处于不同政治体制、社会发展阶段的公共财政支出结构的合理性进行判断，从而加强对公共资金的监督和管理，提出公共财政支出的效率和效益。

在对公共财政支出的项目进行分类时，可依据不同的标准进行分类。最为常见的是按照公共财政支出是否得到直接的补偿进行分类，将公共财政支出分为购买性支出和转移性支出。购买性支出是政府各部门的消费性和投资性支出，包括购买进行日常政务活动所需商品与劳务的支出以及对资本品与劳务的购买。购买性支出是以等价交换为原则的，它意味着政府直接消耗了部分商品和劳务，因而排除了私人部门运用它们的可能性。因此，这种财政支出通常是计入国民生产总值与国民收入之内的。根据用途的不同，购买性支出分为两种：①购买进行日常活动所需商品与劳务的支出，这包括了支付给公共部门雇员的薪金以及购买必要的办公用品所花费的支出等。②公共部门进行投资时购买所需资本品和劳务时所花费的支出。它代表政府直接进行经济建设的支出，公共投资支出最终会形成收益。根据我国国家预算的支出分类结构，投资性支出主要包括基本建设支出、挖潜改造资金支出、流动资金支出和农业投资支出。通常，市场经济发达的国家，投资主要由私人部门来完成，政府投资性支出所占的比重会相对较低，而发展中国家政府投资支出相对较高。转移性支出直接表现为政府按照一定的方式把一部分财政资金无偿地、单方面地转移给受益人。这种支出中政府不能从中获得相等的对价，政府充当了在社会成员之间进行资源的再分配的角色。这类支出主要包括债务利息支出、财政补贴、失业救济金、养老金等。购买性支出和转移性支出在社会经济结构中所起的作用并不相同，对社会经济的影响也有差异。购买性支出对收入分配的影响是间接的；而转移性支出对收入分配的影响是直接的，它通过对不同社会集团的资源进行调节，以更好促进社会公平目标的实现。转移性支出对生产、就业及社会总需求的影响是间接的，而购买性支出中政府直接以商品和劳务购买者的身份出现，对资源配置有着直接的影响。

公共财政支出还有另外几种常见的分类：①预防性支出和创造性支出。前者是指维持社会秩序和保卫国家安全的支出，用以保障人民财产的安全和基本的生活秩序。这包括国防、警察、法庭、监狱与政府行政部门的支出。后者指用于提高人民生活水平，使社会运行更为顺畅，经济发展更加健康的支出。这包括经济、科技、文化、教育、卫生和社会福利等方面的支出。②一般利益支出与特殊利益支出。前者指社会成员均可从中收益的支出，如国防、司法、行政管理支出等。后者指满足社会中特定组织和个人的特殊利益的支出，如教育、医药、居民补助、企业补助等。③中央政府支出和地方政府支出。④可控制(相机抉择)的支出和不可控制(刚性)的支出。⑤各项职能支出。如国防支出、外交事务支出、行政管理支出、经济建设支出、社会文教支出、环保支出、债务支出等。除以上直接的公共财政支出之外，还有一种间接的公共财政支出在各国税收支出中被明确确定下来，这就是税式支出，即政府通过税收的豁免、扣除、抵免、优惠税率、延期纳税、盈亏相抵或不予计列来减少当事人的税收负担，从而达到与直接政府支出相类似的效果。

三、公共财政支出的效益

由于一定时期社会总体资源是一定的，如何进行资源配置以更好地促进社会财富的增加和满足人们的需要就成为至关重要的问题。在市场经济条件下，政府的财政支出必须提供充分的证据以证明其必要性与合理性，支出的效益分析，即观察所得与所花费的对比关系，就成为一项重要的工作。公共财政支出效益是指政府为满足社会需要而进行的资源配置活动所取得的社会实际效益之间的对比关系。提高公共财政支出的经济效益尽可能以较少的投入或在保持一定支出规模的前提下取得更大的成果。

【案例 6-3】即使不算军用机场和即将兴建的苏中机场，整个长三角地区也有 17 个民用飞机场，分布在 16 个大中城市。有规划显示，到 2020 年，华东地区还将新建或改建 12 个机场，使民航机场数量达到 48 个，平均每间隔四五百公里就有一个机场覆盖。曾有数据显示，2001—2005 年，平均旅客运量的 73.8%集中于上海的两个机场，平均货邮运量的 87%也聚集于上海，货运量集中在浦东机场(超过 70%)；其余的运量也只是依次分布在萧山机场、禄口机场和宁波机场，且几乎都小于 10%。

据悉在前几年，华东民航局一位官员曾表示，长三角地区每万平方公里的机场密度为 0.8 个，超过美国每万平方公里 0.6 个的水平，但西北每 10 万平方公里才 0.8 个。目前长三角地区部分飞机场的收益同样不乐观。现在很多中小型飞机场经营并不乐观，收益与投入几乎不成比例。2009 年，民航常州机场全年进出港旅客 53.5 万人次，航空运输货物 6124.4 吨，分别比上年下降 2.8%和 3.9%。而 1993 年投资 2 亿元建成的南通兴东机场，目前运营情况还是不理想。

问题：长三角的机场建设是否存在重复建设的嫌疑？其产生的原因何在？

分析：

如果从公共财政支出的效益来分析，那么该地区的机场建设有相当一部分效益低下，资源配置出现扭曲，这是对公共资源的滥用。其出现的原因是多方面的，一是地方政府追求地方经济发展，以大量基础建设来吸引投资，并直接刺激经济发展的冲动。二是其背后隐藏着巨大的寻租空间，为一部分官员的徇私行为打开了方便之门。

(资料来源：黄烨. 长三角究竟需要多少机场. 国际金融报，2010-03-11)

一般而言，对公共财政支出效益的分析，可从两个方面进行：一是从宏观角度，就整体的公共财政支出规模、结构安排对社会资源配置的影响进行分析，当私人产品与公共产品的边际效用之比等于两者的边际成本之比时，社会资源达到最优状态。这种宏观效益被称为财政支出的配置效益。二是从微观角度，就某一项目或方案的预算决策对社会资源配置的影响进行分析。这种宏观效益被称为财政支出的经济效益。

财政支出项目千差万别，不同的财政支出项目效益的衡量需要多种方法，有一些支出项目，如基础设施投资之类，其效益是直接的、有形的，可以用货币计量，因此可以采用“成本—效益”法进行分析。另有一些支出，如军事、政治项目之类，成本是易于计算的，但其社会效益、政治效益却不易衡量，并且产品不能进入市场交换，此时一般采用“最低费用选择法”。还有一些项目，如公路、邮电之类，成本易于衡量，效益难以计算，但产品可以部分或全部地进入市场交易。此类项目可以通过设计“公共劳务收费法”来衡量效益。

(一)“成本—效益”分析法

“成本—效益”分析法的基本原理是：根据政府所确定的建设目标，研拟实现该目标的各种方案，对这些可供选择的方案，用一定的方法计算出各方案的全部预期效益；并通过计算成本与效益的比率，比较不同项目或方案的效益，确定各个项目或方案的优劣次序；最后进行各个项目或方案的选择和决策。

由于公共财政支出有不同于微观经济主体的特征，衡量财政支出的成本与收益是一项复杂的任务。一般而言，衡量的标准包括：内部的与外部的成本效益、有形的与无形的成本效益、直接的与间接的成本效益、实际的与货币的成本效益以及中间的与最终的成本效益。在确定支出的成本—效益具体指标时，还要考虑指标的度量单位和时间价值问题。

(1) 实际的与货币的。实际收益是指公共项目的最终消费者获得的收益。实际收益反映着社会福利的增加。实际成本则是公共项目所利用资源的实际成本。货币收益与成本则是市场发生相对价格的变化使不同社会成员的收益或损失增加，又为其他人的损失或收益所抵消，从整体上看它无法反映社会的净收益或净损失，因此被称为虚假的成本收益。

(2) 直接的与间接的。直接的成本和收益是与项目主要目标直接相关的成本和收益。而间接的成本和效益则是受该项目的影响而产生的其他方面的成本效益，与项目的非主要目标有关。例如，政府对教育投入的直接收益是提高学生自身的能力，间接收益则是国民素质提高、社会文明的进步。

(3) 有形的和无形的。有形的成本和收益是可以用市场价格计量的成本和收益。无形的成本和收益是不能由市场直接估价的成本和收益。如时间的价值、生命的价值。

(4) 中间的与最终的。中间的收益通过加入其他产品的生产，并不向消费者提供最终产品，它间接提供收益。而最终产品提供的收益属最终的收益，并能通过最终消费来计算其效益。比如天气预报服务对那些从事农业生产的人们提供中间收益；而对气象台而言，提供直接收益。

(5) 内部的与外部的。这里内部的成本和收益主要指项目实施辖区范围内发生的成本和收益。而外部的成本和收益是指项目实施区域外发生的成本和收益。例如一项植树造林的项目不仅使所在省份得益，而且其他省份也会有所获益。

通过上面的分析，成本与收益分析作为衡量公共财政支出效益的一个重要手段，其重要性应当得到重视。政府在采取各项政策时，应尽可能利用严谨的成本效益分析，审慎评估其目标、影响。该方法能否得到恰当的运用需要做全面、周密和谨慎的筹划，要从大量零碎和不完整的数据资料中进行选择、计算与判断。公共财政支出的效益的准确评估是一项复杂的工作，对于不易用货币来计算的项目，需要考虑用其他的方法来达成。

(二)最低费用选择法

成本—收益分析法主要适用于成本和收益都能通过一定量的货币表示的公共财政支出项目效益的衡量。而对于收益不能通过货币表示的公共财政支出项目，一般运用最低费用选择法进行分析。运用这种方法来确定公共财政支出项目时，首先根据某项财政支出的目标，提出多种备选方案；其次以货币为统一尺度，分别计算各备选方案的开支总额；最后是按照费用的高低依次排序，并从中选择费用最低的方案。使用该方法时应注意使不同方案均能实现公共财政支出的目的，且不存在较大差异。最低费用选择法被广泛地用于军事、政治、文化等财政支出项目效益的评估中。

(三)公共劳务收费法

公共劳务收费法是指对政府通过公共财政支出为社会提供的某些公共服务项目采取适当收费的办法，借以提高公共财政支出的效益。该方法将市场等价交换原则部分地引入到公共品的提供和使用中去，适当地约束和限制社会对该公共品的消费量，从而达到节约公共开支、提高财政资金使用效益的目的。

在对公共品定价时，可区别不同产品的性质采取不同的定价方法。对那些事关全局和社会利益，在全国范围内普遍使用，但公众又不愿意自觉使用的公共品，如强制义务教育、强制注射疫苗等，可采用免费方法；对那些事关全局和社会利益，但免费提供又会造成过度消费而引起资源浪费的公共品，如医疗保障等，则应采取低价政策；对那些从国家和社会利益来看，无须特别鼓励使用，也不必特别加以限制的公共品，如公园、邮电、公路、铁路等，则可采用平价政策等。实施平价政策的物品，需要通过收取一定的费用来弥补该公共劳务的人力、物力耗费。从公共定价的方法看：一是按边际成本进行定价。由于某些公共物品规模效益比较明显，边际成本小于平均成本，在此情况下，生产公共物品的企业会发生亏损。二是实行平均成本定价法。这种定价方法能够保证生产公共物品的企业的收支平衡。三是实行二部定价方法，即价格构成中一部分是与使用量无关的按月或按年支付的“基本费”；另一部分是按使用量支付的“从量费”。四是实行负荷定价法，即对不同时间段或时期的需要制定不同的价格。当需求处于高峰时，收费最高；当需求处于低谷时，收费最低。五是高价定价法。通过高价对从全社会利益来看必须限制使用的公共劳务，政府也由此获得较多的财政收入。

第四节 政府预算

政府预算是政府的基本财政收支计划，它按照一定的标准将财政收入和支出分门别类地列入特定的收支分类表格中，以清楚地反映政府的财政收支状况。随着经济的发展和社会的进步，政府预算制度也在不断地改进和完善，目前政府预算作为宏观经济政策的作用被人们逐步认识，政府预算已成为政府进行宏观调控的重要手段和工具。

一、政府预算的原则

政府预算的编制是政府有意识地确定和规范政府财政收支活动的计划安排，反映政府的政策意图和导向，影响到所有社会成员的切身利益，因此政府预算必须遵循一定的原则。大多数国家的预算主要遵循以下几条原则。

(一)预算的透明性

政府预算体现着政府活动的范围、方向和意图，关系到全体社会成员的切身利益，因此政府预算及其执行情况需要通过一定的渠道公诸于众，让民众能够了解和监督财政收支情况。为此，首先要明确划定政府各部门在预算管理中的职责权限，做到权责透明；其次要将预算管理的整个流程，即从预算草案的编制、审议到预算的执行及执行中的调整，都要保持足够的透明度；最后要建立信息定期公告制度，在相关的媒体上定期公布预算编制和执行的有关信息，接受人民群众的监督。

(二)预算的可靠性

政府预算必须真实可靠，这要求预算每一收支项目的数字指标必须根据充分确凿的资料进行科学的推算，不得主观臆断和任意编造；要求性质不同的预算收支应该严格区分，不能随意混淆。

(三)预算的完整性

政府预算必须完整、真实地反映政府活动的全貌，包括政府所从事的所有财政收入和支出的内容，政府所有的财政活动都不能脱离预算的管理和监督。这要求设立统一的预算科目，每一科目都要按照统一的口径和程序计算和填写；将一切财政收支全部纳入预算，实现统一管理，统筹安排，统一编制综合财政预算；实行综合预算制度和中长期流动预算制度，全面反映政府资产和负债的变动方向，提高政府预算的筹划和风险控制能力。

(四)预算的法治性

政府预算是政府依法行政的直接依据和基本途径，这就要求政府的预算管理要纳入法制化轨道。一是要符合《预算法》和国家其他相关法律、法规的规定，遵守各项财务规章制度，在部门的职权范围内编制预算。二是政府预算必须经过国家立法权力机关的审批方能生效，一旦通过就具有法律效力，必须贯彻执行，不得任意修改。如遇特殊情况要作出调整，同样必须遵循法定程序，不得在法律范围以外调整或变更。

(五)预算的绩效导向性

绩效导向性原则是指政府预算资金的配置和使用应该以绩效或结果为本，把有限的公共预算资源优先分配于效率最高的公共项目上，以最大限度地增进社会公共福利。

二、政府预算的类型

最初的政府预算是十分简单的收支一览表，随着社会经济生活和财政活动的逐步复杂化，各种预算方法和形式不断改进，政府预算也成为一个相对复杂的系统。按照不同的标准，政府预算可以划分为不同的类型。

(一)根据预算形式划分

根据预算形式的不同，可分为单式预算和复式预算。

(1) 单式预算。单式预算也称为单一预算，它把政府的全部预算收支汇编在一个统一的预算表内。在相当长的时期内，由于政府职能相对较少、财政收支结构简单、规模有限，单式预算符合“健全财政”的原则，世界各国实行的都是单式预算，我国在1992年以前一直采用单式预算形式。这种预算组织形式能直接反映政府预算收支的全貌，完整性强，技术要求相对简单，体现了国库统一和会计统一的原则要求。但也存在自身的缺点，如各类性质不同的收支无对应关系，结余或赤字的原因不易分清，无法对收支转化作分类分析和分层管理，也不利于宏观经济分析和财政收支效益的考核。

(2) 复式预算。复式预算是把政府预算的全部收支按预算收入来源和支出性质的不同，分别编入两个或两个以上的系列所形成的预算计划。复式预算的具体形式有双轨预算和多轨预算。双轨预算是最早、最典型的复式预算，一般分为经费预算和资本预算。经费预算的收入来源以税收为主，以公用经费为支付对象。资本预算的收入来源以债务收入为主，有的还包括出售政府财产的收益以及以私人资本为对象征收的税收，有的甚至包括国有资产折旧；支出则以资本投资，特别是社会基础设施投资为主，包括营利性资本投资和非营利性资本投资，也可以包括金融资产如股票、债券方面的投资。多轨预算是把预算按经济性质分为两个以上的预算，一般是除了经费预算、资本预算之外，还包括各种指定专门用途的基金预算等，如社会保障基金预算。

我国从1992年开始编制复式预算，其基本模式是将全部预算收支分别编入经常性预算和建设性预算。经常性预算是指国家以管理者身份取得的一般收入和用于维护政府活动的经常费用。经常性预算收入主要是各项税收收入和其他非税收收入。经常性预算支出主要是用于国家政权建设的政府日常行政经费支出，教育、科学、卫生、文化、农业等各项事业费和社会保障支出，非生产基建支出，价格补贴等。建设性预算是指国家以资产所有者身份取得的收入以及国家特定用于建设方面的某些收入和直接用于国家建设方面的支出。建设性预算收入来源包括经常性预算结余、专项建设性收入、企业收入、生产性亏损补贴和调入资金、国债收入和国外借款收入等。建设性支出包括生产性基建支出、企业挖潜改造和新产品试制费、增拨流动资金、地质勘探费支出、支农支出、城市维护建设支出、支援不发达地区发展资金和国内外债务还本付息支出。建设性支出主要是政府的各项资本性支出，包括政府对国有企业的投资、对公共工程项目的投资、战略物资储备、政府贷款以及偿还国债和国外借款等支出。

复式预算是在单式预算的基础上发展演变而成的一种经济分析预算，其优点是能适应市场经济的发展所带来的预算资金分配格局的变化，有助于对政府预算资金进行成本一效益的分类、分析与控制，可以清晰地反映预算平衡和预算结余或赤字的原因，尤其是资本预算的开列为政府有意识地调节社会需要提供了明晰的分析工具。复式预算的特点决定了它更有利于加强预算管理和对整个财政活动及国民经济的分析与控制。但复式预算也存在一些缺点：经常预算的结余和赤字都将转入资本预算，可能会影响到对财政赤字、财政负债的判断；不同预算之间存在项目划分标准如何统一的问题；预算编制的方法复杂，工作量较大，技术要求较高。

(二)根据预算支出并类汇总依据划分

根据预算支出并类汇总依据的不同，可分为功能预算和部门预算

(1) 功能预算。功能预算是一种不分组织单位和开支对象，而是按照政府的职能目标对开支进行分类的预算方法。它的优点是便于了解政府在行使各职能方面的财政支出是多少，如基建支出、支农支出等。

(2) 部门预算。部门预算是政府公共财政预算编制的主要形式，也是市场经济国家普遍采用的预算编制方法。部门预算是由政府各部门编制，经财政部门审核后报立法机关审议通过，反映部门所有收入和支出的预算，即一个部门一本预算。部门预算的支出分类是按照政府的组成结构来进行的，即根据部门进行分类，然后在部门内部按所属预算单位进行分类。这种分类方式可以明确政府各部门的支出规模和财政权力，但它不能反映部门支出的真正用途和支出性质。现代政府管理通常将功能预算和部门预算二者有机结合起来，以达到预算管理的目的。

(三)根据预算编制方法划分

根据预算编制方法的不同，可分为绩效预算和零基预算等

(1) 绩效预算。绩效预算是美国在20世纪50年代开始推行的一种预算方法。它把成本分析应用于政府财政预算中，政府首先制订有关的事业计划和工程计划，再依据政府职能和施政计划制订执行计划的实施方案，并在成本分析的基础上确定实施方案所需要支出的费用，最后以此编制预算。将成本分析法运用到政府预算中的绩效预算上，其特点是按计划决定预算，按预算计算成本，按成本分析效益，然后按效益来衡量其业绩。

绩效预算的优点是改变了传统预算着重投入而忽视产出的做法，重视对预算支出项目的效益考察，有助于提高财政资金的使用效益。但是，绩效预算需要建立起一些能够适应绩效预算要求的辅助系统，包括工作计量体系、绩效计量体系等，而政府一些部门的支出难以用数字来表明其预期的经济效益，缺乏绩效的计量指标和方法，也就无法实行绩效预算。另外，绩效预算方法要求对政府的每一笔拨款所要达到的目标进行描述，并且提出衡量达到目标的量化标准等，这通常需要花费很多时间进行大量细致的工作。

(2) 零基预算。它是由美国一些经济学家提出并设计实施的，20世纪70年代美国德克萨斯仪器公司在编制预算时被成功地采用，后慢慢被应用于美国政府预算的编制中。

零基预算是指在编制预算时，一切从零开始，对新的预算年度中想做的所有事情进行重新审核，从根本上重新评估各项收支的必要性并测定其所需资金。其基本特征是不受以往预算安排和执行情况的影响，一切预算收支都建立在成本效益分析基础上，根据需要和可能，一切从零开始来编制预算，从而达到节省开支、有效使用资源的目的。

零基预算是针对传统的基数预算提出来的。基数预算是以前一年的实际数或前几年的平均数为基本依据来确定预算年度的支出方案。其特点是注重过去，不注重将来；注重历史因素，不注重发展因素。因而原有的一些不合理、不必要的支出得以继续保留，而适应新的发展需要的支出则不易被充分考虑进来。从而导致支出规模和结构的不合理，支出对象之间的利益不平衡，资金使用效益低下。而零基预算则强调一切从计划的起点开始，提高部门的工作效率，力求改进本年度预算中花钱不当或方法不妥的地方，用更好、更有效率的方案加以替代，因此能有效消除基数预算存在的弊端，提高预算管理水平。但零基预算法编制工作量大、费用相对较高，如何平衡组织的长远利益与近期利益、减少部门间围绕预算资金的争夺是需要认真考虑的事情。

三、政府预算的程序

政府预算的程序主要由政府预算的准备和编制、预算审定、预算实施和审查构成。政府预算的程序就是政府如何确定政策目标、如何筹集达到目标所需要的资源、如何使用这些资源的评价。

(一)政府预算的一般程序

1. 政府预算的准备与编制

它主要包括这样一些工作：①确定预算期内政府预算收入和支出的总规模；②根据各部门的总体目标、项目安排、资金使用计划、成本—效益分析，以及与总体社会经济发展目标的一致性，确定政府预算支出按部门、项目的最初分配；③各支出部门对预算的最初分配进行反馈，在财政部门已确定预算支出的总体方向与优先次序的情况下，就某些项目的具体细节进行协商；④财政部门根据反馈的信息和协商结果，制定预算草案。

2. 政府预算的审定

它主要包括这样一些工作：①预算草案的审批，按照法律规定，有权批准预算草案的人或机构(如财政部长或政府的预算委员会)对财政部门制定的预算草案进行审批，一般要在草案审批者与财政主管部门之间进行多次反馈—修订—反馈的过程；②财政主管部门经过不断的反馈和修订，制定出最后的预算草案，并通过审批，形成提交立法机构审批的预算案；③立法机构审议并决定政府预算案，立法机构审议既包括对预算的总体分配的审议，也包括对具体预算细则的审议，只有立法机构审议通过的预算才成为具有法律效力的政府预算。

3. 政府预算的实施

它主要包括这样一些工作：①预算资金的发放，由财政主管部门负责对政府预算资金的发放进行管理和控制，以保证各部门能及时得到足够的预算资金；②对预算投资项目的管理，各预算支出部门需准备投资资金需求的全年时间表，组织与管理投资项目的投标与合同签订，保证投资项目的执行符合有关法律与规定，并向财政主管部门要求发放投资资金；③对采购的管理，由主管部门负责制定统一的采购合同规则并保证投标的竞争性，支出专业部门负责管理采购工作，包括广告、详细的成本估算、项目投标的评估、与合同单位谈判、对合同实施进行监督等。

4. 对政府预算执行的审议

它主要包括这样一些工作：①预算执行的报告，各支出部门应定期准备预算执行进展情况的报告及报表，并由财政主管部门合并编制年度报表；②预算的监督与评估，预算的监督主要通过审计和监察机构来进行，这些机构定期对政府预算执行情况进行监督和评估，如果发现问题，便报告主管机构或国家权力机关，及时予以制止和纠正，财政主管部门也应根据检查的结果对财政支出的方针与政策进行必要的调整；③财务稽核与资金管理，财政部门应有有效的资金管理计划，主要是加强预算实施中的现金管理、借款管理和预算控制。

5. 政府决算

政府决算是经法定程序批准的年度预算执行结果的会计报告，既是预算执行情况的总结，也是政府职能履行状况的反映。决算一般由财政部门负责编制，由报表和文字说明组成，需经本级立法权力机关审议通过。

(二)我国政府预算的程序

下面以中央政府部门预算程序的编制为例，说明我国政府部门预算的一般程序，主要包括以下内容。

1. 预算准备与编制

(1) 收入预算的测算。各部门要根据历年收入情况和下一年度增减变动因素测算收入。部门收入预算包括一般预算收入和基金收入，其中一般预算收入包括上年结转、财政拨款、行政事业单位预算外资金、上级补助收入、事业收入、事业单位经营收入、附属单位上缴收入、其他收入和用事业基金弥补收支差额等九项。基金预算收入主要是根据国家规定的纳入预算管理的各项基金。

(2) 支出预算的测算。部门支出主要有一般预算支出和基金预算支出，其中一般预算支出分为行政事业支出、生产建设和事业发展支出两个部分。行政事业支出主要包括行政事业性支出、上缴上级支出、事业单位经营支出、对附属单位补助支出；生产建设和事业发展支出主要包括基本建设支出、其他生产建设性支出及事业发展支出。

(3) 国务院下达编制预算草案的指示，财政部门部署编制预算的具体事项。

(4) 对预算科目和预算表格进行适当的修改。

在做好准备工作的基础上，按照“两上两下”的程序编制预算。

(1) “一上”是指由部门按照国务院关于编制预算的指示和财政部下达的编制预算的具体要求，根据国家社会经济发展情况，结合本部门的情况，提出本部门的收支安排建议数，并上报财政部门和有预算分配权的部门。

(2) “一下”是指财政部门与有预算分配权的部门审核预算建议数后，下达部门预算控制数。首先财政部门与有预算分配权的部门认真审核和汇总部门报送的预算建议数，然后根据审核后的部门建议数和征收部门报来的财政收入测算数，审核并汇总成按功能划分的收支预算初步方案报国务院批准，经批准后向各部门下达预算控制限额。落实到各个部门。这个过程基本确定了部门的收支规模和财政拨款数额。

(3) “二上”是指部门根据预算控制数编制本部门预算草案报送财政部。接到财政部门的预算控制数后，部门要将控制数下达到所属的二级预算单位并落实到具体项目，然后根据财政部的要求及时报送预算草案。

(4) “二下”是指财政部根据全国人民代表大会批准的中央预算草案批复部门预算。财政部在对各部门上报的预算草案审核后，汇总成按功能编制的本级财政预算草案和部门预算，报国务院审批后，再报人大预工委和财经委审核，最后提交人代会审议，在人代会批准草案后的规定时间内，财政部预算司组织有关部门统一向部门批复预算，各部门在规定时间内，批复所属各单位的预算，并负责具体执行。

2. 预算的审批

部门预算的审批主要经过以下几个阶段。

(1) 财政部门审核阶段。审核的内容主要包括预算收支是否有赤字、预算收支科目是否正确、预算收入测算是否准确、预算支出是否留有缺口、汇总的部门预算数是否与财政部门下达的预算支出控制数一致等。

(2) 政府首长审核阶段。部门预算编报完后，财政部门应将汇总的部门预算和各部门报来的部门预算送政府行政首长审批，经行政首长批准后，送交人民代表大会初审。

(3) 人民代表大会审核阶段。一是初审，财政部门根据行政首长的指示，将预算报人民代表大会财经委员会进行初步审核，审核的内容主要包括：各项收支安排是否符合法律、法规的规定，收支规模与国民经济社会发展计划是否一致，国家债务收入规模是否合适等，财政部门根据人民代表大会财经委员会的意见修改预算后将其报行政首长批准。二是审议阶段，财政部门正式代表政府向人民代表大会提交预算草案，人民代表就政府预算和部门预算进行审议，最后通过预算草案。

(4) 财政部部门批复阶段。我国预算法实施条例规定，财政部要在人民代表大会通过预算后的30日内批复中央部门预算。

(5) 部门批复预算阶段。我国预算法实施条例规定，部门要在财政部批复部门预算后的15日内批复所属单位预算。

3. 预算的执行

预算执行是实现政府预算的重要环节，主要包括以下工作。

(1) 预算收入的执行。预算收入的执行是由财政部门统一负责组织，并按各项预算收入的性质和征收方法，分别由财政、税务、海关等有关部门负责征收和管理。

(2) 预算支出的执行。预算支出的执行由各支出机关具体负责执行，财政部门处于主导地位。其主要工作是：按照公共财政的要求和组织预算执行的需要制定相关的法规、政策和制度；根据部门预算，编制用款计划并按计划拨付；建立经济责任制，提高资金的使用效率等。

(3) 预算调整。根据国际、国内政治经济形势的变化，经同级人民代表大会常务委员会审查和批准，改变原有的预算收入来源、支出用途以及收支规模，包括动用预备费、预算的追加追减、预算划转等。

(4) 预算执行情况的分析。预算执行情况分析主要是通过预算执行信息反馈系统和报表报告制度获取必要的信息。分析内容包括：政府宏观经济政策和重大经济举措对预算收支的影响；对比分析部门之间、地区之间主要收支项目的完成情况；分析财政信贷的综合平衡情况等，并将分析结果报决策部门以供决策参考。

4. 决算

决算是预算执行的最终结果，必须经过同级人民代表大会常务委员会审查批准。决算包括以下一些工作。

(1) 决算编制的准备工作。这项工作包括拟定和下达编制政府收支决算的统一编报方法、组织年终收支的清理工作、修订和颁发统一的决算表格等。

(2) 按照程序编制决算。决算的编制，是从执行预算的基层单位开始，自下而上，逐级编制、审核和汇总而成的，政府收支总决算由财政部负责汇编，并编写决算说明书，提请全国人民代表大会常务委员会审议批准。

(3) 决算的审查。由财政部负责对中央级总决算和地方政府总决算进行审查，主要就收入、支出、结余、数字之间的关系和决算的完整性、及时性等方面的内容进行审查。

(4) 决算的批准。经过逐级审核汇总编成的政府收支总决算，由财政部连同决算说明书报送国务院审查，经国务院全体会议讨论通过后，提请全国人民代表大会审查批准。在一般情况下，政府收支决算的批准程序是：财政部长代表国务院向全国人民代表大会报告年度预算执行情况并加以说明，全国人民代表大会经讨论后予以通过批准。

复习与思考

1. 简述公共财政产生的背景。
2. 简述公共财政的概念与特征。

3. 简述公共财政的职能。
4. 简述公共财政收入的形式。
5. 如何从宏观与微观的角度来分析公共财政支出的效益？
6. 如何确定支出的成本—效益？
7. 分税制的内容有哪些？目前应当如何完善？
8. 简述政府预算的原则。
9. 简述政府预算的程序。

【案例分析】

土地财政的是与非

“土地财政”，又称第二财政，是指一些地方政府主要依靠出让土地使用权的收入来维持地方财政支出。我国自 20 世纪 90 年代以来的城市化主要表现为政府主导和城市外延扩张，许多地方政府预算内靠城市扩张带来的产业税收效应，预算外靠土地收入，成为名副其实的“土地财政”。

据中国社科院财贸所研究，土地有偿使用收入占全口径财政收入的比重，由 1998 年的 3%上升至 2008 年的 11%，是财政来源中上升最快的一种。依照 2010 年两会财政部提交的报告，2009 年，全国的国有土地使用权出让收入总额达 1.42 万亿元(其中地方收入 1.3964 万亿元，中央收入 275 亿元)，全国地方政府的财政收入为 3.258 万亿元，两者之比达到 0.4。而 2010 年 4 月 9 日国土资源部最新公布的国土资源公报显示，去年全国土地出让总价款为 15 910.2 亿元，比 2008 年增长 63.4%。

2009 年，全国土地收入为 1.42 万亿元，而拆迁、补助农民收入的支出为 5180 亿元；2008 年的数据是：土地收入 1.0375 万亿元，拆迁、补助农民费用为 3778 亿元。粗略来算，政府花 1 块钱，从农民那里买来地，从城镇居民拆迁获得地，转手卖给地产商，可以获得 3 块钱。

把出让土地作为地方的主要财源，在某种程度上是一种“一荣俱损”的短期行为。一方面，在滚滚而来的财政收益和“政绩”面前，百姓的买房承受能力、耕地保护红线都显得苍白无力；另一方面，一届政府把今后 50 年到 70 年的土地收益一次性收取，实际上是预支了未来若干年的土地收益总和。这种“透支”必然影响资本、资源的合理配置，损害地方经济的协调发展。

在我国目前政府卖不卖地，卖多少地，卖多少钱，不需要各级人大批准，政府自己就能定。至于每年上万亿的土地出让金使用情况，虽然最近几年已经有一些地区让人大代表知道，但是，老百姓还是无缘知晓详情。各地都有律师要求政府公开相关信息，结果通常是不了了之。如果我们还要继续保持现有的“土地财政”制度，就应该考虑为“土地财政”引入相对应的民主监督和信息公开制度，而这涉及另一场更复杂的较量，更艰难的变革。

(资料来源：陈涛．解密“土地财政”[EB/OL].http://news.shangdu.com/202/2010/04/04/ 2010-04-04_399503_202.shtml.)

问题:

(1) 如何理解“土地财政”的性质?

(2) 结合案例，谈谈如何对“土地财政”行为进行治理。

【推荐读物】

1. [美]哈维·S.罗森，特德·盖亚著．财政学．郭庆旺，赵志耘译．北京：中国人民大学出版社，2009

2. [美]迈尔斯著．公共经济学．匡小平译．北京：中国人民大学出版社，2001

3. [英]阿特金森，[美]斯蒂格里茨著．公共经济学．蔡江南译．上海：三联出版社，1992

4. 洪银兴，尚长风．公共财政学．南京：南京大学出版社，2006

5. 蒙丽珍，古炳玮．公共财政学．大连：东北财经大学出版社，2007

6. 高培勇．公共经济学．北京：中国人民大学出版社，2008

7. 周飞舟．分税制十年：制度及其影响．中国社会科学，2006(6)

8. 张光．中国政府间财政关系的演变(1949—2009)．公共行政评论，2009(6)

第七章　公共行政的运行机制

【学习目标】

通过本章的学习，读者应掌握公共行政运行机制的内容；掌握行政领导的概念、特征与功能，掌握行政领导者的产生方式、群体结构，了解行政领导者的素质要求与领导方式；掌握行政指挥的概念、原则，了解行政指挥的条件与方式；掌握行政协调的概念、特征、机制与方法，了解行政协调的意义与类型；掌握行政沟通的概念与类型，了解行政沟通存在的问题及对策；掌握行政控制的概念及过程，了解行政沟通的意义与类型。

【关键概念】

行政领导；行政领导者；选任制；委任制；考任制；聘任制；行政领导者的素质；行政领导者的群体结构；行政指挥；行政协调；认识性协调；利益性协调；促进式协调；纠偏式协调；合作式协调；应变式协调；行政沟通；正式沟通；非正式沟通；下行沟通；上行沟通；平行沟通；单向沟通；双向沟通；行政控制；事前控制；事中控制；事后控制；集中控制、分散控制和层级控制

【导读案例】

2008年5月12日14时28分，四川省汶川县爆发里氏8.0级大地震，波及大半个中国。汶川大地震震惊了全国，牵动了中南海。地震发生后，胡锦涛总书记立即作出重要指示，要求尽快抢救伤员，保证灾区人民的生命安全。地震两个小时后，温家宝总理及随行8个救灾工作小组已经在赶往灾区的路上。地震当晚，胡锦涛主持中共中央政治局常务委员会会议，全面部署当前抗震救灾工作。第一时间成立抗震救灾总指挥部，由温家宝同志任总指挥，李克强、回良玉同志任副总指挥，统一协调人民解放军、武警部队、民兵预备役和医疗卫生人员，尽快赶赴灾区，全力抢救受伤人员。同时立刻组织向灾区运送食品、饮用水、药品和帐篷、防寒衣被等救灾物资，确保灾区群众有饭吃、有衣穿、有干净水喝、有临时住处。在温总理赶往灾区指挥救灾的同时，国家有关部门也在地震发生后第一时间迅速作出救灾部署。中国地震局立即启动应急预案一级响应，并派出第一批33人组成的国家地震现场应急工作队。12日15时40分，国家减灾委、民政部紧急启动国家应急救灾二级响应，并于当晚22时15分将响应等级提升为一级响应。12日15时50分，解放军总参谋部的应急预案立即启动，要求成都军区、空军和武警部队迅速组织灾区驻军全力投入抗震救灾，保证灾区人民的生命安全，最大限度地减少损失。12日晚，民政部会同财政部向四川地震灾区紧急下拨2亿元中央自然灾害生活补助应急资金。卫生部当天派出十余支卫生应急队伍赶赴地震灾区开展救援工作。中国气象局启动了地震灾害气象服务Ⅱ级应急响应命令，全程做好监测预报及服务。中华全国总工会书记处决定向四川省总工会紧急拨款100万元救灾慰问金，以帮助解决震区职工的生产生活问题。中国红十字总会当天启动自然灾

害救助一级响应预案，紧急向灾区调拨557顶单帐篷、2500床棉被等价值78万余元的救灾物资。工业和信息化部、交通运输部、铁道部、民航总局、国家电网公司等交通通信部门分别启动各自的应急预案，全力以赴保障抗震救灾工作顺利进行。公安部、水利部、教育部、国家安监总局、国家旅游局、外交部等迅速出台相关保障措施，指挥灾区抗震救灾。来自全国各地的救援力量和救灾物资都在短时间内迅速向灾区集中。一场跨部门、跨地区的举国救灾行动迅速在全国铺开……

自2003年以来，中国遭遇了“非典”危机、南方特大雪灾和汶川大地震等一系列重大突发事件，中国政府在这些危难中经受住了考验，中国公共行政的运行机制也得到了改善与升级。特别是汶川大地震后，“中国速度”、“中国力量”和“中国精神”成为很多国外媒体关注的热点话题，他们无不惊讶于中国政府对灾难的反应之敏捷，行动之快速，指挥之到位，部署之周详。

(资料来源：吴桂英. 大地震 中国速度. 记者观察·民声，2008(6). 有改动)

行政职能包罗万象，行政活动的具体表现形式也千差万别，但复杂总是源于简单，纷繁多样的行政活动亦是由一些相对简单的功能机制组合而成的。公共行政的运行机制是公共行政这架国家机器得以有序高效运转的推动、协调和控制机制，包括行政领导、行政指挥、行政协调、行政控制和行政沟通等五大基本运行机制。

第一节　行 政 领 导

行政领导既是公共行政运行的核心推动力，也是公共行政协调统一的保证，对公共行政的效能会产生决定性影响。从一定意义上讲，行政领导是公共行政成败的关键。

一、行政领导的概念及特征

(一)行政领导的概念

现代汉语中，“领导”一词既可作为动词使用，也可作为名词使用。“领导”作动词使用时，是指率领并引导朝一定方向前进，与英语单词lead对应；“领导”作名词使用时，则是指率领并引导的人，即“领导者”，与英语单词leader对应。本章中所讲的“领导”指的是其动词意义，即领导活动，对于名词意义上的“领导”，则用“领导者”来称谓。

关于领导的概念，人们从不同的学科和角度给出了不同的阐释。据美国学者统计，目前世界上关于“领导”的定义有350种，“领导者”的定义有160多种。现代管理学一般认为，领导是指一定的社会组织或群体内的领导者，运用其法定权力或自身影响力影响被领导者的行为，并将其导向组织目标的过程。现代管理学之父彼得·德鲁克(Peter Drucker)认为，领导者的唯一定义是其后面有追随者，没有追随者，就不会有领导者。这一定义反映了领导者与被领导者(追随者)之间的良性互动关系，是一个具有鲜明时代精神的概念，揭示了领导的本质含义。领导是领导者、被领导者和领导环境相互作用和相互结合以实现组织目标的动态过程。用公式可以这样表示：领导=F(领导者、被领导者、领导环境)。其中，领导者在领导活动中起着主导作用，是指在一定的组织体系中处于决策、指挥、协调和控制地位的个人或集体。被领导者是按照领导者的意图，执行领导者决策的个人和集体，是实现领导目标的重要力量。领导环境是指制约和推动领导活动发展的各种自然要素和社会要素的总和，包括组织内部情境和组织赖以存在和发展的外部条件的总和。

领导，作为一种人类社会活动和社会现象，自人类社会产生以来就客观存在着，并伴随着人类社会的发展而发展变化。行政领导是随着国家的产生和发展而产生和发展的。行政领导是在国家行政系统中进行的领导活动，有别于政治领导、企业领导和其他社会领导。所谓行政领导，是指公共行政组织中的经选举或任命的具有法定权威的领导者依法行使行政权力，运用决策、指挥、协调、监督及控制等方法和手段对部属发挥其影响力，确定并实现行政目标的行为过程。其要素有：①行为主体，即行政领导者，包括个体领导者和群体领导者；②行为客体，即被领导者；③行为内容，包括决策、指挥、协调、控制以及说服等行政活动；④行为目的，即实现特定的组织目标；⑤客观环境，包括组织内部和外部的体制、文化、心理、习俗等影响行政领导活动因素的总和。

(二)行政领导的特征

行政领导是公共行政中的领导行为与活动，在内容和形式上都有其自身的特征。

1. 法定权威性

从行政领导者的权力来源和影响力上看，法定权威性是行政领导的一大明显特征。行政领导者的权力是由国家法律授予的，受到法律的认可和保障。行政领导的权威性首先来源于其职权的法定性。行政领导具有强制性和约束力。行政领导者依法下达的指令，被领导者必须服从与执行。

2. 执行性

从行政领导的活动方式上看，执行性是行政领导的又一明显特征。政治是国家意志的表达，行政是国家意志的执行。执行性是公共行政的一大典型特点。行政领导的作用对象主要是事务性活动，活动方式具有执行性。

3. 政治性

从行政领导的价值取向上看，行政领导具有鲜明的政治性。国家机关是经济上占统治地位的阶级，为实现其阶级使命而建立的组织。行政机关的使命是执行国家权力机关的意志。世界上不存在超阶级的、非政治性的行政，更不存在非政治性的行政领导。行政领导要为实现统治阶级意志服务。

4. 协同性

领导者与被领导者之间的关系，并不是简单的命令与服从的关系，而是互动与共生的关系。领导并不是单纯的领导者赤裸裸地行使权力，而是引导被领导者按照双方认可的价值和动机去行动。行政领导的绩效有赖于被领导者的理解和支持，有赖于领导者与被领导者双方对任务目标的共识和行动中的协作。协同，而不是简单的强制，已经成为现代行政领导的发展趋势。

5. 综合性

从行政领导的方法和手段来看，行政领导具有综合性。公共行政的范围涉及一个国家政治、经济、文化和社会生活的各个领域，公共行政事务非常繁杂，而行政领导贯穿于公共行政的各个方面与整个过程。因此，行政领导需要综合考虑多种因素，综合运用多种领导方法和手段。

二、行政领导的功能

行政领导对于公共行政而言，具有重要的功能与作用。行政领导的功能是指行政领导所应履行的职责和发挥的作用，它是行政领导本质的具体表现。根据现代公共行政实践，一般认为行政领导的功能主要包括以下几个方面。

(1) 明确规划。明确发展规划，确立工作目标，是行政领导工作的基础。行政领导者需要根据自己的职责范围，在深入调查研究的基础上，按照国家的法律、法规和政府的方针、政策以及上级领导机关的统一部署，主持制定本地区、本部门的发展规划和工作目标，只有有了切实可行的发展规划和清晰的工作目标，才能明确整个领导工作的方向，实施正确有效的领导。

(2) 科学决策。决策是行政领导的核心内容，也是行政领导工作区别于一般管理性工作的重要体现。行政领导者要善于在复杂多变的情况下，及时迅速地发现问题、分析形势、把握要害，对自己职权范围内的重大事情准确判断、大胆决策，并落实具体实施计划，引导行政管理活动朝着既定的目标前进。

(3) 善于指挥。即按行政决策的要求通过组织结构对下属进行激励和指导，率领下属共同为实现决策目标而努力的活动。行政计划和决策不会自动地变成行政组织的运营活动，需要由人推动落实，即促进机构、人员采取行动，这即是指挥活动。现代指挥既要“高强度”的指挥活动，即凭借职权发布命令，以纪律要求进行监督检查，还要“低强度”的指挥活动，即以工作业务指导和激励调动员工的积极性，同心协力完成任务，而后者越来越被人们所重视。

(4) 建章立制。公共行政活动如同任何实践活动一样，必须受一定的行为规章制度的约束。建立各种行为规范，特别是带有全局性的法律、法规和规章、制度，是保证行政目标和决策方案实施的重要措施。各级行政领导者要根据客观形势的变化和职责任务的要求，遵循法定程序，不断完善法律法规，充实管理制度，修订办事规程，使整个行政活动有法可依，有章可循，有矩可蹈。

(5) 授权用人。人是管理工作中最能动、最活跃的因素，行政工作成败的一个重要因素就在于行政领导能否正确用人。要做到正确用人，行政领导者必须有识才之眼，育才之方，举才之德，用才之能，容才之量，护才之胆，善于发现人才，培养人才，用好人才。行政领导者还要敢于和善于授权，要尽可能把每一个人都安排在合适的工作岗位上，做到人尽其才、才尽其用。

(6) 协调控制。所谓协调就是从实现公共政策目标和决策方案的整体需要出发，科学合理地组织安排好人力、物力和财力，及时妥善地协调好各部门、各地区、各单位以及行政工作人员之间的关系和利益，有效地解决管理过程中出现的新情况和新问题，排除各种矛盾和障碍，使整个行政管理系统密切配合，协调运转，高效工作。控制则是保证决策计划及各项公共政策得以正确实施的重要手段，也是行政领导工作的组成部分。在公共政策出台和行政决策指令下达后，行政领导必须及时对下级组织和人员的贯彻实施情况进行检查监督，纠正偏差，严明奖惩，以保证各项任务的顺利完成。

(7) 鼓舞士气。行政工作要搞好，必须发挥每个人的积极性和聪明才智。为此，行政领导还应做好扎实细致的思想工作，实行正确的激励引导，把各方面的积极因素都调动起来，鼓舞和提高士气，使人们同心同德、步调一致地为实现行政目标而奋斗。

三、行政领导者

(一)行政领导者的含义

行政领导者是行政领导活动的主体，也是行政领导成败的最关键要素。所谓行政领导是指，按照法律规定，通过选举或任命等程序，在国家行政机关担任领导职务的人。在我国有时又称之为行政领导干部。

行政职位、职权、职责是行政领导者从事行政领导活动的基本条件。行政职位是行政职权和行政职责的集合体，任何行政职位都具有相应的职权和职责；行政职位是实施行政领导活动的基础，没有一定行政职位的人就不能称其为行政领导者，同时也不能行使行政领导职权，也不负行政领导职责；行政职位的高与低决定了行政领导所掌握的行政职权、工作范围、工作量及其所负责任的大小。行政职权是由行政职位派生的，是为履行行政职责而受法律保护的权力；为使行政领导者能够履行行政职责，就必须依法赋予其相应职位的权力，否则，行政领导活动就无从展开。行政职责是行政领导者担任某种职务所应承担的具体行政工作责任和法律上应负的行政责任；行政领导者的职责是其履行职务过程中应尽的义务，它是随着一定职务的确定和职权的授予所产生的；职权是尽到职责的手段，职责才是职权的本质内容，职权和职责表现为权力与义务的统一。

任何行政领导者都是一定的职位、职权、职责的统一体，三者之间相互联系，互相制约，不可偏废。有职就要有权，有权就要尽责，任何将三者分离的状况都将妨碍行政领导者的领导作用的发挥。

(二)行政领导者的产生

行政领导者产生的标志是取得行政组织中的领导职位以及相应的权力和责任。在不同的历史时期和行政体制中，行政领导者产生的方式也有很大差别。从世界各国的情况来看，一般来说，行政领导者的产生大致有以下几种方式。

1. 选举制

选举制即行政领导者由被领导者或被领导者的代表选举产生的制度。选举的方式有投票、民意测验、意向选举等。它可以在机关内部进行，也可以在社会中进行。这种制度一般能代表民意，选举结果也有较大的公正性和权威性；不足之处是选举过程容易过长，不能保证准确地识别人才。

2. 委任制

委任制是指行政领导者由上级领导者或上级行政机关根据个人或者少数人的意志和标准任命产生的制度。委任制的具体方式有两种：一是行政首长的直接任命，二是由一级行政首长提名然后报请再上一级行政首长或领导机关审批。目前，世界各国政府机关以第二种方式委任的居多，其优点是权力集中，责任明确，用人与治事相结合，行动迅速统一；不足之处是过于依赖个人的主观选择，缺乏客观的选才标准，容易出现任人唯亲的不当行为，人治色彩重。

3. 考任制

考任制是指行政领导者由专门的机构根据统一的、客观的标准通过考试择优产生的制度。考试的方式有三种：一是根据政府行政职位的职类和职级分别进行的分级分类考试；二是根据报考人的来源情况分别进行的外部竞争考试和内部竞争考试；三是根据考试过程的不同构成情况而进行的双轮制和三轮制考试。考任制的优点在于通过严格科学的考试可以在竞争的基础上，公正、客观地评定人才，鉴别人才的优劣，防止用人上的不正之风。其不足是考试的结果有时往往与被试者的实际能力出入较大，评卷的标准有时也容易受评卷者个人价值观念的局限，领导者的选拔有时并不依据考试的实际结果，难免使考试流于形式。

4. 聘任制

聘任制是指通过协议或合同的方式选用外部人员担任非常设性的行政领导职务的制度。聘任制的优点是有利于广招人才，提高行政组织的工作能力和适应性，克服和防止领导干部常任制和终身制以及用人的地区封锁和部门封锁的弊端。不足之处是在实际运用中，有时也容易导致用人上的短期行为，还容易忽视对本部门人才的使用。

(三)行政领导者的素质

行政领导者的素质，是指构成行政领导者在先天禀赋的基础上通过后天的学习、实践所获得的智能、品德等的总和，是行政领导者承担一定行政领导职务所必须具备的基本条件。它是行政领导者发挥领导功能的基础，是行政领导者实施领导行为的资格，是行政领导者取得领导绩效的决定性因素。一般认为，行政领导者的素质至少包括政治素质、知识素质、能力素质和身心素质四个基本方面。

1. 政治素质

政治素质表现为行政领导者的世界观、人生观、价值观，表现为一定的政治理想、政治觉悟以及对社会政治问题和本职工作的立场、观点和态度。政治素质对行政领导者的工作态度、精神状态起主要的、决定性的作用。政治素质决定行政领导者的献身精神、创业精神和开拓精神，决定行政领导者的组织性、纪律性、自觉性和主动性。优良的政治素质的具体要求一般包括正确的政治观点、高尚的道德品德和顽强的进取精神等。

2. 知识素质

知识素质表现为行政领导者的文化程度和文化水平。知识素质是政治素质或专业素质的基础。知识素质决定行政领导者的知识范围、知识结构、科学知识水平和政治理论水平，决定他们对路线、方针、政策以及行政工作任务的理解程度和掌握程度，决定他们认识和接受新的事物、新的知识的敏感性和能力。政治素质一般要求：精通专门业务知识，掌握领导与管理知识，懂得社会生活百科知识等。

3. 能力素质

能力素质表现为行政领导者的领导和管理的能力和水平。能力素质决定行政领导者的计划、组织、控制、指挥、协调等管理效果，决定他们的工作魄力和打开局面的程度，决定他们把握全局、综合处理各种信息的能力。具有一定政治素质、知识素质的人并不同时就具有相应的能力素质。能力素质的具体内容一般包括：观察思考能力、科学决策能力、组织指挥能力、合理授权能力、沟通协调能力、快速应变能力和开拓创新能力等。

4. 身心素质

身心素质是心理素质与身体素质的合称。心理素质表现为行政领导者的性格、气质和个性等。一般来说，行政领导者应具备进取的积极性、开朗的心境、坚强的意志、良好的心理能力和自我意识等优良的心理素质。身体素质表现为行政领导者的性别、年龄、体质和机体反应能力等。身体素质决定行政工作人员所能从事的工作长度和工作强度，决定他们对不同的工作环境、工作条件的适应性。行政领导者要求具有健康的体魄和旺盛的精力，行政领导者必须在生理上始终显示出蓬勃的朝气、无穷的活力、强大的耐力和极其顽强的生命力。

(四)行政领导者的领导方式

行政领导者的领导方式是领导方法的一种表现，是在领导过程中领导者、被领导者及领导环境相结合的形式。可以从不同的角度对行政领导者的领导方式进行分类。

1. 重人式、重事式和人事并重式

从行政领导者的工作侧重点的角度，可以划分为重人式、重事式与人事并重式的领导方式。重人式领导致力于建立和谐的人际关系和宽松的工作环境，以人为中心进行行政领导活动。重事式领导注重行政组织的目标、任务的完成和效率的提高，以事为中心进行行政领导活动。人事并重式领导则既关心人，也注重工作，做到关心人与关心事的辩证统一。关心人，才能调动人的积极性；关心工作，才能使每个人都有明确的责任和奋斗目标。显然，应该提倡人事并重式的领导方式。重人式、重事式与人事并重式的行政领导方式的划分并非绝对的，其运用并非单一、不变的。行政领导者应根据其素质、能力以及客观环境、工作性质、领导对象等条件，确定以某种方式为主，并辅以其他方式。

2. 强制式、说服式、激励式和示范式

从行政领导者作用于行政人员的方式角度，可以划分为强制式、说服式、激励式和示范式的领导方式。

(1) 强制式。即领导者通过发布行政指令来约束或引导行政人员的活动。这种方式借助组织的正式权力来发布指令，具有强制性。一个行政领导者，要善于运用行政指令来规制和指挥行政人员和行政活动的参与者，保证他们不违反行政指令，保证他们服从自己的权威，并借此保证最低限度的行政效率。

(2) 说服式。即通过劝告、诱导、启发、商量、建议等方法实现沟通和领导的活动。这种方式借助的主要是个人的影响力。这种方式有利于贯彻行政领导者的领导方略；有利于上下级达成共识和建立共同的情感以及加强上下级协同工作的愿望，优化人力资源，以较少数量而较高质量的人力投入，赢得更高的行政绩效。

(3) 激励式。这是行政领导者使用物质或精神的手段激发下属的工作积极性，达到决策目标的推进型领导方式。这种方式主要借助于物质和精神的手段。对组织中的成员进行不同方式的激励，有利于提高他们的工作积极性，从而提高工作效率。

(4) 示范式。即通过领导者本人的行为方式、工作方式、价值观念等影响工作人员的言行，从而实现目标的领导活动。这种方式借助的主要是领导者个人的形象。一个行政领导人能够吃苦在前，享受在后，本身就是对本组织成员以高昂热情投入工作的无声号召。

3. 集权式、分权式和放任式

从行政领导者运用行政权力的不同方式，可划分为集权式、分权式和放任式的领导方式。

(1) 集权式行政领导方式，是把行政决策权、决定权集中于领导者一人手中的领导方式。在这种行政领导方式下，任何事情都由行政领导个人作出决定，用强制命令推动工作，下级一味服从上级领导，被动开展工作。这种领导方式容易造成被领导者失去工作积极性和热情，主动性不高；而对于领导者来说，由于决策没有下级和他人的参与，因此决策民主化程度低，质量不高，还会造成领导者高高在上、主观武断，造成官僚主义。在现代政治体制中，除了特殊时期、特殊情况，一般不使用此种方式。

(2) 分权式行政领导方式，也称为民主式领导方式，是指行政领导者和被领导者以及群众互相沟通、共同参与决策的一种领导方式。其特点是上下级关系密切，多方相关主体参与到决策过程中，决策具有民主性和开放性，在政策执行过程中，行政领导充分放权、授权给下级行政人员，充分调动发挥其积极性与主动性，能够齐心协力、团结一致地完成工作任务，达到预定目标。

(3) 放任式行政领导方式，是行政领导者将很大部分的行政决策权力充分下放给下级行政机构或行政人员，除工作原则、方针和政策规定外，其余一般由下级自行决定的一种“无为而治”的领导方式。下级充分掌握了权力，做起工作相应地会有主动性和决定权，特别是对于专业人士组成的组织有时会有很好的效果；但是这种领导方式极易失控，造成工作无重心、混乱松散的状态。

四、行政领导者的群体结构

(一)行政领导者群体结构的概念

行政领导者群体，俗称行政领导班子，是各级行政组织中行政领导成员群体组合的统称。行政领导者群体结构是指构成行政领导者群体或行政领导班子的各个行政领导个体的排列组合形式。行政领导者的群体结构是一个多系列、多层次、多类型、多要素的动态平衡体。一般认为，行政领导者的群体结构主要包括年龄结构、政治结构、知识结构、智能结构和气质结构等五个方面。不同的群体结构，往往会形成不同的功能。结构合理，可以使各因素相互配合，产生一个大于个体之和的合力，产生 1+1>2 的正系统效应，从而出现新的领导效能；反之，结构不合理，就会使各因素相互冲撞，形成 1+1<2 的负系统效应。

(二)行政领导者群体结构的优化

行政领导者群体结构优化的目的是实现行政领导者群体中，各种不同素质、经验、年龄、专业及知识的人才，按照相互补充、整体配套等原则，实现合理搭配和有机结合。一般来说，合理的行政领导者群体结构主要有如下几方面的要求。

1. 合理的年龄结构

年龄结构是指行政领导者群体各个成员的年龄构成。年龄结构是否合理，对行政领导者群体的整体素质有很大的影响。一个好的领导群体，应由老、中、青三个年龄层次的人形成梯形结构。在老、中、青三者比例搭配中，一般应使年富力强的中年同志占多数，发挥中坚、骨干作用。年龄如果过分老化，容易形成反应迟钝；年龄如果过分年轻，又会形成经验不足、摇摆不定的局面。

2. 优良的政治结构

政治结构是指行政领导者群体成员的政治面貌与政治素质的组合。行政领导者群体成员都应具有较高的政治觉悟、较强的理论水平和政策水平、丰富的政治经验和严格的政治纪律观念。在行政领导者群体中，要注意既有中共党员，又有民主党派人士，还要有无党派社会知名人士；既要有汉族干部，又要有少数民族干部，还要有妇女干部，以真正能够代表社会各阶层的利益，有利于调动各方面的积极性。

3. 互补的知识结构

知识结构是指行政领导者群体内的文化知识与专业知识构成。公共行政涉及领域多，覆盖范围广。行政领导者群体成员应由具有不同专业、不同程度文化知识的人合理组合而成。知识范围有差异，知识层次有高低，相互之间就有吸引力，合力一般更大。一个合理的行政领导者群体应根据不同层次和工作对象，按一定比例配备不同层次知识水平的人。既要有熟悉管理全过程的管理专家，又要有精通本行业业务的技术专家；既要有善于经营的经济专家，又要有掌握思想工作的政治专家，要形成一个门类众多、成龙配套的具有综合业务能力的专业群体；既要有受过高等教育的，也要有受过中专教育的，还要有实践锻炼出来的自学成才的。只有各类人才聚集，才能形成知识的交叉性和互补性。

4. 齐全的智能结构

智能是指人们增长和运用知识的能力。人们的认识能力、创造能力以及运用知识的实践能力，通常是以一种总的能力，即智能的形式表现出来的。人的智能形态千姿百态，如有的人精于观察、善于思索、富于想象，能够不断构思出新思想、新理论、新主意、新方法，创造能力比较强；有的人长于指挥、巧于组织、善于应变，组织才能比较出众；有的人擅长书面表达，构思巧妙严谨，具有启迪性；有的人善于口头表达，说理深入浅出，富有感染力，等等。行政领导者群体应把具有不同智能类型的人吸收进来，形成一个既多谋又善断，既严谨又活泼，多功能、高效能的立体智能结构。

5. 兼容的气质结构

气质是指人的相对稳定的个性心理特征。不同气质的人，对问题的判断和处理是不相同的。一个领导群体，如果不注意气质结构，即使能力很高，也可能因为性格不和，矛盾丛生，关系紧张，内耗严重。因此，行政领导者群体，要注意各种不同气质类型的人的合理搭配，如沉着冷静型的，活泼好动型的，性格内向型的，性格外向型的，只有把不同气质的人组合起来，才能形成一个刚柔并济、动静共存的高效能的行政领导者群体。

第二节　行 政 指 挥

世界上的任何一个社会组织，要想有秩序、有节奏、有效率地运转，实现组织目标，都必须有统一而有权威的正确指挥。

一、行政指挥及其作用

行政指挥是行政领导的重要职能，是指行政领导者在实现行政决策目标的过程中，按照既定计划，对下属和群众进行动员和指导的行为过程。

行政指挥是一种重要的公共行政运行机制，其正确与否、恰当与否对于行政目标的实现和行政任务的完成有着实质性的影响。具体而言，行政指挥的重要作用表现在以下几个方面。

(1) 行政指挥是实现行政决策目标的根本保证。行政指挥在公共行政运行机制中起着导向的作用，行政指挥的角色扮演的如何，决定了行政执行的效率和效果。行政指挥必须了解实施行政决策的客观环境和工作环境，充分认识执行决策的限制条件，要结合实际情况，在坚持决策标准的前提下，灵活地贯彻执行决策目标，不能以任何借口降低决策标准，更不能修改和篡改行政目标。

(2) 行政指挥是保证行政执行活动协调一致的重要手段。协调各部门、各地区和各工作人员之间的关系，整合其工作目标，避免和化解各种冲突和矛盾，保证行政执行的一致性，就必须有高度统一的行政指挥。

(3) 行政指挥是保证各种行政资源得以充分利用的必要条件。行政指挥可以极大地统一部属的思想和意志，激发部属的士气，增强其责任感，从而可以最大限度地发掘和调动他们的积极性、主动性和创造性，为行政执行工作增添活力和动力。

(4) 行政指挥是衡量行政领导者的领导能力的重要标准。行政领导者的指挥能力非常重要。如果指挥无方，即使执行人员能力很强，也无法充分发挥其作用。行政指挥不仅是行政领导者的首要职能，也是衡量行政领导者的领导能力的重要标准。

二、行政指挥的条件

行政领导者要想成为“运筹帷幄之中，决胜于千里之外”的优秀的指挥者，必须具备一定的条件。指挥本质上是一种权威与服从的关系。指挥者首先要有足够的权威基础，同时还要具有运用权威的能力。

(一)要有足够的权威基础

构成指挥者权威基础的第一个要件当然是权力，包括法定权力、强制权力和奖酬性权力等。需要指出的是，权威与权力并不能等同，所以仅有权力是不够的，构成指挥者权威基础的另一个要件是指挥者一定的威望和影响力。威望是由指挥者的专长带来的，指挥者的某种专门知识和特殊技能能赢得人们的尊敬和佩服。影响力是因为指挥者具有较高的思想水平、较好的领导作风、较完善的道德面貌，从而受到人们的敬佩。威望和影响力是因人而异的，作为指挥者必须注重自身修养，保持经常的自我完善，保证自己有足够的权威基础，以便能更好地指挥。

(二)要有高超的指挥能力

优秀的指挥者既需要有足够的权威基础，又需要有高超的指挥能力。所谓指挥能力，就是领导者按照既定的决策要求，统筹安排，率领下属，实现其既定的目标任务，履行其基本职能的能力。如果指挥无方，即使执行人员能力很强，也无法充分发挥其作用。

衡量领导者指挥能力强弱的主要标准有：一是看其能否最大限度地调动下属的积极性，

发挥其积极作用；二是看其能否最有效地统一其下属的行动，充分发挥整体效能；三是看其是否能有效地利用一切条件，并充分发挥其在工作中的最大效率；四是看其是否能机动灵活地运用各种手段及方法，处理好各种内外关系，使既定总体目标得以顺利、圆满实现。

要提高领导者的指挥能力，应该做到如下几个方面：①必须具有统揽全局的能力，要善于从全局总目标出发，统筹活动进程；②必须具有凝聚组合力，要善于凝聚组合各方面的力量，形成一股完成某项决策目标的综合能力；③必须具有执法监察能力，能正确地评价下属的是非功过，做到奖罚分明，扶正压邪；④必须具有随机决断能力，高级指挥能力是随机决断能力和组织管理能力的高度统一。

三、行政指挥的原则

(一)统一指挥原则

统一指挥原则，是指行政指挥者只能对其直属下级发布命令和指示，一个下级只能服从一个上级的指挥。统一指挥是政令统一、行动一致的保证。贯彻统一指挥的原则，一要把指挥权集中在一个行政机关或一个领导者身上，避免职权分散造成多头指挥；二要让指令从一个漏斗下达，对下级来讲是唯一而有权威的指挥。

(二)灵活调度原则

灵活调度原则，是指行政指挥者面对复杂多变的行政环境要随时把握变化的情况，及时作出正确的判断，灵活地调度人、财、物等各种资源，以适应变化的形势，保证工作任务的完成。要贯彻灵活调度的原则，指挥者应做到：一要对环境条件变化的感知能力和应变能力，以便对变化了的环境条件及时作出反应；二要深入实际，调查研究，随时把握工作的进展情况和环境条件的变化，及时作出正确的判断；三要根据不同的情况和对象，灵活地下达指令，以提高指令的接受程度和执行效果。

(三)及时决断原则

及时决断原则，是指行政指挥者要正确判断当前的形势，及时作出准确的判断，果断地下达行动的指令，以推动行政工作的高效进行。及时决断原则，要求行政指挥者要有驾驭全局的能力、胆量和气魄，并且要做到情况明、决心大、办法多，这样，才敢于和善于及时作出正确的决断。

(四)明了准确原则

行动指令越明了准确就越好理解和执行。因此，行政指挥者在作出正确判断，决定行动方案之后，要用简洁明白的语言向下级下达行动的指令，避免由于行动指令的冗长或含义不清引起混乱，妨碍正确理解与执行。明了准确原则，一是要求指令的内容简单明了，要明确干什么、由谁干、何时何地干、怎么干；二是要求指令的语言或文字表达简单明了，要措词准确，文字简洁。

【案例 7-1】10 月的某一天，产科护士长王娜给医院的院长张楠博士打来电话，要求立即作出一项新的人事安排。从王娜的急切声音中，院长感觉到一定发生了什么事，因此要她立即到办公室来。5 分钟后，王娜递给了院长一封辞职信。

“张楠博士，我再也干不下去了，”她开始申述，“我在产科当护士长已经四个月了，我简直干不下去了。我怎么能干得了这工作呢？我有两个上司，每个人都有不同的要求，都要求优先处理。要知道，我只是一个凡人。我已经尽最大的努力适应这种工作，但看来这是不可能的。让我举个例子吧。请相信我，这是一件平平常常的事。像这样的事情，每天都在发生。“昨天早上 7: 45，我来到办公室就发现桌上留了张纸条，是林萍(医院的护士主任)给我的。她告诉我，她上午 10 点钟需要一份床位利用情况报告，供她下午在开会作汇报时用。我知道，这样一份报告至少要花一个半小时才能写出来。30 分钟以后，孙丽(王娜的直接主管，基层护士监督员)走进来质问我为什么我的两位护士不在班上。我告诉她陈刚医生(外科主任)从我这要走了她们两位，说是急诊外科手术正缺人手，需要借用一下。我告诉她，我也反对过，但陈刚坚持说只能这么办。你猜，孙丽说什么？她叫我立即让这些护士回到产科部。她还说，一个小时以后，她会回来检查我是否把这事办好了！我跟您说，这样的事情每天都发生好几次的。一家医院就只能这样运作吗？”

问题: 王娜的辞职理由是否有道理？医院如此运作是否还会出现第二个、第三个王娜？

分析:

案例中王娜阐述的情况不仅在医院，在其他组织，如企业、政府部门、学校等各类组织中是普遍存在的。根据案例提供的信息，这家医院五个人的分工和管理权限其实很清楚，院长的直接下级是护士主任林萍和外科主任陈刚，护士主任的直接下级是基层护士监督员孙丽，而孙丽的直接下级是护士长王娜。这种分工符合组织设计的原则，就是一个人只接受一个上级的指挥。但是在实际运行中，林萍越过孙丽指挥王娜，陈刚越过自己的外科管理权限指挥护士工作，前一种情况属于越级指挥，后一种情况属于越权指挥。两个人因违背统一命令的原则，而造成了王娜在工作中接受“多头”指挥，有些命令甚至是相互冲突的，这种情况不仅使一个人不可能在同一时间内完成不同的工作，甚至也无法很好地完成本职工作。

一个组织如此运作不仅会出现第二、第三个王娜，而且会造成执行者与指挥者彼此的不满，影响工作的正常进行，最终影响组织目标的实现。如何避免此类问题？这些是管理者们应该反思和修正的问题。管理活动要讲究艺术性、灵活性，特殊情况可以例外处理，也要讲究科学性，不能任何事都无视管理原则。既能够使结果是正确的，也要保证过程是正确的，即讲究效率，二者缺一不可。

(资料来源：姜磊. 一个组织只能如此运作吗？. 常州日报，2009-11-11)

四、行政指挥的方式

(一)口头指挥

口头指挥简单、明了、及时、方便，是指挥者广为采用的且深受欢迎的指挥方式。随着科学的发展与管理手段的进步，口头指挥已不只局限于面对面的交谈，电话指挥也占有重要的位置。运用口头指挥方式，要注意语言艺术。对不同对象，指挥语言表达方式及语气都要有所区别，以利于对方接受。

(二)书面指挥

书面指挥就是利用各种行政公文形式进行行政指挥。书面指挥一般是因地域、时间及指挥层次等方面限制，不便口头指挥时所采用的方式。书面指挥可以使责任明确、信息准确并能保留较长时间，又便于核查。运用书面指挥要注意规范性和严肃性。规范性就是要按照国家行政机关公文的规范形式进行指挥；严肃性是要严格控制书面指挥的质量和数量，防止文牍主义现象。

(三)会议指挥

开会是保证指挥统一的很有用的手段，会议指挥也是一种常用的指挥方式。要有效地运用会议进行指挥，必须注意会议的类型、会议的准备、会议的组织技巧、会议效率及对会议主持人的要求等问题。运用会议进行指挥还要特别注意提高会议的质量，防止会议过多或过重、过长。

(四)现代通信指挥

现代通信指挥，即运用现代信息网络系统传达上级意图，下达工作任务。随着信息技术的发展，特别是电子政务的发展，现代通信指挥已经成为行政指挥的一种重要的方式。

每种指挥方式都有自己的使用范围和优缺点，指挥者要根据具体的情况，综合运用各种不同的指挥方式。

第三节　行 政 协 调

行政协调是公共行政的又一基本运行机制，贯穿于公共行政过程的各个环节和各个方面。它是行政系统内外部各种关系的平衡调节器，也是公共行政系统功能与整体效应得以发挥的催化剂。

一、行政协调的概念及特征

(一)行政协调的概念

从管理学上看，协调就是正确地处理组织内外的各种关系，为组织正常运转创造良好的条件和环境，促进组织目标的实现。因此，行政协调是指为有效地实现行政目标和提高整体行政效能，行政组织和行政领导者运用各种方法，协调与调整行政系统与行政环境之间以及行政系统内部构成要素之间的各种关系，使之和谐有序、分工合作、相互配合的行为过程。

行政协调是由行政协调者、行政协调对象、行政协调目标和行政协调机制与方法等要素共同构成的。①行政协调者，即行政协调的主体，是指有法定行政协调权力的行政组织和行政领导者。②行政协调对象，即行政协调的客体，是指行政协调的具体问题，主要包括行政系统与行政环境之间的关系以及行政系统内部构成要素之间的关系。③行政协调目标，是行政协调者从需要和可能出发，所确立的通过协调要达到的目的或预期结果。行政协调目标是行政协调的归宿，没有了行政协调目标，行政协调就是无的放矢。④行政协调的机制与方法，是指行政协调者对行政协调对象进行协调时发生作用的过程机理以及凭借的制度、机构与方法等的总和。

(二)行政协调的特征

行政协调是公共行政的一个重要运行职能。与其他社会组织中的协调行为相比，行政协调具有如下特征。

1. 普遍性与连续性

普遍性是指行政协调普遍存在于一切公共行政活动中。从过程上看，行政协调贯穿于公共行政的全过程之中。从范围看，行政协调对象涉及行政系统与外部环境之间以及行政系统内部构成要素之间的各种关系。离开了行政协调，公共行政所有的环节都可能会出现混乱，因此一定意义上看，协调与管理同义。连续性是指行政协调是一个持续不断的动态平衡过程。在一定条件下，经过协调达成一种协调的统一体。一旦条件变化，可能又产生新的不协调，这时需要重新进行协调，以达到新的协调。不协调—协调—新的不协调—新的协调……如此持续地进行着。因此，行政协调活动，必须连续地进行。

2. 客观性与能动性

客观性是指行政协调的对象是客观的。因此，协调各种关系时要按照客观规律办事，按照对规律的认识和理解进行协调，不能随意地胡乱协调。能动性是指行政协调者是具有主观能动性的人，被协调对象涉及的人也具有主观能动性。这种主观能动性，使得行政协调者能够更好地把握客观规律，根据具体情况灵活地开展协调工作。因此，行政协调还要注意发挥这种主观能动性。

3. 强制性与艺术性

强制性是指行政协调者依法定权力根据法律或政策，常采用命令和指挥等强制性手段进行协调，要求对方绝对服从。强制性，强调的是行政协调的严肃和权威。艺术性是指行政协调的具体操作方式与方法，行政协调者可以在一定范围内创造性地使用。艺术性，强调的是行政协调的具体操作过程的灵活性。

二、行政协调的类型

从不同的角度，行政协调可以划分为若干类型。

(一)对事的协调与对人的协调

从协调的对象上看，可以将行政协调划分为对事的协调与对人的协调。行政活动总体上属于执行性的活动，目的是事与事之间能得到合理适当的匹配。因此，必须明确各项事务在行政体系中的地位和作用，明确各项事务间的相互联系，必须对行政活动进行周密部署，区分事务的轻重缓急，正确协调好诸如中心工作与非中心工作、规范性的工作与突击性的工作、上级布置的工作与本级计划的工作、相邻单位的工作与本单位的工作等的关系，保证行政事务有条不紊、和谐有序地进行。人是行政行为的主体，行政协调突出表现在对人的协调上。组织与组织、个人与组织之间的关系，在一定的场合，也需要通过人际之间的沟通加以理顺。人际关系的协调，必须以符合党和国家的根本利益为原则。

(二)认识性协调与利益性协调

从协调的内容上看，行政协调有认识性协调与利益性协调之分。在公共行政过程中，各个具体的行政主体，由于各自的知识水平、能力结构、心理素质、价值观念等的不同，对于同样一个行政目标，可能产生不同角度、不同程度的理解，并通过一定的态度、情绪、作用反映出来。认识性协调的成效主要取决于合情合理的讲解叙述、耐心细致的思想教育和循循善诱的工作方法。行政行为能产生一定的行为后果，总会以直接或间接的方式涉及行政主体的物质利益需求，充分调动行政主体的工作积极性，提高工作效率，是行政协调的根本目的。所以，必须正确处理国家利益、集体利益和个人利益三者的关系，正确处理长远利益、全局利益与眼前利益、局部利益的关系。

(三)促进式协调与纠偏式协调

从协调的性质上看，可以将协调分为促进式协调与纠偏式协调。在公共行政中，由于某些部门或个人成绩突出，如行政人员提出行政革新并在工作中取得成效，使得各部门在执行进展上拉开差距，这种不平衡是新生事物的必然表现，代表着事物向前发展的方向。这时，领导的协调就必须旗帜鲜明地支持先进，积极地采取各种方式、各种手段来鞭策后进，通过积极的促进来达到新的平衡，但不能为了强调平衡而因循守旧。在公共行政过程中，某些部门或个人从局部的利益出发来考虑问题、处理问题，违反行政规范，破坏整体利益，给全局工作造成损失。对此，领导的协调就必须做到是非分明，认真负责，果断勇敢，彻底消除这些破坏性的消极因素，通过严肃的纠偏来维护正常的秩序，决不能无原则地调和矛盾，姑息迁就。

(四)合作式协调与应变式协调

从协调的方式上看，可以将协调分为合作式协调与应变式协调。一级行政组织管辖若干个职能部门，每个职能部门都有明确的岗位职责，但这种职能分工并非画地为牢，各个机构并非各自为政，而是形成一个有机整体，各职能部门服从于整体的行政目标。许多行政行为存在于各个部门相互关联的生长区间，带有综合性质，即使以一个职能部门为主的行政行为，也会引起其他部门的连锁反应。这些行政行为，不仅需要纵向层级的树型沟通，而且讲求横向的、彼此贯通的辐射沟通。它们需要多个部门的齐抓共管，共同合作，需要有机地进行协调。在具体的决策过程中，有可能某些决策先天不足，但在决策范围内又无法验证自身缺陷，一旦付诸实践，就显现出不合理；亦有一些决策原本是正确的，但由于社会实践的诸要素发生了变化，为了适应社会实践内在规律的要求，行政决策必须相应地进行调整修正，必须进行应变性协调。这种协调还可分为积极去调查研究、发现问题、进行调整的主动性协调和遇到矛盾由下级反映上来而进行处理的被动性协调。

(五)会议协调与非会议协调

从协调的途径来看，可以将协调分为会议协调与非会议协调。会议协调是经常使用的一种协调方式，可以具体通过座谈会、讨论会、汇报会等形式进行。协调会议应吸纳与行政行为有关的组织及其人员共同参加，顾及方方面面的权利和利益，具有防止独断专行的功能。协调会议围绕特定的行政主题，面对面地反复进行沟通，开拓思维视野，促进思维震荡，具有集思广益的功能。协调性会议对于有关会议资料、讨论的计划要点、提出问题的内容方式、讨论的程序范围等都要事先充分准备好，要杜绝那种不计成本、无端耗费的会议，要防止责任不明、互相推诿的会议。会议性的协调都是正式的，而非会议性的协调既可以是正式的，也可以是非正式的。非会议性的协调方式很多，可以因人因事制宜进行。非会议性协调可以通过人员的个别交谈、广播电视等新闻媒介进行，也可以通过由有关人员在签呈文件上共同签字以表了解的方式进行。

三、行政协调的机制与方法

(一)行政协调的机制

根据行政协调对象的不同，行政协调机制主要包括行政系统与行政环境的协调机制以及行政系统内部协调机制两大部分。其中，行政系统内部的协调机制主要包括行政系统结构的协调机制和行政人员的协调机制两部分。前者主要在于谋求国家行政机关系统内部各层级、各部门的一致与统一，包括纵向结构的协调与横向结构的协调两方面。后者主要在于解决国家行政机关内部人与人之间的隔阂与冲突，从而创造良好的人际环境，增强组织凝聚力。

1. 行政系统与行政环境的协调机制

行政系统与行政环境的协调机制主要包括下面四个方面的内容：①行政反馈。即行政系统把外界输入的情况，加以转换分析，通过制定政策或提供服务等方式反作用于外部环境，再根据外部环境的变化对自己的政策和行为加以调整，以达到行政目标。②职能调整。即行政系统为适应外部环境、社会需求而实行政府职能的增减和转变。这既增强了行政系统自身的适应力，又增强了社会各主体的活力。③行政参与。由政府召开各种专题调查会、论证会、听证会，通过吸引公民和各种社会组织，经由各种渠道和形式，直接或间接介入政府行为，来协调分散的社会利益与政府政策之间的不一致，从而实现行政与社会的统一。④行政委托。政府把自己的一部分权力下放或委托给有关社会团体或中介团体，通过与这些组织联合起来共同行政，来加强与社会的联系获取社会的广泛支持。

2. 行政系统内部的协调机制

(1) 行政系统纵向结构的协调机制，主要包括三个方面的内容：①权力委托。即把工作或职责委托给下级，把权力或职权委任下级行使，并为权力委任者建立义务和责任。②行政分权。与权力委任不同，行政分权是指把决策权力下放给下级，使下级具有一定程度的独立自主权，从而充分发挥其主动性、创造性。③行政督导。即指上级部门通过等级结构的层级控制，发布指令，引导和监督各管理层级的活动。

(2) 行政系统横向结构的协调机制，主要包括四个方面的内容：①政府会议制度。它是行政系统横向协调的基本机制，在我国，各级人民政府的行政首长通过召开各种政府会议，来调节各职能部门的冲突。②专门议事协调机构的协调。即由政府主要首长和相关部门的负责人组成专门的议事协调机制，来协调跨地区、跨部门的特定事项。③职能部门的协调。即通过授予有关职能部门在某一方面的综合协调权，就该事项对其他相关部门进行协调。④行政改组。即通过行政机关的撤销与合并，按照机能一致、完整统一原则，理顺各部门之间的关系，从而改变职能交叉、机构重叠、事权冲突的现象。

(3) 行政人员的协调机制，主要包括四个方面的内容：①人员咨询与建议。即通过对组织成员的咨询，采纳其建议或意见，改善成员与成员之间、成员与组织之间的关系。②态度调查。态度调查是通过一定渠道和形式，了解成员对组织或其他人员的看法，以此来协调矛盾，并达到防患于未然的目的。③团体活动。行政领导者通过开展一系列的团体活动，来给组织成员提供相互接触、沟通的机会，从而使思想、观点、情感得以交流与传递，达到行政上的一致与统一。④直接处理争议。直接处理争议是指当组织成员的矛盾公开化或达到一定程度时，行政领导者针对不同情况，及时采取不同的协调措施。

【案例 7-2】中国政府网 2010 年 1 月 27 日发布的《国务院办公厅关于成立国家能源委员会的通知》指出，为加强能源战略决策和统筹协调，国务院决定成立国家能源委员会。这是目前我国最高规格的能源机构。此次成立的国家能源委员会由国务院总理温家宝担任主任，国务院副总理李克强担任副主任。国家发展改革委、科技部、工信部、财政部、国土资源部、环保部、交通运输部、水利部、电监会等 21 个中央和国家部委的负责人担任委员。

改革开放以来，我国的能源管理体制曾经历过多次重大改革。1980 年成立国家能源委员会，但两年后即被撤销。1988 年组建能源部，1993 年撤销，自此十多年间再没有一个统一的能源管理部门。

为加强能源行业管理，改变多头管理、分散管理、协调性差的局面，2008 年实施的国务院机构改革决定组建国家能源局。同时，决定设立高层次的议事协调机构——国家能源委员会。

"能源是经济发展的战略资源，涵盖煤炭、电力、石油、天然气等多个领域，涉及经济、外交、资源等多个部门。我国需要从高层次上加强战略决策和统筹协调，以确保能源稳定、安全、可持续地供应。"国家发展改革委能源研究所专家姜鑫民说。

2008年8月，国家能源局正式挂牌运行。作为2008年国务院机构改革的后续，经过近两年时间的筹备后，国家能源委员会这个更高层次的能源议事协调机构终于正式成立。

问题：运用公共行政学原理，分析国家能源委员会成立的重要意义。

分析：

当前我国能源行业的发展存在一些突出矛盾，其中既有体制问题带来的矛盾，也有长期积累的问题。从高层次加强战略决策和统筹协调，将有利于联合解决目前能源发展面临的问题，确保能源长期稳定安全可持续地供应。由于能源的覆盖面很广，因此跨部门、跨行业的协调，有利于解决能源问题，是立足于当前能源管理体制的一种有效改革。能源委的成立至少有两大意义：一是提高国家能源局的权威；二是有利于增强各部门之间的协调性，各个部门都进入到能源委，对综合协调能源战略起了很大的作用。

(资料来源：周英峰. 国家能源委成立透出新信息. 人民日报，2010-01-28. 有改动)

(二)行政协调的方法

常见的行政协调的方法主要包括以下几种。

1. 信息沟通法

公共行政运行过程中，有些行政行为的受阻或不一致是由于信息不畅造成的，如果能及时向行政行为的各方有效地沟通必要的信息或及时地进行信息反馈，各种矛盾就有可能迎刃而解。可以根据具体情况灵活地采取会议、谈话、联欢等各种协调形式。

2. 利益调节法

公共行政运行过程中，有些行政行为受阻是因为与行为有关的各方存在着利益上的矛盾。如果这些利益矛盾得不到解决，行政过程中的行为冲突仍然在所难免。相反，如果能对以上各方的利益进行有效的调节，消除他们之间的利益矛盾，就可以实现行政行为的统一，使之步调一致。平衡利益要坚持公正原则，以互利为前提，在找到各方利益共同点的基础上尽量满足各方需要，采取补偿措施使之部分利益满足或失去获利机会的那部分单位得到补偿。

3. 目标导向法

目标导向法即把行政协调涉及的组织、部门和个人的注意力和行动方向都集中引导到全局的总目标上来，使其目标和总目标一致起来；要求各方分工合作完成总目标，纠正分工不合作和目标貌合神离倾向，在实现总目标的过程中实现协调。

4. 行政命令法

行政命令法即通过对与行政有关的各方采用必要的行政命令来实现行政协调的一种方

法。有些矛盾一时无法解决，而消除此矛盾又迫在眉睫，这时，采用行政命令也不失为一种重要的方法。

第四节 行政沟通

管理离不开沟通，沟通已渗透于管理的各个方面。只有组织的管道畅通，才能有效发挥组织内个体的功能，进而实现组织整体的功能。行政沟通，犹如行政组织的血液循环系统，正是它赋予了行政组织以生命力。

一、行政沟通及其要素

(一)行政沟通的概念

行政沟通，有时也称为行政消息沟通，是指行政系统与行政环境以及行政系统内部各层级、部门、人员之间借助一定媒介和通道传递与交流情报、思想、观点和情感等信息，以促进相互了解、支持与合作，实现公共行政和谐有序运行的行为过程。

行政沟通对公共行政活动具有重要意义。对行政人员而言，在组织规模日益庞大、业务内涵日益复杂、工作性质日益专业化的行政系统中，良好的沟通能使工作人员增进对工作、组织和其他工作人员的了解，减少摩擦和误解，增进对组织的认同，培养组织意识和合作观念。对行政运行机制而言，行政沟通的实质乃是行政信息的传递，而行政信息是包括行政领导、行政指挥、行政协调和行政控制等各种功能机制得以发挥作用的前提条件。

(二)行政沟通的基本要素

(1) 信息发送者。即将需要传递的内容符号化，然后将它发出的个人或集体。为了使接收者更准确地理解信息，在沟通的时候，信息发送者要根据对方的角色特点进行编码，要站在接收者的立场上并理解接收者，通过输送信息使对方靠近自己。站在接收者的立场上还能促使发送者从另一个角度重新认识和审视自己，通过沟通增进对自己的了解。

(2) 信息。即需要沟通的内容。国家进行行政活动，不断产生着各种行政信息，行政组织通过对行政信息的接收、传递和处理，反映和沟通各方面的情况变化，借以控制和管理国家行政事务，实现国家行政管理的职能。行政信息具有客观性、有用性、时效性、共享性和可传递性等特征。

(3) 媒介。行政沟通的媒体是指行政组织及其人员依据沟通内容所决定采取的沟通媒体和中介，如语言、文字、报告、通知、会议等。行政沟通媒体的使用要注意其程式和时机，即要根据信息接收者的具体情况来决定沟通程式，如是用命令、通知等还是用报告、规则等。同时，还要考虑信息接收者的心理状态或其他因素来选择适当的沟通时机。

(4) 信息接收者。即接收信息并对其作出反应的个人或集合体。在行政沟通中，接收者要对沟通的内容，即发出者输来的信息进行解码或翻译、解释、理解。在解码时，需要特别注意发送者的意思与接收者的解释二者之间的重合程度怎样。如果发送者的意思完全被接收者正确理解，则二者重合；如果发送者的意思或多或少地被接收者错误理解，二者则有可能发生偏差，所以，在解码过程中，接收者要特别注意心理问题。

(5) 沟通环境。即除上述四因素之外的对行政沟通产生影响的其他因素的总和。行政沟通不可能发生在真空状态，而沟通所处的场景往往会对沟通效果产生重要影响。

二、行政沟通的类型

从不同的角度，行政沟通可以划分为多种类型。

(一)正式沟通和非正式沟通

根据沟通线路的结构是否正式，行政沟通可划分为正式沟通和非正式沟通。

1. 正式沟通

正式沟通是指通过正式的组织程序，沿着组织的权力线路进行的沟通。例如，行政组织之间的公函来往、组织内部的文件传达、召开会议、上下级之间的定期情报交换等。正式沟通要求依法办事，有章可循，具有较大的连续性和稳定性。正式沟通的优点是沟通效果比较好，比较严肃，有较强的约束力，易于保密，可以使信息沟通保持权威性。重要和权威的信息适宜采用这种沟通方式。正式沟通的缺点是，由于依靠行政组织系统层层传递，因而传递速度比较慢，比较刻板，不够灵活。根据信息传递的方向，正式沟通一般可以进一步划分为下行沟通、上行沟通和平行沟通。

2. 非正式沟通

非正式沟通是通过正式规章制度和正式组织程序以外的各种渠道进行的沟通。非正式沟通在公共行政活动中大量出现，其效力有时甚至超过正式沟通。非正式沟通的表现形式多种多样，例如，组织成员之间的私人往来与社交、非正式的聚会和闲谈、谣言和传闻等。非正式沟通的优点是沟通方便、内容广泛、方式灵活、速度快捷。而且这种非正式沟通在组织活动中发挥着重要作用：能够提供一些正式沟通中难以获得的信息；可以满足组织成员情感方面的需要；能够弥补正式渠道的不足，一些无法或不便于通过正式渠道传播的信息可通过非正式渠道传播；更容易了解组织成员真正的心理倾向与不同需求；可以防止领导者滥用正式通道，有效防止正式通道中的信息“过滤”现象。非正式沟通的缺点是信息的真实性和可靠性存在欠缺，有时甚至会歪曲事实，出现以讹传讹的现象，导致小团体、小圈子的出现，影响行政组织的凝聚力和人心的稳定。非正式沟通具有的正反两面作用以及它的自发性和随意性决定了它不能代替行政组织内部规范权威的正式沟通，而只能成为一种有益的补充形式。

(二)下行沟通、上行沟通和平行沟通

根据行政沟通信息传递的方向不同，可划分为下行沟通、上行沟通和平行沟通。

1. 下行沟通

下行沟通即自上而下的沟通，是指上级组织、部门或人员向下级组织、部门或人员传递信息。下行沟通的主要作用是：上级把组织的路线、方针、政策及意图传递给下属，从而给下属指明工作的目标，明确其职责和权力；上级可以把工作中存在的问题与要求传达给下属，与下属协商解决，可以增强下属的归属感；可以协调组织中各层次的活动，增进各层次、各职能部门之间的联系和了解。下行沟通可能存在的问题是：在信息逐级传递的过程中可能会发生信息的搁置、误解、歪曲，从而影响沟通的效果，而且长期过分依赖于下行沟通，一方面容易助长形成权威主义，导致不民主的氛围，影响士气；另一方面会助长下属的懒惰主义，过分依赖上级，缺乏工作的积极性和创造性。为此，在下行沟通中，上级应具有民主作风，放下官架子，不打官腔，尊重下级的人格，加强对下属的了解。

2. 上行沟通

上行沟通即自下而上的沟通，是下级向上级反映意见和情况，其目的是实现下情上达。上行沟通的作用主要有：下级和组织成员将自己的看法、意见向上级和领导反映，能够获得一定的满足感，能够增强下级的参与感；上级和领导者可以通过上行沟通了解下级和组织成员的状况、存在的问题等，作出符合实际情况的决策。上行沟通可能出现的问题是：在上行沟通的过程中，下级因地位、职务的不同有一定的心理距离和障碍；下级往往害怕领导打击报复，致使下级不愿反映真实情况。

3. 平行沟通

平行沟通即横向的沟通，是指同级组织、部门或人员之间进行信息传递和交流。平行沟通具有办事程序和手续简便、减少层级辗转、节省时间及沟通效率高的优点。可以加强各职能部门之间的相互了解和协调，消除相互之间的冲突、扯皮，增进团结；可以增进组织之间和组织成员之间的合作和协助，培养集体主义精神，克服本位主义和个人主义的弊病。平行沟通不畅，就可能出现部门本位主义、相互扯皮、相互掣肘等现象。

(三)单向沟通和双向沟通

根据沟通是否有反馈互动，可将行政沟通分为单向沟通与双向沟通。

1. 单向沟通

单向沟通是指在行政沟通过程中，一方只发送信息，另一方只接收信息，接收信息者不再向发送者反馈信息，在沟通时信息的发送者和接收者的地位不发生变化的沟通。这是一种非交流性的信息活动，如作报告、发指示、下命令等。单向沟通具有速度快、秩序好、

干扰少、条理清等优点；但缺乏信息反馈，不能对信息接收者的意念和行为及时了解，有时还容易使信息接收者产生抗拒心理。因此，单向沟通比较适合下列几种情况：一是问题简单，但时间比较紧；二是下属易于接受解决问题的方案；三是下属对问题缺乏足够的了解，在这种情况下，反馈不仅无助于澄清事实，反而容易混淆视听；四是上级缺乏处理负反馈的能力，容易感情用事等。

2. 双向沟通

双向沟通是指在行政沟通过程中，发送信息者不仅要发出信息而且还要听取信息接收者对信息的反馈，发送和反馈可进行多次，直到双方有了共同的理解为止。在沟通时信息的发送者和接收者的地位不断发生变化，是一种交流性的信息流动，如讨论、交流、商量、谈判等。双向沟通速度慢，易受干扰，但由于存在信息反馈事实，所以有利于调动沟通双方的积极性，增加沟通容量，使沟通的信息更加准确。双向沟通比较适合于下列情形：时间比较充裕，但问题比较棘手；下属对解决方案的接受程度至关重要；下属能对解决问题提供有价值的信息和建议；上级习惯于双向沟通，并且能够有建设性地处理负反馈等。

(四)口头沟通、书面沟通、电子多媒体沟通和其他沟通

根据沟通媒介的不同，可将行政沟通划分为口头沟通、书面沟通、电子媒介沟通和其他沟通等。

1. 口头沟通

它以口头形式出现。口头沟通是最灵活、最直接的一种沟通形式。口头沟通最大的优点是快速、简便和即时反馈。在这种沟通方式下，信息可以直截了当快速传递并当场得到对方的反应，若有疑问或曲解，当即澄清。此外，口头沟通还有一个优点就是可以附以表情、手势等体态语言或声调、语气等副语言，加强沟通的效果。口头沟通也有其缺陷：信息以口头方式经过多个层次传递时，信息衰减和失真严重。

2. 书面沟通

它以文字形式出现，有助于确定职责，是组织记录储存的一部分。书面沟通不像口头沟通那样快。这种沟通主要存在于众多的成员分布于广阔的地域而难以进行口头沟通的情况。书面沟通的优点是有形有据、可保存、可核对。此外，书面语言在正式发表之前，可以反复琢磨修改，因此，一般比较周密、逻辑性强，能较好地表达作者所要发表的信息。书面沟通也有自己的缺陷：耗费较多的时间，且不能即时反馈；口头沟通可以当场核实对方对信息的理解是否符合发信者的原意，但书面沟通做不到这一点。

3. 电子媒介沟通

这种沟通信息的传递既非口头传递，亦非文字传递，而是数码符号传递，传递的工具包括电报、电话、广播、电视、网络等多种电子媒介。电子媒介沟通比以往各种沟通的速

度都大为提高，存储量也激增，为行政效率的极大提高创造了条件。随着信息技术和电子政务的快速发展，电子媒介沟通在行政沟通中将扮演越来越重要的角色。

4. 其他沟通

其他沟通主要是指非语言、非文字的沟通形式，包括手势、身体动作、面部表情等。此类的沟通方式，也和口头沟通、书面沟通一样，在传递信息的过程中起着极其重要的作用。它们有时作为单独的沟通方法存在，有时附属于口头或者书面沟通。

三、行政沟通的障碍及其应对

(一)行政沟通的障碍性因素

(1) 个人因素。行政沟通说到底也是人对人的沟通，作为沟通主体的沟通者的个体差异对行政沟通效果有着很大的影响。可能构成行政沟通障碍的个人性因素有沟通者的认知障碍、接受的选择性、沟通能力和技巧欠缺等。以认知障碍为例，由于人的经历、知识水平、个性差异、价值观念等方面的不同，对同一事物可能会产生不同的看法或结论。

(2) 人际因素。行政沟通的效果不仅取决于沟通者个人的素质和能力，也会受到沟通者之间的关系的影响，诸如沟通双方的相互信任的程度、发送者与接收者之间的相似程度、双方身份和地位的差异等都会影响到沟通效果。以沟通者之间的地位差异为例，在正式组织中，上层级别较高的人比下层级别较低的人有更高的地位，地位的高低会明显影响行政沟通过程，人们常常根据谁是信息的提供者来判断消息的准确性。

(3) 结构因素。个体之间的沟通受人的因素影响比较大，而对组织的沟通而言，结构性因素的影响则更为突出。影响行政沟通效果的结构性因素有诸如沟通结构模式不合理、组织规模过大、组织人员空间分布分散、组织的层次过多、机构重叠、关系不顺等。以组织的空间分布为例，如果行政机关的工作单位分散在各个地方，或者同一单位的人在不同的地方工作，地理上有相当的距离，而通信条件、交通条件又很落后，那么，人与人、单位与单位之间就不能畅快地交流意见、沟通信息，就不能相互了解和理解。

(4) 技术因素。诸如所选媒介的有效性、每次沟通所传递的信息量、会议的组织方式等技术性因素，也可能成为行政沟通的障碍性因素。以沟通所传递的信息量为例，信息量太小固然会导致沟通失败，而当一个人或部门接收的信息量过大时，信息处理往往被耽搁，这种现象被称为“信息过载”。在大型行政组织机构中，存在着数量众多的信息源，信息过载现象经常发生是一个普遍存在的问题，当出现信息量过载时，沟通效果同样会出现问题。

【案例 7-3】A局办公室共有工作人员六人，其中正副主任各一人，干事四人。多年来，办公室主任老王一直主持办公室的日常工作，副主任老张平时与办公室其他四名干事一样从事一些具体工作。当办公室碰到一些较重要的事情时，一般总是由老王、老张两人商量后再布置下去。总的来说，办公室的工作在这几年里开展得比较顺利。

后来，由于工作需要，上级决定调老赵任办公室副主任。在老赵到任后，办公室主任老王对搞好办公室工作提出了三点意见：一是理顺办公室的工作关系，由他统筹整个办公室的工作，原由他分管的办公室的一部分工作现在移交给老赵分管。二是干事小李、小陆的工作要向老赵汇报，另外两名干事的工作要向老张汇报。如果工作中遇到问题，老赵或老张解决不了时，再请示老王。三是为了更好地贯彻民主集中制的原则，今后办公室的重大事情都由老王、老张、老赵三人共同商量决定，不搞一言堂。

老赵调到办公室后，工作积极性很高，他努力学习业务，待人热情和气，很快就得到了大家的好评。老王呢，多了一个助手，许多会议可以不必亲自出马了，许多文件也不必亲自审批了，顿时感到轻松了许多。可是，局办公室的工作却出现了一些新的问题：一是干事们比以前更忙得不可开交了；二是办公室内部上下左右之间的信息沟通不如以前通畅了；三是一些急需处理解决的事，由于得等到老王、老张、老赵三人一起来商量决定，因而常常耽误了时间。

问题：A 局办公室在行政沟通方面存在什么问题？导致这一问题产生的原因是什么？

分析：

本案例中的行政沟通主要是正式沟通，这种沟通是指通过正式组织程序，按组织规定的路线和渠道所进行的信息沟通。正式沟通可分为下行沟通、上行沟通和平行沟通。下行沟通是上级机关按照隶属关系自上而下进行的沟通；上行沟通是下级组织和人员按隶属关系自下而上进行的沟通；平行沟通也称横向沟通，是同级组织或同事之间的沟通。A 局办公室的行政沟通由原来的平行沟通改为上行沟通和下行沟通，使得同事之间缺少沟通，大大降低了工作效率。

A 局办公室在老赵调来后，通过重新分工，实际上增加了一个管理层次。管理层次是行政组织纵向结构的等级层次，即行政机关中设置多少等级的工作部门，这由行政机关的工作量来决定。在该办公室工作量并没有加大，管理幅度也没有较大变化的条件下，增加了一个层次，必然导致手续繁杂，滋生官僚主义，不仅不利于行政机关本身的管理和职能的发挥，不利于信息的沟通和传递，而且浪费人力、物力和财力。

(资料来源：魏娜，汪大海. 2003 年 MPA 联考高分突破•行政学分册. 北京：中国人民大学出版社，2003)

(二)改善行政沟通的途径

(1) 明确沟通目的。沟通必须有明确的目标，每次沟通的目标越集中越好。沟通前先检查好沟通的目的，是为了说明情况、解释事由，还是为了表达、联络情感，或者是为了直接促成某个事项。事先不明确沟通目的，或目标不专一，则沟通的基础不牢固，沟通时就可能效率低下、质量不高。

(2) 提升行政人员的沟通技能。沟通传递的是信息和情感，是信息的发出者和接收者之间的交流。因此，沟通活动具有很强的艺术性、技巧性，沟通者需要掌握一定的技巧才能取得良好的效果。

(3) 坚持共同参与，增强沟通意识。庞大的行政体系和复杂的行政活动需要吸收广大行政人员共同参与决策。如果行政人员能参与日常事务的决策过程，在重大问题上也享有发言权，他们就能感到自己是一个有用的、重要的成员，就能够自觉地充分施展自己的才能。

(4) 建立科学的规章制度，使行政沟通规范化。健全组织机构，设置专职负责的联络人员，明确规定沟通渠道，完善信息沟通制度。在健全组织机构方面，当前特别重要的是要建立健全行政信息系统。

(5) 沟通内容必须具备一定的弹性。所以要使沟通内容具备一定的弹性，是为给接收者留下一定的灵活性和主动性余地，使他们既能领会发出者的旨意，又能适当结合自己的实际情况分析和处理问题。如果将一项行政任务的完成时间硬性规定在某一时刻，则容易束缚行政人员的手脚，万一出现变故更是不知所措。

(6) 选择合适的沟通方式。要想沟通成功，首先必须了解对方的信息接收方式，对症下药地选择合适的交流手段才能使要传达的交流意图得到比较完整、比较准确的接收和理解。除了常用的开会、面谈、传达文件等常规沟通方式外，还可充分利用现代信息技术，如手机、网络等现代科技手段进行沟通，以使沟通形式更加灵活生动，沟通效率更加快捷。

第五节　行 政 控 制

为保证管理活动顺利实现既定目标和计划，沿着既定轨道运行，就必须对管理活动进行有效的控制。行政控制以信息反馈为基础，以行政权力为后盾，是自上而下的强制性行为。

一、行政控制及其重要性

(一)行政控制的概念

行政控制是在吸收了现代控制论的基本原理的基础上发展而来的。行政控制是指行政领导者或工作人员根据计划目标的要求，对计划的执行情况进行监督、检查，及时发现和纠正计划执行中的偏差，以保证计划目标实现的过程。

控制是管理活动中的一个重要功能机制，是衡量和检查组织计划完成情况和纠正计划执行中的偏差以确保计划目标实现的过程。行政控制是行政运行过程中的控制阀和稳压器，其根本任务是对行政运作过程及效果进行衡量和校正，以确保行政目标以及为此而拟定的行政计划得以实现所应遵循的规律和原则。

(二)行政控制的重要性

行政控制是行政管理活动中不可缺少的重要环节和经常使用的必要手段。具体来说，行政控制的重要性表现在如下三个方面。

(1) 行政控制是完成行政计划的重要保证。计划与控制是行政活动中不可或缺的两个紧密联系的重要环节。计划离不开控制，只有有效地控制，计划的实现才有切实的保证，目标才能变成现实。反之，计划又是控制的标准，计划越全面、越明确，控制的作用和效果则越大。脱离了计划，控制就失去了方向和标准，同时也失去了控制的意义。由此可见，控制是计划实现的重要保证。

(2) 行政控制是实现行政组织目标的根本措施。行政控制是以行政计划为标准和依据的，但行政控制的最高宗旨是实现行政组织的目标。在行政计划和执行的过程中会出现一些难以预料的情况，造成实际工作与计划不符的偏差。在这些偏差中，有些是工作偏差，应服从计划加以调整；有些是计划偏差，则应服从实际情况加以纠正。行政控制具有调整和纠正这两种偏差的作用。这不仅可保证计划的实现，而且又是对计划的完善和补充，从根本上保证了行政组织目标的实现。

(3) 行政控制是改进行政工作的有效手段。控制是对实际执行活动的反馈所作出的反应，这种反馈会反映出实际执行工作偏离了行政计划，偏离了行政组织目标或原定计划不符合实际，应加以纠正。当采取措施加以纠偏和调整后，各项工作就会得到有效的改进。因此，行政控制是促进和推动工作方法和内容不断进步的有效手段。如果失去了控制，工作无法改进，难以保持正确的工作方向，无法提高工作的效益和效率。

二、行政控制的类型

从不同的角度，可以将行政控制划分为不同的类型。

(一)事前控制、事中控制和事后控制

这是从控制时序的角度来分的。事前控制是指控制机构在行政活动开始之前所采取的控制。它的特点在于，控制机构利用所能得到的最新信息，对行政活动进行认真而反复的预测，把行政计划所要达到的目标同预测值相比较，以便采取相应措施，把偏差消灭在出现之前。行政活动中的计划、准则、标准、规定等都是典型的前馈控制的形式，它们都是对多种可能出现的情况作出估计后制定的。事前控制不能一次性完成，而是根据行政活动出现的新问题、新动向，适时采取必要的制约措施。其最大优点是能够防患于未然，尽量避免损失。

事中控制是指控制机构在行政活动开展过程中所进行的控制。在具体的行政过程中，控制机构根据行政活动所反映出来的各种信息，一旦发现活动结果与目标之间出现了某种偏差，便立即对其进行调整。即时控制有赖于即时信息的取得，多种方案的事前储备，以及事发后的镇静与果断，这在实际的行政过程中，是较难做到的，因此，即时控制具有一定的难度与局限制。

事后控制是指在行政活动结束之后才实施的控制，它是控制机构根据行政组织实施计划所获得的实际结果，并与预期目标相比较而进行的控制。这种控制也就是人们通常所说的亡羊补牢，其优点是控制方向明确，有助于解决问题和改进行政系统的工作。但事后控制有两个缺陷：首先是事后性，控制往往是在偏差已经发生、损失已经造成的情况下才实施；其次是时差性，从偏差发生到发现偏差、分析偏差、纠正偏差，有一个时间延迟的过程，在这个过程中，会使行政活动损失扩大。

(二)集中控制、分散控制和层级控制

这是从控制组织系统的角度来分的。集中控制就是在行政系统中建立一个集中的控制

机构，由它来对行政执行过程中各种信息反馈进行集中、统一的加工、处理，并由这一控制中心根据整个行政系统的状态和控制目标直接发出控制指令，统一控制所有子系统的活动。集中控制的优点是结构比较简单，控制标准统一，便于整体协调。当系统规模不是很大，而且控制中心在取得存储、加工和处理信息方面能创造较高效率和保持良好的可靠性时，采取集中控制方式有利于实现整体的最优控制。集中控制的缺点主要表现在三个方面：首先，当行政系统十分庞大，规模和信息量具备相当规模时，就难以在一个控制中心进行存储和处理，信息反馈和传递的失误率高，滞留时间长，使系统反应迟缓，决策延误时机；其次，控制活动具有高度的刚性，不能及时、适时、分散地对局部偏差作出反应，缺乏对环境变化的灵活性、适应性和微调性；最后，一旦控制中心出现失误，将会使整个大行政系统陷于瘫痪状态。

分散控制是将构成大行政系统的各个子系统，分别用独立的局部控制机构来控制，通过对每个控制机构或子系统的控制活动，共同完成整个行政系统要达到的控制目的。分散控制的特点是，各种决策和控制指令通常是由各局部或子系统控制机构分散发出的，各局部控制机构都是根据自己的实际情况，按照局部最优原则进行控制。分散控制的优点有：决策分散风险，个别控制的失误或故障不会严重影响和危及整个系统；对信息存储和处理能力的要求相对较低，易于实现，控制机构规模较小，易于革新；信息反馈少，对环境变化具有较高的适应性，使控制系统反应快，时滞短，控制效率提高，应变能力强。而分散控制的主要缺点是，难以取得各分散系统的相互协调，难以保证各分散子系统与总体目标的一致性，危及总体系统的最优控制。

层级控制是把集中控制与分散控制结合起来的控制方式。一方面，层级控制中各子系统都具有自己独立的控制能力和控制条件，有可能对子系统的控制活动实施直接性的、独立性的处理；另一方面，整个行政系统分为若干层次后，上一层次控制机构对下一层次各子系统活动，采取指导性、导向性的间接控制。它是把整个大行政系统按照一定的方式分解为若干子系统，赋予其局部范围内的控制目标和功能，又考虑各子系统之间的内在联系，通过协调和规定各子系统的目标、任务、利益等，使它们相互配合、相互制约，在行为目标上和整个大行政系统的总目标协调一致，以实现整个系统的总体最优控制。

三、行政控制的过程

行政控制作为一种专门的行政活动，经过确定控制标准、衡量效绩、进行差异分析、采取纠偏措施四个阶段，形成了一个完整的反馈系统和控制循环。

(一)控制标准

控制标准是行政执行活动方式和内容所规定的量值界限，是行政执行活动进行控制的定量准绳和衡量行政工作成果的规范。控制标准与行政目标具有一致性，控制标准是对行政目标的具体规定和阐述，因此确定控制标准是整个控制的基础。如果没有一套完整的控制标准，就无法衡量和检查工作的成败与行为的偏差，也就无法采取正确的纠正措施。控制标准的表现形式有数量标准、价值标准、时间标准和质量标准。

(二)衡量绩效

衡量行政活动的成绩与效果是控制过程中工作量最大的阶段，它是进行偏差分析的前提，并直接关系到控制措施的采取。衡量绩效是对计划执行的现状和阶段性结果如实地反映和客观地评价，应掌握以下几方面的要求：通过日常现场调查、汇报、统计和分析，比较全面确切地了解和反映实际的工作业绩；要有制度保证，要建立报告制度、报表制度和总结制度，保证系统检查工作顺利进行和取得良好的效果；要抓住重点，对于需要加强控制的关键环节，应重点检查，使控制更有针对性。

(三)偏差分析

偏差分析是将实际绩效与控制标准进行对比分析，及时发现脱离控制标准的偏差。在正常情况下，实际业绩与控制标准之间存在若干差距在所难免，但当有些差异存在并不严重偏离倾向时要及时深入分析研究，找出原因和问题的症结。受控系统的活动差异主要有两种：一是顺差，即工作绩效优于控制标准。出现顺差表明被控对象取得良好绩效，应及时总结经验，肯定工作实绩。但顺差太多也应引起注意，应对原控制目标或标准加以检查，看其是否合理，是否需要重新修订和提高。二是逆差，即工作绩效劣于控制标准。出现逆差表明被控对象的成绩不好，必须迅速准确地查明原因，为纠正偏差提供措施方向和信息。在控制过程中，进行偏差分析的基本要求有：冷静客观，全面公正，使分析的准确性不受影响；抓住重点和关键，做到事半功倍；主观和客观并举，使原因与责任明晰；实事求是，不轻易匆忙下结论。

(四)纠正偏差

纠正偏差就是根据监督、反馈的信息，采取一定的措施，纠正实际执行过程中出现的偏差。及时纠正偏离标准和计划的误差，是保证行政执行工作按原计划标准进行的一个重要环节，没有纠偏的环节，行政控制过程只能成为监察过程，而起不到控制的作用。具体的纠正措施可以是改变组织结构，重新委派人员，也可以是改善控制程序和方式，必要时要采取行政的、经济的、法律的和思想教育的调节手段。总之，要根据偏差的性质、程度、范围以及产生偏差的原因，采取相应的纠正措施。

复习与思考

1. 简述行政领导的特征。
2. 简述行政领导的职责。
3. 简述行政领导者的产生方式。

4. 如何优化行政领导者的群体结构？
5. 简述行政指挥的原则与方式。
6. 简述行政协调的概念与特征。
7. 简述行政协调的原则。
8. 简述行政协调的机制与方法。
9. 简述行政沟通的构成要素。
10. 试述行政沟通的障碍及其应对措施。
11. 简述行政控制的过程。

【案例分析】

网络问政：行政沟通新趋向

随着信息技术的发展，充分利用互联网渠道，构筑民意表达平台、创新政务公开载体、及时了解舆情、促进科学决策，成为不少地方党委政府的施政亮点。越来越多的官员开始主动借助网络征询民意，“与网民在线交流”、“官员开设博客”、“开通省(市)长电子信箱”……一股“触网”新风正在各地党政系统蔚然兴起。2008年春节期间，中共中央政治局委员、广东省委书记汪洋和广东省省长黄华华，通过省内主要新闻网站发布了《致广东网民朋友的一封信》，向网民拜年。信中表示，面对近期罕见的雨雪冰冻灾害天气，许多网民提供了很好的意见和建议，“成为支持我们决策的重要基础”。

汪洋、黄华华在信中还写道：随着信息技术的发展，互联网日益成为人们工作和生活的基本工具，也成为各级党委、政府联系广大群众的重要平台、听取社情民意的重要渠道。

公开信表示：许多网民朋友“有知识、有思想、有热情、有锐气”，“我们愿意成为大家的网友，求计问策，接受监督”。对于共同关心的话题，愿意和大家一起“灌水”；对于工作和决策中的不完善之处，也欢迎大家“拍砖”。

这封公开信通过广东省内几家主要网站发布后，搜狐、网易等门户网站广为转载。仅奥一网3小时就有17万网民点击浏览，1000多网友跟帖发言。网友在互动区奔走相告“书记省长给我们拜年了”，深圳一位网民写道：“网络拜年，也是一种思想解放！”有网友说：“网络的开放性便于大众直接参与，能更真实、更直接地反映民情、体现民意。重视网络也是关注民生的重要方式，和下基层一样，容易听到真话，明察实情。”有网友说：“能够充分利用互联网促进政务公开，表明政府与民意的互动进入一个新阶段。”

此间专家评价，省委书记省长上网邀网民“灌水”、“拍砖”，是信息时代领导干部领导模式、领导艺术的一个创新。这表明，今天，网络作为社情民意最活跃的平台，已经成为党和政府倾听民意、关注民生的重要途径，高度重视、充分利用这个平台，必将有效促进各级党委政府更新执政理念、提升执政水平。

据2007年末有关部门公布的数据，广东网民超过2500万人，占全国的12%，省内有网站30万个，均排在国内第一位。汪洋、黄华华在信中表示：互联网打破了传统社会架构下的沟通壁垒，使我们之间的直接对话、平等沟通成为可能。我们愿意和大家一起努力，把互联网建设成为传播社会主义先进文化的新途径、公共文化服务的新平台。

(资料来源：吴冰. 广东书记省长网上发帖拜年 邀网民“灌水”“拍砖”. 人民日报，2008-02-14，有改动)

问题:

(1) 如何看待行政领导者致信网民这一现象?

(2) 网络问政对于行政沟通方式创新有什么积极意义?

【推荐读物】

1. [美]加布里埃尔·A. 阿尔蒙德，宾厄姆. 鲍威尔著. 比较政治学：体系、过程和政策. 曹沛霖等译. 上海：上海译文出版社，1987

2. [美]彼得·德鲁克. 管理：任务、责任、实践. 孙耀君等译. 北京：社会科学出版社，1987

3. [加]亨利·明茨伯格等. 领导. 思铭译. 北京：中国人民大学出版社，2000

4. 施雪华. 中央政府内部行政协调的理论和方法. 政治学研究，1997(2)

5. 卢汉桥，郑洁. 行政沟通简论. 中国行政管理，2006(9)

第八章　公共行政的运行过程

【学习目标】

通过本章的学习，读者应对公共行政的一般过程有一个整体性的认识；要掌握行政决策和行政执行的概念与特征；理解行政决策和行政执行的重要性；了解行政决策和行政执行的基本原则；掌握行政决策和行政执行的基本环节；理解并能评价常见的几种行政决策分析模型。

【关键概念】

行政决策；决策方案的合法化；行政决策分析模型；理性决策模型；有限理性决策模型；渐进决策模型；精英决策模型；团体决策模型；行政执行；行政执行计划；行政执行评估

【导读案例】

我国南方某县的计划生育工作多年来一直徘徊在全省倒数 1～3 名的位置。1998 年，新一届领导班子走马上任，为了建立政绩，完成好上级政府下达的计划生育任务，甩掉计划生育的落后帽子，采取了一项新的政策措施，即对计划生育实行高额罚款。具体的罚款标准是：超生第二胎罚款 2000 元，超生第三胎罚款 5000 元，超生第四胎或更多罚款 10000 元。县政府希望通过这项措施的实施有效控制县里的生育数量。

考虑到基层计划生育工作的艰巨性，为了解决基层计划生育工作经费不足的问题，有效调动基层计划生育人员的工作热情，该政策还做出了罚款提成的相关规定，即罚款所得，村、镇两级各提成 30%。这项政策实施两年多后，县政府调查后发现，根本没有达到他们的预期目标，超生问题仍然很严重。许多人宁愿交纳高额罚款也要生育第二胎和第三胎，有些没钱的家庭甚至举债生育也在所不惜。似乎有很多人都觉得，交了罚款就等于购买到了计划外生育的指标，就具有合理合法的权利，不少人甚至在未生育之前就预先把罚金交了上去。当然，这一方面是因为重男轻女、多子多福、传宗接代等传统观念在当地群众思想中根深蒂固；另一方面也是由于一些基层干部把超计划生育罚款作为了一种创收的途径，为了多来钱，对超生现象睁一只眼闭一只眼，有的甚至对超生予以暗中鼓励。

案例中该县为扭转计划生育工作的不利局面而作出的努力之所以未能成功，就其决策环节而言，一方面，由于决策者急于求成，对计划生育工作的复杂性认识不足，试图单纯依靠罚款来解决问题，政策设计不周密。另一方面，在决策执行阶段，作为执行主体的基层干部曲解政策，将罚款措施变成了创收手段，而作为目标群体的群众也因受传统观念影响而缺少配合，以致将超生罚款变成了“拿钱买子”。而政策实施两年后县政府的调查，则是对这一行政活动执行情况的总结评估，为下一个周期的行政过程的启动奠定了基础。

(资料来源：根据网上资料整理)

行政活动可以按照功能的不同在横向上分解为若干种运行机制，也可以以时间维度为标志在纵向上划分为若干程序环节。一般而言，一个完整的行政过程有行政决策和行政执行两个大的过程阶段，前者包括决策议程的建立、政策方案的规划、决策的合法化等环节，而后者则可再划分为行政执行的准备、行政执行的实施和行政执行的总结评估等环节。

第一节 行 政 决 策

一、行政决策的概念与特征

(一)行政决策的概念

一般意义上的决策，指的是人们根据事物发展趋势和规律，在决策主体意志因素的参与下，所进行的设计和选择未来行动方案的活动。决策有以下特点：①行为性。尽管在汉语当中决策一词也具有名词属性，但作为管理学中的一个基本范畴，决策被视为是一种活动、一种过程，而非一种结果。②针对性。决策总是针对特定的需要解决的问题而作出的，没有提到决策日程上的问题就不存在决策。③目标性。要设计和选择解决问题的方案，首先必须有一定的决策目标，没有确定的目标，整个决策活动就失去了方向，就无法作出决策。④选择性。决策就意味着对行为的选择，一个需要采取行动的问题，通常会有各种效果不同的路径和办法，决策就是要研究这些途径和办法并加以比较，然后从中作出最佳选择，即便是只有一种行动方案，决策者也要选择要不要采用这种方案，可以说没有选择就构成不成决策。⑤预测性。决策是一种面向未来的活动，要选择的是未来的行动方案，因而需要对未来行动面临的环境、条件和行动结果进行预测，科学预测是科学决策的基础。

一般意义的决策行为广泛存在于社会生活的各个领域，行政决策则是决策的一种类型，它存在于行政领域。具体而言，行政决策指的是拥有法定决策权的行政组织或工作人员，依法就行政管理中需要解决的问题，设计并选择解决方案的活动。

(二)行政决策的特征

行政决策除具有一般决策的特性外，还有以下特点。

(1) 行政决策主体具有确定性。行政决策是针对特定行政目标和国家事务所进行的拿主意、想办法、作决定的活动。因此，只有具有法定行政权力的组织和个人才能成为行政决策的主体。能充任行政决策主体的主要是中央和地方各级国家行政机关和行政人员，他们在宪法和有关法律、法规规定的职权范围内进行决策。此外，有些虽不是国家行政机关，但依照宪法、法律、法规或经授权的国家机关和社会组织，具有一定的行政权，也可成为行政决策的主体。

(2) 行政决策的客体是行政事务。企业、事业单位和社会团体的决策，其内容主要限于各自的内部事务，一般不涉及整个国家和社会范围的事务，而行政决策关系到整个国家和社会范围的一切公共事务。这也决定了行政决策的范围和内容极其广泛，涉及一个地区或一个国家范围内整个社会的公共事务，包括社会的政治、经济、军事、文化等各个领域、各个方面，并且随着现代科技和社会经济的迅速发展，行政决策的对象还会日益庞大、复杂、多变。而行政决策客体的多样性和广泛性，也决定了其在解决问题的过程中，涉及的机构较多，动用的人力、物力和财力巨大，从而使得行政决策极具复杂性。

(3) 行政决策的目的是实现公共利益。行政决策与私营部门的决策的最大不同点就在于行政决策在任何时候都不是以赢利为目的，而是以社会公共事务和人民的利益为决策的对象和出发点，其目的是贯彻执行统治阶级意志的决策。任何部门、任何层次的国家行政机关或领导人的决策，都是处理公共行政事务的，需要反映民众的意志和利益，都要从国家全局出发来处理本地区、本部门管辖范围的公务，绝不能只顾本地区、本部门的狭隘利益，更不能以谋私为目的。只有公共利益，决策结果才会有权威性和普遍约束力。

(4) 行政决策的进行受到严格的法律约束。一方面行政决策的进行必须以法律为依据。各级行政组织及其负责人根据法定的决策权限，依法制定和实施其职权范围内的行政决策，并依法保障各级独立的行政决策权；另一方面，当行政决策者由于自身的原因，造成行政决策活动中有违法行为带来严重的社会后果时，要依法追究其相应的法律责任。

(5) 行政决策的结果具有强制性和普遍约束力。行政决策代表国家意志和利益，依据国家法律、规范来制定，各项措施以国家权力为后盾。行政决策方案一经决定，就具有普遍的约束力和强制力，不仅对行政决策机关内部的全体成员，而且对其管辖范围内的各级行政机关及一切企业、事业单位、社会团体和个人都具有约束力和强制力。由于行政决策是以国家权力为后盾，通过公共行政的方式作用于让会，因此具有特殊的权威性和威慑力。

二、行政决策的重要地位

决策行为，自古有之，但决策理论的科学研究是在工业革命以后，随着管理科学的发展而首先被引入企业管理领域。最早把决策作为行政主要功能进行研究的是美国的行政学家L.古立克，1937 年他在《组织理论》一文中提出了决策是行政的主要功能的观点。1938年美国管理学家C.巴纳德在《经理的功能》一书中也提出决策的概念，还提出了与之相关的“动机”、“沟通”、“目标”及“组织关系”等概念。H.A.西蒙发展了巴纳德的决策概念，在《决策与行政组织》一文，特别是在 1947 年出版的《行政行为——行政组织中决策过程的研究》一书中又系统地论证了管理决策的概念体系，创立了现代管理科学的决策理论学派。

决策理论研究的另一次突破是 20 世纪 50 年代以来在政治学研究中实现的。随着当时西方国家对经济和社会的干预范围和程度的普遍扩大，人们对政府干预行为的关注也日益增多。同时期，以政治制度和政治哲学为中心的研究传统开始受到批判，以决策为中心的政策行为开始成为政治学研究的重点。1951 年，政治学家H.拉斯韦尔提出了政策科学概念，此后，Y.德罗尔发表了被称为“三部曲”的政策科学著作《重新审查公共政策的制定过程》、《政策科学探索》以及《关于政策科学的设想》，现代政策科学由此诞生。如今，政策科学在美国等西方发达国家早已实现了研究的建制化和教育的学科化，还出现了以兰德公司等著名思想库为代表的大批的专业政策分析和咨询机构，形成了庞大的政策分析产业，对美国的内政外交政策都有举足轻重的影响。

决策理论之所以能成为行政学及相关学科的一个重点研究领域，说到底乃是由于行政决策在公共行政活动中的重要性所决定的。具体而言，行政决策对公共行政实践的重要地位主要体现在如下几个方面。

(1) 行政决策是行政过程的首要环节。行政决策是整个行政过程的逻辑起点，先有行政决策，然后才有后面的行政执行和行政评估。行政执行是对行政决策的实施和贯彻，行政评估是对行政决策落实情况的测量和评价，两者都是行政决策环节的继续和延伸。整个行政管理活动过程就是进行决策、实施决策和评估决策的循环往复的不间断过程，行政决策贯穿于行政管理过程的始终。

(2) 行政决策是公共行政中各种管理功能机制的基础。公共行政包括计划、组织、指挥、协调、控制等功能机制或管理环节，而所有这些功能机制或管理环节的开展，都必须以行政决策为前提和依据，都是为完成行政决策所规定的任务和实现其目标服务的。换言之，没有行政决策，公共行政的其他各项功能机制和管理环节就没有方向，没有现实的任务和明确的目标，也就失去了开展的前提和依据。也正是因为这个原因，美国管理学家西蒙关于"管理就是决策"的论断虽然作为一个严格的命题有失偏颇，但它确实道出了行政决策对整个公共行政活动的重要性。

(3) 行政决策是行政领导者的基本职责和重要技能。公共行政活动中，行政领导者居于管理的核心地位，承担多种职责，而在这些职责当中，行政决策是最为重要的。行政领导区别于一般行政人员最重要的一点就在于其承担行政决策的责任和掌握行政决策的权力。也正是因为这种原因，行政决策能力是行政领导者的一项基本能力。行政决策能力的大小，综合体现了行政领导者的基本素质，也是行政领导水平高低的标志。

(4) 行政决策是行政组织运行的导向和规范自身行为的尺度。行政组织设立的依据在于其所承担的行政职能，而行政职能总是要通过不同的行政决策来得以实现。从这个意义上说，行政决策是行政组织设立的依据，或者说行政组织的设立乃是基于行政决策的需要。行政决策为各级行政组织引航导向、指明目标，调节和规范着人力、物力、财力、技术和信息等要素在不同行政组织间的配置。因此，如何提高行政决策的效率和行政决策执行的效率，自然也就成为行政组织运行的导向和规范自身行为的尺度。

(5) 重大的行政决策直接关系到行政工作的成败和社会的发展。如前所述，公共行政是一个由许多管理环节构成的过程，是一个由多种功能机制构成的活动，其中行政决策是最关键的环节。行政决策的正确与否，从根本上决定着行政管理的效率和成败，一些重大的行政决策，更是在社会经济文化发展诸方面起着不可忽视的作用。而国家最高层领导决策失误，必将给国家造成巨大损失，甚至危及政局稳定和政权生存。随着信息经济、全球经济时代的到来和科学技术的迅猛发展，以及国际竞争的加剧，行政决策在各级政府管理中的地位和作用将进一步增强。

三、行政决策的基本原则

行政决策的基本原则，是指在行政决策过程中必须遵循的准则。它应是对行政决策普遍经验的概括和行政决策客观规律的反映。由于行政决策既是一种政治行为也是一种管理活动，行政决策基本原则的概括应从行政决策的这种特殊属性入手。

(一)作为一种政治行为的行政决策需要遵循的基本原则

(1) 依法决策原则。行政决策代表着国家意志和人民利益，具有普遍的约束力，必须坚持依法决策原则。在加强民主与法制建设，建设社会主义法治国家的今天，依法决策显得更为必要和紧迫。坚持依法决策原则，应做到以下两点：一是坚持行政决策程序的合法性。该经集体研究的要经集体研究；该交专家学者分析论证的要交专家学者分析论证；该交人民群众民主讨论的要交人民群众民主讨论；该报请人大和上级政府审批的要报请人大和上级政府审批。二是决策内容的合法性。行政决策中不能有与国家法律、法规相抵触的内容。一切违反国家法律、法规的行政决策都是无效的。

(2) 民主参与原则。科学技术的高速发展、社会变化的日新月异，使得任何个人都难以单独作出完全正确的行政决策，必须充分发扬民主，广泛听取意见。西方一些学者甚至提出“没有反对意见不能进行决策”的观点，认为在决策过程中应设计反向决策程序，在讨论必要性时也讨论不必要性，鼓励相互争论。从我们国家的性质来说，人民是国家的主人，这就更加要求政府必须实行民主决策。行政决策中的民主参与应包括行政人员的民主参与、专家学者的民主参与和人民群众的民主参与，只有如此，才能做到集思广益，不断提高决策的民主化和科学化水平。

(3) 服务原则。在我国，行政组织及其人员都是代表人民意志从事公共事务管理的，服务原则是行政决策的应有之义。为此，行政决策者在决策中必须本着公众利益第一的原则，使行政工作目标与公众利益统一起来，这样才能保证行政工作高效运行，真正达到通过管理国家公共事务服务于公众的目的。

(4) 实事求是原则。一切从实际出发，实事求是，是马克思主义的基本原则，行政决策同样也应遵循这一原则。这就要求在决策时应深入调查决策对象与决策环境的特性和规律，把握事物的真实面貌，按事物发展的客观规律和人们思维活动的规律作出决策，反对违背客观规律的主观主义和片面性。

(二)作为一种管理活动的行政决策应遵循的基本原则

(1) 信息最大化原则。信息是决策的基础，行政决策的科学性，在很大程度上依靠准确的信息。一般情况下，信息越全面、准确、及时，越能提高决策的可靠性，减少决策的失误。在一定程度上，决策过程就是一个信息的搜集、加工转换和输出的过程，无论是决策目标的确定，还是备选方案的拟定和抉择，以及方案实施过程中的补充、修正或追踪决策，都必须建立在全面、准确的信息资源的基础上。这就要求决策者应当坚持做到无信息不决策，信息不准确、全面，不轻易决策。

(2) 科学预测原则。预测就是事情尚未发生之前对其未来发展趋势和状况进行预见和推测。决策是面向未来的，没有预测，就不可能提出具体明确的决策目标，也无法拟定和优选方案。这要求决策者必须在掌握大量相关信息的基础上，运用科学的预测方法，通过丰富的想象，严密的分析，周详的论证，准确的判断，预测出决策对象及其环境与条件在未来的发展趋势和状况。

(3) 系统分析原则。辩证法和系统论原理告诉我们，客观事物都是相互联系、相互作用的系统，人们的思维也应与之相适应。因此，行政决策必须坚持系统分析原则，对整体与局部、主要目标与次要目标、当前利益与长远利益、内部条件与外部环境等问题进行系统分析，充分利用各种有利因素，产生系统效应，以提高决策的整体功能。只有坚持系统分析原则，才能有效避免决策发生顾此失彼的现象，保证行政决策的周全性。

(4) 比较择优原则。决策就意味着在几个方案中进行抉择。没有对比或对比不当，就难以选择出优化的决策方案。初拟的行动方案越多越好，经过筛选至少留下两至三个方案，本着择优原则，全面分析对比，权衡利弊得失，最后择优确定。决策方案的对比必须讲求科学性，要对投入与产出、收益与损失、需要与可能等进行定性和定量分析，力求从多种决策方案中选择出整体上最优化或最满意的方案。

(5) 切实可行原则。决策为了实施，进而解决问题，要实施就得具备实施条件。决策是否可行，取决于主客观的诸多因素，要认真分析比较，在人力、物力、时间、技术等各方面都使决策实施得到保障。超出现实条件的决策必然是盲目的，执行起来会出现失误，给行政工作造成损失。

(6) 效益标准原则。行政决策是为了在一定时空内达到某种既定目标，效益是衡量行政决策质量高低的基本标准。在效益就是生命的今天，进行行政决策要把效益放在首位，既要考虑社会效益，也要考虑经济效益。那种认为行政决策只要社会效益不必计较经济效益的观点，以及只计算经济效益、社会效益而不计较时间效益的想法，都是不正确的。

(7) 动态可调原则。行政决策的对象、环境和条件处在不断变化当中，行政决策的制定、执行、完善也是一个动态过程，因此，行政决策必须坚持动态调整原则。好的决策要富于远见，能适应未来的发展，保持可调节的弹性，并准备应变措施，以便适应环境的变化和意外事变的干扰。在实施过程中，注意信息反馈，随时检查验证，一旦发现决策偏离目标，便要适时调整。

(8) 勇于创新原则。面对复杂多变的行政决策环境和不断出现的新情况、新问题，行政决策者既要坚持做到稳妥、可靠，也要敢于突破陈规，大胆创新；既充分继承前人的先进经验和优良传统，又不拘泥于前人的做法，才能争取主动，抓住机遇，迎接挑战。能否勇于和善于创新是判别行政决策者综合素质高低和开拓能力强弱的一个重要标志。

【案例 8-1】中华鲟是一种极珍贵的鱼类，习性特别，它产卵在长江上游的金沙江，长到四五寸长就顺江而下，出吴淞口到东海、南海深水里生活。七八年后，体重已有二百来公斤。性成熟了，返回吴淞口，贴着沙床溯江而上，到金沙江产卵、受精，产后再游入大海如此往复，直到老死。葛洲坝工程要横断长江，中华鲟过不了大坝，无法回到金沙江了情况会怎样?

长江流域规划办公室、中国科学院水生生物研究所和四川水产研究所的专家做了大量的调查研究，认为这不会影响中华鲟的生存。然而，社会上一些人却议论纷纷，断言中华鲟会绝种，从而破坏长江的生态平衡。为了“拯救中华鲟”，许多人主张在大坝上开一个 12 米宽的口子，作为中华鲟通道。少数人甚至反对葛洲坝大江截流，甚至上书党中央和国务院。

党中央国务院指定当时国家农委领导主持论证这个问题，论证会上争论十分激烈。主张不修鱼道的居少数，他们是，中科院水生生物研究所所长伍献文、副所长倪书达……。他们认为，葛洲坝工程不会使中华鲟绝种，修建鱼道是没有必要的。主要理由是：第一，是根据国际经验，修建鱼道不能解决鱼过坝问题。第二，生物都具有适应新环境的能力，只要不超过临界点就能生存，葛洲坝距吴淞口一千多公里，其间没有拦沙坝阻隔，足够中华鲟回游。中华鲟产卵季节，中华鲟到不了金沙江就会在葛洲坝以下水温与金沙江差不多之地产卵，不至于绝种。第三，人工繁殖中华鲟不会有困难。开发中华鲟资源应该依靠人工繁殖放流，鲟鱼主产国苏联就是用人工繁殖放流的方法。

领导同志在听了各方面的意见后说："伍献文同志是我国最有名的鱼类专家，难道他不爱鱼?他们认为不必修建鱼道的意见值得重视。"尽管如此，仍然有许多人不同意，继续议论纷纷，经过进一步调查研究，党中央、国务院毅然采纳了鱼类专家们的意见，葛洲坝工程按原计划修建，不在坝上开鱼道(为了防备万一，坝上保留了建鱼道的位置)。这个决定为国家节省了 3500 万元。

葛洲坝长江截流多年了，事情的发展完全如伍献文等鱼类专家所料。1982 年开始进行人工繁殖中华鲟的研究，1983 年便成功了。由于鱼池里没有专吃中华鲟鱼卵的天敌蜗鱼，鱼卵孵化成活率高达百分之三，而在天然沙道里的孵化成活率只有百分之一。生活在长江中的中华鲟在葛洲坝以下宜昌一带的沙滩上找到了它们产卵的地方。1982 年人们在坝下发现了中华鲟产卵场，以后这样的渔场逐年增加。

问题：案例中的行政决策活动体现了行政决策的哪些原则？

分析：

行政决策既是一种管理行为，又是行使公共行政权力的政治行为，它要遵循两种活动共有客观规律和基本原则。案例中各机构、专家和社会各方人士对中华鲟保护一事的质疑和参与，体现了行政决策的民主参与原则；围绕修鱼道、不修鱼道、人工繁殖等方案的争论，体现了信息最大化、系统分析和比较择优原则；对不修鱼道等方案后果的预测，体现了科学预测原则；最后选择不修鱼道但是却在大坝上保留了建鱼道的位置，体现了动态可调的原则；而国务院指定农委主持论证并最终拍板，则体现了实事求是、效益标准和法定决策的原则。

(资料来源：根据网上资料整理)

四、行政决策的一般过程

行政决策程序是指行政决策过程中的逻辑顺序和基本步骤。一般说来，可分为决策问题的确定、决策方案的规划和决策方案的合法化等三个基本阶段。

(一)决策问题的确定

任何行政决策都是针对一定问题的，如果没有需要解决的问题，就不必进行行政决策，因此行政决策是从提出问题开始的。问题是指现实状态与理想状态之间的差距。问题有很多种，只有那些属于政府职能范围领域的问题，才有可能进入决策者的议事日程，成为行政决策的对象。行政组织的主要责任之一就是要发现决策问题，即找出迫切需要缩小或消灭的现实状态与应有状态之间的差距。

在行政活动领域中，每天都存在大量的问题和繁重的任务要求，行政组织经常要做的重要工作是确定哪些任务要求应当列入决策议事日程，根据其重要性或需解决的迫切性，将这些问题或任务要求按轻重缓急的顺序加以排列。确定问题及其目标的具体方法多种多样，如领导人的判断、有组织的调查研究、上级指示和布置、下级的紧急报告、例行的工作安排、社会舆论的强烈反应等。

实际上，决策问题的确定是一个极其复杂的问题，也是现代公共行政学和政策科学的一个重要研究领域，不少学者都曾对之进行过相当多的研究。我国香港学者王绍光认为，依据决策议程提出者的身份与民众参与的程度，可以分出六种决策问题议程设置的模式(见表 8-1)。

表 8-1 公共政策议程设置的模式

		议程提出者		
		决策者	智囊团	民间
民众参与程度	低	关门模式	内参模式	上书模式
	高	动员模式	借力模式	外压模式

关门模式是最传统的议程设置模式，在这种模式里，没有公众议程的位置，议程的提出者是决策者自身，他们在决定议事日程时没有或者认为没必要争取大众的支持。在传统社会里，当普通百姓没有政治参与意识时，这是议程设置的主要模式。在当代中国，这种议程设置模式也没有完全消失。

与关门模式一样，动员模式里的议程也是由决策者提出的，但不同的是，在动员模式里，确定一项议程后，决策者会千方百计引起民众对该议程的兴趣、争取他们对该议程的支持。也就是先有政策议程，后有公众议程。在什么样的情况下决策者会放弃关门模式而采取动员模式呢？首先，广大民众具有强烈的参与意识，关门模式的正当性遭到普遍的质疑。其次，所涉及的议程执行起来需要得到民众普遍、自觉的合作。再次，决策者缺乏实施该议程所必需的资源。在这三种情况下，决策者会希望用某种方式动员民众参与议程设置，以减少执行阶段的障碍，但他们同时又不希望或不放心民众主动参与议程设置。

在内参模式里，议程不是由决策者提出的，而是由接近权力核心的政府智囊们提出的。形形色色的智囊通过各种渠道向决策者提出建议，希望自己的建议能被列入决策议程。他们往往不会努力争取民众的支持，而更看重决策者的赏识，他们有时甚至不希望所讨论的问题变成公众议程，因为担心自己的议案可能招致民众的反对，最终导致决策者的否决。在这个模式里没有民众与决策者的互动，只有智囊们与决策者的互动。

借力模式不同于内参模式之处在于，在内参模式中政府智囊们只关心自己的建议是否会得到决策者的青睐，而借力模式中政府智囊们则将自己的建议公之于众，借助舆论的压力扫除决策者接受自己建议的障碍。无论中外，一般而言，政府智囊们都希望直接影响决策者，而不是采取迂回的方式，不到万不得已，政府智囊们不希望因诉诸舆论而得罪当权者。那么，他们为什么会偶尔出此下策呢？恐怕最主要的原因是，智囊们深信自己的建议有强大的民意支撑，而政府内部却存在反对的声音。

上书模式中的“上书”是指给决策者写信，提出政策建议，而不包括为个人或小群体作利益申述之类的行为。上书模式与内参模式十分相似，都是有人向决策者提出建言，不同之处在于建言人的身份。在内参模式里，建言人是政府的智囊或智囊机构，在上书模式里，建言人不是专职的政府智囊，他们往往是具有知识优势、社会地位的人。只有这种人才拥有某种话语权，才了解上书的渠道，提出的建议才可能被重视。

在外压模式里议程设置的动力与上书模式一样是来自政府架构之外，其不同之处不在于“外”，而在于“压”。在上书模式里，议程的提出者希望通过给决策者摆事实、讲道理来影响议程设置；在外压模式里，议程的提出者虽然不排除摆事实、讲道理的方式，但他们更注重诉诸舆论、争取民意支持，目的是对决策者形成足够的压力，迫使他们改变旧议程、接受新议程。

【案例 8-2】2003 年 3 月 20 日，湖北青年孙志刚因未带证件，在广州收容所被打致死。3 月底，一位在北京学传媒的研究生在著名 BBS 提供网站“西祠胡同”的“桃花坞”讨论区公布了这个消息。“桃花坞”是全国各地媒体从业者聚集的地方。这则消息于是引起了《南方都市报》深度报导记者陈峰的注意。陈峰与他的同事在采访孙志刚的亲属和有关部门以后，于 4 月 25 日率先在报纸上对此案进行了揭露。其后，别的媒体纷纷转载。5 月 14 日北京 3 位青年法学博士以普通中国公民名义上书全国人大常委会，要求对《收容遣送办法》进行违宪审查的建议。5 月 23 日，又有 5 位著名法学家同样以中国公民的名义，再次联合上书全国人大常委会，就孙志刚案及收容遣送制度实施状况提请启动特别调查程序。更重要的是，这时中国的互联网已发展到拥有近 7000 万网民，孙志刚事件在网络上引起了强烈反响。借助网络的威力，这个事件造成舆论哗然，形成强大而持续的民意压力，并最终推动政府于 6 月 20 日废止了实行多年的收容遣送制度。

问题：案例中所体现的是何种决策议程设置模式？这种模式得以形成的社会基础是什么？

分析：

在孙志刚事件引致收容遣送制度被快速列入政府决策议程进而被废止这个案例中，议程提出者是三位法学博士和五位著名法学家，其背后则是强大的社会舆论的推动和对政府的施压，因而属于典型的外压模式。我国决策问题议程设置中压力模式的产生有其深刻的社会基础：一方面改革开放所带来的社会开放性的增加和社会利益结构的分化，使得不同社会群体有了各自的利益诉求和主张，其影响和参与政府决策的意愿不断高涨，而大众传媒的市场化转型尤其是互联网的兴起，又为社会舆论的表达提供了渠道；另一方面，我国政府决策层决策科学化、民主化意识的增强，则直接促成了源自社会的压力转化为决策议程。

（资料来源：王绍光. 中国公共政策议程设置模式. 中国社会科学，2006(5). 有修改）

(二)决策方案的规划

1. 分析问题

这一环节的任务在于准确判断和把握决策问题的各种属性，包括时间、地域、范围、规模、性质、原因等。问题分析是决策方案规划的第一要义，如果决策方案规划伊始没有分析问题，那随后的为问题寻求正确的解决方法就无从谈起，就有可能出现“爬上了屋顶，却发现梯子架错了墙”。因为决策问题具有动态性、关联性、主观性等特征，所以对决策问题的分析是一个复杂的过程，常常需要进行全面、深入、细致的调查研究。

不同形式和性质的决策问题，其适用的分析方法不尽相同，但一般而言决策问题分析常包含如下环节：①认定问题，即找到现实状态与理想状态的差距是什么，主要是对偏离应然情况的描述；②说明偏差，主要是从问题发生的地点、时间、范围、问题的程度等方面对问题加以界定；③确定原因，包括推测问题的可能原因、检验可能原因及证明真正原因；④问题表述，即在前述环节基础上，对问题从质、量和性等多维度进行表述。

2. 确立目标

当问题和原因都弄清楚之后，要根据客观需要和现实可能初步确定决策目标。目标的确立在决策方案规划中占据着不可或缺的重要地位，但实际操作难度却很大。这些困难源于目标所蕴涵的价值因素、决策者的政治顾虑和目标的多重性及冲突等多个方面。

确定行政决策目标应考虑的因素包括：①决策目标必须具有针对性，要切中问题的要害，避免隔靴搔痒；②决策目标必须明确，决策目标的内容要明确具体，要具有数量、质量、时间的确切规定；③决策目标合理合法，即决策目标要体现人民群众的利益、愿望和要求，符合国家的法律、法规；④决策目标要有现实可行性，即决策目标的确定要坚持从实际出发，不能超越现实环境、条件和能力，也要避免提出的决策目标过低；⑤决策目标要具有系统性，即决策目标的确定要考虑到上下左右的情况和需要，不可孤立地只看某项决策目标本身，防止顾此失彼。

3. 设计方案

决策目标确定之后，接下来就是从多方面搜寻实现决策目标的各种途径和办法，即拟制各种可供选择的行动方案。决策方案有不同类型，根据其内容、作用的不同，可分为积极方案、应变方案和临时方案等。积极方案是从正面保证决策目标实现的方案，它是方案的主要类型，内容包括促使目标实现的各项积极措施。应变方案是在情况发生意外变化时应急用的方案，内容包括各项应急措施和预防措施，其作用常常是和积极方案一道共同保证目标的实现。临时方案是对引起目标偏离的原因尚未查清但又急于处理的问题作出的决策，内容是一些临时性措施，其目的是暂时抑制问题的发展，争取一定时间使决策者能够进一步界定问题，寻找问题的原因，作用是从侧面保证目标的实现。

在拟定决策方案时，简单的决策问题可以直接拟定若干备选方案。复杂决策问题拟定方案时可分两步完成。第一步是轮廓构想阶段，这个阶段重点是要尽可能从不同角度思考问题，探索各种有可能实现决策目标的途径和方法。常见做法是：先寻找出解决类似问题的成功办法，再根据现实情况作适当修正，以形成新的方案；先寻找能够较快解决问题的方案，再设想和构思需要较长时间才能解决问题的方案；先寻找最有把握的方案，再设计把握比较小的方案。在这个阶段应提倡和鼓励大家开阔思路、大胆设想，尽可能地把各种有价值的方案都提出来。同时，轮廓构想也是一个边寻找、边构思、边筛选的过程，以便把那些明显不具备主客观条件、代价太高、副作用过大的方案随时淘汰掉，只保留下若干具备主客观条件、代价较低、副作用较小的方案。方案设计的第二步是精心设计阶段，其工作重点是对保留下来的若干个有价值的方案进行再设计和再构思，以便把每个方案的关键点和细节都设计出来，搞清每个方案各自的优劣和长短，以形成真正的备选方案。精心设计阶段应力求做到严谨周密、精益求精，不放过方案中任何一个可能影响决策目标实现的细节和疑点，为此要鼓励大家或补充或批判畅所欲言，必要时可以让支持不同方案的人相互质疑和辩论，以利于发现问题。

4. 预测后果

后果预测即对每一种可能备选方案被采用后所可能导致的前景所作的估计、推测或判断。后果的预测虽然不能保证绝对的正确性，但是它是政策科学化的前提。通过预测备选方案的后果，从而为决策方案的评估、比较与抉择提供信息，为在多方案中选择和确定最佳或最优方案提供依据。

一个完整的预测过程，一般应包括以下步骤：①明确预测要求，包括预测的目标、预测的精度、完成时间等；②组织工作，即确定预测人员；③搜集数据，根据具体条件，可利用公开发表的数据资料也可进行专门的调查等；④选择适当的预测方法，方法是否适用将严重影响预测的质量，甚至决定其成效；⑤利用采得的数据，运用选定的方法作预测；⑥对预测结果的评价与修正；⑦总结预测结果，编写预测报告。

5. 选择方案

方案的择优选择是行政决策过程中最关键和最具实质性的阶段。其任务是运用系统理论，对各个备选方案政治的、经济的、法律的、社会的等多方面的效益和可行性进行全方位的分析和权衡之后，选择一个最理想的方案。方案抉择直接关系到行动的方向和目标，因此必须慎重。

选择方案的过程是一个评估选优的过程，可以运用定性的、定量的、经验的、技术的等多种多样的方法，其基本标准就是要切实保证决策目标的实现。为此必须做到以下几点：①以最小的耗费实现决策目标，即耗费尽可能少的人力、物力、财力和时间，取得满意的结果；②对环境变化和意外事件干扰的适应性要大，风险性要尽可能少；③有利于整体利益的实现，不顾大局只顾本单位的行政决策方案是不可取的，本位主义是行政决策的大忌；④尽量减少产生的副作用，行政现象互相之间都有联系和制约，必须充分估计并采取措施减少副作用。

抉择方案常用的方法有：①经验判断法，即根据决策者的直接或间接经验，对各种方案的优劣利弊作出判断；②筛选法，即把已经确定的各项标准作为“筛子”，对方案一一过筛，将达不到要求的方案逐一淘汰，直至找出最可行方案；③归并法，即在方案选择中，如发现能够实现目标和令人满意的并不是某一个方案，而是两个或多个方案相互融合的产物，这时可采用归并法，将被淘汰方案中的合理内容、措施都保留下来，使之成为一项新的最佳方案；④实验法，即通过各种方案的局部实施或模拟实施，以判别其优劣好坏，决定取舍；⑤数学分析法，即通过决策方案的可控变量计算，得出这些变量与决策目标的函数关系，并以此作为选择方案的依据。

(三)决策方案的合法化

决策方案规划环节的完成，并不意味着行政决策过程的结束。这是因为，尽管通过决策方案规划，初步获得了一个解决决策问题的相对最佳的方案，但是该方案还并不能称之为公共政策。只有通过决策合法化这一程序之后，才能获得其合法性，成为以国家强制力为后盾、代表公共意志的公共政策。

所谓决策方案合法化，就是赋予决策方案政治合法性，使之转化为公共政策的过程，是法定主体为使决策方案获得合法地位，而依照法定权限和程序，所实施的一系列审查、通过、批准、签署和颁布的行为过程。

决策方案合法化过程是与行政决策的领导体制紧密相连的。领导体制的不同往往导致决策合法化过程的不同。林肯曾召集七位部长讨论问题，七位部长均反对林肯的意见，而林肯最后宣布说："七人反对，一人赞成，赞成者胜利。"这是因为美国总统制就是一种最典型的首长制，而非各成员权力平等、采取少数服从多数的原则的委员会制。我国从中央到地方的各级行政机关实行首长负责制。在首长负责制下，行政机关的决策合法化过程相对简单，凡属于本机关权限范围内的行政决策，可以简单地表现为行政首长对决策方案的决定、签署和政策的公布。然而，在行政首长对决策方案的决定、签署之前，政府法制工作机构对决策方案的审查，特别是重大问题必须经常务会议或全体会议讨论决定的法定制度，也属于行政机关的决策合法化过程的组成部分。

法制工作机构的审查。当前，我国县以上各级政府和政府部门都设置了专门的法制工作机构，审查决策方案是其主要职责之一。有关部门拟定决策方案后，一般先由法制工作机构审查，审查通过后再报领导审批或领导会议讨论决定。有些地方还明文规定，规范性文件非经法制工作机构的法律审核把关，领导不予签发。虽然法制工作机构对政策方案的审查属于协助领导审查，具有参谋、咨询性质，审查的意见仅供领导决策参考，但这种审查，对于保证行政决策的合法性有着重要作用，应予以提倡并加以制度化。

领导决策会议的讨论决定。根据法律规定，我国县级以上各级人民政府工作中的重大问题，须经政府常务会议或全体会议讨论决定，行政首长召集和主持会议，对会议所讨论的结果和作出的决定，行政首长拥有最后的决定权。领导决策会议除政府常务会议和全体会议外，还有行政首长办公会议。首长办公会议是一种处理日常决策事务的会议形式，可由行政首长根据工作需要随时召集。

行政首长签署发布。行政首长负责制的最主要内容是行政首长在各级行政组织中处于核心地位，拥有最高决策权和领导权。本级行政机关制定的政策，由行政首长签署发布。

如果是报上一级行政机关审批，则由上级行政机关的法制工作机构审查、领导决策会议讨论决定后由行政首长签署或直接由行政首长决定、签署，发布权有的在上级机关，有的则退由原政策制定机关发布。如果是报国家权力机关审查通过的，则进入权力机关的决策合法化程序。

2010 年 11 月 8 日，国务院发布《关于加强法治政府建设的意见》，对我国行政决策中的合法化程序环节的建设提出了更高的要求。该意见要求把公众参与、专家论证、风险评估、合法性审查和集体讨论决定作为行政机关重大决策的必经程序。该意见指出：作出重大决策前，要广泛听取、充分吸收各方面的意见，意见采纳情况及其理由要以适当形式反馈或者公布；完善重大决策听证制度，扩大听证范围，规范听证程序，听证参加人员要有广泛的代表性，听证意见要作为决策的重要参考；重大决策要经政府常务会议或者部门领导班子会议集体讨论决定；重大决策事项应当在会前交由法制机构进行合法性审查，未经合法性审查或者经审查不合法的，不能提交会议讨论、作出决策。意见同时指出，凡是有关经济社会发展和人民群众切身利益的重大政策、重大项目等决策事项，都要进行合法性、合理性、可行性和可控性评估，重点是进行社会稳定、环境、经济等方面的风险评估。建立完善部门论证、专家咨询、公众参与、专业机构测评相结合的风险评估工作机制，通过舆情跟踪、抽样调查、重点走访、会商分析等方式，对决策可能引发的各种风险进行科学预测、综合研判，确定风险等级并制定相应的化解处置预案。要把风险评估结果作为决策的重要依据，未经风险评估的，一律不得作出决策。

五、行政决策分析模型

(一)行政决策分析模型的概念

鉴于行政决策在行政管理实践中的重要地位，对行政决策的研究一直是公共行政学及其相关学科的一个重要研究领域。作为政府决策者在特定环境中的一种权力运用活动，行政决策是一种非常复杂的社会现象，有着丰富的内容。不同历史传统、文化背景和政治体制下的行政决策本来就有着很大的不同，而人们对行政决策的看法也常常因自身立场、视角、知识背景等因素的差异而相距甚远。学者们在研究决策的过程中，根据自己的逻辑思路、假设，构造了各种不同的行政决策分析模型。

所谓行政决策分析模型是对行政决策中一些有规律的、反复出现的、标准的、可以让人照着做的方法或行为模式的一种建构。这些模型是学者们在行政决策研究中为了帮助人们理解和解释行政决策形成的原因，认识和分析其社会的效果，思考和预测未来的发展，不断总结出来的。它或寻求对现实行政决策过程的客观描述，或力图建立一个合理的理论解释模型，或是构建一种行政决策的分析框架，体现了对行政决策思考的不同角度，为认识、分析和解释行政决策提供了多种途径。行政决策模型在行政决策的理论研究和实际过程的中间扮演着联系桥梁的角色。

(二)常见的几种决策分析模型

常见的几种行政决策分析模型主要有如下几种。

1. 理性决策模型

行政决策中理性思想的渊源可追溯到古典经济学，和经济学中经济行为追求最大化原则是一致的，经济行为追求利润最大化，理性决策则追求最优方案，即投入最少收益最大的方案。将理性原则全面应用于决策过程就产生了理性决策模型，又称完全理性模型。其基本特征是方案最优、过程理性。决策者在决策时应遵循最大化原则，抉择最优方案，谋求最大效益。作为决策的主体，始终坚持理性化活动，不存在任何非理性成分。

这种模式通常包含了下列基本内容：决策者面临的是一个既定的问题，该问题同其他问题的区别非常明显，或者至少同其他问题相比，它是最重要的；决策者选择决定的各种目的、价值或目标是明确的，或是希望利益最大，或是希望损失最小，而且可以依据不同目标的重要性进行排序；决策者有可供选择的两个以上的方案，面对着这些方案，通常在逐一选择的基础上，选取其中一个，假如方案基本是相同的，通常会作相同的决定；决策者对同一个问题会面临着一种或多种自然状态，它们是不以人们意志为转移的不可控因素；决策者会将每一个方案，在不同的自然状态下的受益值或损失值计算出来，经过比较后，按照决策者的价值偏好，选出其中最佳者。

理性决策在实际中必须具备以下基本条件：决策过程中必须获得全部有效的信息；寻找出与实现目标相关的所有决策方案；能够准确地预测出每一个方案在不同的客观条件下所能产生的结果；非常清楚那些直接或间接参与公共政策制定的人们的社会价值偏向及其所占的相对比重；可以选择出最优化的决策方案。

理性模型认为决策的过程是一理性的追求最优方案的过程，在价值方向和逻辑上是值得肯定的，对传统经验式决策向现代科学决策的转变有积极意义。但理性决策模型所要求达到的基本条件，在现实生活中近乎苛刻，而无法实现。因此，它遭到了许多学者的强烈批评，有不少其他决策分析模型就是建立在对理性模型批判的基础之上的。

2. 有限理性决策模型

有限理性模型是西蒙在对理性模型批判的基础上提出的。西蒙对理性模型的批判主要集中在两点：首先，决策中做到纯粹理性是不可能的。这一点体现在四个方面：人的知识具有不完备性，要受主观认知、理解能力和客观条件的限制；预见的困难，决策是面向未来的，方案的选择是以对未来的预见为前提，而任何预见都不可能是完整的；选择范围的有限性，决策主体不可能做到在全部可能的备选方案中进行比较和选择；时效的局限，即使所有可能的行动方案以及其全部后果都能够考虑到，这在时间成本上也往往是不合适的。其次，现实中的决策者是行政人而非经济人。行政人的价值取向和目标往往是多元的，受到多方面因素的制约，他们的知识和能力水平都是有限的，他们的决策行为往往受到心理因素的制约，他们不可能，也不奢望发现最优，而只是找到满意解就知足，能满足需要就行。

有限理性标准和满意原则构成了西蒙有限理性模型的基本内容。首先，西蒙认为行政决策中的人并非完全理性，而是有限理性。有限理性体现在行政决策的全过程：在情报活动阶段，人的决策行为往往受到知觉性选择的支配，不同经验和知识背景的决策者，对决策环境的认识会有不同的解释；在设计活动阶段，人们并不是试图找到所有可行性方案，而是找到尽可能多的方案；在方案的抉择阶段，决策者的选择往往和备选方案的提出顺序有关，找到了令人满意的A就不会再花时间去考虑B，尽管B可能更好。其次，西蒙认为决策的标准不是客观最优而是相对满意。求得最优解只有在数学上或理论上存在，而在错综复杂的现实社会中不存在。其基本原因可归纳为三点：最优的标准不一，一个完全客观的最优是不存在的；即使存在最优，短时间内很难用完全的信息把它找到；事物的不断变化，即使在长时间内找到最优，得到的最优事物的演变很可能不是最优。

将有限理性标准和满意原则应用于行政决策，就形成了有限理性模型对行政决策程序的理解：决策者得到有限的决策资源和决策信息，然后进行对策搜索，对搜索出的每一对策方案进行比较，找出满意对策，然后停止搜索，输出满意的对策；如果找不到满意对策，则降低满意标准，重新进行对策搜索，直到形成满意对策。

有限理性模型是对完全理性模型的发展。相比于传统的完全理性模型，有限理性模型用有限理性标准取代了完全理性标准，这更接近于行政决策的现实情况。而用满意代替最优原则，则突出了该决策模式的实用性，从而使得决策理论与现实相一致，有其积极意义。但把满意作为行为准则，带有一定的主观色彩，因而有其局限性。此外，有限理性模型在决策程序上未能摆脱理性模型的窠臼。

3. 渐进决策模型

渐进决策模型最初是由美国著名的政治学家和政策科学家林德布洛姆，基于对美国社会政治过程的考察而提出的。林德布洛姆认为美国社会政治过程存在四种基本形态：其一是价格体系。政治领袖与社会大众之间如价格体系一样相互控制，前者追求权力却必须为公众提供服务，后者要求服务却必须给予政治领袖政治权力。其二是层级体系。层级体系是政治领袖为实现其目标，由上而下，层层控制的工具。其三是多元体制。在美国多元化的政治体系中，存在着多元政治权力中心，决策经常是在各党派公开地相互竞争中进行。其四是议价行为。正是前三者的存在，使得买卖双方相互讨价还价的行为成为可能。除了在层级体系形态中决策者可以不必讲究策略，可以随心所欲达成决策之外，其余三者都不可能由单独的决策者独立作出决策，决策是由相关的决策者之间彼此相互作用、互动的结果。在这种情况下，如果要进行决策，必须讲究策略，要在达成共识基础上逐渐推展，即必须是“渐进决策”。

所谓渐进决策，就是指决策者在决策时在既定的合法政策的基础上，采用渐进方式对现行政策加以修改，通过一连串小小的改变，在社会稳定的前提下，逐渐实现决策目标。由于多元主体的参与制衡，政府的公共政策实际上只是过去政府活动的持续，只是根据过去的经验而对现行的政策作出的局部的、边际性的调适。这种调适源自渐进的政治、渐进的政府决策，并主要通过政党政治来实现。调适的成功与否则取决于是否能够在一种渐进演变的过程中逐步寻获关于既定政策的公共看法。因此，关于政策的社会趋同程度是这个成败的关键。按照上面的想法，林德布洛姆认为渐进决策需要遵循三个基本原则：按部就班原则、小变大原则、稳中求变原则。

渐进主义政策分析模型具有以下特点：因为现实政治所推行的是渐进政治，对政策问题，各政治领袖与政党的看法大致上达成共识，所能调节或改变者，只是在小的枝节问题上，因而是渐进的，在实际政治中，不一定需要用许多理论；尽管政策分析或制定也会经常出现许多变量，但渐进分析只注重几个重要变量，方案的考虑也只限于少数几个；价值与事实在渐进分析中交互使用，互为一体，现实政治中的基本价值已达共识，无须再寻求各种不同的价值标准作为决定的标准；渐进分析以已有的政策为前提，这样的政策更可能被社会上一般人所接受，并且与实现差距不大，不至于冒险。

渐进决策模型以历史和现实的态度将行政决策看作一个前后衔接的不间断过程，注重事物变化的量的积累，主张通过不间断的修正，达到最终改变政策之目的，在认识论与方法论上具有一定的合理性。其优点在于：决策所选择方案与现实状况相差不大，可以预测；在一时无法搞清人们的各种需求时，渐进方案会以不断尝试的方式，找出一种满意结果；易于协调各种相互冲突的目标，不会因远离原有目标，搞乱了原目标间的秩序；渐进方式可以帮助人们检验所作的抉择是否正确，特别在复杂条件下，可以孤立某些因素，比较其利弊；渐进方式比较稳妥，容易控制，能及时纠正错误，不会造成大起大落的状况。但是我们也必须看到：这种模式在社会稳定、变迁速率缓慢时比较适宜；一旦社会条件与环境发生巨大变革，需要彻底改革现有政策，该模式非但起不到应有作用，很可能阻碍社会的变革。

4．精英决策模型

精英决策模型，是将公共政策看作反映占统治地位的精英们的价值和偏好的一种决策理论。该模型最早是由托马斯·戴伊和哈蒙·齐格勒于 1975 年在《民主政治的讽刺》中提出来的。其基本点是，不是人民大众通过他们的需求与行动决定行政决策，而是占统治地位的精英们决定了行政决策，然后由政府官员和机构加以实施。

精英决策模型的基本内容有：社会分化成掌权的少数人和无权的多数人；只有少部分人才有权为社会分配价值，群众不能决定公共政策；少数的统治者与杰出人物不是被统治的群众代表，他们主要来自社会中社会经济地位较高的那个阶层；非杰出人物向杰出人物的转化必然是一个缓慢而又持续的过程，从而才能保持社会的稳定并避免发生革命，在非杰出人物中，只有那些接受了杰出人物的一致意见者，才被允许进入统治集团；在社会制度的基本价值观和维护这一社会制度方面，杰出人物的看法是一致的；公共政策所反映的不是大众的要求，而是反映了杰出人物的主要价值观，公共政策的变化将是渐进性的，而非革命性的；活跃的杰出人物很少受群众的直接影响，相反，杰出人物影响群众远远超过群众对他的影响。

精英决策模型把行政决策看作杰出人物行为的产物，只反映他们的价值观，并服务于他们的目标。这种看法在一定程度上，反映了行政决策的社会现实。但是我们也要看到，在任何一个大众参政议政程度较高的社会里，人民群众的影响仍是占主要地位的。从民主政治的要求看，政府最基本的目标，是为广大人民群众谋利益，其决策既要真正能代表并反映他们的需求，又要获得他们的支持和拥护，否则政府的正当性就存在问题。

5. 团体决策模型

与精英决策模型刚好相反，团体决策模型把行政决策看作利益集团之间相互作用、相互斗争以及彼此协商、定约和妥协的产物。团体理论是美国政治学的主导理论，它认为，利益团体的相互作用和争斗是政治生活的主要行为。一个利益集团是由某些具有共同的立场、观点、态度和利益的个人所构成的集合体或组织，它向其他社会团体表明自己的主张，并向政府反映它的利益和要求。这样，利益集团便成为一种政治组织，个人只有通过这种组织才能在政治生活中变得重要起来，它架起了个人与政府之间联系的桥梁。因此，政治实际上就是各种利益集团之间的斗争，政治系统通过各种手段，比如确立集团之间的游戏规则、协调各种冲突的利益、以公共政策加以干预等，来处理各种利益集团之间的关系。

团体理论将所有重大的政治活动都描述为利益集团及政治组织之间的相互争斗，决策被视为一种处理来自各利益集团压力的活动，而作为决策结果的政策则是这些利益团体之间的斗争、妥协的结果。政策研究的团体途径认为，在任何时候，公共政策都是占支配地位的团体的利益的反映，一个团体的势力或影响力取决于它的人数、财产、组织化程度、领袖能力、内聚力以及与决策者联系的密切程度等。利益集团的影响力的改变都可能引起政策上的变化，随着各利益团体影响力的消长，政策将变得有利于那些影响力增强的团体，而不利于影响力削弱的团体。

团体决策模型把注意力集中到决策过程中集团的作用上，并以此去认识、分析和处理具有利益冲突的各种政治经济和社会行为。这种视角有其合理性，也符合一些政治民主参与和开放程度比较高的政治体系中行政决策的现实。但是按照集团决策模型的理解，政府在行政决策过程中，完全处于被动地位，这又过分夸大了集团的重要性，既低估了决策者在政治过程中所起到的独立的又富有创造性的作用，又没有充分认识到政治生活中其他因素的重要影响。

【案例 8-3】美国不仅是个军火大国，更是私人拥有枪支的世界第一大国。据美国司法部统计，美国现有近 2.4 亿支私人枪支，几乎人手一支。据统计，美国每年发生枪杀事件 100 多万起，每天都有近百人死于枪击事件，造成的直接经济损失在 200 亿美元以上。应该说，美国私枪问题有历史渊源和文化背景。早在 17 世纪时，美洲大陆是一个全新的、危险的地方，这种情形在客观上要求来此探险和寻找机遇的人们有必要拥有武器。当时的美洲印第安人对来到美洲的“新人”充满敌意，引发了大量与枪支有关的冲突；尔后殖民地居民奋起抗争英国殖民者的统治，也是用武器“说话”；此后在西进运动中，枪支更是成了必不可少的自卫工具……就这样，美国的历史和传统不可避免地与枪支纠缠在了一起。也正是基于保障后人得以继续享有美国革命时期爱国前辈所行使的那种对暴君造反的权利的考虑，托马斯·杰斐逊等宪法制定者在宪法中加入了美国公民可以持有枪支的条款——《合众国宪法第二条修正案》：“管理有序的民兵是自由国家安全之所需，故人民拥有和携带武器的权利不可侵犯。”也就是说，武装起来的公民可以向他们认为不公正的政府发起武装起义。与此同时，利益集团是反对枪支管理的重要力量。成立于 1871 年的全国步枪联合会(NRA)是美国最大的枪支所有者协会，有多达 300 万个会员，很多都是实力惊人的枪支生产商和经销商。该组织强烈反对加强枪支管理，即便是在枪击案频发之际，仍然坚定不移与枪支制造商们联手大作院外活动，想方设法阻挠国会和政府出台相关政策，其理由就是宪法和他们的口号“杀人的不是枪，而是人”。在克林顿执政期间，他们就曾全力扼杀了克林顿的几项枪支管理法案。在2000年总统大选中，这些利益集团更是花费近2000万美元支持小布什(支持枪支拥有)和其他支持枪支拥有权的国会议员进行竞选，以便为他们代言。在另一边，成立于1974年的手枪管制有限公司则是推动枪支管制的核心力量，该组织提醒人们关注校园枪击案，关注安全环境，要求枪支管制。但相比之下，后者的能量和声音要小许多。在奥巴马竞选期间，对枪支暴力问题表现出一定程度的关注。但问题是，枪支问题牵扯了太多利益，而奥巴马出于经济刺激(毕竟美国是武器销售大国)和安全的考虑(恐怖袭击阴影使得反禁派有了更多口实)，在这一敏感问题上没有作出太多大胆的尝试，他的不断下滑的支持率也影响到他的施政。

问题：如何理解利益集团在美国枪支管理政策中的作用？能否用集团决策模型之外的决策分析模型来解释美国枪支管理政策？

分析：

如案例材料所显示的那样，利益集团对美国枪支管理政策有巨大影响：以NRA为代表的利益集团，代表枪支制造商、经销商以及部分枪支所有者的利益，他们通过金钱、选票和游说等方式，或阻挠枪支管制政策的出台，或支持符合自己政策主张的政治人物，从而直接或间接影响了美国枪支管理政策；而以手枪管制有限公司为代表的主张加强枪支管制的利益集团，则由于自身影响力较小而难以对枪支管理政策有大的影响；政策总是倾向于影响力更大的利益集团，所以美国严格的枪支管制政策总是难以出台。但是与此同时我们也应看到，利益集团不是影响美国枪支管理政策的唯一因素，美国特殊的历史文化、崇尚个人自由的民族性格、总统等政治精英人物的态度乃至特定时期的社会背景氛围等都有其影响。集团决策模型从利益集团的角度去理解和分析公共决策，有助于人们发现公共决策背后的利益博弈结构，对政治民主参与和开放程度比较高的政治体系中的公共决策尤其具有解释力，但这并不表示它一定是分析美国枪支管理政策的最佳分析模式，更非唯一分析模型。公共决策是一项非常复杂的社会活动，可以从不同角度加以理解，而各种决策分析模型的建构和运用也受到人的主观因素的制约，这就意味着我们也可以用诸如渐进决策等其他分析模型来分析这一决策，关键是哪种分析框架更与决策现实相一致且能揭示其本质。

(资料来源：张国庆. 禁枪令遭遇利益杯葛. 时代周报，2010(28))

第二节 行政执行

一、行政执行的概念与特征

(一)行政执行的概念

所谓执行即贯彻、落实、推行、实施。行政执行，是指行政系统内部具有行政权的行政组织及其工作人员，实施决策机构发出的决策、计划和指令，以达到预期行政目标的全部活动的总和。换言之，行政执行是为实现行政决策所做的具体工作，包括从决策批准时起，到决策目标实现为止的整个实践过程。

行政执行与行政决策是两个既紧密联系又相互区别的环节，两者都是公共行政的重要环节，缺一不可。行政决策是行政执行的前提和基础，而行政执行则是行政决策目标实现的活动过程和保证，是行政决策的继续。

(二)行政执行的特征

行政执行涉及的内容复杂、范围广泛、环节众多，但其作为一种行政实务活动仍有自身相对鲜明的规定性和特点。

(1) 目标性。行政执行是一种目的性很强的活动，整个执行过程中的一切活动都是为了如期或提前达到决策目标。执行者无论采取什么样的具体方式、方法，总是为实现一定的目标。没有行政目标，则不能构成具体的行政执行行为。

(2) 经常性。作为公共行政的基本任务和基本职能之一，行政执行是一项大量的和日常性的工作。一方面，一些常规性和稳定性的政策需要长年重复或阶段重复执行；另一方面，在公共行政中，决策—执行—反馈—再决策—再执行—再反馈，是一条不断往复的循环链，对于基层和执行操作层而言，行政执行是一项经常不断的工作。

(3) 强制性。行政执行是对行政决策的实施、推行，而行政决策一般都以政策法规的形式提出，并以国家强制力作为后盾，强制性是行政执行的重要特征之一。这种强制性，一方面强调了行政组织层级之间必须下级服从上级，局部服从全体，地方服从中央；另一方面体现在执行过程中，当行为对象拒不执行法定义务时，行政主体可以采取强制措施。

(4) 灵活性。行政执行具有强制性，但并不表示行政执行是一个简单机械、照本宣科的行为过程。行政执行的这种灵活性可以从两个方面来理解：一是指在坚持决策原则的前提下，执行人员要因地制宜、因势制宜、因时制宜，具体情况具体分析，灵活地而不是机械地执行；二是指在落实决策的过程中，执行人员要灵活地采用各种办法、手段和技术，以提高执行的效率，按期或提前实现行政目标。

(5) 时效性。行政执行具有很强的时效性。每一执行程序和执行阶段都有明确的时间限定，不允许任意拖延，因为它直接关系到行政执行的效率。行政执行越迅速、越及时，行政效率也越高。

二、行政执行的重要地位

行政执行是公共行政的基本环节之一，也是行政组织的一项主要工作。具体而言，其在公共行政中的重要地位主要体现在如下几个方面。

(1) 行政执行是实现行政决策的唯一途径。毛泽东曾经说过，“如果有了正确的理论，只是把它空谈一阵，束之高阁，并不实行，那么，这种理论再好也是没有意义的。”要把决策付诸实施，变成现实，就必须依赖于行政执行。没有有效的行政执行，再好的决策也只能是镜中花、水中月，无法变为现实，从而失去实际意义。正是基于这种认识，有国外学者说，在实现决策目标的过程中，方案确定的功能只占 10%，而其余的 90%取决于有效的执行。

(2) 行政执行是检验行政决策的最终标准。由于现代行政事务复杂，在行政决策时，难以预料一切可变因素和情况，因此，行政决策有时具有不确定性。实践是检验真理的唯一标准，行政决策正确与否，最终要靠实践来检验。行政执行活动就是公共行政的实践活动，它的结果就是检验行政决策正确与否的最好尺度。

(3) 行政执行是行政过程的中介性环节。一方面，任何决策不可能一经产生就完美无缺，它需要在执行过程中得到不断修正和完善，决策者要根据决策执行过程中实际情况的变化来修正和完善决策，以提高决策的可行性和有效性；另一方面，任何决策都有时效性，它只能在一定的时空范围内起作用，超过这一范围，这个决策就失去效用或完成了它的使命，就要被新的决策所代替，而新的决策要以前一项政策执行后的反馈信息为基本依据，在此基础上制定新的政策。因此，行政执行对完善旧有决策和启动新决策都有重要作用，是联系下一轮行政过程的中介性环节。

(4) 行政执行直接影响行政效率的高低。行政效率与行政执行有着直接的关系，在行政执行过程中，执行组织机构设置是否科学、部门间权责划分是否合理、执行人员素质和技能是否适合需要、工作运行程序的编制是否合乎规律、执行手段是否合理等诸多因素，都能影响到整个行政活动的效率。这就要求行政执行中每个步骤、阶段、环节都能有效地发挥其作用，以便保证整个公共行政的高效率。

三、行政执行的基本原则

行政执行有其机制运转的规律，行政执行的原则就是这些规律的反映。行政执行的原则主要有如下几点。

(1) 忠实性与灵活性相结合的原则。坚持执行的忠实性，就是要无折扣地贯彻决策不走样、不扭曲、不变形。坚持决策的严肃性和权威性，这是公共行政对行政执行环节的首要要求。行政执行必须严格按照决策本身规定的对象、范围去实现决策目标，最忌那种“有令不行，有禁不止”或“上有政策，下有对策”的行为。要做到忠实于决策、坚持原则，就要对决策有全面的了解和深入的分析，正确掌握决策宗旨和要达到的目标，真正在精神实质上忠实地执行决策。与此同时，执行者也要根据行政执行所处的具体环境和条件变化后出现的新情况，灵活执行，强调因时、因地制宜。忠实于决策与灵活性地执行决策，表面上似乎是矛盾的，实际上二者是统一的：所谓忠实，是指忠实于决策的基本精神和目标，而不是照本宣科；所谓灵活，是在执行方式和方法上根据实际情况加以灵活选择，以取得最好的效果。只有坚持既忠实于决策，又灵活乃至创造性执行的原则，才能使行政决策达到既定目标。

(2) 发扬民主与强调集中相统一的原则。民主集中制是我国的根本组织原则，在行政执行中同样要贯彻民主集中制的原则。一方面，领导者、一般行政人员和群众都是行政执行的主体，一项行政决策的贯彻落实，不但要求领导者要充满信心，而且需要一般行政人员的全力投入和群众的积极配合。因此，领导者不仅在决策过程中要发扬民主，使群众参与决策，而且在执行过程中也要注意发扬民主，使所有执行人员和人民群众都能正确地理解决策，准确地认清决策目标，自觉地以主人翁的姿态来承担实现决策的各项任务。只有把上级与下级的认识统一起来、把执行者的积极性与群众的积极性结合起来，才能实现行政执行的职能。在我国现行制度下，行政工作的成败关键更是在于民众满意不满意、高兴不高兴，只有让民众知道做什么、为什么做、怎么做，群众才能有真正的积极性，决策也才能真正得以实施。与此同时，为了保证行政执行的迅速果断，必须强调执行的集中统一领导，协调统一各方面的行动，保证行政决策的有效推行。对行政执行而言，民主参与和集中统一都是必不可少的。

(3) 时效与质量并重的原则。所谓谋在于众、行在于断，是指行政决策阶段需要集思广益、反复论证，而行政执行则要求迅速果断、注重时效。行政执行环节的职责就在于如何以最快的速度，在最短的时间内圆满地实现决策目标。行政决策一经作出，就要立即贯彻执行，要雷厉风行，而不能耽搁、拖延。对行政决策贯彻执行得越迅速，行政效率就越高。但行政执行在追求时效的同时，还应注重质量，不可操之过急、简单图快。不讲质量和效果，盲目追求高速度是不可取的，会造成人、财、物和时间的巨大浪费，造成严重的不良后果。因此，应把时效与质量统一起来。

(4) 追踪检查的原则。为防止和纠正行政执行过程中的偏差和失误，保证行政活动的正常进行，提高工作质量和工作效率，就要坚持追踪检查、控制监督。跟踪检查行政执行过程中执行主体是否偏离原决策，行政执行人员是否依法办事，是否遵循工作程序。行政执行中要随时随地地检查、控制、考核、监督，才能保证执行不出偏差，保证决策目标的最终实现。

【案例 8-4】S 市 N 区某弄旁有变电站一所，变电站铁门上有告示牌一块，上书“严禁变电站周围堆物、停车、设摊，违者罚款!”。待业青年王某在变电站的铁门旁摆起(无证)自行车修理摊，生意很好，有时待修的车辆多得妨碍弄口的交通，居民进出不便。附近居民通过居委会向街道市政科反映此事，要求迅速解决。街道市政科在与区工商行政管理局研究后，作出取缔该摊的决定，责成所属的市容检查分队吴队长执行。吴队长觉得取缔该摊后，待业青年王某不是成了不安定因素了吗？且王某平时表现良好，其父早已亡故，其母因肺癌于去年去世，家庭经济情况很差。吴队长经过苦思后，决定立即帮助王某办理好营业执照，并将其摊位挪动了 18 米。

问题：吴队长的行为体现了行政执行的什么原则？

分析：

待业青年王某的自行车修理摊妨碍了居民交通，且属于无证经营行为，不符合规定，但是居民对其修理自行车的服务是有需要的，且简单地取缔其摊位确实会给王某带来生活困难。吴队长作为市容监察分队的执行人员，先依法对王某的摊点进行取缔，然后再帮助王某办理好营业执照并辅以易地摆摊的做法，使其能合法营业，既执行了政策又兼顾了王某的实际困难，体现了行政执行应坚持忠实性和灵活性相统一的原则。

(资料来源：魏娜，汪大海. 2003 年 MPA 联考高分突破·行政学分册. 北京：中国人民大学出版社，2003)

四、行政执行的过程

从行政执行的基本程序看，行政执行过程一般可分为行政执行前的准备阶段、具体实施阶段和总结评估阶段三个环节，在每个活动阶段各自又有一些功能环节。

(一)执行准备阶段

未雨绸缪方能决胜千里，准备工作是否充分，对行政执行的整个过程有直接影响。对不同的行政执行，应有不同内容的准备，但一般来说，所有行政执行工作都应做好以下几个方面的准备工作。

1．制订执行计划

为了保证行政执行活动有条不紊，就必须根据既定的决策方案，制订关于行政执行活动的具体行动方案。制订执行计划的目的在于明确做什么、怎么做、谁来做以及先做什么、后做什么、采用什么方法和手段等问题，从而合理地使用人力、物力、财力和时间，以提高行政执行的效率。执行计划一般要涉及如下一些问题：对决策目标的合理分解，并对分解的各子项目加以指标化，使实施者对实施内容要达到什么标准心中有数，也使监控者检查监控有依据；明确整个执行活动程序和步骤；明确执行者各自所负的责任和各自在执行机构中的位置及应起的作用；制定执行决策的规章制度、组织纪律；明确可供利用的经费、设备及环境条件等。制订执行计划应考虑的因素包括：编制计划要切实可行，有关人力、物力、财力等条件，必须精确具体，切不可含糊笼统；编制的计划要有适应环境变化的弹性机制，特别是要有适应意外情况发生的防范机制；编制计划要能够统筹方方面面、理顺各种关系，切忌顾此失彼；执行机构内部各部门的工作目标和决策目标保持一致、上下级的政策目标保持一致，以增强组织上的统一性和方向上的一致性。

2．组织准备

行政决策方案的贯彻执行，最终需要一定的组织机构和人员来完成，为此必须做好组织机构方面的准备。组织准备具体内容主要包括如下几个方面：首先，确定机构，即由哪个机构负责某项决策的执行，这是首先需要确定的问题。其次，配备人员。在个体选择上要根据执行任务的需要选配合适的人选，在整体安排上坚持按照最低职位数量原则配备人员，以避免人浮于事和机构臃肿。最后，完善规章制度，既要明确领导职责，以便集中、统一指挥，提高管理效率和效能，又要明确规定各个工作岗位的职、责、权、利，做到职权相称，责利相连，以便各司其职、各尽其责地开展工作。

3．思想准备

思想准备就是通过各种方式使执行者和执行对象都能够了解政策和法令的内容、意义，从而在思想上达成共识，并变为自觉行动的过程。执行部门在采取行动之前，必须先检查这项政策和命令是不是符合法律和有关法规的规定，是不是符合法定程序。只有政策、法令和规定合法化，执行者和执行对象才能在思想上接受，也才能够减少政策执行中的阻力。

4. 物质准备

兵马未动粮草先行，任何行政执行活动都离不开特定的物质基础。行政执行前的物质准备包括经费上的准备、必要的设备条件的准备及工作人员生活、工作条件的准备。除此之外，在当今科学技术蓬勃发展的时代，在行政执行中，一定的技术条件、技术力量的准备是必须考虑的重要因素。

(二)具体实施阶段

1. 局部实验

局部实验既可以验证决策，如发现偏差、及时反馈信息、修改和完善政策，又可以从中取得带有普遍指导意义的东西，如执行的方法、步骤、注意事项等，为决策的全面执行取得经验。因此，那些涉及全局关系的重大决策、非常规性政策尤其是具有较大风险性的决策，一般都要先在局部范围进行实验性执行。执行实验一定要按照科学方法来进行，其步骤大致分为三个阶段：①选择实验对象。选择实验对象或试点，要根据行政决策的内容要求进行。随便地找一个地方来试点固然不行，给试点创造得天独厚的特殊条件，人为地拔高试点，以此证明决策是正确完善的，更不可取。试点必须在全局情况中具有典型性条件，这些典型条件应具有普遍性。②设计实验方案。用于实验的决策方案可以是一个，也可以是两个或多个。对于范围较广、变化较大的复杂问题，应该有在相同条件下的对照组，以便从比较中得出科学的结论。在某些情况下，为了避免各种人为因素的干扰，防止失去科学性，试点还可以采取不公开的“盲试”。③总结实验结果。分析和总结实验结果是执行实验过程最关键的一个阶段，因为总结阶段要根据实验的整个过程和最后结果，检验、评估、修改、补充或者否定决策方案。

2. 全面实施

全面实施阶段通常是整个行政执行过程中持续时期最长、内容最丰富、活动最复杂的阶段。在这一阶段内诸环节效率的高低、成效的大小对整个执行过程有着极为重要的影响。可以说，行政执行能否达到预期目的，直接取决于全面实施阶段各环节的效绩状况。全面实施阶段要严格遵循政策执行的基本原则，充分发挥政策执行的功能要素，重点抓好实施过程中的指挥、沟通、协调、控制等要素，以保证政策目标的圆满实现。关于此过程中的行政指挥、行政协调、行政沟通和行政控制等内容，本书第七章相关部分已有介绍，此处不再赘述。

(三)总结评估阶段

总结评估是行政执行的最后一个环节，一项行政执行任务基本完成后，要对整个执行情况进行全面的衡量评价，以肯定成绩，找出不足，以利于发扬成绩，修正错误，不断前进。

1. 评估准备阶段

充分的评估准备工作能明确评估的中心和重点，避免评估的盲目性，使行政评估工作顺利进行。评估准备阶段的主要任务如下。

(1) 确定评估对象。这是评估工作的第一步，只有确定好评估什么，才能把评估的目的、标准与方法等要素随之确定下来。行政评估的对象范围非常广泛，仅是行政执行的效果就可以分为行政执行的直接效果、行政执行的连带效果、行政执行的历时效果以及行政执行的系统性影响。这就决定了在确定行政评估对象时要有所选择，不能随意或胡乱评估。为此，要考虑两方面的因素：一方面选择的评估对象必须确有价值，能够通过评估达到预定的或可能的目的；另一方面所选择的评估对象又必须是可以进行评估的，即从时机、人力、物力、财力上看均能满足评估所需要的基本条件。

(2) 明确评估目的。明确评估目的，解决的是为什么要进行评估的问题。评估的目的可能有多个，要确定其主要的目的。评估目的决定了行政执行效果评估的基本方向。只有解决了为什么要进行评估，才能使评估活动朝着既定的方向迈进。

(3) 选择评估标准。评估的标准有一般标准也有具体标准，有国外的标准也有国内的标准，这就要求根据情况作出适当的选择。实践中，往往需要根据评估对象和目的来选择评估标准，并在此基础上进行指标体系的构建。

(4) 选择评估方法。常见的评估方法有直接质询法、民意调查法、标准衡量法、历史比较法、对象比较法及案例比较法。根据评估对象的差异选择合适的评估方法是评估准备阶段的一个重要任务。

(5) 选择和培训评估人员。评估人员素质的高低、专业化程度、评估态度、评估立场和敬业精神等都直接影响评估的质量。因此，培训和选择评估人员，提高他们的业务水平及其综合素质至关重要。一般而言，执行人员自我评估具有对执行过程中各种信息比较熟悉的优势，但这种评估结果有可能因缺乏独立性而不够真实，而外部人员的评估则可以在一定程度上弥补这种缺陷。

(6) 评估方案的撰写。在搞清楚上述准备环节的基础上，撰写评估方案。一个完整的评估方案通常应包括如下内容：阐述评估对象；明确评估的目的、意义与要求；提出评估的基本设想，根据评估目标确定评估的内容与范围；确定评估标准，决定评估类型，并选择评估的具体方法；写明评估的场所、时间，规定工作进度的有关计划；写明评估经费的来源及筹措与使用等。

2. 评估的实施

实施评估是整个评估过程中的关键环节，其工作大致包括收集评估信息、统计分析评估信息和形成初步结论等。

(1) 收集评估信息。行政评估的过程，首先是一个信息收集的过程，收集评估信息是评估中的一项基础性工作。其主要任务是利用各种社会调查的手段，全面收集行政执行的第一手资料。常用的收集信息的技术与方法有：查阅资料法，如查阅政策运行记录等；观察法，要求深入执行的实地，又可分为结构观察和非结构观察；调查法，如开会调查、个别访问、问卷调查等；个案法，如典型分析等。这些方法各有其优点、局限性和应用范围，最好是综合使用，相互配合，力求所获信息具有广泛性、系统性和准确性。

(2) 统计分析评估信息。这个阶段是对采集到的评估信息进行系统分析处理的阶段。由于采集所获的信息都是原始数据，比较分散、杂乱，所以需要对其进行系统的整理、分类、统计、综合和分析。在此过程中，既要重视传统更多定性分析方法的运用，更应积极利用现代量化统计分析技术乃至各种统计分析软件。

(3) 形成初步结论。在综合统计分析评估信息之后，紧接着就是要运用直接比较法、综合比较法、成本分析法、前后对比分析法或统计抽样分析法等具体的方法，给出一个初步的评估结论。在进行评估时，要坚持评估资料的真实性、全面性、多样性和具体分析的客观性、可比性、科学性等几个原则，客观、公正、真实、准确地反映出行政执行的实际效果，给出评估结论。

3. 评估的总结

总结阶段是得出评估结果、撰写评估报告的阶段。由于行政评估离不开价值判断，而个人的价值判断受客观条件和一些非理性因素的影响，难免有疏漏，因此，在收集评估信息，得出评估结论后，还必须善加处理。首先，要自我检验、统计分析评估信息所得出的结果的可信度和有效度。其次，让评估结论和政策设计者、决策者、执行者、参与者见面，以便发挥评估的诊断、监督、反馈、完善和开发作用，提高政策的科学性。

评估总结包括以下两个方面的内容：①撰写评估报告。撰写评估报告需要注意两点：一是对初步结论要再作一次简明扼要的分析总结，然后给出一个正式的评估结论；二是在评估报告中，除了要写好价值判断部分外，还必须写好政策建议部分及整个评估工作的说明。②总结评估工作。在撰写好评估报告之后，接下来就是对评估工作进行系统的总结。总结是对本次评估活动进行一番全面的回顾，评估工作中的优缺点，总结经验，吸取教训，为以后的行政评估活动打下基础。

复习与思考

1. 简述行政决策的基本特征。
2. 简述行政决策的重要地位。
3. 试述行政决策的基本原则。
4. 行政决策过程由哪些基本环节构成？
5. 行政决策分析模型有什么作用？
6. 常见的行政决策分析模型有哪些？
7. 简述行政执行的重要性。
8. 行政执行应遵循哪些基本原则？
9. 行政执行前的准备环节需要做哪些工作？
10. 行政执行评估包括哪些基本环节？

【案例分析】

案例一：

美国兰德公司被誉为世界智囊团的开创者，是美国规模最大的咨询研究机构之一。它研究的课题是军事、政治、外交、经济、文化、教育和科学技术各个领域中最迫切需要解决的重大问题，研究目的是寻找解决这些问题的途径和措施，为各种重大决策服务。在对外政策方面，兰德公司特别注意与国家安全有关的地区研究，主要对象是苏联和中国，也重视对欧、亚、拉丁美洲的研究。兰德公司的研究力量相当雄厚，这个优秀人才的集体也是一个以智慧、创造力和富有生气为特征的“社会有机体”。在这个集体里，每个人都勤奋工作，努力钻研，不断有所创新，有所建树。他们打破 8 小时工作制的常规，夜间或周末常常继续工作，有的人甚至很少回家。兰德公司给美国政府和大企业创造了难以计数的效益。早在 20 世纪 60 年代，美国国防部长麦克纳马拉就说：“美国空军对兰德公司的投资，已经收回了 10 倍以上的价值，它分担了五角大楼的将军们和白宫官员们在国防计划方面的一大部分责任。”美国政府对兰德公司等咨询研究机构忠告的认识上有过不少教训。

兰德公司研究苏联公开发表的空间技术文献之后，于 1949 年就写报告给政府，预言苏联将于 1957 年发射人造地球卫星，提出政府当年的战略措施应是加速研制人造卫星。但是美国政府首脑对此不屑一顾。结果 1957 年 10 月 4 日苏联人造卫星真的上天了，大出美国政府意外。而查对五角大楼的档案，果然早已被兰德公司所推算，并且苏联人造卫星上天与兰德公司的预言之间的误差竟不超过一周。

20 世纪 70 年代中期，美国研制成功中子弹后很是得意。兰德公司却指出：我们在 1958 年就打报告给国防部，提出应当立即搞中子弹，政府听不进去，以致延误了 10 年之久。美国政府一查果然如此。

欧洲著名的德林软件公司在朝鲜战争前夕，冒着亏本倒闭的风险，集中资金和人力，研究“美国如果出兵朝鲜，中国的态度将会如何”这样一个有重大意义的决策课题。在战争爆发前 8 天，德林软件公司就拿出研究成果，并想以 500 万美元价格把这一成果卖给美国对华政策研究室。这个价钱在当时只相当于一架先进的战斗机。但从研究成果最主要的结论说，只有“中国将出兵朝鲜”7 个字，每个字价为 70 万美元，代价就显然高得惊人了。这项成果附有 380 页资料，详尽分析了中国国情，有丰富的历史材料和有关数据，有充足的论据证明中国绝不会坐视朝鲜危机而不救，并断定一旦中国出兵，结局是美国将不光彩地退出这场战争。这么一个重大的决策，被当时在很大程度可左右对华政策的美国对外政策研究室的官员视为无稽之谈，一笑置之。后来事实发展果然如德林软件公司的断言，美国在朝鲜战场大败。美国在一个错误的时机、一个错误的地点，打了一场错误的战争。当时从朝鲜战场回国的美军司令麦克阿瑟，在回答记者问及对德林公司研究战果的看法时，不无感慨地说：“我们最大的失策是舍得几百亿美元和数十万美国军人的生命，却吝啬一架战斗机的代价。”德林公司这项研究成果，虽已时过境迁，但仍以 280 万美元的价格卖给美国在野党，以供其在国会上辩论时言之有理。

(资料来源：黄达强，许文慧. 中外行政管理案例选. 北京：中国人民大学出版社，1988)

问题:

像兰德公司这类咨询研究机构如何为各种重大决策服务?各类咨询研究机构为什么在现代行政活动中具有不可忽视的力量?

案例二:

1992 年春，安徽省阜阳地区行政公署根据小平同志南巡讲话精神，作出了《关于深化改革、扩大开放、加快经济发展若干问题的决定》(以下简称《决定》)，召开万人动员大会，要求各部门、各单位迅速按照《决定》精神行动起来。

此后，各部门各单位都纷纷行动起来：大众媒体的宣传，各种形式的动员会、座谈会，还有干部培训班等。所有这些活动，其目的是为了统一广大干部群众的思想认识。

接着组织落实。下属各部门各单位分别成立了有主要领导人亲自参加的“改革开放领导小组”或“改革开放办公室”。有的单位甚至将领导人员分为两套班子：一套抓改革开放，一套抓日常工作。绝大多数单位能做到办公地点落实，办公人员落实。

在思想认识统一和组织落实之后，便着手制定具体方案。很多单位(如太和县、蒙城县、利辛县)都组织有关人员到外地改革开放工作做得好的单位考察参观，学习取经，借鉴外地成功经验以供制定方案时参考。方案的具体内容因各部门、各单位的工作性质和任务不同而难以尽言，大致包括转变职能、转移经营机制、简政放权、精简机构、合署办公、提高效率等。更加具体的有实行“四放开”(经营、价格、用工、分配)，改革人事、住房、公费医疗、社会保险等制度。有的单位为减少改革风险，先在小范围内进行试点工作，待获得经验后再全面推开。

在执行过程中，地区政府责成体改委组成了 10 个督查组，对全地区的 10 个县市和地直机关的具体改革开放工作进行督查。督查组写出了 28 份督查报告，呈递地区政府，在这些督查报告中，不仅总结了执行成绩，同时也如实地反映了问题，并提出了进一步解决问题的建议和设想。这些督查报告不仅有利于地区政府及时掌握执行的进展情况，而且为下一步决策提供了基础、反馈了信息。

问题:

本案例体现了行政执行中的哪些环节?你认为该行政执行过程可作哪些改进?

【推荐读物】

1. [加]迈克尔·豪利特，M.拉米什著. 公共政策研究：政策循环与政策子系统. 庞诗等译. 上海：三联书店，2006

2. [美]尼古拉斯·亨利著. 公共行政与公共事务(第 8 版). 张昕等译. 北京：中国人民大学出版社，2002

3. 王绍光. 中国公共政策议程设置模式. 中国社会科学，2006(5)

4. 杨欣. 论我国决策与执行适度分离的模式选择. 改革与战略，2008(11)

5. 张立荣. 当代中国政府决策与执行的结构解析. 华中师范大学学报(人文社会科学版)，2004(5)

第九章　公共行政的方法与技术

【学习目标】

通过本章的学习，读者应了解系统分析、目标管理、战略管理、全面质量管理的概念；理解系统分析、目标管理、战略管理、全面质量管理的特征；熟悉各种行政方法的操作步骤；掌握各种行政方法的优缺点；充分理解系统分析的研究方法论。

【关键概念】

系统；系统分析；行为研究；价值研究；规范研究；目标管理；目标控制；成果评价；战略；公共部门战略管理；战略管理模式；质量；全面质量管理

【导读案例】

2003 年，上海市徐汇区新一届政府成立后，针对现有的行政体制存在管理程序过多、信息传递低效和失真，以及集权式的流程设计抑制了基层管理人员创新积极性等问题，提出用制度重构加以解决的思路。2004 年 4 月 22 日，徐汇区政府在前期试点的基础上印发了《徐汇区关于加强推进流程再造工作的实施意见》，全面启动以权力下移为核心的流程再造工作。徐汇区政府“政府工作流程再造”是借鉴企业管理创新的一种尝试，将企业管理方法有针对性地、有条件地移植到公共行政当中，从而提高政府工作的效率。同时，注重对基层授权，以实现政府管理由粗放型向精细化科学管理的转变。

在具体做法中采用了五种手段。①整合。许多原本被分开的工作被压缩成一个完整的任务。例如劳动局整合窗口服务功能，把“一条龙”服务逐步转化为“一口式”服务。②授权。新流程实现了垂直和水平压缩，节省时间，降低成本，改善服务，提高服务对象的满意度。例如，工商局通过授权，六级以上注册官对简易变更等注册登记申请有独立受理决定权，所有申请简易变更的企业均能做到一次申请、当场办结。③流程多样化。旧流程主张标准化；新流程则是多版本化，根据不同情况使用不同版本。如劳动争议案件仲裁增设了准备庭流程，针对不同的案件，使用不同的流程；现在有近六成的案件在 7 天内得以解决，极大地缩短了劳动争议仲裁的时间。④减少折中协调，提供单点接触。在新流程中，尽量减少与服务对象的接触点，把没有价值的协调工作减到最少的程度。⑤注意借助电子化手段。徐汇区政府在流程再造中建立并完善了三大信息管理系统：公共行政信息系统、社区公共服务信息系统、社会事业管理信息系统，以推动信息共享、资源整合。

项目实施以来取得了较为明显的成效。主要表现在：①以人为本，实行差别化对策。如在“城市居民最低生活保障”中，针对“家庭人员均无劳动能力”的申请者开辟“绿色通道”，相对于法规规定的不超过 22 个工作日缩短了 14 个工作日，照顾了社会弱势群体。②工作流程缩短，行政效率提高。如对委办局的办事期限的统计中，30 多项原来没有确定办理时间跨度的流程通过流程再造，缩短工作日 1～9 天的有 32 项，缩短 10～20 天的有 17 项，缩短 20 天以上的有 6 项。③促进了部门间协同配合，提高了整体工作能力。对于企业注册、安全生产、拆除违章建筑等跨部门的工作事项，通过跨部门流程再造，由以往的“串联”式操作向“并联”式操作转变。实现了团队管理、协同配合，提高了整体工作合力。

(资料来源：中国政府创新网)

为了实施公共行政职能，达成公共行政目标，公共行政主体必须借助各种各样的管理方法。公共行政方法即公共行政主体实施公共行政活动、实现公共行政目标的手段和工具，是联系公共行政理论与公共行政实践、公共行政主体与公共行政目标的桥梁和纽带，其目的在于协调各种社会矛盾和利益冲突，提高公共行政的质量和效率。近年来，公共行政方法日益受到公共行政理论研究者与实际工作者的关注。通过创新公共行政的方法与技术，将会起到更加有效地利用公共资源、满足人们需要的目的。

第一节 系统分析方法

系统分析是 20 世纪 40 年代，为解决人类生活和社会系统中不断涌现出的众多复杂难题而发展起来的一种以人为中心的、为管理决策服务的科学和艺术。它最早是由美国兰德公司在第二次世界大战前后提出并加以运用，此后被广泛应用于包括公共行政在内的人类社会生活诸领域。

一、系统与系统分析

(一)系统及其特征

系统分析的基本概念是系统。所谓系统，是指由相互作用和相互依赖的若干组成部分按照一定规律结合而成的、具有特定功能的有机整体。

系统的存在是一种普遍的现象，世界上的万事万物都作为系统而存在。一般说来，系统具有如下特征。

(1) 目的性。一个系统的各个要素之所以能够按一定结构相互联系而形成一个有机整体，就是因为它们有共同的目的。目的性可以说是吸引协调各要素的磁场，围绕着目的性，各个要素作有机的编排，相互整合。不同系统可以有不同目的，但一个系统内必须有一个统一的目的，离开了目的性，就无法达成有效的系统管理。

(2) 整体性。系统的整体功能并不正好是各个部分功能的总和。系统的整体功能发挥得好，系统内各个要素都能充分发挥其功能效应，各个要素都能服从系统的整体要求，各个要素彼此之间都能相互协调，系统的整体功能就能大于它各部分的简单总和。

(3) 层次性。系统是有结构的，结构是有序的，系统的有序性主要表现在层次性上。任何系统都处在一个特定的层次之中，任何系统的整体与层次、层次与层次之间都存在着特定的相互制约关系。上一层次可以通过指挥、监督、协调等功能与下一层次发生联系，同一层次的各个子系统之间的横向联系，主要是在它们相互之间进行的，其他层次不宜轻率介入。

(4) 适应性。任何一个系统都处于一定的环境中，要与外界环境进行物质、能量和信息的交换。系统要适应外界环境的变化，对其内在要素的结构编排作相机调整，以便符合更高层次系统的目的要求。

(二)系统分析

系统分析的理论与方法产生之后，由于其在各个领域和各种类型问题中的广泛应用和发展，不同专业领域的实际工作者和专家结合本身经验应用系统的思想，摸索出了多种多样的分析和解决问题的方法。系统分析的定义可以描述为：系统分析是一种决策辅助技术，它采用系统的观点和方法对所研究的问题提出各种可行方案或策略，进行定性和定量的分析和评价，帮助决策者提高对所研究的问题认识的清晰程度，以便决策者选择行动方案。

系统分析方法既是一门科学又是一门艺术。说它是一门科学，是因为它为解决政府、企业、军事、工业、农业、服务业、交通和通信等方面的系统中的各种特殊的管理与计划问题，提供了能够加以验证的理论、模型和技巧；把它视为艺术，是因为在分析过程中要作出创造性的选择，并且需要把各种定性和定量的工具巧妙地搭配使用。

(三)系统分析的作用及局限性

作为一种科学的方法论，系统分析在公共行政、政策分析中具有重要作用，具体体现为：使决策者能更充分地考虑所面临的各种不同选择，更有效地利用稀缺而昂贵的人力、物力资源；使决策者更好、更快地达到目的和加强决策能力；帮助人们理解系统及进行系统之间的比较；鼓励人们对系统的各个组成部分进行同时研究；促使人们注意各种系统中的结构层次特点；有助于开拓新的知识领域；有助于突出未知的东西；同其他解决问题的方法相比，能够从不同的(常常是最好)角度提出问题；迫使人们在考虑目的和解决问题的要求时，也同时考虑到协调、控制、分析水平和贯彻执行的问题；促使人们进行从目的到手段和内外各种因素和环境的全面调查；等等。

在认识到系统分析在公共行政中的重要作用时，我们还必须注意到它的局限性，即有一些场合并不适宜于系统分析方法。如目标是通过剧烈的冲击而引起系统迅速地改变；目的是破坏而不是维护；领导层的意愿是加强权力，保持统战联合或政治上的一致；对社会和人的驱动力是来自排斥独立思考的社会意识形态、信仰和封建思想；纯科学和艺术创造活动等。

二、系统分析的逻辑过程

系统分析作为一种科学的方法论，必然具有作为独立学科所特有的有关内容，以及实现这些内容的方法和步骤。在应用系统分析求解公共行政问题时，为了保证在逻辑上和数学意义上考虑到所有必要的要素，系统分析必须遵循以下逻辑过程。

(一)确定分析目标

目标既是系统分析的一个构成要素，也是系统分析的出发点。它是管理者或决策者希望达成的结果。只有选择了正确的目标，才能保证整个分析过程的顺利进行。一般说来，目标的确定是在考虑系统环境要求及系统存在问题的基础上进行的。它往往涉及环境要求的认知、对存在问题的界定以及目标自身的合理性、可行性等问题。

(二)选择可行方案

在确定了目标之后，下一步工作便是拟订和选择可行方案。分析者尽可能多地寻找到或设计出各种备选方案；对范围广泛的备选方案加以检查和筛选，删去一些明显不合理或不感兴趣的方案，把最有希望和可能的方案留下来，加以进一步分析和计算。

(三)选择计算准则

计算准则是人们用来评估可行方案取得目标或结果程度的尺度，它提供一种将目标、可行方案和结果联系起来的方法，如准则指标、变量规模、风险和不确定程度等。计算准则的选择要根据所研究问题的复杂程度和水平，以及分析要求的解析水准等来确定。此外，还要选择相应的计算技术，如模拟、数字规划、网络、排队等，以保证可行性方案计算结果的有效性。

(四)应用模型技术

模型是系统分析中的一个常见量化工具，它们可以用来研究或预测采取一项行动的结果，而不必等到实际采取行动之后再去衡量。在系统分析过程中，应用模型技术的主要内容包括模型或模型体系的分析技术。选用的模型类型及其定量程度取决于要研究问题的变量规模、参数关系和选择的方案数目等。

(五)生成输入数据

在系统分析过程中，数据的搜集至关重要，既要利用现有数据，又要通过分析和预测产生新的数据，还要尽量获取实际运行数据。然后根据计算准则、模型的要求确定所需要的输入数据，并制成相应的格式。

(六)模型运行和操作

当数据齐备并输入模型之后，模型就可运行，并得到在各种不同情况或行动方案下的计算结果，进行灵敏度、风险和效应分析。

(七)结果分析

这一环节主要是对模型运算的结果加以分析，作出可行方案的排序，提出效应分析结果和推荐意见，编写出各种所必需的文件和说明，提供给决策者作为决策的依据。

以上几个环节形成了系统分析的完整过程，系统分析过程实际上是一个数据处理与信息转换的过程。从系统分析的起始工作开始，一直到采取决策行动为止的每个步骤和环节都有着信息分析的成分。因此，系统分析作为一种解决问题的基本工具，系统分析人员必须对系统的状态、系统的变化、系统的信息给予足够的注意。

三、系统分析的方法与技术

系统分析作为一种科学的决策辅助技术，既离不开一定方法论的指导，也离不开各种定性与定量分析技术的支撑。从一定意义上讲，系统分析过程，就是在系统分析研究方法论的指导下，运用定性、定量分析技术对所研究问题进行分析、评价的过程。系统分析的研究方法论和技术工具是保证完成系统分析活动的重要工具。

(一)系统分析的研究方法论

系统分析的研究方法论有三个相互关联的基本范畴：行为研究、价值研究和规范研究。其中，行为研究解决“是什么”的问题；价值研究回答“喜好什么”的问题；而规范研究则要解答“应该是什么”的问题。此外，系统分析还要研究可行性问题，即回答“这样做是否可能”。

1. 行为研究

行为研究相当于我们常说的现状研究，它要回答的问题是：什么？什么时候？什么程度？有多少？等等。进行行为研究的前提是人们能够了解到事情的本来面目，能够认识和掌握客观规律。它要对决策所涉及的事物、事件、各种关系进行描述、观察、计数和测度等。行为研究既是科学主张得以建立的基础，也是科学中发现基本事实的手段。行为研究的基本科学论断是：如果反复观察到某种事实，则一种已知的结果会以确定的概率发生。现状研究之所以被称作行为研究，目的是要强调研究对象是人或事物的客观实际状况，是要把客观事实同对这种事实的价值判断在某种意义上区分开来，以保证对事物的客观认识。但事实上人类系统中从来不能将事实和价值观念截然分开。从理论上讲，行为研究至少在三个方面必然涉及价值和价值判断。一是系统边界条件的确定及分析人员的兴趣问题；二是在事实的选择和对事物的观察过程中体现了分析人员的价值观，不同的选择意味着对其他选择的直接和间接的拒绝；三是分析人员倾向于用他们的整套价值观来确认事实的性质。但在系统分析中尽量避免把“是什么”、“期望什么”、“应该是什么”过早地混淆在一起是很重要的。行为研究的目的就是提供客观事实。为此，在观察研究任何社会现象时，都必须坚持一切从实际出发，按事物本来面目去认识它，而不能附加太多的主观成分。

2. 价值研究

价值研究要回答的问题是：喜好什么？因为什么？为什么目的？许诺什么？应优先考虑什么？等等。它的基本目标是：确认某个目标是否值得争取、采取的手段是否能被接受以及改进系统的结果是否良好。价值研究的假定前提是在人类系统中价值观是所有行动和行为的主要决定因素。价值研究所作出的基本判断是：“该系统的偏好是……”或“经过考虑系统的偏好是……”。

价值研究中的“价值”与经济学中的价值完全不同。这里的价值是指偏好的事物或原则。个人、团体或社会的价值观是不依具体情况而转移的期望和评价标准。它联系着人的直觉，影响着人的信念和选择的合理性，决定着人的生活方式和投身其中的事业，是社会利益分配指导原则的核心。价值观源于人们的生活背景、宗教信仰、文化修养、社会地位等客观因素，它往往表现在一些基本信念、意向、选择习惯、利益分配的优先顺序、报酬与奖赏、目标、作风，以及已明确和未明确的政策和各种大众传播媒介中。其中有的是明确的，有的是隐含的，有时人们运用“好”和“坏”这类词来表示自己的价值观，有时又可能运用经济的、政治的、技术的、道德的或文化的标准。总之，价值观表现是非常复杂的。目前，用于价值研究的方法主要有：对上述表现作行为研究、社会意识形态分析、预算分析、直接的调查研究等。

价值研究在系统分析中具有重要意义。价值研究能够帮助决策人员回答“我们是干什么的”和“我们希望得到什么”这两个问题；有助于管理理论的实际应用；有助于分辨出在哪些地方局部价值和整个系统的价值有所不同甚至是冲突；在人事安排上，还可以巧妙地使用具有不对系统造成破坏而价值观又不同的人，以增强系统的活力；它还能使我们合乎逻辑地判断出现的问题。

3. 规范研究

规范研究回答的问题是：应该是什么？应该怎么样？它寻求的是政府决策的目标和为达到目的而采取的行动和手段。由于规范研究工作中要表明应该如何如何，它具有一种内在的理想主义成分。规范研究属于认识的范畴，它主要是应用演绎推理的方法，从抽象的普遍原则出发，得出有关特定问题的结论。正是在规范研究的范畴之内，人们才能确定和创造出各种待选方案，也才产生与可行性相联系的问题。规范研究的基本判断是：如果你想得到某种结果，那么在特定的条件下采取规定的行动，就会以某种确定的概率获得成功。

规范研究在三个方面与价值问题相联系：首先，想取得某种结果，原因就在于对它们是喜好的(即觉得好)；其次，在选择手段时要考虑其是否合意、可行、可用和有效；最后，在规范研究中要假定受到未来政策影响的人和机构，对所产生的结果不会面临价值冲突。

4. 可行性研究

可行性研究回答的问题是：这样做是否行得通？领导和社会大众是否会同意、允许这样做？可行性研究是对规范研究中所提出的方案进行经济、技术和政治等方面的考察，以确认其是否在客观现实的能力与可能之中。

在可行性研究中最重要的就是政治上、经济上和技术上的可行性。在现代民主宪政体制的国家中，政治可行性主要是指特定的政策被公民及公民团体理解、认同、支持并在行动上表现出合作的态度，它主要是通过对政党和新闻媒体在特定政策问题上的态度的考虑完成的。在具体衡量标准上得到多数或主要政党和新闻媒体支持的政策是政治可行性高的政策；反之亦然。经济可行性主要是指特定的政策方案占有和使用经济资源(主要包括资本、自然资源和人力资源等)的可行性，进而实现政策目标的可能性。经济可行性分析的主要任务在于确定政策期望值与所需要的经济资源占有量之间的关系，计算投入产出比。技术可行性是指达成政策目标的科学技术或方法论方面的可能性。任何政策方案的实现都离不开一定科学技术的支撑，没有一定的科学技术或科学技术不能满足决策方案本身的需要，都将导致政策目标不能实现。可行性研究除政治、经济和技术上的可行性分析外，还包括社会因素的可行性，即传统文化、伦理道德、意识形态、社会的普遍氛围及生态环境等方面的可行性。这些社会因素的可行性有时被人们忽略，但又非常重要。

总之，系统分析人员面临的方法论方面的任务，可以概括为完成行为、价值、规范三个范畴之内以及相互间的研究工作，并寻求能够具备四个方面可行性的行动路线。最后分析人员是直接提出他所倾向的解决办法的建议，还是并行地提出几种不同的选择方案，将取决于分析人员与决策者之间的关系和问题的性质。

(二)系统分析的定性分析方法

任何系统都有一种质的规定性，因此在系统分析中必须采用定性分析方法。在系统分析中引进定性分析方法，主要目的是为了给分析人员和决策者提供合理的方法和手段，从而将定性的并且常常是超理性的因素包括在分析过程之中。系统分析的定性分析方法涉及诸多方面，除前面我们已经探讨的价值分析、可行性分析之外，还涉及超理性分析、交叉文化分析、未来分析等方面。

1. 超理性分析

现代系统分析理论认为，系统分析过程应是一种理性的过程，明晰的过程。然而，实际上这一过程经常是非理性的、模糊的。这主要是由于各种超理性因素对系统分析过程的影响。所谓超理性因素，是指使人脑不经过逻辑思维的作用就直接产生行为和决策的各种因素。从理论上讲，对超理性因素的考虑来自哲学的命题和现代生物学的发现。典型的超理性因素列于表 9-1 中，它们对行为和决策的产生具有重要影响。但是必须明确，超理性活动不同于“非理性行为”，后者经常由在恐慌状态下产生的紧张和焦虑所引起。然而，超理性活动与不合理的行动又确实存在某种联系，因为不经过理性逻辑思维的活动容易产生非理性的结果。

表 9-1　超理性分析

因　素	定　义
判断	从经验中获得的决策智慧
直觉	不依靠逻辑推理而在头脑中领悟到的知识
创造力	产生形式、构造和关系的脑力活动过程
隐含的知识	通过生活体验而获得的知识
信仰	未经理性检验而接受为真理
爱情、欢乐、歉意、憎恨、恐惧	客观事物是否符合人的需要、希望和观点而产生的心理体验
领袖的魅力	激发忠诚和称颂的能力

续表

因　素	定　义
忠诚	对人或组织的忠顺和自觉承担义务
洞察力	理解能力
意志	达到目的的决心(越是耐心和克己，意志就越是坚强)
政治	决定什么人在什么时候怎么样得到什么的过程
超感交流	超出感觉的正常范围的交流
预见能力	预见未来事件的能力

超理性分析方法是与理性分析方法相对应的一种系统分析技术。理性化的分析方法认为，严密的逻辑推理是获得最优化的决策结果的唯一合理的方法，依靠那些不能直观的、不可把握的超理性，只能得到含混不清的政策结论，并因此将政策实施引向失败。实事求是地说，作为一种理念或价值取向，作为一种努力方向，理性分析方法并没有错，但作为一种实证的分析技术，在实践中又过于富有理想色彩。因为实际的系统分析既依赖于理性或逻辑分析，也依赖于超理性的思维，并且在有的场合系统分析主要是通过超理性过程作出。大量的证据表明，纯粹由有经验的领导者根据判断作出决策，也能作出高质量的政策规定，而且这种做法仍旧是世界上很多系统制定政策时的工作规范。而认为对于人类系统来说可以凭借纯粹的理性分析而制定出高质量的政策，却很少有事实的支持。因此，在可以预见的将来，超理性分析仍是最为有效的方法。

【案例 9-1】社会学家曾进行过一个有趣的实验。试验给人们提供下面两套配对的医疗方案选择，两个医疗方案的结果不同。

A. 200 人被挽救。

B. 1/3 的概率是 600 人将被挽救；2/3 的概率是没有人将被挽救。

或者

C. 400 人将死亡；

D. 1/3 的概率是没有人将要死亡；2/3 的概率是 600 人将死亡。

不断实验的结果表明，在第一套方案中选择 A 的人在第二套方案中选择 D。而根据生存和死亡的结果，A 与 C 是等同的，如果在第一套方案中选择了 A，在第二套方案中就应该选择 C。

问题：人们在作决策时总是理性的吗？出现上述结果的原因是什么？

分析：

在本案例中，由于不同选择菜单提供了生存与死亡的不同信息，对人的情绪、心理产生了不同的影响，使人们的判断出现了偏差，这也反映了人们的决策往往会受到各种非理性或超理性因素的影响。

(资料来源：阿兰 · 斯密德. 制度与行为经济学. 北京：中国人民大学出版社，2004)

2. 交叉文化分析

交叉文化因素和超理性因素有些类似，即它们对系统分析人员来讲，很大程度上是主观的、非定量的考虑。在系统分析中，分析工作的结果对这些因素的反应是十分敏感的。反之，如果忽视了这些因素，就会产生歪曲，把某种完全错误的观念或事实当作了分析工作的基础。

下列因素在交叉文化分析中始终应该被考虑，并且在同一文化内部的分析中，也起着重大作用：一种管理理论，常常与另一种文化和价值观不相容；涉及的世界观问题，诸如社会发展方向、进步、增长、时间感、决策问题、效率、改革、计划、平均主义等；环境因素，诸如民族意愿和自尊、政治上的稳定与局限、国际经济关系、教育与识字水平、历史、社会和宗教价值观、语言等；组织因素，诸如权威和领导能力、集中与民主、职工满意程度、工作态度、职业安全感、承担责任的意愿、雇员士气以及创造性、流动性等。

3. 未来分析

在系统分析中，未来分析是十分重要的。因为系统分析的任务就是研究在未来如何改进现有系统，如何获取可用于今天和明天的系统的知识。因此，所有好的系统分析都必须包括对未来的某种考虑，不进行未来分析的领导人和政治家往往被认为是不成熟的甚至是无能的。系统分析的兴起，很大程度上也依赖于未来分析的兴起。从某种意义上讲，系统分析是人类干预自己命运的工具，而未来分析则是路标。

在系统分析中，未来分析的指导原则是：应当创造或确认一系列想象出来的不同环境、未来状况以及相应的政策要求；明确规定各种假设和价值标准，并且对未来进行规划；通过灵敏度分析将当前的政策制定和不同的前景联系起来；广泛考虑政治、经济、社会和技术上的可行性；根据过去和当前的趋势，包括那些没有先例的情况，确定重要的政策问题和在将来有可能产生的危机；使用能使政策制定者感到简明扼要、易于理解的文字和口头表述的方法。

(三)系统分析的定量分析方法

系统分析中的定量分析，是指借助于经济学、数学、计算机科学、统计学、概率论以及决策理论来进行逻辑分析和推论。它在系统分析中占有举足轻重的地位，具有十分重要的作用。但是，系统分析的定量方法也不是万能的，它也有其局限性和适用范围，它不能处理系统分析的所有方面，不能取代定性分析方法。

为方便起见，对于系统分析中完成定量分析所用的方法和技术，可分为确定型分析和随机型分析两大类。

(1) 确定型分析方法和技术。确定型分析方法和技术，是指那些可用于只有一种势态，并在作出可接受的假定之后，其变量、限制条件、不同的选择都是已知的、确定的，按一定的统计置信度可以预见问题的方法或技术。这包括线性规划、排队论、马尔可夫分析、对抗分析、损益分析等模型或技术。

(2) 随机型分析方法和技术。随机型分析方法和技术是指应用于不确定型或风险型决策的分析方法与技术，包括动态规划、计算机模拟、随机库存论、决策树等方法与技术。当存在一个以上势态，并且需要估计和确定每一种可能的状态时，就要碰到随机模型问题，这就需要计算在每一种时态下用每一种决策选择所得的输出结果。因而可供选择方案的数量将很大，这时就可以用数学、统计推论和概率论与学科的方法，在可以接受的假定条件下减少不确定性。有时，随机的局面可以化为确定型模型来处理，如选择一种最有可能发生的未来势态，或只分析最坏或最好的局面等。使用随机模型也可以分析在变动情况下几种势态的相互作用。

第二节　目标管理方法

20 世纪后半叶，管理学界出现的最引人注目的事件，莫过于目标管理(management by objectives，MBO)的应用与推广了。如今，目标管理已经被世界许多国家的政府、社会组织、企业等组织广泛采纳和普遍使用，在整个管理领域产生了深远的影响。

一、目标管理的概念及其特点

自管理学大师彼德·德鲁克提出目标管理的方法以来，目标管理经历了半个多世纪的扬弃发展，但其整合管理的基本思想保持一贯，同时也折射出管理实践者的不同认识。

(一)目标的含义

在讨论目标管理时，必须首先对“目标”概念作出基本的界定。目标一词通常包括各种不同的意思，如任务、目的、标的、时限等，也就是指在未来的特定时期内，所希望达成的结果、状况。对于一个组织而言，目标就是指一个组织的成员受同一思想、信仰的推动，秉持共有的价值观念，共同负责一定任务，朝一致方向作协调努力与奋斗，所要达成的最终成就或成果。可见，目标是管理的目的和方向，是整体组织行为的行动方针，为组织的各个部门提供明确的指引。

(二)目标管理的含义

1954 年，德鲁克在其名著《管理的实践》中提出了目标管理与自我控制的理念，以纠正部门化、层级化、个人主义及本位主义的缺失，促进部门与个人间的沟通与联系，使组织成员具有一定的努力方向，并经由目标确立、团队合作及自我控制的方式，共同达成目标。自德鲁克倡导目标管理理论后，目标管理理论很快引起了管理学者的浓厚兴趣，围绕目标管理的研究从未间断，然而时至今日对于目标管理还没有公认一致的定义，可以说是人言言殊。我们认为，所谓目标管理，是指组织中的上级和下级一起协商，共同设定组织和各个部门的目标，并配合目标达成中的人员自我控制，最终达成组织共同目标的一种管理方法与管理思想。

(三)目标管理的特点

与一般管理方法相比，目标管理主要有以下四个特点。

1. 面向成果的管理

德鲁克曾经指出，传统组织管理经常会出现三种错误倾向：过分强调个人技术，只考虑本人的专业所长，忽略总体目标；过分重视上司个人所好，忽略工作的真正目的；不同层次间目标不一致，沟通不畅，赏罚不一。要纠正这些错误，必须用目标来统一成员的意志和工作，让每个部门、每个成员都将注意力转向组织的长期目标，并为此作出自己的贡献。

2. 分权与自我控制的管理

目标管理基本上以麦格雷戈的“Y 理论”作为人性论基础。目标管理认为，人们应该也能够为组织作出自己的贡献，因此它赋予每个部门、每个管理人员独特的任务和职责。为完成任务、履行职责，它将传统组织中集中于上级的权力尽量分配给下级，让下级自己作出决定，自己采取行动，自己纠正偏差。与那些集权的、强调上级监督与控制的管理相比，它是一种分权与自我控制式的管理。

3. 参与式管理

有人认为目标管理就是由上级制订目标并指挥、监督下级去执行目标的过程，这实质上是对目标管理的误解。目标管理不仅像传统管理理论那样重视组织目标和管理目的，而且还将其视为一种激励下级、开发和培养下级能力的手段。在诸如目标的制订、计划的实施、成果的评价、经验和教训的总结等方面，都不是由上级单方面决定，而是下级在充分自主的情况下，与上级沟通、协商，由双方来共同决定。因此，目标管理就是组织的每一位成员根据组织的总目标，通过沟通、互动、激励、分权、共同参与的过程，建立起各自的工作目标，并且自我管理、控制与负责的一种管理方法与艺术。

4. 系统化的管理

目标管理不仅强调目标的设定，而且更重视目标完成过程的管理或控制，如果只是设定目标，却没有有效的管理，目标管理的效果就会不彰，甚至成为一纸空文。一个完整的目标管理至少应包括参与式的目标制订、执行及信息反馈等相关管理工作。

【案例 9-2】有个同学举手问老师：“老师，我的目标是想在一年内赚 100 万！请问我应该如何计划我的目标呢？”

老师便问他：“你相不相信你能达成？”他说：“我相信！”老师又问：“那你知不知道要通过哪个行业来达成？”他说：“我现在从事保险行业。”老师接着又问他：“你认为保险业能不能帮你达成这个目标？”他说：“只要我努力，就一定能达成。”

"我们来看看，你要为自己的目标作出多大的努力，根据我们的提成比例，100 万的佣金大概要做 300 万的业绩。一年：300 万业绩。一个月：25 万业绩。每一天：8300 元业绩。"老师说。"每一天：8300 元业绩。大概要拜访多少客户？"

老师接着问他，"大概要 50 个人"，"那么一天要 50 人，一个月要 1500 人；一年呢？就需要拜访 18 000 个客户。"

这时老师又问他："请问你现在有没有 18 000 个 A 类客户？"他说没有。"如果没有的话，就要靠陌生拜访。你平均一个人要谈上多长时间呢？"他说："至少 20 分钟。"老实说："每个人要谈 20 分钟，一天要谈 50 个人，也就是说你每天要花 16 个多小时在与客户交谈上，还不算路途时间。请问你能不能做到？"他说："不能。老师，我懂了。这个目标不是凭空想象的，是需要凭着一个能达成的计划而订的。

问题：该案例反映了目标管理的什么原则？

分析：

目标不是孤立存在的，目标是与计划相辅相成的，目标指导计划，计划的有效性影响着目标的达成。对于组织而言，具体目标的确定要从组织的使命、愿景、战略规划开始，然后逐渐展开为组织各单位及所属成员的目标，否则目标的制订便无所依据，更无法实现组织长远发展的目的。

二、目标管理在公共行政中的应用

目标管理是在以利润为中心的工商企业中发展起来的。经验表明，这是一种有效的管理方法，但是也有其局限性。对于公共行政部门来说，这些局限性同样存在。因此，在决定采用目标管理方法之前，公共行政部门必须首先了解这些局限性，同时就目标管理对于本部门的适用性和价值进行审查；同时，还必须让管理者，尤其是高层管理者充分了解这些局限性、适用性和价值，加深他们的认识，激发他们的热情，这是成功开展目标管理的前提和保证。

(一)目标管理在公共行政部门应用的局限性

从目前的情况来看，目标管理在公共行政部门应用的局限性主要体现在以下几个方面。

(1) 目标管理不适应变化太快的公共行政部门。目标管理的前提是明确的目标。但是，有些公共行政部门的变化太快，以至于目标难以确定。对这些部门来说，实施目标管理就很困难。

(2) 公共行政部门的目标比较模糊，不易量化，产出也很难衡量。因而，在实施目标管理时，很难确定真正的目标。这样，就容易出现以偏赅全、以易代难的情况，即公共行政部门常常用那些个别的、容易衡量的目标来取代全面的、真正的但是不易衡量的目标。这将会对整个公共行政部门的活动产生误导。

(3) 目标管理的周期与公共行政部门活动的周期可能不一致。公共行政部门的活动具有连续性、长期性等特点，其活动结果或效益可能需要很长的时间才能实现。但是，目标管理的周期通常要短一些(一般为一年)，这有可能会使实施目标管理的公共行政部门将主要精力集中于短期目标，而忽视了长远的目标和利益。这种短视的做法可能会对国家、社会和公民的利益造成巨大的伤害。

(4) 目标管理很难适应政治的要求。目标管理的逻辑基本上是经济理性的。实施目标管理的目的常常是为了产出或效率的最大化。但是，公共行政部门充满了政治性，其目标的制订，通常不是一个理性选择的过程，而是政治冲突与妥协的过程。因而，即使公共行政部门的目标制订了，这个目标也可能并不是管理目标，而是一个政治目标。这将给目标管理带来极大的困难。

(5) 目标管理缺乏弹性。目标管理的适度应用可能会促进公共行政部门的工作。但是，在目标管理周期内，由于受到事前确定的目标的限制，公共行政部门可能会无视外界环境的变化而埋头执行可能已经失去价值的目标。僵化和缺乏弹性可能是目标管理的最大缺陷。它要求公共行政部门在实践中注意对目标进行再审视、再评估和修正。

(6) 目标管理可能会忽视公共行政部门对于程序的需求。公共行政部门的活动与私营部门的活动有着重要的区别。一般来说，为了保证公共行政部门活动的公益性，需要对其程序进行严格的限定。而目标管理将注意力集中于目标、集中于公共行政部门活动的实体内容，容易忽视其程序方面的要求。这可能会削弱公共行政部门的合法性基础。

(7) 目标管理与公共行政部门的组织结构和文化有冲突。公共行政部门一般实行科层制机构模式，其文化也以等级服从和保守主义为核心。因而，目标管理所要求的参与与创新，可能很难在公共行政部门出现。这样，目标管理可能会在实施过程中变形，成为命令式管理的一种时髦外衣。

(二)应用目标管理方法应当考虑的问题

正是由于目标管理在公共行政部门应用中有上述局限性，因而，在决定是否采用目标管理之前，公共行政部门的领导者要慎重考察目标管理在本部门的适用性。为此，需要对该部门作全面的审视，检查自身有哪些特征限制着目标管理的应用。

一般而言，公共行政部门在采用目标管理方法之前应当考虑以下问题，以明确这种方法在具体部门应用的适用性与特殊性：该部门有没有明确的任务？是否有充分的理由支持该任务的实现？上级部门是否将资源(如资金、人员、设备等)委托给该部门？该部门是否对上级部门负有使这些资源保值或增值的责任？是否具备履行和完成上述责任、任务的工作重点？能否实行计划管理？大家是否意识到必须对该部门实行更加有效的管理？能否确定关键人员的职责？能否将关键人员的努力协调成一个整体？能否建立必要的控制与反馈系统？关键人员的工作绩效能否测量？该部门有无制定奖惩制度的权力？该部门的管理人员之间的职责(如计划、组织、指导等)是否相同或相似？工作人员能否立刻接受经过提高的管理方法？

通常，如果对上述问题的回答以“是”居多，则该部门就比较适合采用目标管理；反之，则采用目标管理的可能性或意义不大。

(三)高层管理者对目标管理的认识与热情

开展目标管理，获取最高管理层的支持无疑是很重要的。因此，必须使高层管理者认识目标管理的意义和实行目标管理的必要性。

(1) 强调目标管理是提高公共行政部门绩效的有效方式。虽然公共行政部门的很多人都关心组织绩效，但是在此方面受到压力最大的，同时也最关心工作绩效的应该是最高管理层。因此，让他们了解和认识目标管理是提高公共行政部门绩效的有效方法之一，将会激发他们采用目标管理的热情。

(2) 强调目标管理能改进本单位管理中的弱点。无论哪个单位，都不可避免地存在着一些为高层管理者所头疼的问题。目标管理在解决这些问题方面有它的优势。突出目标管理在解决特定问题方面的优势。在这种情况下，目标管理就应当被视为一种新型的管理控制方法。有的管理者关心组织内信息沟通问题，则此时的目标管理应被理解为改善组织内信息沟通的最好方式之一。

(3) 强调目标管理是改善上下级关系的有效方式。对于管理活动中人的重要性，高层管理者是很清楚的。在管理活动中他们之所以采用某种管理方式，在很大程度上是因为他(她)相信这是“管”人的最好方法。对管理者来说，如果他(她)能向高层管理者证明，目标管理是形成上下级良好关系的有效途径之一，就会产生一定的说服效果。同时，还可以聘请专家，经常向高层管理者介绍新的管理思想以及目标管理的知识，并通过目标管理的成功案例，来提高高层管理者对目标管理的认识和推行目标管理的动力。

(四)基层管理者的支持与参与

在引进目标管理时，最大的阻力既不是来自最高管理层，也不是来自一般工作人员，而是来自基层管理者。由于现有的公共行政组织大都是按照科层制设计的，各个部门都只考虑自己的工作，很少考虑整个组织的目标，以至于产生一种误导，将自己部门的目标当成了整个工作的最终目的。这种目标上的错位，使得部门很难从整个组织的目标出发来制订自己的目标。另外，引进目标管理后，管理层需要研究上级的目标，并予以具体化，提出自己的目标，然后要对下级公布这项目标，并以此为根据调整并确定下级的目标和进度，下放管理权限，检查下级目标完成进度。这时，管理层与下级的接触无疑比以前更加频繁了，工作量也加大了。对于习惯了旧有工作方式的管理者来说，这确实是一种挑战。当他们不理解目标管理的本质时，这种挑战便变成了实行目标管理的阻力。因此，必须采取一系列教育和培训手段，激发基层管理者的动机与热情，深化他们对目标管理的认识，培养其制订目标、推进目标实现的能力。

三、目标管理的实施步骤

(一)目标管理筹划推行阶段

对于目标管理制度的实施，实施前准备工作做得越充分，其成功的概率就越大，组织成员也更乐于配合，才达到实施目标管理的目的。在实施目标管理之前，一般可归纳下列应有的准备工作。

1. 观念更新

目标管理强调人有自我控制的能力，因此必须让组织所有成员都能参与目标的设定及执行工作中，其理念落实在管理方面就是授权、分权。不论组织采取何种形态，目标管理都不应当成为管理者用来控制员工意志及鞭策员工的工具。

2. 最高阶层的支持

目标管理以目标为基础，而这个目标的展开又是以最高管理层所确定的整个部门的目标为基础的。组织最高阶层的人员是否下定决心，真心实意地推动实施，将关系到目标管理的成败。

3. 设立专责单位

由组织建立或指定专责单位来负责推行和辅导工作，为奠定目标管理实施成功的基础。如由组织规划部门或“目标管理推行委员会”等单位主持目标管理的推动事项。

4. 实施完善的教育训练

所有组织成员无论在观念、工作方法、安排、态度及行为等方面，都需要依据目标了解与调整，因此对组织成员必须施予必要的教育训练，以促使目标管理制度变成组织文化的一部分，在组织内孕育成熟。

5. 拟订具体实施办法

目标管理制度应与组织外部的环境及内部的资源、文化相融合，并将程序转化为具体可行的方法，并予以制度化，可起到宣示决心和意志的作用。对于一套完整的目标管理推行办法，陈庚金教授在《目标管理概念与实务》指出应包含下列各项：①总则，说明推行目标管理的宗旨、原则、方法及推行小组的成员、组织及职权等；②目标设定，说明中长程计划的规划与年度目标层级区分及目标体系的建立，并规定各种目标管理表格格式及目标设定原则；③目标执行的追踪管制，说明有关执行目标时的各项支持细则、员工自我控制的内容和方法及相关表格格式；④目标成果的评核，说明如何评估实施结果及相关奖励措施；⑤附则，其他有关事项。

(二)目标设定阶段

目标管理的出发点是目标的设定，这也是最重要的步骤，只有在确定目标后，组织成员才会有努力的方向和目标。在进行目标设定时，各级管理者和下属成员间需要相互进行适当的沟通，上级鼓励下级参与，同时尊重部属的意见，最终建立一个环环相扣的目标链，以达到组织目标与个人目标有机融合的目的。

1. 制订目标的依据

公共行政部门目标的确定，依赖于环境对它的要求，以及组织为应付环境的挑战而对自身提出的要求。一般来说，这些要求大致可分为五个要素，具体如下。

(1) 法律政策要求。公共行政部门活动的最大特征在于其公共性，后者又常以法律和政策的形式出现。法律通常规定了公共行政部门活动的最一般的规则，政策则限定了公共行政部门在特定阶段的活动内容和方向。法律政策中关于公共行政部门的职能职责、工作任务、权力范围的有关规定，是公共行政部门制订活动目标的最基本的依据。同时，法律和政策也具有较强的权威性，公共部门的目标必须遵从它，至少不得与其相抵触。

(2) 上级要求。上级要求是公共行政部门活动目标的又一权威性依据。它既反映了某一公共行政部门所属系统的总体目标，又是该部门具体目标的合法性基础。一般地说，上级的要求具有动态性，比较具体，能为公共行政部门制订目标提供基本方向和目标、任务的大概范围。

(3) 服务对象要求。在传统的科层制体制下，公共行政部门通常被要求只向上级负责。现在，这种观念已经开始转变，“质量”、“服务”、“顾客”等口号越来越响亮，人们的注意力也越来越集中于如何才能提供更便捷、有效的服务，如政府的社会保障与社会救济部门要建立社会保障与救济的目标，必须建立在对被救济对象的困难程度和其需求的了解之上。毕竟，服务是公共行政部门的天职，也是其赖以生存和发展的基础。要做好服务，公共行政部门就必须了解其服务对象的意愿，并通过各种科学的方法和技术，预测顾客需求的发展趋势，以此作为制订自己行动目标的依据。

(4) 前期目标完成情况。这包括本部门上年度的目标任务完成情况、原有基础以及没有完成的目标和仍然存在的问题。因为公共行政部门的管理工作具有一定的联系性和延续性，新的目标是原有目标的继承或延续。因此，弄清这些因素就是为了体现这种联系性和延续性，同时，也是为了总结经验和教训，为新的目标制订提供借鉴和启示。

(5) 组织现状。主要包括本组织的人、财、物状况，组织的制度建设、组织氛围、组织发展等因素。这些因素中有的对实行目标管理有利，有的则不利，公共行政部门要对此有清醒的认识，并在此基础上制订出切实可行的目标。

上述五个方面的因素，都是公共行政部门目标制订的直接影响因素。除此之外，特定时期的社会、政治、经济、文化、历史、人口等环境因素，也会对公共行政部门目标的制订产生各种影响，制订目标时亦需充分考虑。

2. 目标制订的具体步骤

(1) 初步拟订目标。在进行了充分的准备工作之后，公共部门应该开始目标的拟订工作。实践中最有效的方式就是寻找并确定关键目标因素，在此基础上再确定初步目标。所谓关键目标因素，是指在目标管理中制约和决定着工作成绩的大小和管理成败的关键工作环节和内容。主要表现在以下几个方面：工作的主要领域，即为了尽可能取得良好的结果，必须在这些领域取得良好的成绩；工作成功的关键环节；目标阶段的主要课题；管理人员必须取得最终结果的那些领域；制约和影响整体工作成功或失败的关键领域；要取得目标阶段成功，应该优先考虑的课题。关键目标因素的意义在于帮助管理人员将有限的资源用于最重要的事务，并努力从这些事务中取得最大收益。有了关键目标因素，管理人员就可以避免陷入碌碌无为的境地，工作就会更有成效。确定了关键目标因素，只是实现了拟订目标的第一步。接下来，我们要将关键目标因素由主题转变成一项项具体可衡量的目标，例如，将“成本水平”转变为“在工作质量不变的情况下，降低成本5%”，将“顾客满意”定为“顾客投诉率不超过5%”等。

(2) 初拟目标的讨论与修订。目标草案拟订之后，管理人员要征求上级的意见并与下级、同事进行民主讨论，在此基础上再进行科学的修订。讨论的重点除了目标本身之外，还要考虑与上级、同级其他部门目标的契合问题。具体地讲，讨论应涉及以下问题：①目标是否与组织的长远规划、年度计划相相一致？②目标是否遗漏了重要任务？该目标是否反映了职能的基本特点？③目标的数量是否合适？有些目标是否还可进一步细化？有些目标是否可合并在一起？④目标是否明确、具体？是否具有可衡量性(可以从目标标明的数量、质量、时间、费用或性质标志几方面考察)？⑤目标是否现实可行？执行目标的人力、物力、时间条件是否具备？⑥是否与上级目标相一致？是否与其他部门的目标相协调？⑦目标中是否包含了激励因素及具有挑战性，从而能激励人们去努力实现目标？⑧目标是否具有进步性？目标值的订立，必须在过去同样项目的标准的基础上有所提高。

(3) 制订目标实施计划。经过讨论、修订后的目标，如果没有一套具体的实施计划，就只是一纸空文。目标实施计划就是如何达到目标的详细办法，它提供了实现目标的行动时间表，同时也为目标的实施提供了监督和控制的基础。制订目标计划的步骤通常有四个：一是清楚地说明目标；二是确定完成目标的手段，以供选择；三是权衡并选出较好的手段；四是为选出的手段制订计划。其中第四步是关键。为保证制订出的计划具有合理性，通常应对其进行下述内容的检查：①所制订的计划是否有把握达到目标？②对所有可行的方案是否都作了鉴定和评价？③是否已得出明确的时间进度表，并作过评价？④计划的表述形式是否可以按时间表作进度检查？⑤所有与完成计划有关的人员是否都能很清楚地看懂计划？⑥按照计划使用资源是否能获得最佳利益？

(三)目标实施阶段

一个完善的计划如果没有执行也只能是一张白纸。对管理人员来说，真正的挑战主要存在于目标的实施过程中。目标实施过程中的管理是否成功，决定了所制订的目标是否能全面实现。

1. 目标实施的步骤

(1) 各部门的管理者必须有正确的领导方式，完成工作目标。尤其是下列各点特别值得注意：适当的授权；适当的控制；适时适地交换意见；提高部属的工作意愿；必要的支持与协调。

(2) 建立有效的报告制度，并与组织的决算资料相互印证，确实掌握目标进度。

(3) 各部门管理者应详细审阅部属填报的目标卡，并提供协助解决工作困难的意见。

(4) 对于例外事项和紧急状况，应由上级和下属共同处理。

(5) 应随时注意目标执行的情形，工作速度如果有落后，应立即采取改正措施。

(6) 在目标管理实施过程中，因内部或外部不可控制因素的影响，计划、预算发生重大变化，使目标窒碍难行，就需要对目标作出及时的修正。

2. 目标实施过程中的控制

控制是纠正偏差的一系列活动的总称。为使制订的目标和计划能顺利实现，管理人员必须使用一系列控制手段，使目标实施活动沿着既定的轨道进行。

在目标管理中，控制主要是管理人员自己的事情。各级管理人员在自己的权限内展开各项活动，实施自我控制，不再依靠上级的严格监控。上级控制的重心主要放在重大例外事件和下级目标最终的实现上。无论是自我控制还是上级控制，都包括三个主要阶段：①明确对管理人员的工作有重大影响的因素；②建立预警和监测系统，预测和衡量这些因素的变化及其影响；③采取纠正行动，以适应这些变化。在实施控制过程中，抓住主要控制点是非常重要的。

(四)目标考核阶段

目标管理的最后阶段就是进行目标实施的成果评价，以确认成果和考核业绩，并将其与管理人员的个人利益和待遇结合起来。不对目标执行情况进行评价，就不能分出优劣，就失去了激励作用。长此以往，目标管理就会自行消亡。

1. 成果评价

成果评价是目标管理的重要组成部分，它不仅是一种重要的激励手段，为管理人员的奖惩、训练、培训提供基本依据，而且是衡量整个目标管理制度的成效，为后续工作提供经验和教训的基本依据。

目标管理中的成果评价主要有以下特征：①将目标是否实现作为主要衡量标准，兼顾目标达成的手段及工作态度。目标管理中的目标，是由上、下级经充分协商后制订，并由上级批准的。目标一经确定，便成为管理人员的行为指令和对管理人员进行评价、奖惩的标准。因此目标状况、目标实现程度及难度就成为考核的中心。另外实施手段的先进性、合理性、创造性，以及包括工作热情、主动程度、协作精神在内的工作态度也应当成为重要的参考。②它是一种以自我评价为主、上级评价为辅的综合评价方式。目标管理中的控制职能主要由各级管理人员自己履行。为完成这一职责，管理人员需要经常检查自己的工作进度，评价工作成效，使之与目标、计划的规定相一致。上级的评价通常放在最后阶段，其目的是据以对管理人员实施相应的奖惩。③成果评价结果的恰当使用。一方面与奖惩制度紧密联系，并依靠奖惩制度推动管理人员去行动；另一方面，成果评价的最终目的在于总结经验、激发热情、改进工作，以推进目标管理活动进入新的更高循环，提升组织的管理水平，奖惩制度也要为此服务。

2. 支付报酬

成果评价本身并不能对管理人员产生足够大的激励作用，要做到这一点，还必须将其与报酬制度联系起来。按成果支付报酬，是目标管理的最后环节，也是较能体现其特色的环节。

按成果支付报酬的关键在于将管理人员的工作表现与奖励尽可能地直接联系起来。为此，要将公共部门中传统的固定报酬制改为可变报酬制。通常的做法是，将管理人员的报酬分为工资和奖金两部分。其中，工资应根据各个行业(工作)的国家或地区的平均工资水平、该国家或地区的平均生活水平、管理职位所处的等级等因素来确定，而奖金则完全以工作任务完成的情况为依据；工资保证了管理人员的基本生活，奖金则充分体现了管理人员的成就。

第三节　战略管理方法

作为“新公共管理运动”的卓越工具，组织管理学者以及实务界的管理者对战略管理的重要性一致推崇。滥觞于私人组织而于 20 世纪 80 年代被引入到各级政府与非营利组织的战略管理开始以惊人的速度扩展。

一、战略的概念及特点

战略一词源于孙子、拿破仑和其他军事领导的军事著作。英文 Strategy 则源于希腊文 Strateos，意思是“在战争中实行的一套克敌制胜的战略”。这个概念原指将帅本身，后来马基雅维利用这个词指代有计划地运用权力和影响贯彻国家目标的活动。

作为军事战略，是指在地形、地貌等外在环境的限制下，与自己的特殊能力配合并赢得战争的目标。“战略”自 20 世纪 50 年代起，出现在企业管理的文献中，由于当时企业管理对于“战略”的概念还不很清楚，故直接引自军事用语。此后，人们开始将军事上的巩固和稳定地盘与企业的经营活动联系起来，用来指称在竞争激烈的企业环境中，透过管理全面资源，发展可行的方案，以战胜对手或竞争者，从而实现组织目标。

尽管战略在众多的管理文献中没有一个统一的定义，但战略主要探讨这样一个问题：组织如何定位以面对越来越不确定的未来。战略为组织提供了一条途径，遵循这一途径，将变革付诸实践，组织可以获得成功。因此，战略是指组织评估本身资源的强弱势与衡量外界环境的机会与威胁后，为了发挥其强势和隐藏其弱势，把握环境的机会与回避其威胁，所采取的一种企图达成组织目标的行动方案。

通过战略概念的界定，可以知道战略的特点：①战略应当与竞争优势相辅相成，即战略要指明组织在一定时期内基本的发展目标以及实现这一目标的基本途径；②应设法运用战略与外界环境维持有利的互动关系，为组织创造、换取更多有益的资源；③应具有长远性。考虑组织未来相当长的一段时期内的总体发展，并以此来审视每一项决策对组织未来的含义，着眼于未来而不是就眼前的利弊得失来采取解决问题的行动。

二、战略管理及其必要性

(一)战略管理的概念及特点

“二战”后，私人组织开始以一种整合的方式应用战略，其中包括了长程规划、经营战略规划与企业战略规划，即通称的战略规划，它们都强调组织使命的确认，对环境的审视，列举一套目标，产出一份战略计划，并达成目标。不过到了 20 世纪 70 年代战略规划面临分析的无能，取得的成果寥寥无几。组织抗拒战略规划，如果高阶战略一旦不予实质的支持，战略规划便会被拒绝。80 年代，安索夫(H. I. Ansoff)与艾考夫(R. Ackoff)等人整合了系统理论的观点，在战略规划的模型中加入组织环境评估以及战略执行的概念，即将计划意图与对外环境状况的评估连成一体，建立了更系统化的管理控制系统，现代版的战略管理终于日渐成熟。而战略管理的具体诞生，则是在申克尔(Schendel)和霍夫(Hofer)于 1979 年《战略管理》一书中，他们提出了战略管理理论的概念基础和模式。

“战略管理”的诞生，便进而取代战略规划，它是以一种更精密的形态，涵盖了战略规划的功能。欧文·休斯认为它们之间的差别在于“战略管理包括战略规划，并扩大到战略执行和战略控制在内的更大的范围”。战略管理比战略规划更具广泛性和完整性，不仅仅是提出一项计划而已，更强调一项经济或理性的计划必须将其他具决定性的管理系统，例如管理控制、沟通和信息系统、激励和报偿系统、组织结构及组织文化等加以整合。此外计划的形成不只是确保执行的成功，还应该重视评估的回馈以及过程的修正。

关于战略管理的定义是众说纷纭，不同的学者对战略管理都有自己的见解。当今广为接受的战略管理定义是由安德鲁提出。他主张，组织的如下决策定义了组织的战略：确定或反映了组织的目标、意图等的决策；规定组织从事的业务或服务范围的决策；确定组织将要或想要成为何种经济或人力组织的决策；关于组织将要为其股东或托管人、雇员、顾客和社会所作的经济或非经济贡献的决策。

政府部门必须进行战略管理，才能解决公共部门中所发生的问题，提高公共部门的效率。那么，什么是公共部门战略管理？所谓公共部门战略管理，是指公共部门组织为增进效能和创造公共价值，在短、中、长期的施政目标、绩效、成果的指引下，通过内外在环境分析进行资源的优化配置的管理方法。

尽管战略学者和管理人员对战略管理的内涵各有不同的认识，但从其实务运作来看，战略管理呈现出以下的特点。

(1) 战略管理是未来导向的。战略管理是未雨绸缪，为组织未来发展规划出清楚的蓝图。通过战略管理，组织管理及组织成员理解了组织的愿景、使命、目标。

(2) 战略管理着重于较长远的、总体的谋略。战略管理通常涉及或关注组织发展的总体格局，关注长远的利益而非当前利益。

(3) 战略管理是一个组织通过发展机遇及识别威胁以谋求持续成长的过程。

(4) 战略管理是持续性与循环性的流程。战略管理无论包括几个阶段，都是一个在适应不断变化的内外环境的基础上，进行循环往复，永无止境的运动过程。

(5) 战略管理是一个整合性的管理平台，可指引其他管理活动的展开。战略管理是组织生存发展的命脉，一旦确立发展的战略，其他所有的管理活动，如计划的设计、预算编列、资源发展、政策营销与政策评估等活动都必须以该战略为指导纲领。

(二)战略管理在公共行政中的必要性

传统的行政因其僵化缺乏弹性、过分关注内部问题的短视行为而屡遭批评，在新公共管理运动中被广泛应用的战略管理，便是力图改变人们对传统官僚体制的固有印象、提升政府整体效能、践履公共行政价值的卓越工具。具体而言，战略管理在公共行政中的必要性可归纳为如下几点。

(1) 适应更加复杂和不确定的行政环境。在现代社会，公共行政面临的环境正在变得更加动态和不确定，不仅政治在发生变化，经济、技术、文化、社会都在发生巨大的变化。在动荡的环境中组织必须建立一个更有适应性的反应系统。战略管理能够保证组织与其环境之间有一个良好的战略配合，使组织的能力与环境要求相匹配，同时安排组织内部的结构与程序以使其随战略选择而成长并发展出新的、能符合未来挑战的能力。

(2) 适应政府角色变化的新要求。自 20 世纪 80 年代以来，承担过多“划桨者”角色的大政府受到越来越多的质疑，小政府无论在理论或实践上都获得了人们的认同和支持。但这并不代表政府责任的免除，在全球化竞争日趋激烈的今天，政府如何制定并贯彻实施战略规划的领航者角色凸显出来，战略管理的引进于是便成为顺理成章的事情了。

(3) 应对公共利益挑战的新需要。政府是公共利益的代表者，公共利益要求政府治理要兼顾整体利益与局部利益、兼顾长期利益与眼前利益。这就是说，政府要有系统观、整体观、长期观。公共行政必须构建国家或地方长期发展战略，以维持可持续的发展与繁荣。

三、战略管理的过程

一般而言，我们可将整个战略管理分成以下四个阶段。

1. 环境监测

战略管理者应根据未来的环境预测，界定可能出现的机会和威胁；同时进行组织内部的资源与能力评估，以了解本身的优势与弱点。分析环境与组织能力可以帮助管理者整合具有的优缺点及所面对的环境机会或威胁，确定影响组织运作的关键性因素。

2. 战略形成

对内、外环境进行评估与分析后，可使组织较能掌握某一范围内可行的机会，但仍要依据组织目标“有可能实现”且“符合期望”的准则进行战略的选择，战略选择的重点着重如何有效地采取某种战略？如何建立持续性的竞争优势？管理人员通过分析目标落差(新期望目标与现有目标的差距)、环境落差(新出现的机会与威胁)与能力落差(新的强势与弱势)，并根据这些落差来思考其战略的含义，使战略及政策得以确立。[①]在这一阶段要在利益相关者共同参与的基础上制定出清晰的前景规划、政策任务及评估标准。它们将指引组织的战略方向，并决定组织日常做什么和怎么做。

3. 战略执行

战略及政策要透过方案、预算及程序来加以执行实现。战略形成之后，管理者的重心就转移到执行上来。战略执行是实施某一计划所需的所有活动与选择的集合。包括进行组织内部资源的整合与分配计划、组织结构的重新设计以及人员、文化体制变革等的管理机制。

4. 评估与控制

战略执行后应对绩效进行评估。依据一定的标准和程序，对战略实施的效益、效率、效果及价值进行评估，取得有关这些方面的信息并将结果回馈到“战略形成”及“战略执行”两个步骤当中，以便采取适当的矫正措施。

四、战略管理的模式

一般认为，战略管理的模式可分成三个主要途径，包括组织概念途径、参与者概念途径和分析途径。分析途径是类似于产品组合分析的方法，对公共和第三部门的价值很少。下面仅就组织概念途径、参与者概念途径作进一步的分析。

(一)组织概念途径

组织概念途径是以组织整体为战略中心，其焦点是先衡量组织本身的能力，并思考组织在环境中的处境，以找出能够应用这些能力的途径。此概念途径包含了以下三种模式。

1. 战略规划模式

战略规划模式又称为决策过程模式，它强调通过一套系统化的程序将组织使命、战略、资源以及执行过程联结起来。此模式包含非常详细与正式化的施行步骤，规划管理者制定、执行与控制重大组织决策的程序。

下面以影响力较大的布莱森(Bryson)战略变革圈加以说明。1995 年，布莱森基于公共组织与非营利组织的特性，提出其公共组织与非营利组织的战略规划模式，并称为战略变革圈(strategy change cycle)。其重要步骤共有下列九项。

(1) 规划战略规划的过程，并达成各规划步骤进行程序的共识。

(2) 界定组织的基本使命。组织的正式使命的来源包括宪法、法律、上级颁布的政策、行政命令等；非正式的使命则来自文化、社会规范以及选民、民意代表等利害关系人的期望。

---

① [美]约翰•A.皮尔斯二世，小理查德•B.鲁宾逊著. 战略管理：制定实施和控制(第 8 版). 王丹等译. 北京：中国人民大学出版社，2005，19

(3) 厘清组织的目的与基本价值。组织的目的与基本价值则为组织自我界定的工作方向与原则。

(4) 分析组织的环境以了解组织本身的优点与弱点，以及外在的机会与威胁(SWOT 分析)。

(5) 认定组织面临的战略议题：通过组织的基本使命、目的、价值的厘清，战略计划者便可根据对组织本身及组织环境 SWOT 分析的结果，认定组织期望达成其法定使命与其他目的所必须处理的战略议题。

(6) 针对所认定的战略议题形成组织的战略，促使规划参与者以理性的思考改变旧有非理性的运作模式。

(7) 建立组织的愿景。发展并决定组织战略后，组织便可试图描绘组织愿景。所谓组织愿景就是指一旦所采用的组织战略被成功地执行，并达到原来预期的效果，组织所应具有的景象。但愿景的建立不必然要在决定组织的战略之后，许多组织的战略规划往往以建立组织的愿景为起点。

(8) 发展组织战略的执行计划。如各执行者的角色与功能、监督执行的机制、期望的执行结果以及明细的执行评估目标、详细的执行步骤以及相关的细节、进度表、资源的需求及来源、各执行者沟通的方法与程序、审视与订正的时机与程序、问责的程序等。

(9) 评估战略的成效：组织针对战略规划的整体过程、导致的直接与间接影响进行回顾检讨与系统化的评估。

战略规划模式的优点在于其提供理性化的决策过程，以及其中所设计的对于战略执行与评估过程的控制程序，因为是以组织整体为中心，所以强调协调整合组织不同部门间的行动。然而过于理性化的决策却也成为该模式的最大限制，过于重视程序和细节反而使管理者忽略重要的战略议题，理性的决策过程也与事实有所差距。

2. 哈佛政策模式

战略管理最主要的目的就是要帮助组织与环境达到互相调和，对环境的评估与分析是此模式强调的重点。在这一模式中，战略的制订取决于对环境中的威胁和机会，组织中的优势和劣势进行分析，找到环境中影响组织的关键因素以及组织所具有的特色竞争力从而形成战略的备选方案。这一阶段也被称为 SWOT 分析，S 指优势，被界定为一项或更多的技能，明显的竞争力、能力、竞争优势或组织选择战略时能够抽取的资源；W 指劣势，被界定为缺乏一项或更多的技能，缺乏明显的竞争力、能力、竞争优势或资源；O 指机会，被界定为一种形势，在这种形势下，利益非常清晰，并且，如果采取了某些行动，也很可能实现这些利益；T 指威胁，被界定为一种形势，如果不及时采取措施，这种形势会引发潜在危害性的事件和结果。组织要利用机会，依托优势，克服劣势，遏制威胁，从而引出战略备选方案。

今天，公共部门面临的内外部环境日趋复杂多变，如何反映利益相关者的价值观与期望，是需要首先作出回应的，哈佛政策模式对此的分析具有深刻的洞察力。因此，这一模式也成为在公共与非营利组织中，受到最多组织管理者青睐的主流战略管理途径。值得注意是，此模式要运用成功需取决于高阶管理阶层对组织所处环境以及应采取的战略有一定的共识；另外就是高阶管理团队必须有绝对的权威，确实能执行其战略。但这两个假设并非在所有的组织中都能百分之百实现。

【案例 9-3】湘西州体育旅游发展的 SWOT 分析及战略选择研究

	内部优势(S)：独特的体育自然资源；优越的体育人文资源；区位优势	内部劣势(W)：开发资金不足；民族传统体育没有统筹开发；体育旅游专业人才匮乏
机会(O)：西部大开发优惠政策；体育旅游产业发展的强劲势头；人民生活水平提高、消费群体增多；入世的正效应	SO 战略	WO 战略
威胁(T)：国内体育旅游组织竞争激烈；入世的负效应	ST 战略	WT 战略

问题：试设计 SO、WO、ST、WT 几种战略可以采取的措施。

分析：

SO 战略：做好客源市场细分工作、 保证国内旅游市场同时开拓；国外旅游市场；做好旅游产品细分工作，生产出符合客源需求的产品；搞好体育旅游资源调查与评价，加大科学管理力度；加强人文和自然旅游资源，整合创建 “人文、绿色、科技”相结合的旅游产品。

WO 战略：积极争取国家的优惠政策和财政支持，同时建立多元的投融资渠道；着力解决开发资金缺乏的“瓶颈”；加强体育旅游专业人才的培养，培训组建体育旅游；组织与时俱进，不断完服务体系；对民族体育旅游资源作好价值评估，因地制宜突出特色；树立自己的品牌。

ST 战略：进行策划形成核心竞争力；体育旅游组织应集团化经营公司化运作。

WT 战略：做好入境旅游基础工作。

(资料来源：张兴奇，张曼婕，李景繁. 湘西州体育旅游发展的 SWOT 分析及战略选择研究. 辽宁体育科技，2006 年(2))

3. 议题管理模式

议题管理以议题作为分析的焦点，通过分析聚焦在组织的战略议题上。所谓战略议题，指的是组织的内部或外部可能对组织完成目标的能力产生重大影响的事件或趋势。战略议题既可能是正面的，管理者可因此而取得优势，但也有可能是负面的，因此战略管理的功能即在于将管理者的注意力集中于战略议题上。战略议题的管理可分成三部分，包含侦测组织面临的战略议题；选择议题的优先级，并发展战略以解决所选择的战略议题；管理战略的执行过程。

在该模式中，议题被用来弥补 SWOT 分析与战略变革间的差距。这种方法允许不断修改 SWOT，即用从最新发展中得到的洞察力定期修改战略。以议题为焦点使战略管理者可以更灵活、更敏捷地对新情况作出回应。

(二)参与者概念途径

此途径集中于对组织有重大影响的关键人物上。其代表模式有竞争力分析模式和利益相关者模式。对公共部门而言，后者更具有解释力，下面就对这一模式加以说明。

利益相关者模式将组织的战略视为联结与满足组织各种利益关系人的手段。利益相关者指的是受到组织决策影响，或能够影响组织未来的任何团体或个人。对于公共部门可能涵盖立法机关、上级单位、利益团体、民意代表、公共工程承包商、媒体等对象。弗里曼(Freeman)指出，决定组织战略优劣的最重要的标准，即为满足组织关键利害关系人利益的程度。所以战略管理者最重要的工作，就是确认不同利害关系人的个别目的，并尽可能根据所确认的目的发展组织的战略。当前以战略联盟的方式来解决政府面临的跨部门、跨领域以及跨中央与地方的共同问题，即可用该模式加以解释和指导。利益相关者模式的优点是将利害关系人视为组织生存的必要条件，能够提醒组织时刻注意重要的主张及其主张者，并且与大多数其他方法兼容。但当组织决策者对谁是利害关系人，以及哪些利益应优先满足缺乏共识时，应用会存在困难，并且该模式没能提供判断上述问题的标准。

第四节　全面质量管理方法

全面质量管理(TQM)是最早起源于 20 世纪 50 年代的一种管理途径，并从 80 年代初期开始逐步地变得非常普及。从理论上讲，全面质量管理是为了能够在最经济的水平上，并考虑到充分满足顾客要求的条件下进行市场研究、设计、制造和售后服务，把组织内各部门的研制质量、维修质量和提高质量的活动构成为一体的一种有效的体系。

一、全面质量管理及其特点

(一)全面质量管理的概念

全面质量管理的英文原文为 Total Quality Management。其中，Total 指的是与公司有联系的所有人员都参与到质量的持续改进过程中，Quality 指的是完全满足顾客明确或隐含的要求，而 Management 则是指各级管理人员要充分地协调好。

全面质量管理并不等同于质量管理，它是质量管理的更高境界。全面质量管理是将组织的所有管理职能纳入质量管理的范畴，强调一个组织以质量为中心，强调以全员参与为基础，强调全员的教育和培训。因此，要掌握全面质量管理的核心思想，首先应该理解全面的含义。

全面是全面质量管理中的关键词语，它主要包括三个层次的含义：运用多种手段，系统地保证和提高产品质量；控制质量形成的全过程，而不仅仅是制造过程；质量管理的有效性应当是以质量成本来衡量和优化的。因此，全面质量管理不仅仅停留在生产过程本身，而且已经渗透到了质量成本管理的过程之中。

根据 ISO 9000 的定义，质量管理是指一个组织以质量为中心，以全员参与为基础，目的在于通过让顾客满意和本组织所有成员以及社会受益而达到长期成功的管理途径。由此可见，质量管理的全过程应该包括产品质量的产生、形成和实现的过程。因此，要保证产品的质量，不仅要管理好生产过程，还需要管理好设计和使用的过程。

全面质量管理从过去的就事论事、分散管理，转变为以系统观念为指导的全面的综合治理，它不仅仅强调各方面工作各自的重要性，而且更加强调各方面工作共同发挥作用时的协同作用。因此，所谓公共部门全面质量管理，就是公共部门全体人员及各个部门同心协力，把经营管理、专业技术、数量统计方法和思想教育结合起来，建立起产品与服务的研究与开发、设计、生产作业、服务等全过程的质量体系，从而有效地利用人力、物力、财力、信息等资源，提供符合规定要求和用户期望的产品和服务。

(二)全面质量管理的特点

1. 以适用性为标准

在传统的质量管理中，一般都是以符合技术标准和规范的要求为目标，即所生产出来的产品或提供的服务只需要符合组织事先制定的技术要求就行。但是，全面质量管理与传统质量管理截然不同，它要求产品或服务的质量必须符合用户的要求，始终以用户的满意为目标。从这个角度来看待全面质量管理，则将涉及所有参与到产品生产或服务提供过程中的资源和人员。

2. 以人为本

全面质量管理是一种以人为中心的质量管理，必须十分重视整个过程中所涉及的人员。为了做到以人为本，公共部门必须做到以下四个方面：高层领导的全权委托，重视和支持质量管理活动；给予每个人均等的机会，公正评价结果；让全体成员参与到质量管理的过程中；缩小领导者、技术人员和现场成员的差异。

3. 突出改进的动态性

在传统的质量管理中，产品生产或服务提供的目标是符合质量技术要求，而现在对产品或服务质量的要求是能够符合顾客的需求。但是，由于顾客的需求是不断发生变化的：顾客的需求通常会随着产品或服务质量的提高而变得更高，这就要求我们有动态的质量管理概念。全面质量管理不但要求质量管理过程中有控制程序，而且要有改进程序。

4. 综合性

所谓综合性，指的是综合运用质量管理的技术和方法，并且组成多样化的、复合的质量管理方法体系，从而使公共部门的人、设备和信息有机结合起来。在日本，石川馨博士最早将统计技术和计算机技术应用到全面质量管理过程之中，并总结出全面质量管理的方法，如直方图、特性要因图等。

5. 质量是公共部门的生命

现在大多数的公共部门都认识到质量是公共部门的生命，是公共部门生存的根本。因此，绝大部分的公共部门已经将质量作为公共部门经营的第一项重要内容，给予足够的重视并投入相应的人力、物力来确保产品质量的不断提高。

6. 为顾客服务

随着市场经济的发展，产品或服务供不应求的状况已经结束，市场呈现出产品数量和种类都非常繁多的局面，顾客拥有了绝对性的选择权，产品或服务必须符合顾客的要求才有可能销售出去。因此，全面质量管理的中心思想是为顾客服务，而不是为标准服务。

7. 质量控制以自检为主

在全面质量管理过程中，对质量的控制应该以自检为主。这样的质量管理方式也就意味着我们在全过程的生产制造中必须树立强烈的自我质量意识，而不是等到质量部门检验以后才形成质量的概念。

【案例 9-4】2001 年 5 月，浙江省绍兴市政府办公室率先在全国地市级政府办公室的管理中导入 ISO 9000，围绕“依法行政，提供办文、办会、办事等综合服务”开始建立 ISO 9000 质量管理体系。同年 9 月 14 日，绍兴市政府办公室的 ISO 9000 质量管理体系通过了专业机构认证，成为全国第一家通过该认证的政府行政机关。2004 年 9 月，绍兴市政府办公室再次通过认证。

在建立质量管理体系的过程中，绍兴市政府办公室结合自身的实际情况，对普适于企业的质量认证标准进行了改造创新，创立了适合规范政府办管理工作的质量考核标准，制定了《浙江省绍兴市人民政府办公室质量手册》。手册明确规定了办公室工作的质量方针、目标和过程方法；综合服务质量管理体系；管理职责；资源管理；综合服务实现；测量、分析和改进。对于各项具体工作，制定了“程序文件示例”，涵盖了质量方针、目标管理；文件和资料管理；质量记录控制；内部沟通管理；评审；人员管理；计算机设备和网络管理；采购控制；满意度调查；内部审核管理；不合格服务管理；纠正措施管理；预防措施管理等内容。绍兴市政府办公室还借助先进的管理软件等技术系统，实现了 ISO 9000 系列标准所要求的程序化管理，提高了政务网络化操作程度。

ISO 9000 质量管理体系管理的导入，在绍兴市政府办公室形成了全员参与、全程监控、持续改进的工作局面，实现了办公室工作各个程序、环节的细化和规范化。导入 ISO 9000 质量管理体系后，绍兴市政府办公室工作人员的“产品”意识、服务意识、效率意识明显提高，从而提高了政府办公室的整体服务水平，进一步满足了所服务顾客(领导、部门、基层)的需要。在导入 ISO 900 质量管理体系后，浙江省绍兴市政府办公室曾就服务态度、工作秩序、环境仪表、办事效率和廉洁奉公等方面，向 7 位正副市长、市直政府 23 个部门和市委办、人大办、政协办等开展过满意度问卷调查，结果显示，满意率和基本满意率达到 100%，其中，满意率高达 90%。在办文上，通过导入 ISO 9000 质量管理体系，绍兴市政府办公室的年办结率由原来的 96%提高到了 98%以上。

问题：试总结浙江绍兴市政府质量管理的经验。

分析：

在本案例中，绍兴市通过引入ISO 9000质量管理体系，按照全面质量管理的要求，通过全员参与、全程监控、持续改进的工作，精心规划、扎实推进，并辅以先进的技术支持系统，取得了良好的效果，大大提高了人们对政府工作的满意度。

（资料来源：浙江省绍兴市“政府办公室导入ISO 9000质量管理体系”．中国政府创新网．http://www.chinainnovations.org/showNews.html?id=1273）

二、全面质量管理的要素

为了能够成功地实施全面质量管理，组织必须关注以下八个关键要素：①道德规范；②诚实；③信任；④培训；⑤团队协作；⑥领导；⑦赏识；⑧沟通。图9-1为全面质量管理关键要素构成。

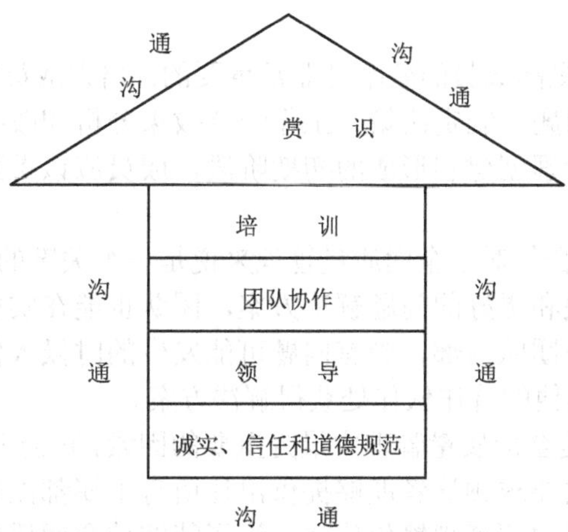

图9-1　TQM八项关键要素

全面质量管理被描述为在领导、设计、规划和主动改善背后关注质量的驱动力的哲学。因此，全面质量管理需要这八个关键要素的帮助，对于这些要素，可以根据它们的功能划分为以下四类：①根基——包括道德规范、诚实和信任；②建筑砖——包括培训、团队协作和领导；③黏合剂水泥——包括沟通；④屋顶——包括赏识。

(一)根基

全面质量管理是在道德规范、诚实和信任的基础上构建起来的，它提倡开放性、公正和真诚，允许每一个人介入到其中，这是打开全面质量管理最终潜力的关键。这三个要素是在一起发挥作用的，但是，各个要素都对全面质量管理起到不同的作用。

(1) 道德规范。道德规范在任何情况下都是与好和坏有关系的一个原则，它是由组织道德规范和个人道德规范组成的两面体。组织道德规范构建了一个所有成员在他们的工作表现中都要遵守执行的商业品行规范。个人道德规范则包括个人的正确和错误。

(2) 诚实。诚实意味着正直、道德、价值、公平和对事实、真诚的忠诚。它的特点是(内部或外部的)客户所希望和应该接受的产品和服务。人们知道诚实的反义词是狡诈。全面质量管理是不可能在一个欺诈的环境中运作的。

(3) 信任。信任是诚实和道德规范行为的副产品。如果没有信任，全面质量管理的架构是无法建立起来的。信任鼓励所有的成员的全面参与，它允许可以鼓励主人公自豪感的授权以及鼓励承诺。信任允许在组织、促进独立冒险能够保证持续发展的适当水平上制定政策，帮助确保评测的标准集中于流程的改善。信任是确保客户满意的根本，因此，信任为全面质量管理创建了一个必要的合作环境。

(二)建筑砖

基于可靠的信任、道德规范和诚实，建筑砖成为到达屋顶——赏识的基础。它包括以下各项。

(1) 培训。培训对于提高成员的效率是非常重要的。培训成员需要具备沟通的技巧，在团队内行使职责、解决问题、制定决策、工作经营效果分析和改善、组织经济学和技术技巧的能力。在全面质量管理创建和形成的初期阶段，成员应该得到相应的培训，以成为组织的有效成员。

(2) 团队合作。团队合作对于全面质量管理来说是一个关键的因素。利用团队的优势，组织的业务将会得到更快和更好的问题解决方案，团队也能在实施进程和运营过程中提供更为持久的效能提升。在团队内部，当有问题可能发生的时候人们对于提出问题会感到更为自然，同时也可以从其他的合作伙伴处获得解决方案。

(3) 领导。领导可能是全面质量管理中最为重要的因素，它会出现在组织中的任何地方。全面质量管理的领导素质要求领导者能够提供出让所有下属都能够理解的鼓舞人心的战略决策，在指导下属的过程中逐渐灌输价值观。为了能够使全面质量管理在组织运营中获得成功，领导者必须能够引导自己的成员。领导者必须能够理解全面质量管理并信任它，且能够通过自己在全面质量管理的日常实践中向自己的下属展示自己的信念和应该承担的义务。领导者要确信全面质量管理的战略、哲学、价值和目标能够在组织内全面得到贯彻，为组织指明一个集中、清晰的方向。

(三)黏合剂水泥

沟通可以把任何事情都黏合在一起。从全面质量管理屋的根基到屋顶，每一件事情都需要沟通作为水泥黏合在一起。沟通是全面质量管理中每一个环节的重要联结，沟通意味着在信息发送者和接收者之间的共同理解，成功的全面质量管理需要在组织成员、供应商和客户之间建立顺畅的沟通。领导者必须保持信息沟通的通畅，让所有成员都能够发送和接收到关于全面质量管理流程的信息。顺畅的沟通加上正确信息的分享是至关重要的。为了能够让人信赖地沟通，必须保证信息的清晰，同时接收者必须能够按照信息发送者的意愿重新解释它的含义。

(四)屋顶

赏识是整个系统中最后一个因素，它应该为团队和个人同时提供建议和绩效。成员努力争取对他们自己和他们团队的赏识。辨别并赏识作出贡献的成员是领导者最为重要的工作。成员受到赏识，就会在自尊、生产率、质量方面产生重大的影响。当成员出色的完成工作后马上就得到赏识是赏识的最佳方式。赏识有不同的方式、地点和时间，比如：它可以是来自高层管理者的私人信件，也可以是颁奖宴会、勋章、奖品等；赏识可以在任何时间给予，比如成员大会、年度颁奖宴会等。

三、全面质量管理的工具

(一)鱼缸会议

这是一种组织会议的方式。不同的群体本着合作的精神，一起分享各自的观点和信息。因此，让销售部门与客户服务部或高层管理人员与管理顾问碰头，这种做法一定管用。

(1) 何时用：鱼缸会议使某些群体与顾客、供应商和经理等其他与之利益攸关的群体加强沟通。

(2) 何时不用：如果用这种方法不能明确地分清各群体的职责，就不宜使用。

(3) 培训：会议召集人需要接受培训。

(4) 能达到何目的：迅速增进了解、扫除误解。

(5) 注意事项：这类会议影响巨大。可能会暴露实情，使内情人和旁观者感到受威胁，因此需要精心组织。

(6) 使用程序：把与会者安排成内外两圈。内圈人员会上比较活跃，外圈人员则从旁观察、倾听，必要时提供信息。会议结束时推荐改进方案，取得外圈人员的赞同。

(二)横向思维

这是一种为老问题寻找新解决方案的工具。

(1) 何时用：由于老方法、旧思路不再管用或已经不够好，需要寻找新方法、新思路时使用。

(2) 何时不用：种种制约使这种全新的思维方式无法发挥作用时不要用。

(3) 培训：建议读 Edward de Bono(爱德华)写的 Lateral Thinking for Management(管理中的横向思维)一书。

(4) 能达到何目标：开创新思路，激发创意，找出可行的解决方案。

(5) 注意事项：需要传统的逻辑思维加以支持。爱德华建议，只有 10%的解决问题过程采用横向思维。

(6) 使用程序：确定问题。运用幽默、随机排列和对流行观念的挑战来制定横向思维解决方案。对找到的各种想法加以适当的提炼和取舍。

举例来说，某工业缝纫线轴制造商的传统市场已经消失，公司不得不另寻出路。对此，公司经理们的本能反应是，从常规思路出发，为产品找新的出路、新的市场或新的销售手段。不过，事态的发展很快表明，他们需要一种彻底的解决方案。公司召开了一次集思广益会，对参加者不加任何框框。思路应能用得上现有的技能和经验，但只能把它作为起点。结果，横向思维把他们引向高尔夫球，成为一家成功的高尔夫球制造商。

(三)帕雷托分析法

帕雷托分析法(Pareto Analysis)强调为80%的问题找出关键的几个致因(通常为20%)。

(1) 何时用：凡是一个问题的产生有多个变量因素并需要找出其中最关键的因素时，都可使用这一方法。在一个改进项目的开始阶段尤为有用。

(2) 何时不用：如果设置有更完善的系统就没有必要使用此法。

(3) 培训：需具备基本的统计知识以备分析之用。

(4) 能达到何目标：非常直观地展示出如何确定问题的优先顺序，将资源集中在何处才能取得最佳效益。这种展示让组织各级一看就懂。

(5) 注意事项：仔细分析结果总是很重要；不仅靠数据还要利用常识来找出问题的原因和优先顺序。

(6) 使用程序：找出问题和可能的原因。收集有关原因的信息。绘制帕雷托分析图，横坐标表示原因，纵坐标表示问题，以出现次数、频率或造成的成本来表示。找出最关键的几个原因。依据重要性排序，利用改进技术消除产生问题的原因。

例如，某洗衣机制造商出现质量危机。在一次广泛的可信度测试中，一家大型杂志将其产品排在末位并建议消费者不要购买。该公司具有完善的失误记录，列出的失误种类达22种。但运用帕雷托分析法表明，仅其中的4种失误就占了所有记录的83%。

(四)质量功能分布图

质量功能分布图(QFD)是一种产品和流程设计工具，可以用于把顾客的呼声转化成产品或流程的特点。采用该方法能防止企业或公共部门仅因为某些观念似乎有效就予以实施。

(1) 何时使用：用以设计或重新设计产品或流程，保证提供顾客切实需要的产品特性；专为制造业设计的，但也可用于服务业。

(2) 何时不用：如果问题的优先顺序已经分明、流程设计卓有成效或设计团队经验老到，不要采用该方法。

(3) 培训：该方法运用特定的惯例，建立相关的矩阵图和计分标准。在这方面有必要进行培训。

(4) 能达到何目标：有能力分辨基本的产品与流程特色和所期望的产品与流程特色，这样便可以看清高成本的技术或工程投资在哪方面将有回报。同时，还提供了一个评估产品或流程变化影响的框架准则。

(5) 注意事项：花时间通过市场调研来找出顾客的真正需求所在。

(6) 使用程序：研究顾客的需求。找出符合顾客需求的流程设计特色。建立一个矩阵图，将顾客的需求与设计特色进行比较(即性能／方案矩阵图)并加以计分。选取 5 个左右分数最高的设计特色，然后再按 3 个层次建立矩阵图：设计特色和关键部件特点、关键部件特点和制造工序、制造工序和生产要求。

例如，某割草机制造商耗时费资重新设计其畅销割草机的控制性能，却发现顾客对此毫无反应。因此，公司经理人在计划改进另一较老型号时，想要确保所做的改善的确是顾客想要的。研究结果表明，顾客感兴趣的是性能。因此改善马达、驱动链和刀的效率比改善控制性能可以产生大得多的影响。

(五)关联树图

这种图示工具对关联项进行层次分类。这是一种不错的思维工具，因为它提供了一种快捷的方法把各种想法总括出来，并在相关的枝杈出现时可随即增加细节。

(1) 何时使用：使用该图示可以为同一目标寻求多种不同的实现途径。

(2) 何时不用：不可用于详细比较各种方案。它只用于从总体上探索新的方向。

(3) 能达到何目标：该图示能很有逻辑地揭示出该采用什么方法来实现目标，它们要求哪些行动和资源。

(4) 注意事项：如果你选用的方法经不起分析，要随时准备回到关联树图上来。

比如，一个发展中的小公司运用这种方法来考虑成员的托儿问题。许多成员大学一毕业就加入了公司，现在都供养着子女。公司开会讨论各种选择方案。结果，大家都赞成建一个日托中心。但树形图显示，潜在的成本太高，需要满足的地方法规要求太多，很难实行。于是公司选择了托儿津贴计划，让有子女的成员有选择的余地。

(六)方案效果分析法

方案效果分析法(solution effect analysis)用于分析手头解决方案可能产生的效果。

(1) 何时用：在提议变革时可运用这种方法。它能让你看清各解决方案的效果。

(2) 何时不用：你所提议的不是根本性变革的话，不要使用。

(3) 培训：无须正式培训，但如加以辅助很有用。

(4) 能达到何目标：一种向前看的思维方式并能预见所建议的方案会造成什么影响，避免未能预见的效果。

(5) 注意事项：人们对你正在致力的变革前景看淡时，不要阻止他们。他们并非有意发难，也许他们是对的。接受辅导会减少自己受威胁的感觉。

(6) 使用程序：记下正在考虑实施的解决方案，放在图的左侧，箭头则指向右方。在主箭头两侧用分箭头标出各种重大效果。通过集思广益，找出所有可能的效果并添到图上。计划实施行动以确保该方案行之有效。

例如，某公司决定引入弹性工作时间以减少成员通勤途中损失的时间，同时充分利用资源。随着改用新工作时间的期限临近，协调这一变革的人事部开始担心，成员还未弄清新工作时间的意义。为此，公司举行了一系列方案效果分析会，使公司成员能想通各种问题，从而为采用新的工作时间作好更为充分的准备。

复习与思考

1. 简述系统分析的概念、作用及局限性。
2. 简述系统分析的研究方法论。
3. 目标管理的特点有哪些？
4. 目标管理有哪些优缺点？
5. 简述公共部门战略管理的必要性。
6. 简述战略管理哈佛政策模式的内容。
7. 全面质量管理的要素有哪些？
8. 全面质量管理有哪些特点？
9. 全面质量管理有哪些工具？

【案例分析】

某省目标管理访谈

某省级政府部门推行目标管理，下述内容是为调查该管理方法推行成效而进行的一次深度访谈。A 为访谈者；B 为访谈对象，即省政府某职能部门下属机关主管。

A: 请问您，对于“目标管理”的观念及作法，了解的程度怎么样？

B: 以前在某些课堂上听过，只是个概念性，了解不是很深入。

A: 请问您，是否知道在机关工作上，已逐步导入“目标管理”的观念及作法？

B: 知道机关在推动这样的作法。

A: 请问您，以目前所认知的“目标管理”，再配合上级所实施的目标管理作法，曾否遭遇到困难？

B: 目前我的单位对“目标管理”这个作法并不是很明确，我目前大概都是以上级部门制定的绩效考核办法，至于制订目标并没有问题。

A: 请问您对于机关实施“目标管理”的作法，看法如何？

B: 我比较知道的就是一些重大事项的提列，其他大致上都是绩效考核办法，实际上上级的“目标管理”对我们来讲实际上可能有一点距离，总是有一个目标在那里，实际执行起来还是有距离，不是很落实。

A: 请问您，是从何种管道获知“目标管理”的信息的？

B: 通过培训及同事之间，没有很明确知道“目标管理”。

A: 请问您，上级对于实施“目标管理”的作法，其宣传如何？且如何会做得更好？

B: 就我们这系统来讲，大概都是比较欠缺，其实不明确。要定一个很明确的目标，然后再作倡导，例如说利用工作检讨会进行倡导，可能我们要定期一个追踪考核的机制，譬如说一季或者说半年，大家作个研讨，达标率多少，没有达成的原因在哪里作个检讨。透过工作检讨会，如果有需要的话，可以专门召开一个工作目标的座谈会或者工作检讨会。

A：为了让组织成员对于“目标管理”有充分的了解，请问您会建议应如何为之，较易使组织成员形成共识？

B：就不同部门而言，其实目标很难制定一个很明确很统一的一个标准，机关性质不一样，如何订出一个合理的目标，其实不容易。譬如说你这个单位按照你的业务性质，今年要做什么样的工作，自己提就好了，而如果上级跟你提示说你要做什么，会比较明确，变成他会有很明确的目标，他才有努力的动力。共识就是你要明确合理的可以达成目标，可以努力的目标，如果都没有的话，你说要怎么形成共识。

A：请问您，在制订工作计划目标时，与主管(下属)沟通而取得共识的情形如何？

B：目前没有困难。在制订工作计划时的承办同事，先依他的业务及目标，到我这边再看是不是适当，如有某些遗漏或是窒碍难行的，或是有某些目标是有一些重点，工作计划这边没有问题。

A：请问您，在制定计划目标时，得到上级(或主管)实际授权的情形如何？

B：会下来指导，会认为我们这一个单位是属于一个重点单位，今年大概要提列几个现有计划，其他的几乎都授权，到时候你的计划报到上面他会给你选择，但实际上是有授权的。

A：请问您，如何制定年度工作计划目标？而实施“目标管理”的作法，是否能使您对所制定的工作计划目标，更能与组织的政策需求相结合并有助于整体的发展？

B：第一个当然是以去年的执行情形作一个参考，再参考我们的人力，还有我们的业务状况，选择一些我们可以着力的、跟机关可以结合的切入点作为优先的目标。从这里再根据上级的需求，要求那些需要协助的机关的推动。现在整个组织其实处在一个很不明确的状态之中，我们几乎都是按照上级的指导原则来定我们的工作目标，根据它来拟定目标，到最后目标就是一致的，只是说有一些个别性的机关一些特别的业务，会有不一样的目标形式，所以实施“目标管理”的做法，是有帮助的。

A：请问您，目前所施行的定期绩效评估，对于达成工作目标的帮助，其看法如何？

B：当然是有帮忙，但是动力还是不够。帮忙的程度是什么，大家应付还是真的用心去做。就我们来讲，驱动力大部分是认为是要达成目标，我们每个月都有绩效的考评，评选单位之间大家会有一个激励，其实是压力比较多。现在没有什么激励，虽然列入年终考核，实际上对我们这个系统来讲不觉得有激励的效果，只是压力。

A：请问当您执行的目标进度落后，或是工作上遭遇到困难时，主管及下属共同参与沟通讨论，谋求改善之道的情形如何？另主管(或上级)曾否提供必要的协助？

B：我这边是没有问题，我觉得我的同事他会自己说——在我们这一个系统里面定下来的目标我大概都可以达成，有困难的话大家讨论一下。目前我还没有需要上级的协助，反而是他有一些案子需要我们来处理。如果是下属的话，我会先请他提出他要怎样处理的，如果他可以的话，我就让他处理，不会介入；真的有需要协助的话，还是会介入的。我的方式就是一个案子来，如果没有问题的话这个可行你去做。如果一开始他问这个事情要怎么办，大家来讨论，那时才会提供意见。

A：请问您，目前组织的工作绩效激励措施对于提升工作士气及绩效的看法如何？

B：我没有感觉，几乎没有，绩效很好的他照样给你拉下来，我本来要激励我的同事也没办法，因为我的考绩比例就控制在上级单位。

A：请问您，对于目前以年度绩效考核结果，作为评定单位年终考绩、可考列优秀等级的人数比例的做法，是否能有助于单位(或个人)提升达成未来绩效目标的看法如何？

B：如果可以落实执行，当然是有正面的帮助，但是就我们的系统还是主管他的主观意识，有很大的支配作用，虽然你的绩效成绩在那里，但是考绩的决定还是搀杂个人主观意识，绩效不能完全反映在你的同事考绩上面。目前认为还是很难达成提升未来绩效目标的帮助。我们的绩效很难显示出来。及时几乎是没有。

A：请问您，对于目前组织的激励措施，是否能达到及时奖励来提升士气的效果？

B：基本上我是感受不到有及时奖励的效果，所以对提升士气并无产生影响。

A：因公务员薪水有一定的规定，除了加薪外，请问您认为在组织中，还有何种方式的激励措施，会达到激励士气的作用，并促成绩效的提升？

B：牵涉的因素太复杂了，但可以在一个系统里面，一个年度选择出重要绩优的单位，作个公开表扬，甚至说这个表扬在将来升迁作为优先考虑。升迁之后的理由可以在网站上公开升迁的理由，变成在这个精神上物质上他都获得激励，这是比较明显到达激励的作用。

(资料来源：魏娜，王学栋. 公共管理方法：原理与案例. 北京：对外经济贸易大学出版社，2008)

问题：

(1) 试从上述访谈中归纳该级政府推行目标管理还存在哪些不足。

(2) 公共部门推行目标管理有何困难之处？

【推荐读物】

1. [美]保罗·C.纳特，罗伯特·W.巴可夫著. 公共和第三部门组织战略管理：领导手册. 陈振明等译. 北京：中国人民大学出版社，2001

2. [美]史蒂文·邓恩，罗纳德·布兰德著. 政府全面质量管理：实践指南. 杨天石等译. 北京：中国人民大学出版社，2002

3. 魏娜，王学栋. 公共管理方法：原理与案例. 北京：对外经济贸易大学出版社，2008

4. 钱学森. 论系统工程. 长沙：湖南科学技术出版社，1982

5. 王礼平. 如何进行目标管理. 北京：北京大学出版社，2004

6. 陈照明. 实用目标管理. 厦门：厦门大学出版社，2002

7. 陈振明. 公共部门战略管理. 北京：中国人民大学出版社，2004

8. 刘立户. 全面质量管理. 北京：北京大学出版社，2004

第十章　公共行政的责任与伦理

【学习目标】

通过本章的学习，读者应掌握行政责任的内涵、特征与意义；掌握行政责任的构成；掌握行政问责制的概念及制度框架，了解行政问责制是建立责任政府的重要途径；了解道德与伦理的关系，掌握行政伦理的概念、构成、功能与价值诉求；了解我国行政伦理建设存在的问题及原因，掌握我国加强行政伦理建设的途径。

【关键概念】

责任；行政责任；客观责任；主观责任；积极责任；消极责任；行政问责制；责任政府；行政伦理；行政组织伦理；公务员职业伦理；体制伦理；政策伦理；制度伦理；行政伦理建设；行政伦理立法

【导读案例】

2008 年 6 月，环保部门监测到云南省阳宗海水体砷浓度出现异常波动，阳宗海水被污染，阳宗海污染事件直接影响了周边 26 596 人的饮水安全。

经调查，阳宗海水体砷污染主要来源是云南澄江锦业工贸有限公司。2004 年 4 月，云南澄江磷肥厂(后变更为云南澄江锦业工贸有限责任公司)在未履行任何报批手续的情况下，擅自开工建设一条年产 8 万吨的磷酸一铵生产线，并于同年 12 月建成投产。同年 12 月，澂江县环保局发现该情况后，责令该厂补办相关审批手续。2005 年 3 月，云南澄江锦业工贸有限责任公司党支部书记李光明携带相关文件到阳宗海管理处补办审批手续，时任阳宗海管理处处长的杨雪梅未按照《云南省阳宗海保护条例》的规定严把审批关，而作出“同意该项目进行环境影响和景观影响评价，并按规定报审”的批复意见，致使具有污染性质的 8 万吨磷酸一铵项目得以进入后续审批程序。

2005 年 12 月，陈运良接替杨雪梅担任阳宗海管理处处长后，高茂林担任阳宗海管理处副处长。陈运良和高茂林在工作中，未严格按照规定对阳宗海保护区的企业生产情况进行认真巡查和严格监管。没有及时发现澄江锦业公司 8 万吨磷酸一铵生产线为污染性生产线，放任澄江锦业公司长期违法排放含砷的生产废水，致使砷以地下渗透、地表径流等方式进入阳宗海，造成水体污染，导致阳宗海 6.04 亿立方米水体水质从 II 类下降到劣 V 类。饮用、水产品养殖等功能丧失，沿湖居民 2.6 万余人的饮用水源取水中断，造成公私财产重大经济损失。

宜良县法院审理认为，杨雪梅在担任阳宗海管理处处长时，不对澄江锦业公司的污染情况进行检查和处理，为阳宗海污染事件的发生留下了隐患，导致公私财产遭受重大损失，其渎职行为构成玩忽职守罪。陈运良在担任云南省阳宗海管理处处长、高茂林担任副处长期间，不认真履行《云南省阳宗海保护条例》规定的环境监管职责，没有按照《云南省阳宗海管理处阳宗海流域巡查管理制度》的规定认真对阳宗海保护区域内的生产企业进行巡查和监管，对澄江锦业公司长期违法堆放、排放含砷的生产废物、废水的行为没有采取有效措施制止和处理，导致阳宗海砷浓度严重污染，公私财产遭受重大损失，其渎职行为同时构成玩忽职守罪和环境监管失职罪，应按环境监管失职罪定罪处罚。

鉴于阳宗海污染事件的发生，除与杨雪梅、高茂林和陈运良的渎职行为有关以外，还与对阳宗海环境保护具有监管职责的其他部门及相关人员的失职行为有直接的因果关系。因此，宜良法院对高茂林、陈运良予以从轻处罚。鉴于杨雪梅庭审中身患重病，为体现对被告人的人道主义关怀，宜良法院专门安排值班医生守候，并尽量缩短庭审时间，根据杨雪梅的犯罪事实、性质、情节和本案的综合情况，对杨雪梅免予刑事处罚。

最终，宜良县法院作出一审判决：高茂林犯渎职罪，判处有期徒刑 1 年，缓刑 2 年；陈运良犯渎职罪，判处有期徒刑 1 年，缓刑 1 年；杨雪梅免予刑事处罚。

(资料来源：中国新闻网，http://www.chinanews.com.cn)

近年来，一系列的公共环境污染事件引起了社会的广泛关注，阳宗海污染事件只是其中之一。2010 年 7 月 3 日和 7 月 16 日紫金矿业先后两次发生污水渗漏，造成重大环境污染事故；紫金矿业第二次污染事故当天，大连新港至中石油大连保税油库输油管线在油轮卸油作业时发生闪爆，造成管线内原油泄漏发生火灾，引发管廊道管线爆裂，少量原油和污水流入海域。污染事故在给经济和社会发展带来巨大损失的同时，也在考验着行政部门对企业生产的监管责任和问责体制。

第一节　公共行政责任

任何管理都存在责任问题，公共行政的责任问题即行政责任问题。行政责任不仅是公共行政的重要问题，而且是关涉国家政治、法律和社会生活的重要问题。在当今世界，行政责任是民主政治体制行政管理制度的重要组成部分，也是公共行政学的重要内容。

一、行政责任概述

(一)责任的含义

行政责任是一个复合词，由“行政”和“责任”两个词构成。行政责任与其他责任的不同之处在于“责任”前面的修饰词“行政”。但人们在理解行政责任时产生的分歧却往往与对责任一词理解的分歧有关。因此，理解行政责任的含义首先必须理解责任的含义。

古代汉语中的“责”实际上就是我们现在常说的“责任”。“责”在古代汉语中至少有以下六种含义：一是求、索取；二是诘斥、非难、谴责；三是要求、督促；四是处罚、处理；五是义务、责任、负责；六是债。

现代汉语中责任常常在法律范畴内使用，张文显从法理学的视角把责任的含义概括为三个方面：其一，份内应做的事，实际上是角色义务，如“岗位责任”、“尽职尽责”等；其二，特定的人对特定的事项的发生、发展、变化及其成果负有积极的助长义务，如“担保责任”；其三，没有做好份内之事或没有履行助长义务而应承担的不利后果或强制性义务，如“违约责任”。冯军则在对日常用语进行大量分析的基础上指出“责任”的三层含义：其一，表示义务；其二，表示过错、谴责；其三，表示处罚、后果。

英语中，responsibility、obligation、duty 等都有“责任”的意思。在政治学和公共行政学中，人们一般用 responsibility 一词指代我们所说的责任，如 government responsibility(政府责任)。accountability 一词也有“责任”的意思，解释为“(对自己的行为等)应作解说”或者“负责”。

总结起来，责任不外乎有两方面的含义：其一，是指份内应做的事；其二，是指没有做好份内的事，因而应承受的谴责和制裁。前者是在积极意义上使用的责任概念，是针对特定任务而应负的责任；后者则是在消极意义上使用的责任概念，是没有完成任务而应承担的后果。由此，我们可以把责任定义为社会成员对社会所负担的与自己的社会角色相适应的应为的行为和社会成员对自己的实际所为的行为承担一定后果的义务。

按照积极和消极责任的划分，责任的实现途径也可以归结为两种：一是通过职责和义务的规定，使主体履行相应的责任；二是在主体没有很好履行相应责任时，采取谴责、惩罚等方式给予惩戒。前者可称为责任的履行，后者可称为责任的追究。在判断主体应履行哪些责任，是否很好地履行了责任，未履行责任的原因及其后果时，则涉及责任的评价。责任的评价涉及主体自身对责任的评价，以及主体以外的他人对责任的评价。

(二)行政责任的含义

根据对“责任”概念的分析，责任不外乎指份内应做之事，或因没有做好份内之事而承担的消极后果。责任的两层含义之间并非广义与狭义的区别，而是前后承接的逻辑关系。

那么，既然责任的积极理解是份内应做之事，这“份”必然与相应的角色有关。行政责任在“责任”前面冠以“行政”二字，表明行政责任是人们在国家公共行政领域中的责任，与人们在行政管理中的角色相联系。行政组织及其工作人员是公共行政的主体，行政责任的相应角色自然是行政组织及其工作人员。因没有做好份内之事而承担后果和接受惩罚的，也必然是指按照法律或行政法规应履行但没有很好履行相应义务的行政组织及其工作人员。

至于对谁(什么)承担责任的问题，自然也要看“份”内之事的来源。行政组织及其工作人员角色和权力来源主要包括法律、行政法规和授权者。那么，行政组织及其工作人员自然要对其授权者和法律、行政法规承担责任。具体来看由于责任主体的具体划分，其授权者又可分为以下几种情况：第一，在民主宪政国家中，行政组织作为整体，其授权者是国家权力机关。因此，行政组织最直接的是向国家权力机关承担责任。而国家权力机关是由公民选举产生，向公民承担责任，行政组织直接向权力机关承担责任，实际上也是间接地向公民承担责任。第二，在行政组织内部，各个具体的机关和工作人员的授权者是其上级部门。因此，具体的机关和工作人员应执行上级的命令、向上级报告工作、受到上级监督，即对其上级机关承担责任。第三，在具体的行政行为中，行政组织及其工作人员将接受一般群众的授权而做出相应的行政行为。此时，行政组织及其工作人员要向普通群众承担责任。具体表现为良好的服务态度和敬业精神、就政策和制度做出合理的解释和说明、接受群众监督、对不作为和不正确的行政作为承担消极后果。

由此，我们可以将行政责任理解为，行政组织及其工作人员因其公权地位和公职身份而对授权者和法律所承担的责任。这既包括行政组织及其工作人员作为行政主体的职责和义务，也包括因没有履行或错误履行职责而导致消极后果时，所应接受的谴责、惩罚和强制性义务。既包括行政组织作为整体，应对国家权力机关，并最终对人民承担责任；包括在行政组织内，行政组织及工作人员对其上级承担的责任；也包括行政组织及其工作人员在具体行政行为中对群众承担的责任；还包括对法律所承担的责任。

(三)行政责任的特征

行政责任的特征是指行政责任与其他责任相比较的不同。行政责任作为公共行政领域内行政组织及其工作人员的责任，具有如下特征。

(1) 行政责任与其他责任相区别，但又与其他责任密切相关。行政责任由行政组织及其工作人员的公权力和角色产生，其责任主体恒定是行政组织及其工作人员。行政责任不同于国家权力机关和民选官员的政治责任，不同于行政相对人因违反法律规范而承担的法律责任，也不同于一般民众的公民责任。但行政责任又不可避免地与政治责任、法律责任和道义责任相关。从某种意义上讲，主要表现为：行政责任是一种政治责任。一个国家的政府是由公民直接或间接选举产生的，因而要对公民负责，承担政治责任。行政责任是一种法律责任。行政责任通过法律的形式加以规范性的肯定和保障，并以国家强制力为后盾发生约束力。法律保障行政责任的履行，并对不履行责任的行为进行追究。行政责任是一种道义责任。政府官员是为公民服务的国家公职人员，理应遵循普遍的社会道德规范。在实施管理的过程中应增强工作责任心，忠实履行职责。否则，就产生职业道德问题。

(2) 行政责任与行政权力密切相关，同时又是对行政权力的一种监督。从根本上说，行政组织及其工作人员之所以具有某种特定的行政权限，正是为了使其承担起相应的责任，并完成相应的任务。因此，行政组织及其工作人员具有相应权力的同时，已经按法律规定具有相应的责任。而为了确保行政组织及其工作人员根据公民的意志和法律的规定开展行政活动，就必须通过一定的机制来防止行政组织及其工作人员肆意追求权力和特殊利益，而置国家的利益、公民的利益于不顾的现象，这种机制就是行政责任监督机制。从这个意义上说，行政责任实际上就是对行政组织及其工作人员起监控作用的一种监督机制。当行政主体滥用权力或没有实现赋予权力时所承诺的责任，将会通过承担消极后果的方式加以惩戒。因此，行政责任的产生与相应的行政权力密切相关，同时又是对行政权力的一种监督和约束。

(3) 行政责任既是现代民主政治的一种基本理念，又是一种对政府进行民主控制的制度安排。作为民主政治时代的一种基本价值理念，它要求政府必须对社会和民众的基本需求作出回应并积极采取行动加以满足，必须积极地履行其社会义务和职责，必须承担道义上的、政治上的和法律上的责任。作为一种对政府进行民主控制的制度安排，行政责任要求建立一套保证政府责任实现的控制机制。这种控制机制既包括内部的，也包括外部的。内部的政府责任机制主要指职业道德建设、自律机制等。外部责任机制主要指立法监督、司法审查、社会舆论等控制机制的建立。

(4) 行政责任是国家政治法律制度的一部分，又是行政组织内部的一种工作制度。在国家法律制度内部，行政组织及其工作人员的行政行为受到国家法律、政策等的规定和约束，并在现实的法律过程中与其他国家机关及其官员发生相互制约的关系。当其违反国家法律制度时，其行政行为将被追究行政责任。同时，行政责任也是一种内部工作制度，即政府在法律制度的原则和规定之下，用规章制度以及行政纪律等形式，将行政责任具体化、固定化和合法化，并以此作为追究行政责任的依据。

(5) 行政责任是一种法定义务，但又受到社会公德和社会舆论的约束。对行政组织及其工作人员来说，承担行政责任的过程，其实就是承担为公民服务的义务的过程。这些义务由法律所规定，依照法律的规定来完成，在失职导致消极后果时，也应依据法律承担强制性义务。但整个过程又会受到社会公德和社会舆论的约束。

(四)行政责任的意义

就行政组织外部关系来看，行政责任概念的使用正体现了温家宝总理指出的“有权必有责、用权受监督、侵权要赔偿”的原则。既是对行政权力的期待，也是对行政权力的约束，更是对公民权利的保护。从行政组织内部结构与运行来看，行政责任是保证政府内部层级之间、部门之间权责明晰、运转协调，敦促行政组织及其工作人员行为规范、办事高效，避免职能交叉、互相推诿的有效途径，是行政执行力的保障。

1. 对行政权力的期待

行政权力是政治权力的一种，它是行政组织依靠特定的强制手段，为有效执行国家意志而依据宪法原则对全社会进行管理的一种能力。公共性是行政权力的首要特征，作为一种公权力，行政权力的存在和行使绝不是为了追求某一个党派、某一个团体、某一个企业的利益；而是要通过执行国家的法律、法规、政策等来有效地实现国家意志，而国家意志在本质上是公共利益的体现。因此，行政组织及其工作人员在行使行政权力时，必须是以为社会公众提供服务为指导，以实现社会公共利益为宗旨。如果以权谋私，那就偏离了行政权力行使的目的。但如何行使权力才算是以实现公共利益为目的？行政责任即是与行政权力相伴生，是对行政权力的规定性期待。有了行政责任，我们对行政权力的范围、强度、效果就有了基本的预期。

2. 对行政权力的约束

当赋予行政组织及其工作人员相应的权力后，必然产生另外一个问题，即如何防止权力滥用的问题。而行政责任是限制行政组织及工作人员滥用行政权力的重要途径。19 世纪末 20 世纪初，西方出现了行政国家现象。行政活动不再从属于政治，开始在国家政治生活中占据主导地位。行政国家现象的主要表现是：政府通过法律授权，从立法机关和司法机关那里接受了越来越多的委任立法权和委任司法权；政府利用宪法对政府职权的抽象规定，不断扩大自身的行政自由裁量权；政府通过对国家经济生活及社会生活干预的不断加强，自身的权力不断扩充。总之，政府在立法、行政、司法三权分立的国家权力格局中，地位明显加强，政府权力、职能和活动范围明显扩展，在国家和社会生活中发挥越来越大的作用。

然而，政府行政权力的扩张也造成了一些问题：在理论上，政府行使立法权与司法权，与三权分立的制度设计产生了矛盾；在实践上，政府职权的扩张，增加了政府谋取自身利益以及侵犯社会公众合法权益的可能性。因此，从制度设计上看，一方面需要强化政府的职能以满足社会发展的需要；另一方面又需要对政府的权力进行必要的限制，以维护社会公众和组织的合法权益。这就产生了如何在变化的社会条件下，既能充分发挥富有灵活性和机动性的行政权的作用，又能实现对政府权力的制约，充分保障社会公众和组织的合法权益不受侵害。解决这一矛盾的重要途径之一，就是强化政府及其工作人员的行政责任。

3. 对公民权利的保护

在民主宪政的国家里，政府由公民直接或间接选举产生，政府与公民之间存在着直接或间接的委托代理关系。这从根本上决定了政府应直接或间接对公民负责，执行公民意志、接受公民监督。但是否能够保证政府及其工作人员正确履行其委托代理义务，如何保护公民的合法权益，成为公共领域内的重要问题。行政责任在积极意义上规定了行政组织及其工作人员履行义务过程中所应尊重的公民权利，也从消极意义上规定了侵害公民权利应承担的消极性后果，为保护公民权利提供了必要的途径。

4. 对行政执行力的保障

20 世纪以来，特别是第二次世界大战以来，科学技术的发展使得人类社会的生产水平不断提高，生产规模和能力不断扩大。经济与科技的发展使得人们的社会生活日益丰富和多样化，人们的需求也日益增多和复杂化。社会发展的深刻变化对行政管理的方式、内容和范围都提出了新的要求，使得政府权力和职能明显扩张，政府组织结构更为复杂，政府工作人员的数量和种类大为增加。由于现代政府组织规模庞大而职能复杂，人员众多而分工细致，为提高行政效率，就要求在行政组织内部建立起职权与职责相一致的工作责任制度，使行政组织内部各个层级、各个部门以及各个工作人员都必须责任明确，从而保证行政行为的规范化，克服官僚主义，减少行政失误，提高行政工作的效率。

二、行政责任的构成

行政责任是一个极为复杂的概念，从不同维度划分，行政责任的构成则不同。分析行政责任的构成，有利于进一步理解行政责任的内涵。

(一)客观责任与主观责任

美国行政伦理学教授库珀将责任区分为客观责任和主观责任。他指出，客观责任源于法律、组织机构、社会对行政人员的角色期待，但主观责任却根植于我们自己对忠诚、良知、认同的信仰。

客观责任产生于法律、组织和社会对公共行政主体的角色期待，具有外在的强制性。当一些人选择和被选择到公共行政组织具体的岗位上、担负起相应的职务时，就意味着他们接受了这种源自外部社会、组织机构和法律的合理期待和约束，并被赋予了与该岗位职务和权力等相一致的职责和义务。同时，作为外在控制形式的客观责任有其自身的弱点：一是它对行政主体责任的抽象规范很难在实践中与行政组织和工作人员的具体行政行为有效地结合，容易出现责任“盲区”；二是因其内在的刚性规定，常常会使其作用的发挥受到限制，有时在繁杂的公共事务面前甚至显得软弱无力。

与之相对应，主观责任是行政主体因对职业责任的忠诚、良知和认同所形成的信仰和价值观，它是一种责任意识。主观责任的根据既不是法律规范，也不是上级的命令和要求或下级对上级的服从，而是个人的信仰和价值观。

在具体的行政行为中，可能出现主观责任与客观责任相互冲突的现象。但总体而言，行政责任是客观责任和主观责任的统一。客观责任的明确规定有利于行政主体树立正确的责任意识；保持高度的主观责任有利于培养集体感、认同感和自尊心，同时也有利于行政主体积极地履行客观责任。

(二)积极责任与消极责任

从责任概念本身出发，行政责任必然包含着份内应为的积极责任，和没有做好份内之事所应承担的消极责任。在行政学领域内，当公民将权力授予政府后，公共权力便体现为一种行动的权威(authority)和控制、决定、处置的权力(power)，并且，这种权力不是毫无管束的，其对公共利益负责首先要体现为对公民权利的回应(answerability)，即应该对公民解释和说明如何使用公共权力的，包括公共权力的使用意图和运用范围并承担规定的义务性责任(liability)，包括提供一个平台并将之提供给外部或者外在的评判。并且，权力授予后还应包括强制性(enforcement)的规定，即对违反责任规定滥用权力的权力使用者施加惩罚。由于授权或相应的职位而对社会承担的规定性义务就是政府及其工作人员的积极责任。由于没有履行义务，或违反责任规定滥用权力而受到的惩罚即为消极责任。积极责任实际上是一种规定性的角色定位，是政府在职权范围内对社会承担的相应的责任，是与一定的职位和权力相对应的职责和义务，即有权必有责。消极责任是指因没有履行义务或违反法律、行政法规滥用职权造成不利后果时，应承担的强制性义务。

从二者的关系来看，积极责任是消极责任的前提和基础，如果没有积极责任对有关职责与义务的具体规定，也就不存在消极责任的追究；消极责任是积极责任的保障，如果没有对消极责任的追究，积极责任就难以真正实现。

(三)政府对公民的责任与政府内部的责任

从责任对象而言，行政责任由政府对公民的责任以及政府内部的责任构成。

从根本上说，政府的一切公共行政行为都必须符合公民的意志、利益和需求，都必须对公民承担责任。政府对公民的责任可以细分为两种情况：第一种情况是政府作为整体直接或间接向公民和公共利益承当责任。在宪政国家中，政府一般由公民直接或间接选举产生，政府与公民之间是一种直接或间接的委托代理关系。政府的行为必须直接或间接向公民负责。当政府行为超越其行为限定，或政府没有很好地履行其职责时，公民有权对政府的行为提出质疑并要求其做出解释或承担否定性后果。例如，通过议会对政府进行弹劾，要求政府做出合理的解释，等等。第二种情况是，行政组织和工作人员在履行行政职责时对公民负责的具体过程。在具体的行政行为中，公民是直接的委托人，而具体的行政组织及其工作人员是直接的代理人。行政组织及其工作人员有义务向公民做出政策解释、提供服务、受理申请等，并接受公民监督。当由于行政组织及其工作人员的过失导致公民承受损失时，公民有权通过行政或法律途径对行政组织及其工作人员提出质疑；行政组织及其工作人员则有义务对其行为做出解释，对公民的损失予以赔偿，甚至接受惩罚。

政府内部的责任主要包括中央与地方政府之间的责任关系、政府组织内部上下级之间的责任关系以及不同政府部门间由于处于业务流程的上下游而产生的责任关系。从宏观上，中央政府与地方政府之间的权力和责任划分构成了政府内部最基本和最主要的纵向权责关系。我国是实行单一制的国家，中央与地方政府间是上级与下级的关系，地方政府要执行中央政府的政策和决议，向中央政府报告工作，对中央政府负责。在美国等联邦制国家中，联邦政府与州政府之间、州政府与地方政府之间不是命令与服从的关系。但对于公共事务的治理，各级政府间同样存在明确的责任划分。能否合理配置中央与地方政府的职责权限，直接关系到政府能否在整体上履行其应尽的职能和责任。从微观上，政府组织内部，权力一般是自上而下层层授予。相应的，责任则是自下而上层层负责。下级要执行上级的命令，向上级报告工作，对上级负责。例如，行政首长负责制中，下级首长要向上级首长负责。另外，不同政府部门间由于处于业务流程的上下游也会产生责任关系，这涉及政府部门间的职能划分和协调。

三、行政问责制与责任政府

(一)行政问责制及其制度背景

行政问责制是指行政领导干部不履行或不正确履行职责，给党、国家和人民利益以及公共财产造成重大损失或者恶劣影响，由特定的问责主体要求其承担相应责任和后果的制度。从责任概念出发，行政问责制中的“责”是在消极意义上使用的责任概念，是通过消极的方式防止行政组织及其工作人员滥用权力，并促使其履行应为责任的重要途径。行政问责制的本质在于对公共权力进行监督和责任追究，就是以明确的指向、刚性的措施、有效的手段、快速的反应，监督和约束政府的权力。

一般认为，我国行政问责制在 2003 年“非典”危机中正式启动，其标志性事件是 2003 年 4 月 20 日国务院新闻办公室就 SARS 举行的新闻发布会和中共中央关于张文康、孟学农同志的免职决定。此后，重庆、成都、青岛、深圳等地方政府出台并全面启动了行政问责制。行政问责制建设在我国迅速铺开，到目前为止已经形成了基本的制度架构。

行政问责制之所以迅速发展有其国际和国内的特定背景。从国际背景来看，伴随着经济、政治的全球化和信息技术的发展，提升各国政府管理能力和水平越来越成为综合国力的决定力量之一，同时也使得公民参政议政的可能性和积极性大大增加，并期待着新政府管理模式和运行机制的出现。特别是20世纪70年代新公共管理运动以来，建设透明政府、责任政府和服务政府已成为民主政治和法治国家的必然诉求，成为西方行政改革的必然选择。行政问责制则已然成为西方发达国家通行的政府管理机制。从国内背景来看，改革开放以来我国经济、政治、文化和社会事业全面发展，行政管理体制改革的愿望日益强烈，要求政府承担更多的责任；同时，社会转型期出现的一系列新现象和新问题，也促使党和政府站在新的历史节点上进行重新思考。这些都为行政问责制的推行提供了必要性和可能性。

【案例 10-1】2004年以来，重庆开始建立行政首长问责制，先后启动50次，98名官员受到问责，解决官员“惰政”“怠政”，开启了中国政府依法治官的新渠道。

2004年7月出台的《重庆市政府部门行政首长问责暂行办法》，是中国首部对官员问责作出刚性制度化安排的地方立法，此项制度确立了18种问责情形和7种追究责任方式，对政府行政部门负责人追究其不履行或不正确履行法定职责的责任，轻则诫勉，重至辞职。

2005年，由于连续两次群众评议倒数第一，重庆渝北区交通局5名局领导被责令集体辞职，成为中国首批因绩效考核不过关而被集体问责“下课”的官员，开了中国对政府官员“无过”问责先河。在中国现有的纪律监督和法律监督的基础上，重庆的行政首长问责制开辟了第三条监督通道。从不问责到问责，再到以法制保障问责，法律和制度约束领导干部的行为，体现了政府依法行政的决心。

以问责制为突破口，重庆市对政府决策、执行和监督中的四个重要方面，即决策听证、信息公开、文件审查、首长问责以地方立法的方式作了系统的规范，全面创新政府管理，并因此于2006年获得了“中国地方政府改革与创新奖”。在行政问责制“紧箍咒”下，重庆各级政府领导的责任意识明显增强。

自重庆的问责制度后，海南、浙江、深圳、河北、广西、甘肃等省区市，纷纷出台官员问责制度。2009年7月，中共中央办公厅、国务院办公厅近日印发了《关于实行党政领导干部问责的暂行规定》，对决策严重失误造成重大损失或者恶劣影响的，对群体性、突发性事件处置失当，导致事态恶化，造成恶劣影响的等七种情形，将对党政领导干部实行问责。

问题：推行行政首长问责制对于公共行政有何重要意义？

分析：

有权必有责，用权受监督，侵权要赔偿。这是现代法治行政原理的内在要求。行政问责制的本质在于对公共权力进行监督和责任追究，就是以明确的指向、刚性的措施、有效的手段、快速的反应来监督和约束政府的权力，确保领导干部和公务人员依法办事。行政首长问责制，是行政问责制中非常重要的一项内容。行政首长问责制，体现了行政领导者的职位、职权与职责的统一性。有职就要有权，有权就要尽责。行政首长问责制就是看行政首长是否认真履行了行政责任。重庆市实行行政首长问责制，就是要督促各级、各部门行政首长更好地履行行政责任，依法行政。行政首长问责制，体现了我国国家机构坚持对人民负责的原则和依法治国的原则。推行行政首长问责制，强化了依法行政，规范了政府的行政行为，使政府严格依法办事。推行行政首长负责制，有利于强化行政领导者的责任意识，是提高政府效能与公信力、树立良好的政府形象的重要保障。

(资料来源：何清平. 探索“行政首长问责制”渝为国家供经验. 重庆日报，2009-07-20)

(二)行政问责制的制度框架

理解行政问责制度必须首先理解以下基本的逻辑问题，而这些逻辑问题正是行政问责制的制度框架。

1．问责主体

问责主体即回答谁来问责的问题。按照问责主体，可以将问责行为分为同体问责和异体问责。同体问责是指主要由党委和政府来实施行政问责，问责的制度依据主要是党的文件和行政组织的行政法规、规章及其他规范性文件。异体问责则是由党委和政府以外的其他主体实施的问责。我国目前的行政问责，以同体问责为主，异体问责相对比较薄弱，并正逐渐实现由同体问责向异体问责和问责主体多元化的过渡。按照问责主体多元化的要求，问责发起的主体主要应包括行政组织、权力机关、司法机关、执政党、政协机关、社会团体、新闻媒体及社会公众等；问责启动和实施主体主要包括行政组织、权力机关及司法机关等。

2．问责对象

问责对象即回答谁来负责的问题。从一定意义上讲，公共责任意味着处在公共领域的个体和组织都要为自己的行为及其结果负责，以确保个人和组织活动的结果能满足既定目标和标准。因此，政府及其各级行政官员是公共事务的责任主体，应责无旁贷地担负起维护公共利益的职责；当政府及其行政人员违法和不当行使权力，或者行政不作为，损害了公共利益时，理应承担起相应的责任。根据“有权必有责、用权受监督、违法受追究、侵权要赔偿”的权责统一原则，应根据其所掌握的权力确定责任人的标准。从整体意义上说，问责对象是指政府和官员；但目前我国行政问责的对象主要是指行政领导干部。具体来说，按照《关于实行党政领导干部问责的暂行规定》(以下简称《暂行规定》)，行政领导干部主要包括国务院工作部门及其内设机构的领导成员；县级以上政府及其工作部门内设机构的领导成员；并且规定对乡(镇、街道)党政领导成员实行问责，适用《暂行规定》；对县级以上党委、政府直属事业单位以及国有企业、国有金融企业领导人员实行问责，参照《暂行规定》执行。

3．问责情形

问责情形回答的是在哪些情形下要实施问责的问题。依据行政问责制的概念，问责情形是指行政领导干部不履行或不正确履行职责，给党、国家和人民利益以及公共财产造成重大损失或者恶劣影响的情形。具体来说，根据《暂行规定》，对党政领导干部实行问责的主要情形包括：决策严重失误，工作失职，政府职能部门管理、监督不力，在行政活动中滥用职权，对群体性事件、突发性事件处置失当，违反干部选拔任用工作有关规定等。

【案例 10-2】辽宁省葫芦岛市，10 年间耗资 1.4 亿元，先后建了 3 个长途汽车站。然而，这 3 个汽车站或资源闲置，或手续不全，或选址不当。老客运总站——12 层高的大楼从来没有使用过，千万元设施一直闲置；客运北站——综合楼不到一年就关闭，报建手续至今未办全；新客运总站——远离两个火车站，离葫芦岛铁路北站 15 公里，给旅客换乘带来诸多不便。

一个只有 200 多万人口的地级市，一而再、再而三地重复建设“带病”汽车站，百姓怨声载道，1 个多亿元的资金也打了水漂。如此现象不由得让人想起“三拍干部”——“拍脑袋决策、拍胸脯保证、拍屁股走人”。

事实也确实如此。以客运北站为例，葫芦岛市有关部门未按招标投标法有关规定就违规上马，并且赶在 4 个月内完工，因时间紧，葫芦岛市政府竟同意工程“先上车，后买票”，导致北站报建手续不完善，多年一直补办，但至今尚未办全，一个总造价数千万元的客运北站几近报废。

令人不解的是，在已经交了两次“学费”的基础上，葫芦岛市有关部门却没有吸取教训，在推出第三个长途汽车站——新客运总站时，仍不力求科学决策，继续胡乱拍脑袋，结果搞得车主不愿迁址，而乘客呢，更是因不方便换乘、不能快捷出行而对新车站叫苦不迭。

问题：如何看待葫芦岛市有关部门的随意决策现象？

分析：

葫芦岛市有关部门之所以一次又一次决策失误，接二连三违规上马车站，皆因缺乏一种有效的约束机制和惩罚措施。只享有决定权，却不受任何约束、监管，决策者自然就忘乎所以，把纳税人的钱财当水漂打。对于这样的决策者，有关方面应该根据党纪国法严惩不贷，不能让那上亿元的巨额资金白白浪费。

政府随意决策不仅浪费国家的资金，而且使政府的威信与形象在民众面前大打折扣。因此，政府在面临重大项目的决策时，应对其可行性进行多方求证，走进群众中多听意见，真正做到科学决策、民主决策，让决策经得起历史与实践的检验。同时，只有当决策者把决策权和承担的责任捆绑在一起，才会把老百姓的利益放在首要位置，那些“面子工程”才能得到控制，那些“三拍干部”才能没有市场。

(资料来源：陈光明,迟玉婷. 10 年间 1.4 亿元打水漂 谁为决策失误担责. 半月谈. 2007(4))

4. 问责方式

问责方式回答的是出现了失责行为以后如何要求被问责者承担相应责任的问题。随着我国行政问责制的日益规范化，问责方式也有了明确规定。根据《暂行规定》，对党政领导干部实行问责的方式分为：责令公开道歉、停职检查、引咎辞职、责令辞职、免职。

5. 问责程序

问责程序是为了保证行政问责的程序正义。程序正义是实体正义的基础和保障，规范化、制度化的程序是实现行政问责的最重要内容，程序缺失甚至空白也是我国行政问责实践过程中最大的缺陷。《暂行规定》显然加大了对问责工作的规范，专门规定一章十三条，关于问责程序的规定几乎占到了一半篇幅。问责程序基本流程为：纪检监察机关、组织人事部门提出问责建议；问责决定机关作出问责决定；组织人事部门或有关部门办理相关事宜。此外在问责程序上还作出了相应的制度性安排。比如，被问责者享有陈述、申辩和申诉的权利，问责决定集体讨论制度，问责决定书制作和送达制度，问责材料归档和问责情况备案制度，问责决定一般向社会公开制度等。

6. 问责后果

确定问责后果是实行问责的结果。对此，相应的文件也做出了明确规定。例如，《暂行规定》明确规定，受到问责的党政领导干部，取消当年年度考核和评选各类先进的资格；引咎辞职、责令辞职、免职的党政领导干部，一年内不得重新担任与其原任职务相当的领导职务等。《党政领导干部选拔任用工作责任追究办法》明确规定，在党政领导干部选拔任用工作中，受到调离岗位处理的，一年内不得提拔；引咎辞职和受到责令辞职、免职处理的，一年内不得重新担任与其原任职务相当的领导职务，两年内不得提拔；受到降职处理的，两年内不得提拔；同时受到纪律处分的，按照影响期长的规定执行。

(三)责任政府及其特征

责任政府既是现代民主政治的一种基本理念，又是一种对政府公共行政进行控制的制度安排。作为民主政治时代的一种基本价值理念，它要求政府必须回应社会和民众的基本要求并采取积极行动；政府必须积极地履行其社会义务和职责；必须承担道义上的、政治上的、法律上的责任；必须接受来自内部的和外部的控制以保证责任的实现。作为一种制度安排，责任政府意味着保证政府责任实现的责任控制机制，包括内部的政府责任机制或形式和外部的政府责任机制和形式。

概括地讲，责任政府是指国家行政机关在行使公共权力时，必须向国家立法机关和执政党负责，同时积极回应并满足公民的各种诉求，真正实现为人民服务的根本宗旨。责任政府具有如下特征。

(1) 责任政府是有限政府。政府职权的有限性是指政府组织必须依法设立，并在法律规定的范围内活动，所行使的权力不能超过法律授权的范围。现代民主政治是建立在社会契约论和人民主权观念基础之上的，政府和公民都要平等地服从宪法和法律。虽然政府的权力是有限的，但政府对公民负有的责任却是无限的。

(2) 责任政府是高效政府。务实高效是现代政府的能力体现和执著的追求，只有务实高效，才能经济地开展各项工作，才能在最短的时间内对公民的诉求做出回应，维护公民的利益；才能促进经济和社会的发展；才能避免“形象工程”、“政绩工程”；才能杜绝铺张浪费和讲排场、摆阔气。

(3) 责任政府是民主政府。现代政府是民主政治发展的产物，是经法定程序由公民选举而产生的，责任政府必然是民主的政府。现代政府要保障民主的实现，就必须做到政务公开，让公民了解政务。

(4) 责任政府是法治政府。责任政府必须坚持法律至上的原则，自觉遵守宪法和有关法律，做到依法行政。政府的一切权力来源、政府的运行和政府行为都必须有法律依据，否则就涉嫌违法。只有依法行政，才能成为名副其实的责任政府。

(四)行政问责制与责任政府建设

如果说责任政府是一种行政理念，那么行政问责则是践行这种行政理念的具体做法；如果说责任政府是一种替代范式，那么行政问责则是实现这种替代范式的重要途径；如果说责任政府是一整套制度安排，那么行政问责则是这一整套制度安排中的核心制度。可以说，行政问责制是建设责任政府的重要途径。

(1) 行政问责理念是建立责任政府的前提。责任政府首先是一种理念，这种理念的核心在于，政府应对公民和公共利益负责，而当政府不履行或没有正确履行职责时，应接受公民的谴责和惩罚。而这种责任观念正是行政问责制度所欲树立的理念。

(2) 行政问责规范是建立责任政府的基础。责任政府是能够履行其职能的政府，而政府履行职能的全过程都必须在法律规定的范围之内。行政问责中的责任规范实质上正是“依法行政”原则的具体化。宪法和法律是行政问责的依据和最终归宿，这要求首先确定宪法和法律在国家政治生活中的最高权威，改变法律在政治架构中的从属地位，并赋予它相对稳定性，形成尊重宪法、尊重法律的政治风尚。同时，必须切实对权力实行监督和制约。

(3) 行政问责机制是建立责任政府的保障。行政问责的本质就是对权力的监督，而对权力实施监督则是正确运用权力，使政府为人民负责，建立责任政府的保障。

第二节 公共行政伦理

一、行政伦理概述

(一)伦理与道德

伦理这一概念经常与道德概念交叉使用，这造成了人们对伦理和道德概念认知上的混淆。其实这两个概念既存在联系，又有明显的区别。因此，理解行政伦理首先要理解道德与伦理的区别和联系。

伦理中的“伦”有辈、类、比、序的意思，是对人与人之间相互关系的一种界定。伦理中的“理”原是治玉的意思，后来引申为道理、准则、规则。将两个字连在一起，伦理即是指人们在处理人与人之间相互关系时所应遵守的准则。如孟子的“五伦说”，君臣、父子、夫妇、兄弟、朋友分别是人与人之间的相互关系，而处理好这些关系则要遵守一定的道理和准则。具体来说就是，“父子有亲，君臣有义，夫妇有别，长幼有序，朋友有信。”可以看出，“理”的产生源于“伦”，源于人与人之间形成的复杂社会关系，只有遵循“理”，上述的人伦关系才能处于一种和谐融洽的状态，“理”的丧失就是对“伦”的破坏。

道德中的“道”，即为人之道，即做人应该遵守的原则和规范，和伦理的“理”意义相通。道德中的“德”，在中国古代通“得”。朱熹有“德者得也，得其道于心而失之谓也”之说。也就是说，只有“得道”，即掌握人们行为所应该遵守的原则和规范，并内化于心，坚持下去，才是有“德”。许慎的解释是“德，外得于人，内得于己”。其意思是说，有“德”的人不但会使他人受益，而且自己也会获得极大的精神满足。因此，“道德”意指由做人应该遵守的原则和规范内化而成的个体人格品质，它不但能使个人内心有所得，而且还能通过自己的自觉行为有益于他人和社会。

可以说伦理、道德均同调整人与人之间关系的一种特殊的行为规范有关。同时，二者也是浑然一体，不可截然分开的。正所谓“有伦才有理，明理才能悟道，得道才能有德”。人类行为的规范和准则从根本上讲都离不开社会关系的特定背景；而道德则是将这种社会关系中提炼出的准则内化于心，且追求内在境界的过程。可以说，伦理是道德的基础，道德则是伦理的发展。伦理道德浑然一体的关系也体现在伦理学研究方面。伦理学是关于是非善恶、责任义务的科学，它告诉我们处于社会关系中的个人应当如何行动。它既要确定行为的一般规则，并关注这一规则如何内化为人的品性，从而自觉行动。也就是说，伦理学的研究其实包含了伦理和道德两方面的内容。

同时，伦理和道德又存在区别，各有侧重。第一，伦理更多强调主体间的社会关系，强调维系社会关系，使之更加和谐。其中的规范和准则含义从根本上也是立足于社会关系。社会关系是伦理中所提规范和准则的出发点和归宿。而道德则立足于个体，强调自我之应当，侧重从个体的角度身体力行而后有所得、有所收获。第二，伦理强调客观他律，而道德关注的是主观自律。伦理中的规范和准则来自人们对彼此间社会关系的约定俗成的认识。道德则更多源自内心的自省和修炼。第三，伦理是人们行为应当的理由，而道德则是人们行为应当的境界。道德应该说比伦理具有更高的要求。

(二)行政伦理的概念

伦理是源于人与人之间特定的社会关系而须遵守的准则和规范。那么行政伦理自然是在行政领域内，由于特定主体间关系而逐渐形成的行为准则和规范。在传统公共行政模式中，由于追求“价值中立”和非人格化的制度管理，伦理往往被排斥在公共行政理论与实践之外。直到 20 世纪 70 年代，随着西方公共管理理论与实践的深刻变化，特别是声势浩大的新公共管理运动的兴起，行政伦理才逐渐进入人们的视野。在此之间，尽管人们并不去讨论行政伦理的价值追求，但实际上“价值中立”本身就是人们在处理社会关系时的一种准则和规范。因此，不管是否去讨论它，行政伦理问题是始终客观存在的。

行政伦理是行政组织及其工作人员在行使公共权力、从事公务活动中，所应确立和遵守的伦理理念、伦理行为、伦理规范的总和，是行政权力的行使者在行使权力过程中所表现出来的一种特殊的职业伦理。

行政伦理的意义在于，行政权力产生于社会公共事务管理的需要，是由国家权力产生出来的执行权力。在权力行使的具体过程中，行政权力行使者不可能每件事都能满足所有公民的意愿。事实上，现实中行政权力运作的方式，在很大程度上取决于权力使用者个体的主观判断和自我选择。权力的行使能否做到及时、公正、有效，往往与权力使用者所处的社会环境、个人的能力、学识和伦理密切相关。而在这些因素中，伦理又是第一位的。因为能力、学识之所以被用来行善而不是作恶，是由伦理决定的，所谓“德者，才之帅也”，就是这个道理。领导干部要牢固树立正确的权力观，诚心诚意为实现人民群众利益而奋斗，这是行政伦理的首要含义。

(三)行政伦理的构成

行政伦理是一个有机的体系，包括不同层面的内容。从个人和组织这一层面划分，可以分为行政组织伦理和公务员职业伦理；从内容方面划分，可以分为体制伦理、政策伦理与制度伦理。

1. 行政组织伦理

行政组织的伦理定位是影响行政人员道德责任的关键，是行政伦理建设的载体。行政组织伦理包含多方面的内容：其一，程序公正。行政组织管理的每一个过程都有一个既定的程序，并严格执行，不得违背和超越。从结果的角度来说，程序公正要求程序设计不能仅仅考虑对个人的控制，而要更多地考虑公共目的，确保组织目标与社会价值取向相一致。从过程的角度来说，程序公正要求制度的执行要遵守一种正当、合理的程序。其二，民主责任。行政组织作为社会公众的代表，其行使权力必须满足社会公众的利益。因为对公共利益的追求，需要一种精心设计的责任结构以确保以公民名义行事的人为公民的利益付出最大的努力。行政组织应始终坚守客观的立场，维护普遍的公共利益，偏向某一个人、某一群体或团体的利益都是与民主责任相违背的，因而也是非正义的。其三，信任。行政组织信任包括行政组织之间的信任、行政组织与公务员之间的信任、行政组织与公民之间的信任。缺乏信任的行政组织是无伦理可言的。

2. 公务员职业伦理

所谓公务员的职业伦理是指对公职人员具有约束力的价值观、从业标准和人格态度。行政管理者既要具备社会成员的一般伦理，又要具备作为政治角色的职业伦理。无论是在中国还是西方，统治阶级在官吏是否具有道德意识、是否遵从道德规范即是否有官德的问题上，都有着严格的要求，并希望通过这种要求能更有效地巩固政权、维持统治。现代民主社会中的政府官员，是实际掌握并运用公共权力的主体。对掌握公共权力的政府官员来说，除了要具备宽厚、正直、诚实、守信、友善、忠诚、礼让等道德品质外，还要遵循与信奉更为重要的道德伦理原则：其一，公益。这一原则强调政府官员应该尽一切可能多考虑所有公众的利益和福利，而少考虑自我、家庭、宗族、种族的利益和福利。其二，正义。要求政府官员必须公正地对待每一个人的要求，尊重全体公民的权利，并视之为至高无上的义务。其三，服务。回应公众需求，为公众提供便捷、高效的公共产品和公共服务，应该是工作人员与公众间最核心关系的重要体现。其四，责任。责任与义务是职业道德的实质所在，对国家主体负责是公共管理与私人管理的重大区别之一。

3. 体制伦理

行政体制又称行政管理体制，主要是指政府系统内部中行政权力的划分、政府机构的设置以及运行等各种关系和制度的总和。从国家的层面看，是指行政组织与立法、司法机关的权力的划分。行政体制是政治体制的重要组成部分，政治体制决定行政体制。行政体制伦理是由行政体制内在的一系列分配权利和义务的原则、规范所构成，并通过社会结构关系，一系列的政策、法规、条例和成文的或不成文的制度等环节表现出来。与个体道德相比较，体制伦理对于维系社会秩序、规范人们的社会行为具有优先地位。离开体制的正当性、道德性来谈个人道德的完善，甚至对个人提出各种严格的道德要求是不可能的，其本身可能就是非道德的。行政体制作为社会基本结构的主要内容，更应该具有伦理价值与道德精神的追求。这就要求行政体制的安排、制度的制定以道德性为前提和基础，或者把伦理道德作为一个尺度和标准，对一定的行政体制、制度作道德评判。行政体制伦理是行政伦理的主要内容，更是行政伦理建设的基础，它有利于协调行政组织、机构、人员之间良好的合作关系，提高个体行政人员的道德水平，改善公共行政的服务供给，使整个行政体系进入良好的运行状态。

4. 政策伦理

一般来说，公共政策是公共权力机关经由政治过程所选择和制定的为解决公共问题、达成公共目标以实现公共利益的方案。西蒙指出，任何决策中都包含事实因素和价值因素两个方面。在公共政策的制定和执行过程中，都不可避免地受到决策者价值观念和社会伦理道德等精神因素的影响。公共政策伦理，作为行政伦理的一种建构，即是指公共政策在制定、执行及评估等过程中的道德合理性。它所要反映的是公共政策的价值问题。公共政策标志着政治体系的一种价值选择。政治体系试图通过政策制定和政策执行来实现一定的价值目标。而这种价值无疑应以公共利益为核心，即公共政策的制定、执行及评估要充分体现广大人民的利益。事实上，公共政策是否具有权威性、是否具有规范和命令功能，与政策制定者能否权威地协调各种利益和反映公众利益的要求有着密切的关系。

5. 制度伦理

所谓制度伦理，是指由一系列权利与义务原则、规范所构成的，通过公共组织程序及一系列政策、法规、条例和成文的或不成文的制度等表现出来的目标取向和价值。任何制度要想充分发挥其对社会的引导和整合作用，都必须得到民众的认同、信赖和服从，而这本身即是制度应具有的道德合理性。正如邓小平同志所指出的："制度好可以使坏人无法任意横行，制度不好可以使好人无法充分做好事，甚至会走向反面。"制度伦理是影响行政组织伦理和公务员职业伦理的重要因素。

【案例 10-3】2003 年 9 月 26 日，为避免丈夫受牵连，嘉禾县车头中学教师李小春与在县公安局当民警的丈夫离婚，同日，她的姐姐李红梅与姐夫——嘉禾县委办公室的一位秘书离婚。两姐妹此后均被从原岗位调离至远离县城的学校。

2004年4月27日，嘉禾县政府某部门负责人李滔(化名)不得已在一份拆迁协议上签字，虽然那栋老房子的产权属于他67岁的老父。据知情人士透露，嘉禾县各级部门单位中，共有100多名公职人员面临这样的选择：要么做通拆迁工作，要么被下放边远地区工作。李滔的父亲对有关政策十分愤怒："搞这样株连九族的拆迁，嘉禾现在是父子关系紧张、夫妻离婚、兄弟反目。"

这一切均因湖南嘉禾县政府的一条规定：要求机关干部和教师停职转做拆迁户亲属的思想工作，完不成任务者免职或外调。

2003年8月7日，嘉禾县委、县政府办联合下发"嘉办字[2003]136号文"(下称"136号文")，要求全县党政机关和企事业单位工作人员，做好珠泉商贸城拆迁对象中自己亲属的"四包"工作。所谓"四包"是指，包在规定期限内完成拆迁补偿评估工作、签订好补偿协议、腾房并交付各种证件、包协助做好妥善安置工作，不无理取闹、寻衅滋事，不参与集体上访和联名告状。136号文规定，不能认真落实"四包"责任者，将实行"两停"处理——暂停原单位工作、停发工资。并"继续做好所包被拆迁户的所有工作，确保拆迁工作顺利进行"。在"谁影响嘉禾发展一阵子，我影响他一辈子。"的口号下，160多名公职人员受到不同程度的牵连，11名公职人员受到降职、调离原工作岗位到边远乡镇工作等处理，李会明等3名拆迁户被拘捕。

问题：试从行政伦理构成的角度分析嘉禾拆迁事件。

分析：

本案例中，第一，嘉禾县政府的行政行为体现为一个组织的整体行为。行政组织的伦理定位是行政伦理建设的载体。拆迁事件中，嘉禾县政府作为一个行政组织整体，违背了程序公正、民主责任和组织信任的行政组织伦理原则。第二，公共政策的伦理体现为政治体系的一种价值选择，而这种价值无疑要以公共利益为核心，即公共政策的制定、执行及评估要充分体现广大人民群众的利益。从这一角度，嘉禾拆迁事件中的政府行为违背了公共政策应以维护公共利益为核心的原则。第三，任何制度要想充分发挥其对社会的引导和整合作用，都必须得到民众的认同、信赖和服从，而这本身即是制度应具有的道德合理性。嘉禾拆迁事件中的政府行为也违反了合法、公开、服务的制度伦理要求。

(资料来源：新浪网，http://news.sina.com.cn/z/hnjiahe/)

(四)行政伦理的功能

伦理道德产生于人类共同协作劳动的过程中，产生于对人际关系协调与管理的需要。它能够调整人们之间的关系，协调人们之间的行为，从而使人们的社会活动更好地达到自己的目的，实现自己的利益。作为调控行政组织及其工作人员行政行为的基本价值理念和道德准则，行政伦理在公共行政领域发挥着重要的功能。

1. 规范功能

弗兰克认为，伦理道德乃是整个社会的契约，是个人和集团在探索何为正当或应当做什么时用以自我指导的一种社会规范体系。从根本上说，规范功能是伦理对于社会和人的行为的首要功能。行政伦理则是行政系统内的一种契约，起到规范行政组织及其工作人员行为的作用。行政伦理是以一定的概念、范畴和一系列的伦理规范反映并作用于行政过程和行政行为的。其规范作用主要表现在：一是行政伦理依靠社会舆论和道德的力量使行政主体明确善恶标准，明确其不应为和不可为之事情，起到警戒的作用；二是通过社会舆论等途径对违反行政伦理规范的行为加以谴责，起到负激励的功能；三是通过对违反行政伦理规范的机构、个人的谴责，对其他主体起到警示的功能，从而强化行政领域内的善恶标准，达到扬善抑恶的目的。

2. 引导功能

行政伦理的功能不仅体现为一种消极意义上的规范，即让行政主体明确自己不应为之事；还体现为一种积极的引导和激励功能，即让行政主体明确自己应为之事。行政伦理坚定了行政权力角色自身的道德意识、人格追求及理想信念，有利于行政人员形成合理的自我评价体系，对行政行为具有内在的约束作用。行政伦理确定了人们所追求的目标，具有行为导向作用，使人们把自己的行为都集中到促进既定目标的实现上来，从而产生一种巨大的精神推动力。行政伦理还具有较强的示范性，它能够直接影响民德和民风，对社会大众起到示范和导向作用。并且，行政伦理是现实社会的主体伦理道德，对整个社会都具有公示性和示范性作用。它不仅对行政组织及其工作人员起到引导功能，也对社会大众起到示范效应和导向功能。

3. 维系功能

伦理从根本上源自社会关系，强调维系社会关系，以使之更加和谐。那么，行政伦理所要维系的是行政主体与其他主体间的相互关系，包括行政组织及其工作人员与公众的关系，行政组织与立法和司法机关的关系，以及行政组织内部层级与部门之间的关系。其中最重要的关系是行政组织与公众的关系。行政伦理则是关于如何处理这些关系的行为规范和准则。在维系行政组织内外关系上，体制和制度起到刚性的规定作用，而行政伦理作为人们之间的一种约定俗成，则起到软的约束和维系作用。积极行政伦理诉求是对官员的一种规范和引导，同时也是对民意的一种回应。它能够架设起行政主体与公众之间广泛沟通的桥梁，是赢得民心和民意的重要砝码，也能使行政系统中个人与个人之间建立起广泛信任的关系，起到维系社会关系，甚至凝聚社会力量的功能。从某种程度上它甚至影响着统治的稳固和国家的兴衰。

4. 选择功能

所谓伦理选择，是指行政组织在一定的伦理意识支配下，根据某一伦理标准，在不同的价值或善恶冲突之间做出的自觉自愿的选择。行政组织及其工作人员在制定和执行政策的过程中，往往会面临选择上的冲突或困境。例如，权力的冲突，即来自上级、法律、公众等多种权力之间的冲突；角色冲突，即作为行政人员的角色与行政人员以外的社会角色之间的冲突；利益冲突，即公共利益、组织利益、个人利益之间的冲突。可以说，政策制定和执行的过程由于充满了冲突而表现出持续的博弈。这些博弈不仅是一种利益博弈的过程，同时也是一个价值博弈的过程。而在涉及价值博弈的过程中，即会不可避免地涉及行政主体的价值取向和伦理选择。

二、行政伦理的价值诉求

行政伦理具有变动性和时代性的特征，不同时期、不同历史条件下，行政伦理的价值诉求会发生变化。即使在同一时期，同样的历史条件下，对行政伦理价值诉求的选择也有所不同。但总的来说，公益、正义、廉洁、服务，应该作为社会主义行政伦理的基本价值诉求。

(一)公共利益至上的追求

从某种意义上讲，行政组织及其工作人员与公民之间的关系可以理解为一种直接或间接的委托—代理关系。行政组织及其工作人员经公民直接或间接授权代理公共事务，那么实现公共利益就是其所应做到的起码的职责，也是维系与公民间关系的基本原则。公共利益，从字面上理解，可称之为公共的利益，简称公益。虽然自古以来国家的形式变化多样，对国家存在的理由也有不同的解释，但是毫无疑义，公共利益是国家存在的正当性理由。公共利益与私人利益之间一般表现为此消彼长的关系，公共利益的实现通常以减损私人利益作为成本，或者说以限制或者剥夺某种公民权利作为代价。因此，公共意志与私人意志、公共利益与私人利益之间往往会发生冲突。作为公民直接或间接的代理人，行政组织及其人员的行政行为必须表达公共意志而拒绝私人意志的入侵。当私人意志与公共意志发生冲突时，必须以公共意志为依据。行政行为也必须以维护公共利益为宗旨，排斥私人利益的膨胀。当公共利益与私人利益发生冲突时，必须以公共利益为依据。是否为公共利益服务是行政伦理最基本的价值诉求。

(二)公平与正义的原则

行政主体作为行政权力的掌控者，必然会影响到行政相对人的利益分配和利益协调。当行政相对人之间利益发生冲突时，行政主体有维护公平和正义的神圣职责。公平包括：一是起点公平，即每个人有公平参与竞争的机会和权利；二是过程公平，即每个人在参与竞争的过程中享有公平的规则；三是结果公平，即个人之间的结果差异处在可承受的范围内。正义是指具有公正性、合理性的观点、行为、活动、思想和制度等。公共行政的公共性决定了它的公正性和正义性，在社会组织空前发展、社会组织的自主意识和自治能力增强的社会中，行政的公正和正义原则是保持行政稳定的重要条件。而行政人员的伦理价值选择的偏向与否决定着公正的实现与否。只有行政人员伦理素质得到全面提升，社会公正才能真正实现，因此，为政要正，必须强化公务员对公正的行政伦理价值追求，在行政过程中公正地行使职权。

(三)廉洁自律的品质

廉洁自律自古以来就是中国统治者和官吏标榜清明的标准，也是百姓对公共权力的期待。廉洁自律更是我们党一贯倡导的优良传统和作风，是党员干部必须具备的优良品格，也是我们党强化自身建设，克服消极因素的重要举措。中国古代曾有“公生明，廉生威”、“廉者昌，贪者亡”、“廉者，政之本也，民之表也；贪者，政之祸也，民之贼也”等具有深刻行政伦理价值的古训。因此政府一定要廉洁、勤政、务实、高效，并把廉洁放在第一位。

(四)公共服务的精神

传统行政管理中管理者与管理对象间是控制与被控制的关系。随着公民权利意识的觉醒和行政文化的逐步转型，特别是新公共管理运动兴起以来，行政主体与行政相对人之间的关系越来越被一种新型的服务关系所取代。行政主体不再单以权力拥有者的身份出现，而是更多以服务提供者的身份存在。在我国，一切权力属于人民，行政主体的一切行为都应以全心全意为人民服务为宗旨。行政主体与行政相对人之间是一种服务提供者与服务接受者之间的关系。作为服务者，提供便捷、优质、高效的公共产品和公共服务是行政主体的职责所在。服务精神越来越成为社会主义行政伦理的核心价值观念。目前，中国正处于转型时期，为更好地管理公共事务，服务于公共利益，政府进行不断的调整和变革，其中也包括行政伦理观念的调整和变革。

【案例 10-4】20 世纪 60 年代初，美国国防部长麦克纳马拉在就职前是通用汽车的总裁，拥有价值几百万的通用股票。国会在审查他做国防部长的提名时发现了他的通用股票，而通用是美国最大的军火承包商之一。最后，麦克纳马拉不得不把手中的通用股票抛掉，才得以就任国防部长。这是避免利益冲突的一个经典案例，这是 40 年前美国的廉政故事。

格林斯潘有没有股票？格林斯潘没有股票！他不能拥有股票，因为他影响着美国股市的涨跌。在美国政治与商业文化之下，他的地位决定了他就不可以拥有华尔街股票。他只有国库券，因为国库券的价格不受消息的影响。

温哥华所在省的省长要把自己的一幢房子卖掉，一个中国台湾人来买，那是一笔很大的交易，1500 万加元。这个省长在自己的办公室里接待了这个台湾人。这件事被报纸揭发出来，成为一大丑闻。因为他作为省长坐在办公室里谈私人生意，目的是为了影响交易结果，是对于职务和公众信任的亵渎。结果这个省长被迫辞职。这件事发生在 1991 年左右。

《东方马车》里描述了这样一个故事：广州有一个申请签证的女孩 Lucy，和美国领事馆的签证官 Peter 是没有见过面的网络朋友。通过网络，那个 Peter 邀请她有时间出去玩。但不久后的一天 Lucy 去使馆签证，被这个 Peter 拒签了。她当时没有说我就是 Lucy，回家后，她写信给他说：“Dear Peter，早上我来签证，被你拒了，我就是 Lucy，我认为你的拒签不合理，你应该给我签证。”Peter 回信说：“我很抱歉你没有得到签证。但是，因为我是签证官，所以，你我之间已经有了利益冲突的关系。有了利益冲突，我就不能和你有联系，你拿到签证以后可以给我写信。如果你拿不到签证，从此我们就不交往了。而且，你在下次申请签证的时候，不要告诉我你是Lucy，否则，为了公平，我肯定不会给你签证。”

问题：结合案例分析行政伦理的基本价值追求。

分析：

从案例中，我们不难发现，尽管不同国别、不同时期、不同历史条件下，行政伦理的价值诉求会有所不同，但公共利益、公平正义、廉洁、服务应始终作为行政伦理的基本价值追求。

格林斯潘不能拥有股票，但下台后的布什便可以持有股票，省长在办公室里谈私人生意，被认为借公共职务影响私人交易结果，并被革职，这些故事均表明，作为公职人员，公共利益不容侵犯、公正公平不容侵损。Peter拒绝了网友的签证申请，并告知未拿到签证前不能彼此往来，不仅体现了公正公平的重要性，也显示了官员廉洁自律的品质。总之，以公共利益为至上追求、坚持公平与正义的原则、保持廉洁自律的品质和公共服务的精神是行政伦理的价值追求。

(资料来源：徐小平．格林斯潘不能持有股票．读者，2004(8))

三、我国公共行政伦理的建设

行政伦理是调控行政组织及其人员行政行为的基本价值理念和道德准则，对行政活动起着至关重要的作用。行政伦理建设对于推进依法行政与以德行政的有机结合，不断提高政府科学行政、民主行政、依法行政能力具有重要意义。

(一)我国公共行政伦理建设的现存问题

在我国长期的公共行政实践中，已逐渐形成了“立党为公、执政为民”的行政伦理价值观念。但也应当看到，在社会转型过程中，行政伦理的转型并未同步，行政伦理建设仍然存在诸多问题。

1. 行政伦理失范现象依然存在，行政伦理建设的压力依然巨大

这主要表现在：①公款私用、行贿受贿。利用职务便利非法将公款占为私有，公款吃喝、公款旅游、奢侈浪费、吃拿卡要、行贿受贿等现象仍屡禁不止。②权力角逐、权钱交易。寻租腐败、利用权力获取高额回报，权力争斗等现象依然存在。③虚假政绩、形象工程。“官出数字、数字出官”，为了满足对权力欲望的追逐、浮报、虚报政绩，甚至不惜牺牲百姓利益，大搞形象工程和面子工程的现象依然存在。④任人唯亲、买官卖官。人事腐败是最大的腐败，尽管领导干部选拔任用制度和公务员制度不断完善，并对人事腐败的遏制起到一定的作用，但任人唯亲、买官卖官的现象依然存在。⑤敷衍塞责、失职渎职。失职渎职犯罪被称为“不揣腰包的腐败”，其危害程度有时远甚于贪污贿赂。目前个别地方和部门的官员尚存在办事拖拉、效率低下、敷衍塞责，甚至失职渎职，给国家和人民生命财产造成巨大损失的现象。山西黑砖窑事故、山西尾矿库溃坝事故、三鹿奶粉事件、深圳火灾事故，这一系列接踵而来的重大事件都或多或少与领导干部的失职渎职有关。行政伦理失范的原因是多方面的，主要原因之一是行政运作过程中缺乏最基本的行政伦理规范和法

制秩序，公共行政不能做到“抑恶扬善”。

2. 行政组织及其工作人员的服务理念和“公仆”意识仍有待加强

我国是社会主义国家，为人民服务是行政人员的最高行为宗旨和伦理原则，公仆意识和公共服务精神是社会主义行政伦理的基本价值观念。人民是国家的主人，干部是人民的公仆，行政组织及其工作人员的最高使命是为人民服务。但是，“一切有权力的人都很容易滥用权力，这是万古不易的一条经验”。改革开放后，在市场经济的大潮中，一些“公仆”面对资产阶级灯红酒绿的生活方式而心理失衡，把利益关系倒置，逐渐由“公仆”变成了“主人”，变成了骑在人民头上的官老爷。许多政府官员特权思想严重，利用自己掌握的权力和政府部门所具有的特殊的行政关系网，占有各种社会资源，亲自或支持亲属开办与本部门权力相关联的公司，以谋求个人利益。可以说，利益的倒置问题，是公务员道德问题中最具根本性、关键性的问题。

3. 本位主义问题严重，公共利益观念亟待加强

在发展市场经济的过程中，一些地方和部门的本位主义意识有所滋长，不能正确处理局部与全局、下级与上级、个人与组织的关系。对中央的方针、政策和上级的指示“上有政策，下有对策”，有令不行，有禁不止的现象依然存在；为了维护本部门、本单位和小团体的狭隘利益，置党和人民的利益于不顾，以邻为壑、互相掣肘、互相扯皮的现象依然严重；地方之间、部门之间恶性竞争、重复建设等现象依然严峻。在当前经济建设中，一些地方从本地利益出发，搞各自为政的“诸侯经济”，妨碍全国统一市场的形成；有的在吸引外资上相互攀比，竞相提供更为优厚的税收政策，影响了市场的公平竞争，造成了中央财力资源的大量流失，损害了民族利益；更有的甚至庇护假冒伪劣，坑害人民，如此等等，不一而足。本位主义实质上是放大了的个人主义，是剥削阶级旧道德在新条件下的变种，严重影响了社会主义现代化建设事业的正常开展。

【案例 10-5】2010 年初，互联网上一个题为“广西这个局长日记啥都写？”的帖子被疯狂转载。一位名为“含仙子”的网友在天涯论坛上展示了广西壮族自治区来宾市烟草专卖局局长韩某从 2007 年 9 月 24 日至 2008 年 1 月 31 日的每天日记，再加上另外几篇，共计 145 篇。日记以第一人称记录了广西烟草系统一干部疑似受贿、发生不正当男女关系的情况。多篇日记提及性事，并涉及几个女人；日记显示，大部分日子里，这位局长都在喝酒，不管周末还是工作日，并常“喝多了”；日记中还记录了该局长的两次受贿经历。

3 月 1 日，广西壮族自治区烟草专卖局党组决定对当事人可能涉及违法违纪问题正式调查。调查结果显示，“局长日记”内容不是空穴来风”，2002 年至 2010 年 2 月，韩某利用先后担任钦州市烟草专卖局局长、来宾市烟草专卖局局长职务之便，多次收受承建商的贿赂款共计 48.2 万元及价值 30 万元的商品房一套。3 月 13 日广西壮族自治区检察院依法决定逮捕韩某，广西烟草专卖局党委也对韩某作出开除党籍和行政开除的处分。

问题：分析我国行政伦理建设存在的问题。

分析：

案例虽属个别现象，但也从某种程度上反映了目前我国行政伦理建设中存在的问题。

在社会体制转轨过程中，旧体制的作用削弱了，新体制还在建立过程中，社会的转型要求行政伦理转型同步，而这种转型的脱节现在却未能真正克服。行政伦理失范的现象较为突出，行政机关及其公务人员的服务理念和“公仆”意识有待加强。

(资料来源：新浪网，http://news.sina.com.cn/s/ 2010-03-02/)

(二)我国行政伦理建设存在问题的原因

导致我国当前行政伦理失范问题凸显的原因是多方面的，既有市场经济和体制转轨等客观因素，又有行政伦理建设受到忽视等主观因素。

1. 社会转型期价值模糊使得行政人员缺乏明确的行政伦理价值诉求

改革开放以来，市场经济体制的确立与发展在促进社会繁荣发展的同时也给行政领域带来了生机与活力，然而市场经济意识在行政领域的泛化却使一些人的“行政人格”蜕化为“经济人格”，对行政人员行政伦理价值观念的培养起到了负面作用。中国社会进入转型时期以来，政治、经济和社会生活都在快速发展和发生深刻变革，新旧体制交替的情况下，社会多元化和个性化发展使社会逐渐丧失了统一的道德规范，新旧伦理规范冲突造成行政领域道德规范的模糊性。我国政府围绕行政体制和政府机构改革进行了不懈的努力，也取得了很大的进展，但同时也给行政伦理和行为标准带来了意想不到的影响。相当一部分公务员公仆意识、服务意识、平等意识、责任意识淡漠，主人意识、权力意识、等级意识和优越感极度膨胀。在金钱与利益的诱惑下，一些人的权力观念发生了变化，他们不是利用手中的权力为人民办实事，而是利用权力为个人谋利益，因而导致权钱交易、权色交易和官商勾结等不正之风的蔓延。

2. 公共行政领域道德评价和伦理教育弱化

在改革开放以来相当长的一段时期，受到“效率优先”观念的影响，个别地方和部门的领导干部和工作人员忽视了道德评价的重要作用。在日常工作中，由于我们常常将道德与伦理的评价排斥在政府管理过程之外，政府管理与政府行政过程实际上变成了一个纯粹的“事实”判断，而不具有或不需要“价值”评判尺度。工作人员逐渐淡化了职业道德和行政伦理的思考和价值判断。另外，近年来，各级政府都非常重视干部的培训，但是与经济、法律、管理等方面的内容相比，行政伦理的教育并没有引起足够的重视。而且，与现行的干部培训以能力培养为目标相比，现行的行政伦理教育只能起到知识传授的作用，并不能促进官员行政伦理品德的生成。其结果就是伦理教育与道德现实相分离，官员的行政道德知识和行政道德行为相分离。

3. 对行政伦理失范行为的监督制约机制尚不健全

以权力制约权力，通过完善的监督制约机制，使权力在阳光下运行，是防止权力腐败和寻租，避免行政伦理失范现象的重要途径。自 2003 年我国启动行政问责制以来，在这方面已经取得了明显的成效。但总的来看，目前对行政伦理失范行为的监督和制约机制尚不健全。特别是公众在整个监督制约机制中的作用尚未得到充分发挥。缺乏完善的监督制约机制，刚性的规范机制弱化，个别领导干部和工作人员滋生了侥幸心理和可乘之机。行政伦理失范行为不能被及时曝光和查处，也在舆论上严重影响了行政伦理建设的成效和说服力。

4. 行政伦理的理论研究尚显滞后

公共行政应以实现伦理价值为目标，公共行政的过程应体现行政伦理理念并受行政伦理规范的约束。理论上说，行政改革，无论是政府机构的调整，还是政府职能的定位，都离不开行政价值观的指导，行政伦理理论应当为行政改革提供价值目标和理论引导。但现实的状况是，行政伦理理论研究落后于行政改革的发展，没有很好地反映行政改革现实发展的需求，不能对行政改革起到应有的理论引导作用；现行的行政伦理学的研究基本上沿用规范伦理学的研究框架，对行政与伦理发展的内在联系研究不够，对现实中行政人员的伦理困境和冲突研究不够，没有概括出与时代相适应的、对行政人员有现实引导性的道德规范。

(三)公共行政伦理建设的途径

在现代化进程中，有效治理我国公共行政领域中的行政伦理缺失，大力加强行政伦理建设，是理所应当、合乎时宜也是刻不容缓的。

1. 建立分层次的行政道德规范体系

社会转型期行政道德规范体系的模糊性是行政伦理失范的重要原因之一。因此，建立明确的行政道德规范体系使公共行政行为有章可循是当务之急。不同层次上，行政道德规范体系具有不同的要求：首先是最基本的行政道德规范。它是对行政人员基本义务的要求，具有义务性和强制性的特点。即行政人员必须遵守的最起码的道德底线，通常应以“禁止”的方式表达，以立法的形式实施。第二是态度层次上的职业道德规范。基于职业责任层面的道德要求，其特点是责任性和主动性，表达的是公务员基于对职业精神领会的情况下主动承担的责任和要求，以“应当”的方式表达，以道德规范的形式实施。第三是价值层面的道德规范。体现的是公共行政的基本精神和理念，贯穿于行政活动的每一个环节，是工作人员的崇高价值追求。

2. 加快公共行政伦理立法

行政伦理立法，是把伦理行为上升为法律行为，即把一定社会的道德原则和要求上升到法律层次，使伦理具有与政治、法律同等地位的监督、执法权力的法律效力和作用，以法律的强制力来保证这些基本道德规范的遵守。一般来说，伦理道德是借助外部规约和内部自主的方式来把握世界的一种方式。作为外部道德控制的行政伦理立法在行政伦理建设中具有重要的作用。在现代国家中，越来越多的伦理规范被纳入到社会的法律规则体系之中。越是文明发达、法制完善健全的国家中，法律几乎已成了一部伦理规则的汇编。美国早在 150 年之前就将立法视为解决伦理问题的方法，通过了第一部利益冲突法规；1958 年通过了《政府服务伦理规定》；1978 年，国会总结以前的各项规定，通过了《政府伦理法案》。除此之外，美国政府在不同的职业部门，也大都有相应的道德法规，如“警察伦理法规”、“国际城市管理伦理法规”等。中国的道德教育可谓投入很多，但制度短缺，至今仍没有一套完整的伦理立法来约束官员的行为。以法制的力量来保证道德规范对权力的约束作用，形成自律与他律相结合的约束力量，是公共行政伦理建设的必由之路。

3. 强化领导干部伦理考核

近年来，党和政府日益重视干部考核体系的建设，以“德、能、勤、绩、廉”作为干部考核的主要标准。但具体实施过程中，一些地方政府存在片面以 GDP 论英雄、以招商引资论成败的倾向，而在考核中，对“德”和“廉”的考核往往被忽视。“官出数字、数字出官”的现象，与这种盲目追求政绩的考核取向不无关系。在干部任免、升降等行为中引入道德赏罚机制，是行政伦理得以发挥其规导作用的重要保证。在用人机制上赏善罚恶，即对那些道德模范者，给予重用和提拔；对那些品行不端、道德不良者，决不能提拔重用，形成用人机制的道德赏罚导向。赏为领导干部的道德行为提供了内在吸引力，罚又为其施加了外在的压力。这样，倡导和禁止并用，内引与外压结合，形成了行政行为趋善避恶的强大动力。

4. 完善行政伦理的监督机制

在民主政治中，行政人员的权力来源于人民，其公务活动是公共行为，必然要对人民负责，受人民的监督。民众不仅仅是行政系统输出方面的被动接收器，更应作为行政系统输入、输出双向参与的主体，成为行政伦理行为的最重要的监督者。强有力的社会监督具有明显的行为约束的优势。社会监督表达着社会和集体中绝大多数人的愿望和意志，它通过对某一行政行为的褒贬、评价，向有关成员传达社会意向，指明行为准则，引导行为方向，从而起到规范行政行为的作用，促使行政人员遵循最起码的行政道德秩序。为此，应该创造出更多的途径和机会，如听证会、公共咨询与质询、协商对话，以及公共媒体上的监督等，鼓励社会成员关心并参与相关重要的公共行政的讨论，从而对重大的公共决策发生影响和进行民主的干预和监督。

5. 加强公共行政伦理教育

加强教育和培训是公共行政伦理建设的重要途径之一。目前，中国正处于剧烈的社会转型时期，各种思想文化相互激荡，价值观多元化，社会利益关系更为复杂，对行政组织及其人员原有的伦理关系与道德观念形成了巨大的冲击，新旧伦理体系反复冲撞的过程中，容易出现伦理关系错位、道德观念迷失的状况。因此，社会转型期，充分发挥伦理教育与伦理培训的功能显得尤为重要。一是要转变观念，充分认识加强行政伦理建设的必要性和重要性。二是要加强行政文化建设，培养行政人员确立正确美好的伦理理想目标并引导其树立正确的伦理信念和价值观。三是要鼓励行政人员保持个体的伦理自主性，把行政人员视为一个事实上自主的行动者，一个能够也必须为其自主决定承担相应义务与责任的行动者。行政人员必须理性审视上级的权威命令，应以组织的利益为指导原则，敢于拒绝上级不合理的命令。而当上级或组织侵犯了公共利益时，行政人员应该遵从自己的道德良知，勇敢地捍卫公共利益。

6. 深入公共行政伦理的学术研究

行政伦理是在公共行政伦理基础上发展出来的一门新的职业伦理学，也是一门关于公共行政体系伦理化的学问。从学科建设的角度来说，行政伦理学是公共行政学中不可或缺的一个重要组成部分。它的兴起既是公共行政学理论发展的逻辑必然，亦是公共行政领域的现实需要使然。近几十年来，行政伦理作为一门学科，成为学理分析的对象，在国际上尤其是发达国家发展迅速。但在我国，行政伦理研究还刚刚起步，如何把握我国公共行政领域的自身特质，构建既具有时代精神又具有中国文化特色的行政伦理学，是一件非常重要而又艰难的工作。特别是在公共行政和行政改革实践中，如何运用行政伦理学的基本理论解决现实中客观存在的问题，关注行政人员在行政实践中所面临的伦理困境，发挥行政伦理学在行政改革中的重要作用，并为行政人员解决现实的伦理困境提供必要的指导，是行政伦理学研究者的重要责任。

复习与思考

1. 简述行政责任的内涵与特征。
2. 简述行政责任的特征与意义。
3. 试述行政责任的构成。
4. 行政问责制及其制度背景。
5. 简述行政问责制的制度框架。
6. 简述责任政府的内涵及其特征。
7. 如何理解行政问责制是建设责任政府的重要途径？
8. 简述行政伦理体系的构成。
9. 简述行政伦理的功能与价值追求。
10. 简述我国行政伦理建设存在的问题及原因。
11. 结合实际谈谈加强我国行政伦理建设的基本途径。

【案例分析】

香港廉政公署防贪工作

香港廉政公署(以下简称“廉署”)自20世纪70年代成立以来，坚持调查、预防、教育“三管齐下”的反贪策略，肃贪倡廉成效显著，为香港成为国际社会公认的保持较高廉洁度的地区作出了卓越贡献。香港廉署在世界上较早提出了“预防贪污”理念(在香港，“贪污”主要指收受贿赂，也泛指以权谋私等各类与职权有关的腐败行为)，并取得显著成效。

(1) 强化预防职务犯罪的主动性。香港廉署坚信“预防胜于治疗”，并将其作为廉署工作的基本策略，主动开展防贪工作。当政府部门制定新的法律或政策时，廉署防止贪污处会主动、及时介入，对拟制订的法律或政策的必要性、合理性、缜密性、程序性等方面问题进行审查，告知立法者其中存在的漏洞，并提出务实的、易操作的消除建议。除法律和政策审查外，廉署防止贪污处(以下简称“防贪处”)还主动对政府和公共机构的工作常规和程序进行审查，评估风险，并写出审查报告，提出相应的防贪建议，经防止贪污咨询委员会审批后交有关部门执行。自 20 世纪 70 年代成立至今，廉署已经完成了 3000 多宗审查，提出数万条建议，超过 90%的建议都能在一个月内落实。防贪处还把各个领域容易发生腐败问题的漏洞和一般性的解决对策编制成《防贪锦囊》，免费发放给社会公众，以供各单位对照检查本单位的内控机制是否完善。

(2) 增强预防职务犯罪的深入性。香港廉署的防贪工作之所以富有成效，很大程度源于其工作的深入性和防贪建议的可行性。防贪处把贪污腐败机会分解为三个因素群：一是应如何工作，即分析政策、法规以及部门规章、工作程序的合理性；二是工作实际运转情况，即着重研究具体工作习惯，自决权是否得到恰当运用，有无拖延现象等；三是工作管理情况，主要分析监督机制的落实和程序的公开性，以及负责制的落实等。以廉署对海关人员暗中放私问题的防贪审查为例，廉署工作人员深入海关工作现场，通过参与具体工作研究海关检查的工作程序。数周后发现，出现暗中放私的主要原因是海关人员有条件告知走私人员自己所在岗位的时间和位置，并让走私人员从本人值守的通道过关。遂提出三条建议:一是海关人员上岗位置不固定，每天上班后临时随机派位；二是海关人员不得携带通信工具上岗；三是家庭遇有紧急情况由海关在 5 分钟内通知到本人。前两条建议有效防止了海关人员与走私人员互相勾结走私通关的可能性，第三条兼顾了人性化。

(3) 整合预防职务犯罪的各方力量。香港廉署的防贪工作虽然由防贪处主要承担，但并不意味着防贪处单兵作战，而是以其为核心，充分组织和动员不同层面的力量参与。首先，廉署内部建立了有效的合作机制。执行处每调查完一宗案件，都要写出调查报告交由防贪处研究分析，以便防贪处及时掌握情况。即便是在案件调查过程中，防贪处也可以随时介入调查，对工作程序及时进行审查，迅速发现漏洞，防止损失扩大。其次，香港成立了由立法会议员、政府官员和各行业具有丰富知识和阅历的社会知名人士组成的防止贪污咨询委员会。该委员会独立于廉署，有权审查防贪处的防贪工作，提示防贪处应审查的地方和审查顺序，建议应采取的行动并监督落实。再次，廉署与政府部门、公共机构建立起了预防贪污的长期合作关系，以调动各部门和单位的防贪积极性。廉署与香港政府的 80 多个部门都成立有专门的预防贪污小组，实行廉政共建。最后，廉署还注意发挥社会专业人士的作用。大量的律师、会计师、工程师等社会专业人士组成了防贪处强大的智囊团，保证了防贪处建议的有效性。

(4) 加快预防职务犯罪立法工作。香港《廉政公署条例》、《防止贿赂条例》、《选举(舞弊及非法行为)条例》赋予了廉署开展防贪工作的法律依据和权限。比如《廉政公署条例》明确了防贪处的法定职责:审查各政府部门及公共机构的工作常规及程序，并建议修订容易导致贪污的工作方法及程序(通常这种建议是必须接受的)；应私营机构和个别人士的要求提供防贪建议。该《条例》还规定，在审查过程中，防贪处可以调阅有关部门的文件和资料，有关部门必须予以配合。

(资料来源：中国反腐倡廉网，http://www.lianzheng.com.cn)

问题:

(1) 香港廉政公署防贪工作的举措对加强行政伦理建设有哪些启示?

(2) 结合案例，谈谈如何加强行政伦理假设。

【推荐读物】

1. [美]特里·L.库珀著. 行政伦理学：实现行政责任的途径. 张秀琴译. 北京：中国人民大学出版社，2001

2. [澳]欧文·E.休斯著. 公共管理导论. 张成福，王学栋等译. 北京：中国人民大学出版社，2007

3. [美]菲利普·J.库珀等著. 二十一世纪的公共行政：挑战与改革. 王巧玲等译. 北京：中国人民大学出版社，2006

4. 张成福. 责任政府论. 北京：中国人民大学学报，2000(2)

5. 王成栋. 政府责任论. 北京：中国政法大学出版社，1999

6. 张康之. 寻找公共行政的伦理视角. 北京：中国人民大学出版社，2002

7. 张康之. 公共行政中的哲学与伦理. 北京：中国人民大学出版社，2004

第十一章　政府绩效评估

【学习目标】

通过本章的学习，读者应掌握政府绩效评估的内涵、理念；熟悉政府绩效评估的类型、程序；掌握政府绩效评估的方法；明确政府绩效评估的困境，充分理解政府绩效评估困境排解的途径。

【关键概念】

绩效；政府绩效，政府绩效评估；内部评估；外部评估；个人绩效评估；组织绩效评估；政策评估；项目评估；政治绩效评估；经济绩效评估；社会绩效评估；文化绩效评估；定量评估；定性评估；3E评价法；360度评价法；标杆管理；平衡计分卡；数据包络分析

【导读案例】

2008年浙江省杭州市余杭区对原有资源进行整合，突破了机关目标责任制考核和满意单位评选活动的简单结合，补充了"X"的专项考核，初步形成了余杭特色的"1+X"科学考评体系。"1"是指区级机关和镇乡(街道)年度综合考评，"X"是指当年由区委、区政府许可明确的专项工作考核。浙江省余杭区政府绩效评估的创新做法包括以下几个。

(1) 民生业绩和群众满意度成为评估重点。"除了群众上访诉求化解率、农村新型合作医疗参保率外，我们今年的考评办法还将'行政诉讼败诉率'新纳入考核指标体系，规定每败诉1次则该单位扣减3分。"余杭区相关部门负责人表示："把各类直接、间接民生指标列为绩效评估的重点，能更好地促使各政府职能部门扎实工作。"遵循着民本理念，余杭不断引导社会公众参与评估，着力落实"1+X"科学考评体系的社会性，每年将各部门当年度职能目标进行网络公示和投票。

(2) 考评体系有效引领区域差异化发展。伴随余杭区综合考评工作的源起和完善，"1+X"考评体系目前已成为行政管理的有效工具，充分发挥区域发展的引领功能。在余杭，各镇乡(街道)经济实力、功能定位的差异较为明显，以考核经济为主的"一刀切"方式已不符合公平公正的基本原则。由此，余杭大胆创新，"不唯GDP论英雄"，开始推行差异化考核，将全区19个镇乡(街道)区分为经济发展型、城镇建设型和生态保护型进行评定，引导支持特色发展。

(3) 以业绩实现为导向将考评具体落到实处。"考评绝不是官样儿游戏，目的在于推进工作、提升效能。"为此，余杭区建构起一套考评奖惩机制，实行重点工作考核与综合考评相挂钩、个人考核奖与综合考评结果相挂钩，对成绩优异的单位予以奖金上浮，对不达标单位予以扣减，务必做到"有奖有罚、奖惩对等"。不仅如此，余杭区还大力推行"一票否决制"和"问责追究制"，2009年发出作风建设建议书6份，有3个单位和4名"一把手"被问责。另外，余杭建立了以督查通报制和建议整改制为核心的日常工作机制。

绩效评估考核体系作为优化政府管理的现代化方法，已经在越来越多的国家和地区得

到应用和推广。但是因为指标的定性和简单化、考核方式形式化使得考核在有些地方偏离了考核的实质。而浙江省杭州市余杭区却突破了这一局限性，补充了“X”的专项考核，建立“1+X”考评体系。这种以群众满意为标准、以业绩实现为导向、具有余杭特色的“1+X”科学考评体系，在余杭转型升级、科学发展、改善民生中发挥了重要作用。

(资料来源：周媚，邢斌. 助推科学发展 杭州余杭推行政府绩效评估 1+X 模式. http://www.dzwww.com/rollnews/news/201008/t20100804_6480745.htm)

随着我国改革进程向纵深推进速度的加快，建立适应各地实际的政府绩效评估体系，成为适应我国社会主义市场经济和政府自身改革的内在要求，逐渐被重视并成为政府创新的一个着力点。如何通过绩效评估体系来提高我国政府的绩效，对于完善社会主义市场经济体制，推动我国政府职能和运行机制转变，有着十分重要的时代意义。

第一节　政府绩效评估的内涵与理念

政府绩效评估(government performance measurement)是当今世界公共部门管理领域的前沿，是政府行政改革成败的关键。从 20 世纪 80 年代以来，西方各国的政府为了应对全球化、科技进步、国际竞争的挑战，解决国内财政与管理遇到的各种困难，普遍兴起了一场声势浩大、旷日持久的行政改革浪潮，即广为人知的新公共管理运动，其宗旨是提高政府绩效水平。

一、政府绩效评估的基本内涵

政府绩效评估是一种有效的管理工具(management tool)，源于工商企业绩效评估的推行，在工商企业绩效评估中，绩效评估是指对企业员工的能力、业绩、工作态度和适应性等进行实事求是的考评，以推动企业目标的实现。要了解政府绩效评估的内涵，必须首先了解绩效、政府绩效的内涵。

(一)绩效的内涵

“绩效”一词源于英文 performance，除“绩效”外，中译文还包括“效绩”、“表现”、“作为”等。单纯从字面意思上看，绩效包含成绩和效益的意思。人们对绩效含义的认识大致可以分为两大类：一类是从工作结果的角度进行定义，认为绩效是指工作主体在一定时机与条件下完成某一任务所取得的业绩、成效、效果、效率和效益；另一类则从行为角度来定义，如认为绩效是人们所做的同组织目标相关的、可观测的事情；或是具有可评价要素的行为。事实上，这两类定义方法都有其合理之处，行为与行为的结果是一个事物的两个方面，二者是不可分割的，行为是产生绩效的直接原因，而行为主体的成绩优劣，则要通过其工作的结果来评价。因此，可以将绩效的概念界定为：能够全面系统真实客观地反映一个国家、地区、组织、项目或者个人工作表现和工作成果的全部效果。

(二)政府绩效的内涵

政府绩效，又称“政绩”或公共绩效，在西方也称“公共生产力”、“国家生产力”、“公共管理绩效”等，是政府部门及公务员在依法对社会经济活动进行管理和服务中的效率、效果、效益和效能，也是政府在行使其职能、实施其意志过程中所体现的管理和服务能力。我们可以从以下几个方面来理解政府绩效的含义。

(1) 从绩效的本质规定性来看，绩效反映的是政府部门整体或者政府工作人员在履行其职能或岗位职责的过程中、在一定时间内以某种方式实现某种结果的过程；在职能或职责履行以外所产生的结果不能视为绩效。

(2) 从行使职能或职责、产生绩效的主体来看，绩效包括政府整体绩效或部门绩效、项目绩效、个人绩效。

(3) 从绩效的质与量的规定性来看，绩效并不等于产出本身，也不等于任务或产品本身，绩效不仅有量的规定性，而且也有质的规定性。

(4) 从绩效形成的过程来看，绩效具有一定的周期，具有从投入到获得中期结果，再获得最终结果的周期性发展过程；时间对绩效形成具有影响作用。

(三)政府绩效评估的内涵

所谓政府绩效评估，是根据管理的效率、能力、服务质量、公共责任和社会公众满意程度等方面的判断，对政府公共部门管理过程中投入、产出、中期成果和最终成果所反映的绩效进行评定和划分等级。

政府绩效评估以绩效为本，谋求现代信息技术在政府公共部门之间、政府公共部门与社会公众之间进行沟通与交流的广泛运用；谋求顾客通过公共责任机制对政府公共部门的直接控制；谋求政府管理对立法机构负责和对顾客负责的统一。

政府绩效评估以服务质量和社会公众需求的满足为第一评价标准，蕴涵了公共责任和顾客至上的管理理念；它以加强与改善公共责任机制，使政府在管理公共事务、传递公共服务和改善生活质量等方面具有竞争力为评估目的。

二、政府绩效评估的理念

观念是行为的先导，有什么样的评估理念就有什么样的评估制度与评估行为。科学的政府绩效评估理念，对于从根本上规范政府行为，改进政府官员行事准则和工作方式，从而推进政府管理改革和创新，推动经济和社会协调发展有着重要的理论指导意义。

(一)顾客导向理念

政府绩效评估是作为改善政府公共部门与公众的关系、加强公众对政府信任的措施，体现了顾客至上的管理理念。随着政府角色和职能的重新界定，促使政府部门的基本运行方式、政府与市场、公众之间关系定位的变化。政府部门与公众之间的关系由治理者与被治理者之间的关系变为了公共服务的提供者与消费者、顾客之间的关系。这就决定了政府工作的重要特点和特色之一就是把“公民”尊为“顾客”，把“公民—顾客”是否满意作为政府行为的主要标准。“顾客为本”即是表明：政府管理活动必须以顾客为中心，要“站在顾客立场思考”；将顾客视为主要资产，政府真正的资产不在于收支平衡或盈利的增加，而是顾客，当政府失去顾客时，也就失去了其他资产；顾客满意即政府目标，政府工作的重点在于达成顾客的合理期待和愿望；建立与顾客之间的长期互动关系，将顾客需要和期望作为改进工作和管理的方向。政府绩效评估包含着“顾客为本”的丰富内涵，政府的主要职责定位于提供公共服务和公共产品，公民则成了公共服务和公共产品的消费者和顾客。因此，政府绩效评估为改善政府公共部门与公众的关系、加强公众对政府信任、实现“更有回应性、更有责任心和更富有效率”的政府改革目标提供了具体措施。

(二)结果导向理念

政府绩效评估是结果导向的评估。结果导向是政府绩效评估中的基本概念和核心思想之一，即强调服务、管理和工作的结果(经济与社会效益和客户满意度)，服务管理和日常工作中表现出来的能力、态度均要符合结果的要求，否则就没有价值和意义。结果导向与单纯强调结果不同，结果导向同时关注过程、状态和能力，只是将结果要求作为评判过程、能力态度的标准。传统行政重过程，而非结果，其结果导致形式主义和官僚主义。政府绩效评估强调对结果的重视，其目的即在于政府要以实实在在的业绩取信于民，而不能搞花架子或哗众取宠。1993 年美国《国家绩效评论》把政府绩效评估界定为政府官员对结果负责，而不仅仅是对过程负责；其目的在于把公务员从繁文缛节和过度规制中解脱出来，发挥他们的积极性和主动性，以便他们对结果负责，而不再仅仅是对规则负责。

(三)责任导向理念

政府绩效评估不仅关注顾客导向、结果导向，也关注责任导向，而且责任导向是更重要的评估目的。责任导向是指广大政府公职人员应养成民主责任意识，坚持“权为民所赋，权为民所用”，自觉贯彻“以人为本”的执政理念和公仆意识。坚持责任导向首先要建立科学严格的决策责任追究制。在绩效评估环节，决策失误的后果往往是最严重的，同时又难以追究责任。比如“形象工程”、“政绩工程”、“豆腐渣工程”等所谓的“政绩工程”很难评估，难以追究其责任。因此，一旦绩效项目评估中发现政策有重大失误，就应该追究相关决策者的决策责任，即使当时的决策者已离任或升迁，也应给予相应的惩处。其次是建立公开明晰的行政执行责任制。最后是建立客观公正的政策评估责任制，完善相应的评估与反馈纠偏机制，以尽快纠正政府失误行为，最大限度地减少损失。

(四)双向交流沟通理念

信息交流与沟通也是政府绩效评估应该遵循的理念。没有完善的信息交流与沟通机制也就没有有效的政府绩效评估。双向交流沟通理念是指在进行绩效评估时政府与公众之间绩效信息的交流，是指政府将某些相关的绩效信息传递给客体或对象(如政府工作人员、公众、专家、中介结构和媒体等)，客体相应地收集自身对绩效的期望和对绩效的反映和评价，在双方的互动过程中实现双向信息交流和沟通，以期更好地促进政府绩效的改善。现代信息技术在政府绩效评估中的广泛运用和民主价值决定了绩效评估本身又是一种信息的交流与沟通过程。绩效沟通是联系政府与公众的纽带。要使绩效计划更加合理、科学，绩效计划的执行更加顺畅，绩效评估更加公平和民主，绩效结果的运用更具有张力，就必须加强与公众的互动和交流，与第三部门的沟通与合作。政府作为公众的代表人和公务的执行者，在制订计划前应充分考虑民意，建立广泛的利益表达的制度性渠道，使得政府在计划制订前信息输入的过程更具有开放性和包容性。在绩效评估过程中，政府应向公众传递的各类信息，如政府机构的组成、职能、办事规程、政策与法规、服务种类及质量、重大决策过程等；公众也应向政府公共部门传递与反馈的信息，如对服务种类和服务质量的要求、对服务的满意程度、抱怨、建议、对公共服务与资源的选择等。在评估后，政府部门应根据公众的反馈积极及时地改进新的绩效计划。美国 GPRA 规定，在制订战略计划的时候，政府必须同国会协商，向顾客即公众和非营利组织征询意见，并随时准备采纳。西方国家在推行绩效评估措施的同时，提出了构筑以顾客为导向的电子政府和政府在线服务的发展目标，以提高政府收集、处理信息的能力和对公众的回应力。

第二节 政府绩效评估的类型、程序和方法

现代政府管理的核心问题是提高政府绩效。要提高政府绩效，必须首先了解和评估现有绩效水平，要应用科学的方法、标准和程序，对政府及其部门的业绩、成就和实际工作做出尽可能准确的评价，在此基础上对政府绩效进行改善和提高。

一、政府绩效评估的类型

随着政府部门绩效评估实践活动的开展和理论研究的深化，各个国家和地区开发出不同的绩效评估的类型。政府绩效评估类型的有效划分，有助于增强绩效评估的针对性、合理性，有助于绩效评估工作的有序开展，提高政府效能和执政能力。根据不同的分类标准，可以划分为以下类型。

(一)内部评估和外部评估

根据评估主体地位的不同，政府绩效评估可以分为内部评估和外部评估。

内部评估是由政府内部的评估者所完成的绩效评估，可以分为综合评估组织评估、同级部门评估、评估对象的直管领导评估和人大、政协组织评估。内部评估主体了解熟悉组织内部情况，掌握组织绩效的第一手信息资源，他们通常包括政府内部的决策者、管理者和工作人员。内部评估的优势是了解组织绩效实际状况，收集信息方便，可以根据实际情况设置调整评估指标和评估内容，还可以及时运用评估结果，对组织的目标和措施及时做出调整，从而达到评估的目的。但是内部评估的缺陷和阻力也是显而易见的。首先，政府组织内部人员对绩效评估的价值观念存在偏见，主观上抵制评估，认为评估就意味着批评，是对他们能力的质疑，影响自己的声誉，因此往往夸大成绩，避免暴露缺陷，为自己的失败辩护。其次，内部评估不可避免地带有主观色彩，客观性差。最后，绩效评估是一项复杂且细致的工作，由于部分内部评估人员理论和实践操作能力较差，导致评估工作较难进行。

外部评估是由政府组织外部的评估者完成的评估，可以分为由政府委托营利性或非营利性的研究机构、学术团体、专业性的咨询公司乃至大专院校的专家学者进行的专业机构评估，由报纸、电视等大众传媒进行的大众传媒评估以及体现新公共管理运动基本特征——顾客满意的价值取向的公民(行政相对人) 评估。外部评估同内部评估相比，专业评估机构具有专业优势，能够做到更加客观公正；公民评估又可体现评估的满意特征，明确评估的价值取向。但是外部评估往往存在获取资料困难以及对政府组织内部特性无法全面理解而做出脱离实际的理想化评估等问题。

综上所述，内部评估和外部评估各有利弊，应通过绩效指标的具体量化、应用软件的开发、平衡积分卡的应用等方法来改变内部评估可能产生的主观任意性和外部评估的理想化。在实践中，应当将这两种评估形式有机地结合起来，取长补短，从而提高绩效评估的质量。

(二)个人绩效评估、组织绩效评估、政策评估和项目评估

根据评估对象的不同，政府绩效评估可以分为个人绩效评估、组织绩效评估、政策评估和项目评估。所谓评估对象，是评估指向的客体，即评估行为实施的受体。根据评估对象的不同进行类型划分，对政府绩效评估模式的构建具有指导意义和参考价值。

个人绩效评估是指政府部门按照一定的原则和标准，定期或不定期地对所属人员在工作中的政治素质、业务表现、行为能力和工作成果等情况，进行系统、全面的考察与评价，并以此作为其奖惩、职务升降、工资增减、培训和辞退等的客观依据的管理活动。个人绩效评估是增强组织沟通的方法，是选拔优秀人才和合理使用人才的依据，可以激发雇员的工作潜力、责任感和紧迫感，促进管理者及时修改和实现组织的既有目标，提高组织工作的效率。

组织绩效评估是指运用科学的方法、标准和程序，对各级政府组织部门的业绩、成就和实际作为，从组织、部门的层面作尽可能全面、准确的评价。组织绩效评估与个人绩效

评估相比，具有复杂、多层次和难以界定的特点，因而组织绩效评估难度相对较大，需要进一步科学化、规范化和制度化。传统的政府绩效评估多以个人绩效评估为核心，然而，科学发展观的深化要求政府绩效评估以组织绩效评估为核心，个人绩效的评估要以促进整个组织的绩效为前提。

政策评估是依据一定的标准和程序，对政策的效益、效率及价值进行判断的一种政治行为，目的在于取得这方面的信息，作为决定决策变化、政策改进和制定新政策的依据。政策作为政府公共管理的工具，其制定的科学性和执行的有效性直接体现政府的执政能力，影响政府公共管理的效率和效益，对政策进行科学、合理的绩效评估，有助于改进政策制定系统，克服政策运行中的弊端和障碍，增强政策活力和效益，提高政策水平，实现行政资源的优化配置。政策评估的目的在于评估人们所执行的政策实现政策预定目标的效果、解决政策指向问题的程度、效果的取得与政策的关联性等。

公共项目评估是指用定期或特别进行的独立而系统的研究来评价一个公共项目的进展情况。公共项目是政府或其他公共机构主办的为了满足公共需要而开展的项目，常常有几个部门临时联合办公或是临时从一个部门抽调部分人员来完成。一般认为，公共项目评估是在项目实施后进行的评估，主要有三种形式：一是对方案产生的影响和效果进行全面评估，以确定哪些方案能成功达到基本目标；二是对不同方案战略和变化产生的效应进行评估，以确保执行项目选择最有效的方法；三是对单个的方案进行评估，以判断管理和操作的效率。项目绩效评估的目的主要是为了检查作为公共部门政策产出的结果，关心公共支出的公共项目的实施情况，对其进行成本效益/ 成本有效性分析。项目绩效评估比较强调过程而不是纯效果，重点评估项目执行中存在的问题，并确定了对其加以改正所必需的各种活动。

(三)政治绩效评估、经济绩效评估、社会绩效评估和文化绩效评估

根据评估内容的不同，政府绩效评估可以分为不同的类别，如政治绩效评估、经济绩效评估、社会绩效评估和文化绩效评估。不同领域的绩效评估，评估的重点和指标存在很大的差异。

政治绩效主要是指政治生产力、政治产品以及政策的形成与贯彻。在市场经济条件下，政府绩效最经常地表现为制度安排和制度创新。市场经济的游戏规则或社会秩序的供应是一种政府制度安排，这是政府核心能力之一。政府制度安排的能力越强，政治绩效就越容易体现。

经济评估主要是指经济增长与稳定中政府的导向作用，其中通货膨胀、失业、收入分配等是重点的评估指标。经济绩效表现在经济持续发展上，国民经济不仅仅是在量上扩张，而且在结构合理的前提下有质的提升，良好的经济绩效还包括经济可持续发展程度较高，政府能供应推进经济与社会协调发展的宏观经济政策。

社会绩效主要是指社会稳定与发展，其中安全与犯罪、公平与正义、福利与贫困、稳定与动乱等是重要的参数。

文化绩效则是指精英文化与大众文化的互补与渗透，以及文化的繁荣与整合。

经济绩效是政府绩效的核心，在整个体系中发挥着基础性的作用。维持经济持续发展，社会财富稳定增长，是政府绩效的首要指标。社会绩效是政府绩效体系中的价值目标。实现经济绩效的目的，就是为了实现社会绩效，保持国家安全、社会稳定，居民安居乐业。政治绩效是整个政府绩效的中枢。实现经济绩效和社会绩效需要政治绩效作为法律和制度的保证和保障。

(四)定量评估和定性评估

根据评估指标属性的不同可以分为定量指标和定性指标。评估指标是评估维度下的一种较为具体化的形式，是维度的直接载体和外在表现。狭义上的指标是指一种量化的统计方法。如雷蒙·鲍尔在《指标》一书中提出："指标是一种量的数据，它是一套统计数据系统，用它来描述社会状况的指数，制定社会规划和进行社会分析，对现状和未来做出估价。"但在实践中，运用指标作为管理手段，特别是对政府的绩效进行评估时，并不总是能够量化的，而且有相当部门的管理内容，在运用指标的管理手段进行反映时是不应简单地用量化的方法的。也就是说，广义的指标，既可能是一种量化的手段，表现为一种可数值化的东西，也可能是通过一定的定性方法来确定，反映事物的一种价值。

定量评估是指运用定量指标进行评估的过程。定量指标也被称为数值分析指标，较为具体、直观，评估时有明确的实际数值和可供参考的标准值。定量评估所做出的评估结论直接、明确，能给外界留下清晰的印象。但是，由于政府组织具有特殊性，其绩效在很多情况下不能直接用定量指标来测量。

定性评估是指当政府组织的某些绩效无法用具体数据来表达，只能采用基本概念、属性特征、通行惯例等对评估对象进行语言描述和分析判断，从而说明政府组织和个人绩效的好坏的评估过程。定性评估可以将无法计量的但能反映政府组织和个人某方面状况的潜在因素纳入评估范围，通过分析判断，验证指标，评估结果，得出综合评估结论。但是定性评估的指标外延宽、内涵广，难以具体化，实际操作中随意性和受主观意识影响大，从而影响了评估的客观性和公正性。

定量评估和定性评估各有其优缺点，在政府绩效评估的实际操作中必须结合使用，对定量指标进行进一步的定性补充，对定性指标的多项定性因素进行多层次分析判断，实现定性和定量相结合对评估结果进行全面的校验、修正和完善，从而全面有效地反映政府的实际绩效。

另外，根据评估时间的不同，政府绩效评估可以分为定期评估和不定期评估；根据评估形式的不同，可以分为口头评估、书面评估、直接评估、间接评估、个别评估、集体评估等。

二、政府绩效评估的基本程序

政府部门的绩效评估是一个复杂而且连续统一的过程，正如图 11-1 所示，政府绩效评估是由评估前期准备阶段、实施评估阶段、评估反馈阶段构成，是一个闭合的完整连续的系统。

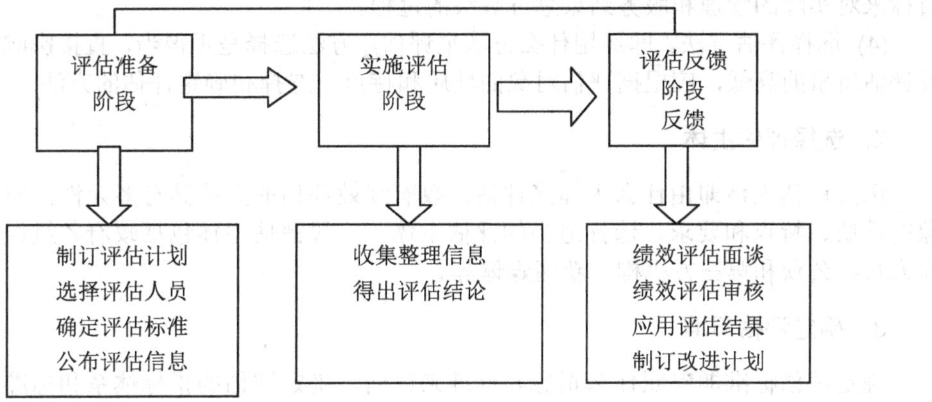

图 11-1 政府绩效评估的基本程序

(一)评估准备阶段

充分的前期准备，是政府绩效评估顺利进行和卓有成效的前提和基础。准备充分，就能明确任务、突出重点、抓住关键。前期准备的主要任务如下。

1．制订评估计划

(1) 确定评估项目，即要解决评估什么的问题。确定评估项目时，一是遵循“二八”法则，选择必需项目。在纷繁众多的项目之中，要选择和把握影响政府绩效的主要的、关键性的项目，抓住了影响和制约政府绩效的 80%的价值的 20%的关键项目，政府绩效评估就能取得事半功倍的效果。二是要客观实际，因地制宜。在选择评估项目时，要遵循客观实际的原则。不同的评估客体决定了不同的评估项目，要根据评估对象，选择合适的评估项目。三是要全面系统。应从全面、系统的高度分析和选择评估项目，体现绩效评估项目的全面性、系统性和整体性。

(2) 确定评估对象。评估的对象分为四类：组织、个人、政策、项目。组织一般是政府单位或者某个或某几个职能部门；个人是指政府中的领导和工作人员个人；政策是根据一定原则制定的解决特定问题的行动方案；项目是政府或其他公共机构主办的为了满足公共需要而开展的项目。应根据评估的目的明确评估对象，解决评估什么的问题。

(3) 确定评估目标，即明确评估的宗旨、目的和要求，这是绩效评估成功的一个重要前提。政府绩效评估就是对政府管理活动的绩效进行评价和划分等级，区分和明确各个不同绩效等级上的具体绩效要求。除了对不同的绩效等级规定明确具体的绩效要求之外，绩效目标还规定了明确、严格的产出和结果评估措施，每一个绩效等级需要达到什么样的绩效要求都是事先给定的。例如，在对环境管理部门的绩效进行评估时，假设其绩效等级可分为 A、B、C 三个等级，具体评估项目可划分为：①空气质量、污染及其指标；②水质量、污染及其指标；③毒素防治；④废物管理和利用。根据评估项目的划分，确定 A、B、C 三个等级分别在 4 个评估项目上的具体绩效要求就是绩效目标。绩效评估过程就是根据绩效目标来对实际的管理和服务结果划分等级的过程。

(4) 选择评估方法。即运用什么方法来评估，方法选择是否得当，直接影响评估的成败及评估质量的高低，应根据评估对象的性质和特点，选择和确定评估的方法。

2. 选择评估主体

选择评估主体即由什么主体来评估。政府绩效评估的主体具有多元性，应根据评估对象的性质、特点和要求，选择适当的评估主体。一般评估主体包括政府各级领导、内部工作人员、公众和第三方机构、新闻媒体等。

3. 确定评估标准

确定评估标准即参照什么指标和标准来评估。确定评估的指标体系和标准。绩效评估指标是指对评估对象的哪些方面进行评估。

4. 公布评估信息

公布评估信息即让组织与员工就绩效评估问题在思想上达成共识，使被评估者有充分的思想准备，积极参与到绩效评估之中来。

(二)实施评估阶段

评估实施是绩效评估程序中的一个核心环节，其主要任务是参照评估指标体系和评估标准，利用各种有效手段全面收集绩效评估的有关信息，运用相应的评估方法，对所获得的有关绩效评估的信息进行整理、加工和处理，去粗取精，去伪存真，由此及彼，由表及里，做出评估结论。

1. 信息资料的收集分析整理

这是指广泛收集涉及将要接受评估的政府及其部门管理绩效的各方面信息和资料。一般来说，划分评估项目和选定所要评估的内容取决于两个关键因素：一是绩效评估所欲使用的资料；二是绩效评估者根据其价值观选择和确定所评估的事项。绩效评估使用的信息资料包括政府及其各部门的服务承诺、工作计划与方案、工作报表、回复与解释社会公众提出问题或抱怨的信件和电话数量的统计与记录、解决实际问题的数量、实际取得的工作结果与社会效果、会议记录、物质投入与消耗、重大决策过程、成果鉴定的结果、绩效评估结果、管理方法的改进与调整等。要做到信息资料能够准确、客观和全面地反映政府公共部门的管理绩效、社会效果和公共管理过程中所存在的问题。信息资料的收集就必须真实、客观与全面。信息资料主要来源于政府公共部门、社会公众以及对实际效果的鉴定、评估者所进行的调查和听证等。

2. 得出评估结论

根据收集的各种资料，依据科学的评估标准并使用合适的评估方法对评估对象进行评估。在这一阶段，要特别注意坚持三个原则：一是真实性原则。确保评估基础数据和基础资料的真实、准确，要建立和健全评估信息审核制度，对评估信息的真实性、准确性及时作出严格的审核，尽力挤掉评估信息中的“水分”和“杂物”。二是一致性原则。所采用的评估基础数据、指标口径、评估标准和评估方法要前后一致。三是独立性原则。实行“异体评估”，要保持评估主体的相对独立性，尽量防止和避免评估对象及其他人为因素的影响和制约，得出客观、公正、公平的评估结果。

(三)绩效评估反馈阶段

1. 绩效评估结果面谈阶段

绩效评估面谈是评估反馈的一种主要形式。通过面谈者与被评估者之间的谈话，将评估意见反馈给被评估者，征求被评估者的看法；同时，就被评估者的反应与被评估者进行广泛的沟通。在此阶段，应确定评估面谈的实施者，在收集整理有关信息的基础上，选择合适的面谈时间、地点，通过评估对象的自我评估和面谈者对被评估者说明评估结果，在双方商谈的基础上表明对绩效评估结果的意见和看法。

2. 绩效评估结果的审核

绩效评估的审核通常是评估主体对整个组织的评估结果进行审核，处理绩效评估中双方较大的异议和某些绩效异常的问题。受理评估申诉，是绩效评估程序中的一个重要补救措施和环节。在绩效评估过程中，评估主体总是要受一定的主客观条件的影响和制约，评估的偏差往往难以避免。一旦发生偏差，抑或因被评估对象认识上的不一致，被评估者不赞同评估结论，被评估者可以根据有关程序向评估主体或上级机关提出评估申诉，有关单位和部门应及时受理被评估者提出的申请，复核评估结果。

3. 应用评估结果阶段

结果运用既是评估的延续，又是评估的目的所在。评估的目的在于根据评估结果，寻差距、总结经验，促进政府绩效的提高；并根据评估的结果奖优惩劣，激励先进，对各个组织、部门和个人做出的突出贡献予以表扬，制定绩效改进计划，并以此作为晋升、培训、工资奖金发放等的依据。

4. 制订绩效改进计划

绩效改进计划是指上级评估主体就下级评估对象的绩效状况，共同商讨评估对象在未来工作中需要改进的地方，并讨论如何加以改进，分析并确定评估对象改善工作绩效所需要的行动，包括调整工作目标、改进工作方法、参加培训、获得其他有关部门支持等。

政府绩效评估基本程序的运行一环扣一环，依次递进，而且还是一个不断循环的过程。前一次的绩效评估为后一次绩效评估提供参考和启示。政府绩效评估的程序循环不是周而复始的简单循环，而是在学习借鉴前次评估基础上的螺旋式上升的循环进程。

三、政府绩效评估的方法

(一)政府绩效评估的具体方法

在政府治理与改革领域中，经历了“以效率和效益为导向”转为“公平至上”，再到“顾客至上”理论的发展过程，随着政府理念诉求的变化，也开发出不同的评估方法。当前，政府绩效评估最具代表性的评估方法有以下几个。

1. 3E 评价法

3E 评价法是政府绩效评估在方法探索上的开端。20 世纪 60 年代，美国政府为了解决机构日益臃肿、财政危机加剧的局面，率先把对政府工作的审计重心从经济性审计转向经济性(economy)、效率性(efficiency)、效益性(effectiveness)并重的审计，从单一的经济指标扩展到多重指标，这就是政府绩效评估的雏形，俗称 3E 评价法。3E 评价法运用于地方政府绩效评价的基本框架中包括经济指标、效率指标、效益指标三个指标，其每个指标之下又分为具体考核的子指标系统。其中经济指标是政府推出绩效评价工作的初衷之一，指投入成本的降低程度，主要目的是建立更为有效的支出决策机制和支出优先排序机制。而效率性指标是反映所获得的工作成果与工作过程中的资源消耗之间的对比关系，它表现了政府支出在项目决策机制、项目实施进度比较、项目经济和社会效益取得等方面要求。效益指标则通常用来描述政府所进行的工作或提供的服务的质量和公众的满意度以及公众的评价等。

3E 指标强调成本的节约，这与政府在社会中所追求的价值理念(如平等、公益、民主等)存在矛盾与冲突。3E 评价法本身只强调经济性，较为片面，缺乏统揽全局的能力。由于政府的作用主要表现在为经济发展创造条件并提供服务，以增加社会福利。政府部门的非盈利性、目标的弹性和软目标性，使得政府投入尤其是产出难以量化，所以这种方法对于当今复杂的政府行为来说是过于单一了。随着公共行政民主化的发展，在 3E 评价法的基础上逐渐形成了 4E 评价法，增加了第 4 个 E，即公平(equity)。“公平”指标关注的是接受服务的团体或个人是否都受到公平的待遇，需要特别照顾的弱势群体是否能够享受到更多的服务。以此为基础，各国制定了相对比较具体的政府绩效评估指标体系。

2. 360 度评价法

360 度评价法是 20 世纪 80 年代由美国 Ed-wards 和 Ewen 等学者在一些企业组织中不断研究发展而提出来的。该方法即全方位绩效评估，是指帮助评估对象从与自己发生工作关系的所有评估主体那里获得关于评估对象的绩效信息反馈的过程体系，这些信息来源包括：来自上级领导的自上而下的评估，来自平级部门同事的评估，来自下属的自下而上的评估，来自内部的评估对象自评，以及来自组织外部的公共服务对象的评估。360 度绩效考评体系对政府部门的绩效评估主要体现在两个方面：一是政府组织的绩效评估；二是政府人员的绩效评估。包括政府部门和人员的自我评估、上级评估、外部专家评估及社会公众的评估，逐步实现官方评估与民间评估并重，形成公众监督和上级监督相结合的绩效推动机制。

360 度评价法的理论和实践基础是组织和成员的满意度和全面质量管理。经由 360 度绩效评估，可搜集到多方面的评估信息，从内外、正反、上下等多个维度，对组织绩效提出较公正和符合实际的评估标准和结果。在实行 360 度考核时，往往存在两个方面的缺陷：一是处理信息困难。360 度评价法涉及的数据和信息比单渠道考评法要多得多。二是在实施 360 度绩效考评过程中，可能会在组织中造成紧张气氛，如文化震荡、专断、组织成员忠诚的消失、监督失效、裙带关系等。

【案例 11-1】2007 年下半年以来，为了进一步提升管理绩效，江都市建设工程质量监督站结合自身实际，引入 360 度绩效考核的理念，将各项工作制度有机纳入考核内容，通过量化分值，打造出一个全新的综合管理平台，有力地推进了建设工程质量监督队伍建设和工作的开展。

(1) 实行全方位岗位绩效考核。质监站在认真分析组织文化、行业特性的基础上，针对岗位特点，科学合理地确定考核内容，体现绩效评估的全面性，对每个岗位都建立了德、能、勤、绩、廉五个方面绩效考核体系。同时，细化指标、量化分值，体现出绩效评估的客观性。每个岗位绩效考核总分设置为 100 分，按照德 16 分、能与绩 50 分、勤 18 分、廉 16 分四大项划分，这四大项中又分若干小项，每个小项对应一个相应分值，共同构成整个考核体系。

(2) 实行全方位的能力作风考核。一是实行无过错考核。根据各岗位性质和工作职责，制定较为详实的考核内容，并且把现场排查问题、处理问题的能力作为考核的第一手资料，量化为分值计入考核分数中。二是将服务对象的满意程度纳入绩效考核范畴。在 360 度绩效考核体系中，专门设置了分值，让服务对象就质监站外检工作人员在现场廉洁自律和服务态度情况作真实的反馈。三是将学习成绩纳入绩效考核范畴。为促使职工能够掌握好专业技能，针对工作中的一些重点，质监站每季度都开展一次主题业务考试，考试内容为本季度业务学习内容，并且将考试成绩也融入 360 度绩效考核中，极大地增强了职工的学习动力。

(3) 实行全方位的监督对象考核。360 度绩效考核打分是一种全员考核，根据质监周期相对较长的特点每季度进行一次，由分级打分、考勤机考勤、服务对象评分等综合构成。分级考核程序为站领导对各部门负责人考核，站长、分管站长、各部门负责人对中层副职考核，分管站长及科室正、副职负责人对职工进行考核。每季按考勤机的出勤次数折算成分值计入考核成绩中，超过一次扣一次，扣完为止。考核成绩内部公示，考核结果与绩效奖金挂钩，体现出绩效评估的科学性。

自实施 360 度绩效考核以来，质监站队伍状况有了新的改善，工作业绩取得新的突破，单位管理也迈上了一个新的台阶。

问题：如何看待江都市建设工程质量监督站的 360 度评估模式？

分析：

江都市建设工程质量监督站引入 360 度绩效评估模式是十分必要的。通过实行全方位岗位绩效考核、实行全方位的能力作风考核、实行全方位的监督对象考核，体现了 360 度绩效评估的基本理念，有力地促进了质监站管理绩效的提高，工作作风的改善，办事流程的优化与服务水平的提升。但仍然存在着诸多不足，还需要在实践过程中不断地修正和完善，如只有自上而下的考核而缺乏自下而上的考核、考核形式还应该更加多样化、考核结果的反馈交流不够、激励机制相对缺乏等。

（资料来源：引入 360 度绩效考核理念 全方位提升管理效能．http://jsj.jd.cn/tpnews/200983164718710.doc，略有修改）

3．标杆管理

标杆管理又被译为基准化管理、参照管理，起源于20世纪70年代末80年代初美国学习日本的运动中，首先是在企业中流行起来的，运用在政府绩效考核之中，主要是进行跨国际、地方政府间的比较分析，通过地方政府间的竞争与学习的互动，来达到地方政府绩效的提升。标杆管理是个动态的过程，标杆也不是唯一的，在不同的时期有不同的标杆，即使是在同一个时期，也可以针对不同的改进方面选择不同的标杆。

标杆管理有以下步骤：①确定项目的目的和范围。这包括程序类选法：决定哪些程序需要进行标杆管理及其优先次序。②了解自己。分析自己内部的程序，对实际正在运作的情况有一个透彻的了解。③考察潜在的合作伙伴。④选择绩效评估标准。仔细挑选一套易于理解且有普遍性的评估标准，以用于衡量所选择的程序或职能。⑤收集内部数据以实施绩效评估标准，评估当前的绩效。⑥收集有关合作伙伴组织的信息。要做到合乎情理，少花时间，少给对方添麻烦，但必须确保数据的可靠性。⑦进行差距分析。⑧引进别人的做法以缩小差距。运用“借鉴—改造—采纳”的程序来选择多个程序，允许作出修改，使之适合于本组织的结构及其工作方法。⑨监察结果。绩效的改善必须显示出本组织绩效与合作伙伴绩效之间的差距在缩小，以及缩小这种差距的相对速度。⑩在调查结果的基础上，重新修订绩效评估标准。⑪回到第一步。作出改善，把整个程序再运行一遍。标杆管理的指标体系比较全面，除了经济层面的指标外，还包括政府提供的公共产品，政府在公益性活动中所作努力的指标等。通过标杆管理，引进私营部门的一些经营理念，诸如顾客服务、质量第一等，可以使政府公共部门管理更加令人满意。

【案例11-2】美国俄勒冈州是以标杆管理法的成功实施而著称的一个州级城市。20世纪80年代由州政府直接领导的俄勒冈进步委员会正式成立，全面的标杆管理法就由该组织集中推进。在20年的时间里该方法促进了政府绩效的明显好转，成功的核心就在于制定了一套科学、合理、全面的指标体系。该州在指标体系设计方面的成功经验可以归纳为以下几点：①与社会在未来时间内所希望达到的愿景以及政府所制定的长期战略保持绝对一致。②广泛征求社会各界人士的意见。俄勒冈州广泛征集了包括州政府、地方政府、立法机关、普通市民、商业团体、权势集团、慈善机构、学术研究者等各方关于指标内容的不同意见，在此基础上进行筛选与提炼。③在以组织战略为导向的基础上，集中于社会亟待解决的问题。这样，绩效评估指标体系大致分为两部分：一是与长远发展有关的战略型指标；二是与当前有关的应急型指标。依据以上原则所设计的指标体系由三个层次组成：①描述指标体系的所属领域；②在层次一的基础上选取每一领域中若干具有代表性且具有较高测评价值的部分；③在每一部分确定最终具有针对性的测评指标。通过分解最终构成政府绩效评估的 158 个测评指标。

问题：如何看待美国俄勒冈州的标杆管理方法？

分析：

标杆管理的指标体系比较全面，除了经济层面的指标外，还包括政府提供的公共产品如教育质量的比较评估，政府在公益性活动中所作努力的指标等。指标体系的内容在一定程度上引导着政府努力的方向。因此，标杆管理可以使政府全面考虑自身在社会中应承担的责任，从而对社会的全面发展起到领导作用。另一方面标杆管理在评估方法上具有独特性，通过比较来实现评估。标杆管理法的第一步是确定标杆，作为政府奋斗的目标，在每一个实施阶段结束后都把结果与确定的标杆相比较，进行阶段性的总结评估，以对下一阶段的方法作出调整，直至最后达到标杆水平，确定更高的标杆。

(资料来源：张小玲. 国外政府绩效评估方法比较研究. 理论参考. 2006(7))

4. 平衡计分卡

平衡计分卡(the balanced score card，BSC)，是 20 世纪 90 年代初由哈佛商学院的罗伯特·卡普兰(Rober Kaplan)和诺朗诺顿研究所所长、复兴全球战略集团总裁戴维·诺顿(David Norton)提出的一种全新的组织绩效评估工具。近几年来，学者们纷纷致力于“将平衡计分卡引入公共部门”的理论研究，而政府工作者也在尝试着将其运用于所在组织。平衡计分卡的核心思想就是通过财务(行政成本)、客户、内部流程(行政效率)及学习与发展四个方面的指标之间的相互驱动的因果关系展现组织的战略轨迹，实现绩效考核—绩效改进以及战略实施—战略修正的战略目标过程。平衡计分卡方法主要包括以下内容：一是准确分析和把握组织的战略目标及使命，并将战略目标在其组织内部层层分解下去，形成目标网络；二是正确认识组织的服务对象即顾客，建立以顾客为导向的服务型政府；三是在组织内部形成不断学习、变革和创新的氛围，建立学习型政府；四是将财务、顾客、内部流程运作、学习与发展四个维度的测评指标具体化、量化。

创始人认为，平衡计分卡是把企业的使命和战略转化为一套全方位的运作目标和绩效指标，作为执行战略和监控的工具，同时也是一种管理方法和有效的沟通工具。换而言之，通过平衡计分卡将宏观的、抽象的战略具象为运作方案或工作计划，从而达到执行战略、监控战略，最终协助组织实现战略的目的。因此，平衡计分卡的目的就是以战略为出发点，将组织发展战略落实到具体行动上，最终达到财务回报，以财务目标和指标为归宿。平衡计分卡之所以称之“平衡”，是因为它以追求平衡为诉求，寻求财务与非财务指标、短期与长期目标、结果性与动机性指标、滞后与促进指标、组织内部群体与组织外部群体、成本与质量、定量与定性之间的平衡。平衡计分卡因其指标的涉及面广而全，不失为改善组织绩效之良方，但也因此而庞大、复杂，这注定了无论从理论还是实践层面上来说，在中国政府部门引入平衡计分卡还任重道远。

由于不同的组织有着不同的背景和战略任务，从而平衡计分卡四个维度的目标及其衡量指标皆不同，即使相同的目标也可能采取不同的指标来衡量。另外，不同组织的指标之间的相关性也不同，相同的指标也会因组织性质不同而导致作用不同。虽然在国外不乏将平衡计分卡引入公共部门的成功案例，但实践证明平衡计分卡切不可生搬硬套，盲目地模仿，否则不但无法充分发挥平衡计分卡的长处，反而会影响对组织绩效的正确评价。只有将平衡计分卡的原理与组织的具体情况相结合才能发挥其功效。

5. 数据包络分析

数据包络分析(date envelopment analysis，DEA)是由著名运筹学家查尼斯(A.Chames)和库伯(W.W.Cooper)等在“相对效率评价”概念基础上发展起来的一种新的系统分析方法。DEA 方法利用数学规划模型比较决策单元之间的相对效率，从而对决策单元的绩效作出评价。应用 DEA 方法的步骤为：确定评价目的—选择决策单元—建立指标体系—选择 DEA 模型—进行 DEA 分析—给出综合评价结论。

数据包络分析运用于具有多投入、多产出以及评价对象多元性特征的地方政府公共事业管理绩效评价过程中，尤其是对于对比相同职能的不同部门之间绩效的相对有效性，表现出其很强的适应性和优势，为评价地方政府公共事业管理绩效提供了一种新的思路。但 DEA 算法也有它自身无法克服的局限性——相对有效性。所谓“相对有效性”是指在对相同(相似)部门间进行评估时，对部门间的绩效进行比较，最后选出绩效最好者作为 DEA 有效决策单元，因此就会存在所评价的部门本身的绩效并不是很好，但根据 DEA 算法，仍然能够评价出相对 DEA 有效的结果，这与实际评价要求不一致。

(二)选择政府绩效评估方法应考虑的因素

为社会提供公共产品、满足社会的共同需要、促进社会发展和社会进步是现代政府的首要任务，这使得政府绩效评估不能背离公共、公正、公平的原则。那么无论采用何种评估方法，都必须充分考虑以下几个因素。

1. 建立合理的政府绩效评估标准

评价政府绩效不应仅仅以 GDP 为主要标准，评估标准可概括为 4E，具体包括：第一，评估指标应包括“硬指标”(以经济发展为主要内容)和评估的“软指标”(指难以具体量化的公众的满意度，其中以社会评价为主)。第二，评估的时效应该长短结合，既有年度评估，又有任期评估；既有对短期发展计划的评估，又有对长期可持续发展规划的评估。第三，评估的内容应是经济效益与社会效益兼有而不应该以经济效益为唯一目的。例如，嘉禾强拆事件到阜阳的毒奶粉事件，政府仅以经济效益为目的，认为经济效益代表一切，无视人民群众的基本的生存生活保障，这样的标准应该深刻反省。

2. 坚持评估主体的多元化

评估主体应该多元化且以民众和独立第三方评估为主。任何绩效评估主体都有其自身特定的评估角度，既具有不可替代的比较优势，也有其自身难以克服的评估局限性。传统的政府绩效评估采用政府系统内部自上而下的评估方式，政府本身既是运动员又是裁判员。这样单一评估主体的评估方式导致评估严重走形，信息失真，流于形式，使得评估更成为一种管理特权。事实上，评估的最权威主体只能是人民，只能以政府面对的“顾客”即民众的满意度为第一基准。除了民众参与外，还可以效仿西方国家先进的评估模式，比如美英等国家中介性的评估机构，一般包括大学、研究机构、媒体、独立的民间调查机构等。这种由独立于政府、作为政府和广大民众之间的中介组织的评估，无疑会使评估的立场更加公正客观，评估的结果也更加具有可信度。

【案例 11-3】2004 年年底，甘肃省政府委托兰州大学中国地方政府绩效评价中心，对政府绩效进行评价，该中心是国内第一家专业化学术性政府绩效评估机构。被外界誉为创新的举措是，这次对政府绩效评价的权利，民营企业首次掌握在手中。由于甘肃省这项“专门非政府组织发起对政府绩效评价”在全国尚属首例，因此，这种第三方评价政府工作的活动被外界称为“兰州实验”或“甘肃模式”。

甘肃省实施的第三方来评价政府绩效，提高了政府服务管理水平和品质，并对政府各个职能部门带来了非常大的触动，将社会公众压力，压到每个部门的一把手身上，再通过一把手传递给整个部门。

兰州大学管理学院院长、中心主任包国宪表示，通过评议活动，让政府部门增强了服务意识：要为百姓负责、为百姓服务着想。甘肃天庆集团有限公司董事长韩庆表示，绩效评议后，一些职能部门的工作“比以前要好一些。虽然这需要一个循序渐进的过程，但无论从各方面讲，企业都欢迎这样的活动”。“通过我们的实践感受，像工商、税务等部门的服务现在的确好多了。”兰州高压阀门有限公司总经理梁新伟说。

问题：如何看待这种“兰州实验”或“甘肃模式”？

分析：

“兰州实验”或“甘肃模式”这种由专门的非政府组织发起对政府绩效进行评价的模式在全国具有创新意义，顺应了当前政府绩效评估主体多元化的发展趋势。传统的政府绩效评估往往是政府系统内部的评估，由政府自己评估自己，难以做到客观公正。而第三方评价是由民间组织主导的政府绩效评价，包括由第三方制定方案、进行组织、进行数据处理、公布评价结果。评价主体是独立性与超脱性的，保证了评价结果的客观公正。同时，评价主体多元化，可以全面反映方方面面的问题，以达到实现责任政府、阳光政府和依法行政的态势；“第三方评价政府绩效”这种新的绩效考核方法还有利于提高政府服务管理水平和群众满意度。

(资料来源：魏娜，王学栋. 公共管理方法：原理与案例. 北京：对外经济贸易大学出版社，2008)

3．按效率性原则发挥评估机制的作用

政府绩效评估的目的，是提高行政效率和政府行为的群众满意程度。要达到此目的，必须充分发挥政府绩效评估的激励机制、导向机制、纠偏机制的作用。为此，必须将政府绩效评估结果与政府组织内部成员的职务晋升、生活待遇、社会荣誉等挂钩。通过政府绩效评估，激励政府工作人员积极性、主动性、创造性地履行基本职能，促进经济社会进步，促进安定团结和社会和谐，使人民群众得到切实利益。引导他们主动地放弃不应当履行的职能，纠正他们在履行职能过程中的各种偏差，如克服以权谋私、钱权交易、行贿受贿等行为。

4. 严格遵循政府绩效评估的理念

严格遵循政府绩效评估的理念即顾客导向、结果导向、责任导向、双向交流沟通的理念。顾客导向理念要求政府管理活动必须以顾客为中心，政府工作的重点在于达成顾客的合理期待和愿望；结果导向理念强调服务、管理和工作的结果，服务管理和日常工作中表现出来的能力、态度均要符合结果的要求；责任导向理念要求广大政府公职人员应养成民主责任意识，贯彻“以人为本”的执政理念和公仆意识；双向交流沟通理念要求绩效评估时政府与公众之间加强绩效信息的交流。

第三节　我国政府绩效评估的困境及其对策

我国政府绩效评估起源于 20 世纪 90 年代，虽然政府绩效评估在我国已经有过十多年的发展，取得了很大的成绩和突破。但由于绩效评估起源于西方，我国引进并且运用的时间较短，同世界发达国家相比，在理念、方式、方法以及整个程序、体制方面仍然存在很多问题，对全面推进和改善政府绩效评估形成了较大的障碍。针对这些问题，提出具体对策，对于我国有效实施绩效评估，推进行政管理体制的全面改革具有举足轻重的作用。

一、我国政府绩效评估面临的多重困境

(一)理念价值导向偏离，理论研究不足

1. 绩效概念的误导

由于绩效评估最初起源于对政府效率和产出的关注，对于绩效的标准最初也只关注经济效益，导致了追求经济与效益成为绩效的主要目标，这就不可避免地忽视了政府所广泛承担的社会责任，这样片面发展的结果是经济虽然得到了快速的发展，但社会却产生了较多的失业者，贫困人口急剧增加，生态遭到严重的破坏，社会治安混乱等社会危机，政府部门失去了应有的公平和公信力。单纯的效益性指标遭到质疑，绩效不仅仅是代表的效率和效益，不仅仅是工作的结果，还有公平、专业、质量、服务态度等。

2. 理念价值导向偏离

政府绩效评估的理念是政府按照一定的价值理念对不同的行政目标所做出的具有一定倾向性和理性的行为方向选择，它体现了政府组织的基本价值判断、价值确认和利益选择；它强调对政府的评价既要看产出又要看投入，通过衡量投入与产出的比例来对政府业绩进行综合评价，注重行政效果。而我国政府绩效评估理念却单纯追求经济发展，单纯关注 GDP 的增长，通过对经济增长的绩效评估来考核地方行政首长并以此为依据决定他们的升迁任免。这样做虽然达到了推进经济增长的目的，但却忽视了社会的全面发展、忽视了自然和人的长远发展和利益。此外，在我国政府绩效评估中只重视上级领导的意见和看法，忽视

社会和群众的意见，致使民众对政府部门和官员的客观评价无法反馈到绩效考核中去，因此无法保证绩效评估的准确性，影响绩效评估的质量。

3. 绩效理论研究不足

政府绩效评估仍属于一个国际难题，任何国家在运用这一制度时都会出现各种问题。造成这种情况的内在原因主要是来源于绩效指标量化这一条件，它是绩效评估的一个重要前提。而政府不同于企业，它的目标具有多元性、产品具有公共性、产出具有滞后性、提供公共服务具有垄断性等都促使政府绩效评估指标无法量化，从而加大了政府绩效评估的难度。就目前国内的研究现状而言，我国行政学界和管理学界针对政府绩效评估进行本土化和具有可操作性的研究成果并不多，现有成果大多还是源于西方，没有结合我国具体的社会环境和背景，并不能完全满足我国政府发展的需要。此外，绩效评估在我国政府运用的过程中还有很大的盲目性。不同部门和不同领导对绩效评估的理解各不相同，对绩效评估在政府中的运用缺乏正确理解，没有明晰政府绩效评估的范围和层次的界定，从而阻碍了政府绩效评估作用的发挥。

(二)评估的实施存在困境

1. 被评估对象的抵制

由于绩效评估的结果直接关系到个人或部门的切身利益，因此，一些绩效不甚理想的人或部门害怕自身利益受损，总是有意无意地抵制和阻挠绩效评估。这不仅表现为，在评估的设计过程中所呈现出来的一系列盲目性、单向性和封闭性；更表现为，在实施过程中，一些政府部门和个人，由于害怕评估影响自身利益，或以人为本为借口，纷纷使评估指标“软化”来避免必要的量化评估，或以评价标准以把握、评价困难为名来对绩效评估进行有意或无意的抵制。

2. 评估实施的法制保障薄弱

目前，我国的政府绩效评估缺乏基本的法律保障，尚未形成一种科学化、系统化、法制化的绩效评估制度与体系。我国各政府部门采用的绩效评估活动，大多数都是处于自发和半自发的状态，没有具体、可操作的政策性指导，缺乏相关法律、法规和相关政策的依据和保证，从而使已经建立的绩效评估制度和专项评估体系在进行绩效测定时失去了应有的持续性，成为“突击式”或“运动式”的评比工具，再加上评估的程序和方法随意性大，使绩效考核流于形式，无法发挥绩效评估的作用。

3. 评估主体单一

从公平和民主的角度看，不仅政府及公务员要自身评估绩效，绩效评估还应该体现公民本位的价值取向；评估主体必须多元化，因为社会公众对政府及公务人员绩效的评估是权力的表达，政府对自身绩效的考核是对民意的遵从。但是实际上我国政府绩效评估的评估主体还是存在着自上而下的单一性，评估主体主要是上级行政机关的领导，仅仅重视上级机关对下级机关或同一系统内部做出评价，却忽视了外部中介组织、公众和专家们的评估。只重视机关内部行政领导的评估，必然导致评估体现政府本位的价值取向，公民的价值诉求和利益关注必然被忽视，这样就背离了政府服务本位的理念。此外，由于系统内部的评估会因自我保护、自我认同等心理因素和相关利益驱动的影响，易有保护色彩，从而导致夸大自身的成就，遮掩本应能及时发现、可以及时解决的问题，出现报喜不报忧的现象，致使绩效评估失去意义。

4. 评估技术落后

目前我国政府绩效评估在实施的过程中，技术落后问题体现尤为明显，对政府绩效评估的质量也产生了很大的影响。由于目前的绩效评估方法只注重定性指标，而忽略了定量指标，使用这种笼统简单的、定性的指标来设计就影响了评估的准确性，体现不出因层次、类型、岗位绩效要求的不同而带来的差异性，从而不能真正反映出各类政府部门及其管理人员工作的真实情况，导致考核与岗位责任和实际效果脱钩，考核结果有失真的可能性，破坏了绩效评估的激励作用。

5. 评估实施的程序存在漏洞

首先，在绩效计划的制订上具有随意性和主观性，缺乏公众的参与。这里的公众包括内部公众和外部公众。绩效计划的制订必须与公众沟通，明确公众的需求，但是在现实中往往是由上级部门和主管领导制订，忽视绩效沟通，缺乏广泛参与，这样导致公众利益表达不畅，公众认同度较低，在绩效计划执行中也就遭遇了阻力。其次，绩效评估的方式过于粗放。现在政府绩效评估的方式较多是定性评估和主观评估，评估过于随意和主观，缺乏客观性。再次，评估方法不科学。表现在评估方法多是定性评估，缺乏定量评估方法。评估方式落后，大多是行政长官主观评价为主，较少公众的参与和第三方代表参与。主管部门对下级部门的考核是统一进行，职能部门各自为政，把评估当做一种管理权牢牢掌握在手中。大多数评估以官员为主，多是上级对下级的评估，缺乏社会公众对政府的评估。而且主管部门对下级部门的绩效考核不是统一进行，职能部门各自为政，把评估看作了一种管理特权，而且存在多头考核，下级部门要应对上级的许多考核和检查，不堪重负，评估成了一种相互推诿的负担。最后，评估的结果难以投入使用。评估过后就成了一堆档案放在档案室馆里，没有很好地奖罚惩劣，更没有后续的绩效的反馈和绩效的改进。绩效评估的结果只有及时准确地反映给评估对象，才能让评估对象了解评估主体的需求和期望，针对所存在的问题找出解决的措施和方法，才能制定下期的绩效计划和绩效的目标，这样才能有利于绩效的改进；反之，绩效评估的意义没有得到应有的体现。

二、改进我国政府绩效评估的有效途径

(一)深入理论研究，树立科学的评估理念

1. 借鉴国际经验，立足深化本土研究

绩效评估源于企业管理，我国对政府绩效评估的研究起步较晚，不管在理论上还是实

践上研究仍处于滞后状态，而西方一些发达国家从事这方面的理论研究和实践创新相对较早。较早地将绩效评估的概念和方法引入到政府部门的国家有加拿大、英国、澳大利亚、美国、法国等，因此，我们可借鉴这些国家目前积累的很多有关政府绩效评估的经验，再结合我国政府的特点和国情对其进行整合，服务于我国的政府绩效评估体系建设，使其适应我国政府的发展需求，从而来弥补我国目前理论研究不足的问题。要在汲取西方国家成功的绩效评估的基础上，联系我国国情和实际情况，结合学术界理论研究的有关成果，以理论创新带动或支持绩效评估的完善和实践发展。

2. 贯彻科学发展观，梳理正确的评估理念

我国政府应树立科学的绩效评估理念，贯彻科学发展观，促进社会经济和人的全面发展，关注发展的大局和宏观走向，把握发展的大势。在制度的设计上不仅要以人为本，充分关注人的需求，发挥人的积极性，而且要以经济的可持续发展为中心，以实现社会的增长、平等、民主、稳定、自主为目标，来协调影响社会可持续发展的各个方面的因素。我国政府应从全能政府的格局中退出，不再扮演全能主义的角色；从“政府本位”的误区中走出来，摆正政府的位置，以为民众提供服务的数量、质量和水平来作为衡量政府绩效的标准，来考察政府工作的质量；从只追求效率忽视公平的片面思维中摆脱出来，以人民满意程度为政府绩效评估的终极目标。必须树立以民为本、结果和顾客为导向的绩效理念，建立健全政府绩效评估中的责任机制、信息沟通机制和激励机制，保证绩效评估的顺利进行，确保绩效评估的公平公正，协调利益机制。建立从绩效考核到绩效评估，再到绩效管理的全面管理系统，将绩效评估与绩效管理紧密结合起来，制订与组织战略相一致的绩效计划，在绩效执行的整个阶段注重绩效沟通，不仅仅关注绩效成果的显现，更关注绩效的改进和组织及其人员的长效发展，使绩效评估、绩效管理成为一个闭合的圆心，目的是为了组织的持续有效长远发展。将绩效评估与政府自身建设相结合，强调建立责任、效能、服务、透明、回应的和谐政府环境，注意绩效考核指标的合理性和科学性，注意“分析”、“诊断”比“计算”、“ 打分”更重要，清理和整合各种考核制度，防止“以考代管”，把绩效评估当做一种管理的垄断手段而牟取私利。

(二)完善政府绩效评估实施的各项保障条件

1. 加强政府绩效评估的法制建设

制度化和规范化是政府通过绩效评估提高工作效率与服务质量的重要途径。完善的法制建设是实施连续、有效、动态绩效评估的保障。西方发达国家绩效评估的成功经验告诉我们，政府的绩效评估与法制建设有着密切的关系，这些国家很注意完善政府绩效评估的法律框架，用此来规范政府绩效评估的体系。因此，我国政府可以汲取发达国家的实战经验，加强对政府绩效评估进行统一的规划和指导，逐步形成标准化、系统化的体系，使绩效评估可以依据相关的法律法规来实施，从而使政府绩效评估工作走向法制化、制度化与科学化，为绩效评估能有效实施提供依据和保证。

2. 扩大评估主体的范围

我国政府绩效评估的主体范围应加以扩大，将一般公民、专家和外部中介组织都纳入这一范围内。首先，绩效评估的管理理念是将服务和人民群众放在首位。政府绩效评估只有取得民众的信任、关注和参与，才能保证公民可以用社会主人和服务对象的身份来对政府绩效评估过程进行监督并提出要求，才能保证绩效评估的真实性和准确性。其次，政府绩效评估本身是一个具有很大难度和复杂性的系统工程，需要专家深度介入并进行理论指导，才能确保政府各级部门科学、有效地运用这一管理模式。在引入专家参与的同时，还可以加快政府绩效评估独立机构的建设，增强社会评价的含金量。最后，外部中介组织是第三部门中的一员，是一类新兴的社会团体，它所具有的力量更是不容忽视的。这些群体的评价能在绩效评估中起到非常重要的作用，因此有必要将其纳入绩效评估主体的范围之内。

3. 建立健全合理有效的评估体制

绩效评估体系是政府绩效评估的核心内容，建立健全、合理并有效的绩效评估体系也是政府绩效评估工作的难点所在，因为它关系到政府治理水平和运作效率的重要制度安排。为了推进评估事业的发展，我国政府应该借鉴发达国家各种有益的评估经验，在各级政府内部建立完善的绩效评估机构(或评估管理机构)，对政府实施的各种公共项目进行评估，充分发挥政府管理部门内部评估的功能，提高政府的公共管理水平。

4. 构建全面系统的评估程序

建立科学的、统一的绩效评估程序是整个绩效评估系统的关键，也是落实绩效评估系统的重要条件。我国的政府绩效评估实践中缺乏科学的评估标准和具体、有序的实施程序，导致了政府绩效评估具体落实时的无序、随意的局面。针对这一主要障碍，科学的、透明的、程序化的评估及预算、审计措施和程序是保障我国政府绩效评估的重要手段。建立健全绩效计划的制订、绩效计划的执行、绩效计划的沟通、绩效评估、绩效反馈、绩效审核等完整闭合系统，使绩效评估有序可行，落实到位。

5. 运用先进科学的评估技术

推广平衡计分卡、标杆管理、360 度考核等先进的绩效考核模式，结合模式的特点以及公共服务与管理的内容及特殊性，设计合理科学的评估指标体系和管理流程。建立电子政府，完善信息系统。电子化政府为政府绩效评估提供了可资利用的载体。一方面，电子化政府的信息网络使得行政信息的传递更为迅速及时，反馈渠道更为畅通，对内而言，打破了传统的政府金字塔式的管理层级结构，加强了执行层与高层决策层的直接沟通，从而切实推动绩效评估活动的开展；对社会公众而言，为公民广泛参与提供了条件，它为绩效考核体系的建立提供所需要的支持，并为整个政府绩效评估的开展创造了良好的物质基础和制度环境。为此，建立全国性的绩效评估信息系统，将有关的统计资料和绩效评估数据汇集到网络上，提高工作的效率和反馈的速度，有助于有关部门、公民和评估对象快速地掌握评估信息，作为公共决策、财政拨款、资源调配和人员晋升等的参考依据，提高绩效结果运用的效果。同时，通过电子政务建设，可以提高公共行政的透明性和公正性，保证绩效评估的科学性和客观性，有效防范把评估当成借口，人为夸大成绩和谎报成绩的浮夸作风。

当代中国正在发生广泛而深刻的变革，面临前所未有的机遇与挑战，但总体上是机遇大于挑战。随着社会主义市场经济体制的深入发展，树立服务型政府的理念、更加注重履行社会管理和公共服务职能、谋求建立绩效型政府逐渐成为当代中国转轨时期深化行政体制改革的根本任务与目标。政府绩效评估作为政府管理创新和深化行政体制改革的重要内容和根本性措施，也是当代中国公共行政理论与实践的前沿性课题。因此，从理论与实践相结合、西方实践与中国国情相结合、企业经验与政府部门实际相结合的多种视角上，加强政府绩效评估的理论、方法与应用研究，就具有非常重大的现实意义和理论意义。

复习与思考

1. 简述政府绩效评估的内涵与理念。
2. 简述政府绩效评估的基本类型。
3. 简述政府绩效评估的基本程序。
4. 简述政府绩效评估的方法。
5. 选择政府绩效评估方法应考虑的因素有哪些？
6. 试述我国政府绩效评估面临的困境。
7. 试述改进我国政府绩效评估的途径。

【案例分析】

中国地方政府绩效评估的实践模式

20 世纪 90 年代不仅是中国深化行政体制改革的重要时段，也是中国政府绩效评估快速发展的重要阶段。但是因为缺乏中央统一的标准和要求，所以中国政府绩效评估模式起源并发展于地方政府，这使得中国的政府绩效评估实践丰富多样，千差万别。

第一种模式是与目标管理责任制相结合，被称为“目标责任制模式”。与 20 世纪 80 年代的目标管理责任制相比，90 年代的目标责任制更加注重自上而下的系统推进，而且更加强调经济增长指标。政府目标自上而下被分解成各种具体的指标和任务，绩效评估结果与相关官员的晋升、降职、奖励与惩罚直接挂钩。这种经济指标纵向推进的目标责任制确实促进了中国经济的快速增长。周志忍总结这一时期的目标责任制具有内向性、单向性和控制导向性。内向性是指这一时期的绩效评估基本上由政府自己来组织和实施，绩效评估的结果主要是用于政府的“内部消费”。单向性指的是绩效评估只是从上级政府到下级政府、从政府部门到国营企业和事业单位的单向评估，却无法倒置。控制导向性指的是这个时期的绩效评估更加重视政府内部的控制和监督，没有考虑到政府外部的监督与参与。山东省青岛市的实践就是这一模式的最佳案例。青岛模式就是将绩效评估与目标责任制相结合以实现政府绩效改进的典型。该模式既实际又可行，符合政府管理的基本目标。其关键绩效目标包含 4 个运行机制，即科学民主的目标化决策机制、责任制衡的刚性化执行机制、督察考核的制度化监督机制、奖惩兑现的导向化激励机制。

第二种模式是与效率和效能监察相结合，被称为“效能监督模式”。在这种模式中，评估者一般是党和政府的纪律监察部门，被评估者一般是党和政府的机构和部门、国营企业和事业单位，评估的内容一般包括政府管理与运行的效率、结果、成效与质量。通常，效能监督具有两项功能：一个是效能监督，另一个是提前预防腐败的党风廉政监督。实行该模式的典型是福建省。自 2000 年开始，福建省就成立了以省长为组长的机关效能建设领导小组，并在纪检监察机关设立办公室，具体负责绩效评估的组织实施、协调指导和综合反馈。福建模式运行过程中创新出了许多工作机制，例如:岗位责任制、服务承诺制、首问责任制、限时办结制、否定报备制、绩效考核制、失职追究制和窗口部门一次性告知制等。2005 年，按照可持续发展、现代化建设、和谐社会和廉洁高效政府建设等理念，通过指标评估和公众评议等手段，福建的绩效评估实践很大程度上促进了政府工作的效能提高。根据绩效评估的结果，福建省政府继而又实施了一项新的奖惩机制，把绩效结果作为评价政府、部门及其领导人工作实际的重要依据，与干部使用、评先评优和物质奖励挂钩，根据评估结果做出相关部门和人员的荣辱决定。

第三种模式是与政府的服务供给相结合，被称为“社会承诺服务制模式”。这种模式主要是效仿英国的“公民宪章”。该模式以一年为一个运行周期。年初，政府会将一年的公共服务核心目标和任务分解成具体的指标，并为每一项指标设定出具体的执行标准，在纵向设定各个指标的数量和质量后，再将相关的任务横向分配给相应的部门或单位。在整个过程中，政府可以定期监督每一项指标的进度，并在年底负责核查相关部门或单位针对其指标的完成情况。通过指标的层层分解，政府能够逐级量化并确定其核心工作，并将具体的任务与个人的成绩结合起来，确保社会服务承诺的最终实现。湖南省政府及其 14 个市县政府 2004 年实行的 8 项服务承诺制度，就是中国比较成功的一个案例。

第四种模式是将公民看作评估者，被称为“公民参与模式”。这种模式改变了传统的政府评估模式，由形式化的政府自我评估转变为公民参与性评价。1998 年的沈阳， 1999 年的珠海， 2000 年的杭州和 2001 年的南京，都先后开展了“满意度调查”、“万人评议政府”、“民情热线”、“投诉电话”等活动和方式，鼓励公民积极参与政府绩效评估。该模式通常会建立一个由人大和政协委员、新闻记者以及企业家联合组成的评价小组，通过匿名投票和明访、暗访的方式组织实施满意度调查等活动，也会采取某种程度的“一票否决”或“末位淘汰”制度。尽管社会上目前对“一票否决”和“末位淘汰”制度存有各种争议和批评，但公民参与的确在政府绩效评估中发挥了重要的作用。

杭州的实践应该是一个非常典型的案例。首先，杭州模式是一种自上而下评估与自下而上评价相结合的新模式。杭州市直单位综合考评模式建立在原有的目标管理、满意评选和效能监察的基础上，在机构建设、指标设置、监督管理等方面进行了有效的资源优化重组，充分显现出“1+1＞2”的效果。这种结合不仅保证了评估的有效性，提高了公民的民主观念和参与意识，对政府工作起到了监督作用，同时又通过民情民意表达渠道的制度化建设，进一步提升了综合绩效评估的公信度。与其他地方的同类实践相比，杭州模式更具有发展性和可持续性。其次，杭州模式将“只重结果”转化为“过程与结果并重”，这样会有效地促进被评估者时常考虑成本效益问题，并在其行政行为的过程中更好地优化资源配置，最终达到“全面质量管理”的效果。另外，杭州模式还引进了一些创新指标，在政府的日常工作中激励并支持创新创优。

还有一种模式被称为“第三方评估模式”。也就是说，政府将其所有的绩效评估事宜全部委托给公民社会，并将其自身的身份由评估者转变为被评估者，鼓励并支持第三方机构成为整个评估过程的评估者、组织者和执行者。甘肃省在2004年率先成功尝试了这一模式。甘肃省利用第三方来独立评价政府绩效的举措具有开创性的意义。一方面，政府能将评价自身的工作委托给学术机构，表明政府相信公众能够为政府做出科学公正的评价，政府与民间的相互关系走向成熟；另一方面，民间第三部门机构形成为一种新的评估力量，以制度化、组织化的形式开始参与政府绩效评价。从这次实践活动可以看出，政府绩效评估的主体发生了根本性变化，政府在将自身的角色由评估者转变为被评估者，在整个评估过程中只是派出部分工作人员参与其中。而第三方不仅变成主要评估主体，还成为绩效评估的实施者和组织者。

到目前为止，中国政府治理观念的转变不仅明确了政府绩效评估的地位，而且在评估模式、实施机制、关注焦点和呈现幅度上也带来了不小的变化。进入21世纪以来，中国学界和实践领域越来越重视社会和以人为本的各项指标，努力构建科学的政府绩效评估体系，有关“绿色GDP”和“小康社会”等指标研究已经应用到实践领域。在实行多元化的实践探索中，一些学者还为地方政府提出了更加系统整合的绩效评估制度建议。可以说，所有的做法都为我们研究并剖析中国政府绩效评估的理论与实践提供了非常重要的价值。

(资料来源：孙迎春. 政府绩效评估的理论发展与实践探索. 中国行政管理，2009(9))

问题：

(1) 文中所提到的四种地方政府绩效评估模式，你认为它们各自的优缺点是什么？

(2) 如何增加第三方评估的客观性和科学性？

(3) 举例说明你了解的其他评估模式。

【推荐读物】

1. [美]帕特里夏·基利，史蒂文·梅德林，休·麦克布赖德，劳拉·朗迈尔. 公共部门标杆管理. 北京：中国人民大学出版社，2002

2. [美]马克·G. 波波维奇. 创建高绩效政府组织. 北京：中国人民大学出版社，2002

3. 张旭霞. 公共部门绩效评估. 北京：中国商务出版社，2006

4. 卓越. 政府绩效评估导论. 北京：清华大学出版社，2006

5. 刘旭涛. 政府绩效评估制度、战略与方法. 北京：机械工业出版社，2003

6. 胡税根. 公共部门绩效评估——迎接效能革命的挑战. 杭州：浙江大学出版社，2005

第十二章　行政生态与行政发展

【学习目标】

通过本章的学习，读者应了解行政生态学兴起的背景，掌握行政环境的概念与特征；了解行政环境的内容，掌握行政环境与公共行政的关系；了解风险社会及其特征，掌握政府危机管理的概念，了解政府危机管理的阶段与体系；掌握行政改革的动因、目标与模式。

【关键概念】

行政生态；行政环境；风险社会；公共危机；危机管理；政府危机管理；行政改革；行政发展；服务型政府；规制缓和模式；分权授权模式；企业家政府模式；弹性管理模式；指导和调控模式

【导读案例】

巴西联邦共和国原来首都设在里约热内卢，它偏居东部海岸，远离内地。联邦政府的政令不能及时顺利地传递到全国，尤其是边远地区。广大内地长期得不到开发。到 20 世纪 40 年代，巴西已开发的面积还不及总国土的 23%，全国经济发展严重不平衡，对国防安全工作也极为不利。巴西政府经过仔细研究，1960 年决定把首都由沿海迁往内地巴西利亚，以促进广大边远地区，特别是中西部地区和亚马逊河地区的开发。首都设到巴西内地高原上，在此形成一个政治中心和文化中心，既使国家政令和文化思潮得以就近向外传递，增强了边远地区的向心力，唤起开发落后地区的民族意识，又使以巴西利亚为中心，形成伸向全国重要城镇和边疆地区的交通网，带动了周围地区的开发和建设。根据社会环境的变化，巴西利亚首都的兴建，确实大大促进了巴西政府的行政管理职能作用的发挥，把繁荣带到了巴西中西部，贯通了巴西南部与北部，带动了整个国家一起发展进步。

同样，韩国近年也希望透过迁都到中部地区，将新首都发展以辐射各方向的模式，令全国各地区均衡发展，和将行政权力(新首都)和经济首都(首尔)分均，避免过分依赖首尔。为此国会通过了《地方分权特别法》和《国家均衡发展特别法》，但是国内的反对声音一直不断。2010 年 6 月底，韩国总理迁都计划遭国会否决拟向总统提辞职，这说明迁都的环境还不成熟。但我们相信韩国的迁都计划并不会彻底终止。

首都是一个国家中央政府的所在地，通常是这个国家的政治、经济和文化的中心。首都设在哪里，要考虑地理气候、资源情况、经济发展、文化开发、国防安全等各方面的条件，根据自然环境和社会环境，选定最有利于发挥国家行政管理功能作用的地点作为首都。也就是说，国家的首都的设置和国家的行政管理功能受到行政环境多种因素的制约。同理，具体到行政管理中的行政组织、行政行为，以及行政改革等都处在与行政环境的相互影响之中。

作为社会系统中的一个子系统，公共行政与环境之间存在着密切的互动关系。环境不仅决定着公共行政的性质、目的、形式和策略，而且影响着公共行政的变革和发展。当前，人类已进入风险社会，公共行政必须因应这一行政环境的变化，做好复杂和不确定性条件下的危机管理。

第一节　行政环境与行政生态

一、行政环境概述

(一)行政生态学的兴起

生态学(ecology)是现代社会发展起来的一个概念或学科，它是研究生物体与周围环境相互关系的科学。在人类社会发展的早期，人们已经积累了朴素的生态学知识，比如农作物生长受气候、土壤、水源等条件的影响，因此，人们会选择生态条件较好的地方种植作物和进行畜牧狩猎等活动。近代社会以来，随着人类活动能力的增强、活动范围的扩大，到 20 世纪 30 年代，生态学已基本成为具有特定研究对象、研究方法和理论体系的独立学科。其后随着现代社会生态问题日益变得突出以及系统论、控制论及信息论等现代方法和技术的应用，生态学获得了长足发展，生态学理论应用也拓展到其他学科，出现了很多生态学分支。比如，研究人类社会和自然环境相互作用的社会生态学；研究政治各主体、政治模式内外环境、生态关系的政治生态学；研究文化发展的影响因素和环境、资源、状态、发展规律及其相互关系的文化生态学；研究社会生产活动中资源代谢过程，组织管理体制以及生产、消费、产业调控行为的动力机制及产业生命保障系统关系等的产业生态学。

行政生态学也正是在这一背景下发展起来的。所谓行政生态学，即运用生态学研究生物体与其内外环境的相互关系及其作用的理论和方法，来研究行政系统与社会系统的相互关系的方法，即通过生态系统的模拟来研究行政系统，简言之也就是以生态学方法研究行政行为、行政现象与行政环境之间相互关系的行政科学分支。1936 年，美国哈佛大学的约翰·高斯(John Gaus)教授发表了《美国社会与公共行政》，提出了公共行政与行政环境之间的关系问题；1947 年他又发表了《政府生态学》，强调了外部生态因素对公共行政的重要性问题，并第一次在行政研究中使用了生态学这个概念。但行政生态学真正兴起则是在美国行政学家弗雷德·里格斯(Fred Riggs)1957 年发表《比较公共行政模式》和 1961 年发表《(公共)行政生态学》之后的 20 世纪 60 年代。里格斯着重从社会形态及宏观经济环境来考察行政运行的模式，他根据人类社会三种基本形态即传统农业社会、现代工业化社会及之间的过渡社会的划分，把行政划分为融合型行政模式、衍射型行政模式和棱柱型行政模式，也即传统行政生态、现代行政生态和过渡期行政生态，这三种行政生态各具特点；他从五个比较指标——经济因素、社会因素、沟通网络、符号系统和政治架构入手，对三种行政生态进行了比较分析。此后，行政生态学研究成为西方行政学研究的重要组成部分。20 世纪 80 年代以来，我国开始重视研究行政生态问题，并取得了一定进展，行政生态学在我国也得到了发展。

(二)行政环境的概念及特征

行政环境是行政生态的重要组成部分，行政环境研究是行政生态学研究的重要内容。从广义上来看，任何国家的公共行政活动都要在一定的环境中进行，这种环境就是行政环境。一般认为，行政环境是指直接或间接地影响行政组织及其行为的行政系统内外各种要素的总和，它既能影响行政人员的行政心理，也能影响行政组织和行政人员对管理方法和行政技术的选择及应用。行政环境具有如下几个特征。

1. 复杂性

行政环境的复杂性实质上受其多样性的制约和影响。行政环境的组成部分，既有社会的，也有自然的；既有物质的，也有精神的；既有国际的，也有国内的；既有有形的，也有无形的……这些因素共同构成了公共行政的环境系统，在发生作用时也是相互影响，所以，分析行政环境要从多个角度考察多个因素，这也反映了行政环境的复杂特性。正是因为行政环境具有复杂性特质，才会导致公共行政方式和方法的多样性；只有正确认识和分析行政环境，才能根据情况做出适当的公共行政决策，并修正公共行政行为。

2. 具体性

公共行政受到行政环境系统多个子系统的影响，从宏观上看，包括政治、经济、文化、社会等环境；从微观上看，包括制度、组织、人事等环境。一般来说，宏观的社会环境并不总是直接对公共行政产生影响，对公共行政产生直接而具体影响的一般是具体的环境，可称之为组织环境。组织环境能直接影响行政行为、行政心理，它包括组织文化、组织架构、规章制度、组织凝聚力、非正式组织影响等。一定时期，组织环境是相对固定的，它对组织和人员产生压力，这种“组织压力”使行政人员在工作时，自觉地服从组织环境氛围的要求。不同行政系统面临不同的行政环境，同一行政系统内部行政组织面临的组织环境也不相同，同一行政环境对不同的行政组织会产生不同的影响，因此，我们在分析行政环境时，必须具体问题具体分析。

3. 动态性

行政环境不是一成不变的，它是一直在变化的，这种变化是随着时间、空间和条件的变化而进行的，只是变化程度是否显著罢了。行政环境变化可以是重大的政治社会变革，如君主制度向共和制度的转变，具体国策的转变；也可以是局部的、策略的或组织的、方式的变化，如行政领导的风格变化、组织设计的变化、行政理念的变化等。环境的重大变化会导致行政系统进行重大变革或调整，以适应新的行政环境。行政环境非显著的变化也会迫使行政行为的方式进行微调。随着社会的发展和各国行政系统之间的交流和相互影响，行政环境的变化应该是朝着公平、效率、效能的方向发展。

4. 关联性

行政环境各组成部分是相关联的，某一环境发生变化会引起另一环境的变化，因此环境之间、环境与行政组织、行为之间是相互关联的，牵一发而动全身。在分析行政环境变化和发展时，要充分考虑这种变化发展对其他行政环境的影响，考虑这种变化对行政组织和行政行为作用方式的积极和消极影响。

(三)研究行政环境的意义

研究行政环境的意义有以下两个方面。

1. 丰富了公共行政学理论

行政环境问题的提出与研究，促使行政生态学的兴起与发展，从而丰富了公共行政学理论，使公共行政学研究进入了一个新的发展阶段。中国台湾学者张金鉴把行政学发展归纳为三个阶段：第一阶段是科学管理时代的静态行政学阶段(1887—1930 年)；第二阶段是行为科学时代的动态行政学阶段(1931—1960 年)；第三阶段为系统分析时代的生态行政学阶段(1961 年以后)。在这里，里格斯发表的《行政生态学》被视为公共行政学发展第三阶段的起点与标志。行政生态学的兴起与发展，使行政学研究的特色问题开始受到关注。行政生态学的研究表明，“通用”公共行政学是不存在的，公共行政学研究只有植根于民族土壤，在此基础上运用一般的公共行政学理论分析、研究问题，公共行政学研究才能健康发展。这就为建立有特色的公共行政学理论提供了理论依据。

2. 有助于提高行政效率

现代政府的职责在于根据社会发展面临的具体情况，通过相应政策的实施，推动社会进步与繁荣。科学、有效的公共行政的前提是掌握现实环境状况，只有对行政环境有了明晰的认识，才能理解行政架构的组成和行政权力的运行，也才能有针对性地提出行政改革的原则和方法，这样才能提高行政效能。如果不考虑具体的行政环境，盲目照搬其他行政系统的经验和方法，结果只能是事倍功半。实践告诉我们，要按照行政环境变化的规律来促进行政改革和发展。

当前，我国正处于社会转型期，社会的转型必然导致整个行政环境发生重大变化。公共行政必须对变化了的行政环境进行全面的动态把握，并在此基础上实施相应的行政行为。这样，既有助于提高政府的社会适应性，充分、有效地履行政府职责，又可以确保社会转型的顺利进行，减少社会震荡。

二、行政环境的内容

行政环境的内容丰富，按照国家系统内外之分，可以分为系统内的政治、经济、文化、社会、自然环境和系统外的国际环境。

(一)政治环境

公共行政的政治环境，一般是指国家上层建筑的政治部分，包括多个政治构成：国家政权制度、政党制度、法律制度及政治文化。

(1) 国家政权制度。国家政权制度包括国体、政体和国家结构形式，是最基本的政治制度。国体反映的是国家的根本性质，表明社会各阶级在国家中所处的地位，统治阶级的性质决定着国家的性质。政体即国家形式，是统治阶级为实现本阶级的统治而组织国家的形式，是组织、管理和控制国家机器的各种制度和体制的总和。国家结构形式是指国家权力在横向和纵向上的配置形式，即单一制或联邦制。国家政权制度对公共行政的诸多方面都发挥着巨大的作用，主要表现在：第一，国家政权制度不同，行政组织在国家组织中的地位和享有的国家权力大小也不同；第二，国家政权制度不同，行政组织的性质和公务员的根本任务也不同；第三，国家政权制度不同，中央政府和地方政府在机构设置和权责配置方面也有不同。

(2) 政党制度。政党是现代政治的重要标志，在现代国家，它是以执政为目标的政治团体，在代议制民主政体里，政党争取执政一般以参选为手段，并有时结成政治联盟，在必要时联合执政。政党通常有特定的政治目标和意识形态，针对国家和社会议题有各自的主张，定立政纲展示愿景。政党制度与公共行政存在着直接关系，不仅影响着行政组织与政党的关系，而且直接影响着行政组织的机构、人员配置、政策和功能的稳定性和纠错机制，是影响公共行政的重要因素。政党特别是执政党的纲领和政策引领社会的发展纲领和政策，这对公共行政产生重要影响。

(3) 法律制度。法律制度的健全及其有效实践是营造健康行政环境的重要途径。法律制度对行政组织的影响，主要表现在规定并保障行政组织在国家系统中的地位和权力，并保证行政组织的协调性、规范性和科学性。法律制度的健全依赖于立法系统和司法系统。国家立法机关制定的法律法规和中央政府及其部门、地方政府依法制定的行政规章共同规范行政机关的职能、权限、责任等，它们是进行公共行政的法律依据；司法系统通过行使审判权和检察权依法对行政组织及其官员是否遵守宪法和法律实行监督。

(4) 政治文化。政治文化可以概括为政治认知、情感与评价，也可以表述为政治态度、信仰、感情、价值观与技能。政治文化对行政管理的影响是潜移默化的，各国政府都十分重视自身政治文化的建设，良好的政治风气可以为高效的公共行政打下坚实的基础。由于长期封建思想的影响，我国的政治风气仍有旧制度的痕迹，官僚主义、家长制、特权等不良现象仍严重存在，特别是党政领导干部以权谋私、权钱交易、贪污贿赂的腐败现象，已引起广大人民群众的强烈不满。我国政府在这方面做出了不懈的努力，已取得明显效果。

【案例 12-1】大河网 2010 年 3 月 30 日报道，河南新郑市 64 岁农妇不满镇政府征地补偿拒绝丈量土地，被镇委副书记说成是“母老虎”，随后农妇回骂了一句，当场被几名工作人员带走拘留。记者前去采访镇委副书记时，被骂下楼；采访因严重受阻被迫中断。近年来，公民因“辱骂诽谤”官员获罪案例增多，有人发出这样的疑问，我们的公仆这么不经骂了吗？

问题：从本案例中如何认识基层行政生态？

分析：

在本案例中，反映了基层行政生态困境。基层官员作为与群众直接接触的行政人员，应该拥有一定的权威，但这种权威不应该是建立在传统的“父母官”思想的基础之上，基层行政官员应该确实地把自己摆在正确的位置上；同时，也表明基层官员整体素质有待提高。有专家指出，基层政治和行政改革空间有限，因为上行下效，只有改变高一级的生态环境，才能改变整个的生态环境。只靠道德规范是不行的，行政环境的改变需要外力的推动。公民开始表达自己的声音，表达不同的意见，这也是改变行政环境的推动力之一。

(资料来源：大河网，2010-03-30)

(二)经济环境

行政发展和经济发展具有一定的相关性，这是因为良好的经济发展环境和社会经济条件能为行政环境发展创设一些有利条件。作为上层建筑重要组成部分的公共行政不免要受到经济基础的制约，同时，各种经济政策战略、要素分配方式、基本经济制度都会影响到行政环境要素的构建和重组。在这里，主要从经济制度、财政状况、综合国力、发展方式四个方面来加以分析。

(1) 经济制度。经济制度是指国家的统治阶级为了反映在社会中占统治地位的生产关系的发展要求，建立、维护和发展有利于其政治统治的经济秩序，而确认或创设的各种有关经济问题的规则和措施的总称。基本经济制度即生产关系，它是由社会的生产力发展状况决定的，它构成社会的经济基础，决定包括行政制度在内的政治制度。生产关系包括三个方面的构成：谁掌握生产资料；人们在生产中的地位和相互关系如何；产品如何分配。其中，生产资料归谁所有是根本性的问题，即生产资料公有还是私有，直接决定了名义上的行政权力的最终的直接服务对象。经济制度主要包括生产、分配、交换和消费制度，这些制度的维护和发展主要依靠庞大的行政官僚机器，也要求运用不同的行政管理模式。除了基本的经济制度，还有一些其他的制度辅助，如市场制度。市场制度既能满足提升行政的效率要求，也会把市场交换的观念引入公共权力的运用中，冲击公正良好的行政环境。

(2) 财政状况。国家财政状况的好坏决定了国家能力的强弱。国家财政状况即国家财富的大小在根本上是由国家的生产力状况决定的，生产力水平高，则国家的财政状况就良好，生产力水平低，则国家的财政就会入不敷出；国家财政状况还与国家从社会汲取财富的能力有关，即财富在社会与政府之间的分配比例问题。一般来说，国家的财政状况越好，行政发展的物质保障越充足，行政主体的管理控制能力也就越强；同时，政府用于公共活动和公共建设的经费就越多。我国改革开放以来，特别是 20 世纪 90 年代中后期以来，随着经济社会的发展，国家财政随着社会财富的增加逐步好转，政府机关的办公环境、条件得到了极大的发展；同时，政府在基础设施等公共建设上拨款逐年递增。必须提及的是，国家财政的好转，不能成为政府机关铺张浪费的理由；否则，不仅不能改善行政环境，反而会成为行政道德败坏的缘由。

(3) 综合国力。综合国力是衡量一个国家基本国情和基本资源的最重要的指标，也是衡量一个国家经济、政治、军事、技术实力的综合性指标。综合国力就是国家的实力，在国内表现为经济、军事、科技实力的发展和可调动资源的增长；在国外表现为各个方面的国际竞争力。如何衡量一个国家的综合国力或战略资源，国际上目前还没有统一的计算方法。位于瑞士洛桑的国际管理与发展研究院列出了综合国力的八项指标：国内经济实力、国际化程度、政府影响、金融实力、基础实施、企业经营管理能力、科技实力和人力资源。政府能力被认为是其中重要一项，综合国力的提升一般会引起政府调控能力的提高。

(4) 发展方式。经济的发展方式对公共行政具有重要影响，它间接地影响行政行为方式，对政府绩效考核方式具有引导和推动作用。在西方，经过自由资本主义的物质积累、垄断资本主义的产业扩张、国家资本主义的资源整合后，资本主义已经发展到了国际金融资本主义阶段。这对什么是好政府也产生了不同的评判标准。从自由资本主义时期政府应该扮演"守夜人"的角色到第二次世界大战后政府干预的"凯恩斯主义"流行，从 20 世纪 70 年代政府应保证公平的"正义论"到 80 年代的宠爱"最弱意义国家"及保守的"市场化"改革新政，一直到近期国际金融危机期间政府对金融资本的"救赎"，政府的积极干预职能和作用不容否定。与此同时，其经济的发展早已经摒弃了资源粗放的、劳动力密集式的经济发展之路，走上了依靠科技、知识和金融创新等要素的发展路径。尽管金融衍生会产生一些问题，严重者会出现经济危机，但政府应在保障科技、知识、金融创新和促进社会公平正义上发力，已是大多数人的共识。我国之前的发展模式以资源粗放、劳动密集型为主，导致地方政府和行政人员的盲目投资冲动，造成资源的巨大浪费；现阶段，我国应走资源节约、资本密集型之路，注重知识、人力资本、科技创新等因素在经济发展中的巨大作用，这要求改变对政府部门及行政人员的考核方式和方法。因此，经济发展方式的转变也要求政府应该转变思维方式和工作方式。

(三)文化环境

公共行政的文化环境可以分为两个方面：行政系统外的社会文化环境和行政系统内的行政文化环境。行政系统的社会文化环境指的是社会文化中关于政府、官僚、行政理念、行为方式的界限、行政服务的目标等的认识和理解，它既是社会文化中民众关于政府认识的长期积累和传承，又是政府行为对这种认识回应的固化。比如，社会民众接受的教育是政府应该为公众服务，政府官员是民众的仆人，在实际中民众确实感受到了这种被服务的主人的地位，那就强化了这种社会主人翁的心理意识；假如在实际中没有感受到主人翁的地位，就会弱化甚至扭转原来的教育，长此以往，就会形成"强政府，弱公民"的形象，长期积累的这种意识不利于公民社会的成长。行政系统的文化环境更为重要，一般来说，行政内部文化氛围应该是"公正、廉洁、勤政、守信"的，但在社会转型时期，行政系统内部受到外部利益的刺激和恶俗文化的腐蚀，会出现"潜规则"及所谓"官场文化"等不良现象。当然，在发达国家的行政部门，有时也会出现不良的文化氛围，但这些行政系统已经形成了较好的疏导和问责机制，比如日本近几年内阁频频爆发丑闻，但涉事的首相或大臣大都选择了道歉和立即辞职，这既与社会中政府人员应该尊奉诚实清廉的文化及其对政府的压力有关，又与行政体系内部勇于担责的行政文化相联系。

【案例 12-2】中新社北京 2010 年 9 月 4 日电 首尔消息：韩国外交通商部长官柳明桓当地时间 4 日宣布辞职，震撼了韩国政坛。外界普遍认为，柳明桓的女儿被“特招”为外交部高级公务员引发广泛争议，韩国舆论一片挞伐之声，柳明桓因此而辞职。韩国外交部发言人金英善 4 日证实了柳明桓因女儿“特招”事件辞职的说法，并表示柳明桓本人对此事在韩国各界所引发的困扰再度道歉。他说：“忽视了父女同在一个单位的相关关系。这种情况难免会让人猜测或质疑。”但柳明桓坚持表示，录取过程并未徇私。韩国总统李明博 3 日获知此事后，在表示“遗憾”的同时，强调要展开彻查，并称要用“最严谨的标准”查明事件真相。当前，韩国失业率居高不下，公务员被视为年轻人就业的最佳选择之一。韩国公务员考试竞争非常激烈，经行政考试录取的是九级公务员，而在公务员中从九级晋升至五级一般需要将近 20 年。此前不少民众纷纷通过互联网留言，要求柳明桓下台。

问题：本事件反映了怎样的行政文化？对行政生态有什么影响？

分析：

在本事件中，外交部长辞职反映了韩国传统行政文化对官员行为的严厉约束。这种文化认为官员必须严于律己、克己奉公、不得徇私，此种文化传统结合现代的对官员的行政监控和监督技术，起到了很好的作用。它对塑造良好的行政生态起着积极的作用，促使官员保持自身形象，也间接地塑造了政府的形象，利于政府公信力和权威的培养。

(资料来源：新华网，2010-09-05)

(四)社会环境

这里的社会环境因素主要是指社会学意义上的“社会”概念，它包含的内容丰富，表现为人口分布及规模、社会分层及流动、财富创造及分配、社会保障及完善、城市发展及变迁、社会转型及走向、民族关系及异动等。这些因素由于国情不同，会对公共行政提出不同的要求，比如由于我国现阶段严峻的人口形势及其造成的住房和资源等一系列社会压力，所以我国的计划生育政策及人口管理在一个长的时期内不能松懈；相反，在澳大利亚及西欧一些地区，由于连年的低生育率甚至负生育率，政府不得不采取一系列奖励措施促进适龄妇女多生育。

(五)自然环境

自然环境主要指的是行政系统所处的地理位置和自然状况。地理位置不仅对民族国家的形成和发展、政府的形成和发展发挥重要作用，而且对政府的公共组织的安排、公共行政行为方式也具有重要影响。早在古代，人们就已经认识到了地理位置与政治统治和社会管理存在一定的关系。我国古代最早的地理学著作《尚书·禹贡》按照地理特征，把古代中国版图分为九州，并概要记载了各地的自然条件、经济活动及物产交通，这对当时的统治者因地施政产生了一定的影响。古希腊政治哲学家柏拉图和亚里士多德也曾经论述过地理气候与政体的关系，他们认为希腊温暖的气候孕育了民主政体，这种气候使人们觉得舒服，因此能够自我节制和彼此尊重，容易产生民主气氛；而生活在热带的人们性情暴戾，缺乏对自由的热爱和精神的追求，此种气候条件下容易产生专制政体。自然状况则包括土地、矿藏、河流、海洋、林地、人口等多个资源要素，它们为公共行政提供物质资源，对确立公共行政目标和公共决策也有很大的影响，在特定条件下，甚至是决定性的影响。从自然环境的角度看，随着人类资本文明的侵蚀，全球生态系统正日益脆弱，一系列自然灾害现象如沙尘暴、暴冰雪、大洪水、酷暑热浪频发，这对公共行政管理提出了挑战，这要求政府在利用自然资源方面要合理规划，不能过度掠夺自然资源甚至是破坏自然生态系统，这样一方面会弱化公共行政的物质汲取能力，另一方面有可能会造成行政系统的崩溃。

(六)国际环境

国际环境是一个国家所处的国际局势和状况，特别是其与其他国家和地区之间、相邻国家和地区之间的关系状态。在全球化背景下，一国或国际组织采取的政策、措施不可避免地对其他国家的政府及公共行政产生影响。国际环境错综复杂，各种因素往往相互勾连，国际政治和经济、文化因素都能反映到本国的公共行政活动中来，比如，发端于美国的金融危机最后演变为国际金融危机，促使各国政府采取包括行政措施在内的金融刺激和经济保护计划，各国政府扩大财政开支、提高社会福利、投资基础设施，这是国际经济因素影响本国政府行为的明显案例。面对全球变暖、能源危机等问题，政府在制定产业政策时，往往对高科技产业、绿色新能源产业、高附加值产业予以支持，这种做法不仅是国内的要求，也是国际组织和国际社会的压力。同时，其他国家的行政改革模式及实践、民主化操作及运行均对本国的行政改革和运行产生一定的影响或压力。

三、行政环境与公共行政的关系

公共行政是在一定的行政环境中进行的，它要发展和取得成效，必须回应和满足环境的要求，在与环境不断地互动和调适中，达到一种动态的平衡。行政环境在塑造和改变着公共行政行为模式、行政组织架构、行政价值观念等因素的同时，也在接受着这些因素产生的反作用。

1. 行政环境塑造、限制和改变公共行政

公共行政在一定的行政环境中存在和发生作用。行政环境限制了其组织结构、行为模式，在一定程度上规定着公共行政的内容和发展方向并影响着行政过程和运行机制。在环境改变之前，公共行政的模式就找不到创新的“土壤”，也没有改变的必要，因为它已经适应了这种条件。一旦行政环境发生了变化，无论是政治、经济、文化、社会、自然等宏观环境的改变，还是行政系统内部或一个部门内部组织环境的变化，公共行政就必须去适应这种变化，做出调适，直到符合行政环境的要求。我国自改革开放以来，特别是进入21世纪以来，政治、经济、社会的环境发生了很大变化，这在客观上要求行政体制进行变革，但由于体制本身的“惰性”和我国维护稳定战略的需要，体制变革是审慎的。在现阶段，公共行政在调适过程中与环境要求之间摩擦的事例增多，说明行政环境正在密集地“写入”

变革信息，压迫公共行政理念和行为方式发生变化。

2. 公共行政的调适和变革能影响行政环境

公共行政的调适和变革并不是简单地适应行政环境，在一些情况下，公共行政能反作用于环境，起着引导和矫正环境的作用。这是因为行政系统或部门掌握行政权力，它能调动强大的社会资源，延缓或加快行政环境的变化，特殊情况下，能修正行政环境变化的方向。所以，行政部门可以在一定范围和条件下，强化自己的经济基础，巩固自己的政治基础，对环境进行能动的利用和改造。

3. 行政环境和公共行政在动态平衡中发展

行政环境与公共行政每时每刻都处在互动中，一方面，环境输出要求，行政系统做出回应；另一方面行政系统又利用自己的能量来影响环境。公共行政系统要获得良性发展，它必须秉承开放的原则，随时对外界的刺激做出反应，不能封闭自身从而忽视、延缓回应。我国正处于从传统走向现代社会转型期，在这个过程中，政府行政体制面临一系列挑战。只有科学地分析和正确的认识我国现阶段的行政环境状况，才能理解和把握行政体制变革的节奏和路径，应对挑战并解决问题。

【案例 12-3】 2010 年 5 月上旬，《经济观察报》记者仇子明得到新闻线索，凯恩股份实际控制人王白浪涉嫌在凯恩集团改制过程中，涉嫌侵吞国资、侵占国有土地、将上市公司资产洗钱至个人腰包。6 月 5 日，仇子明采写报道《凯恩股份偷天换日谜团》经《经济观察报》发表，批评凯恩股份在过去的改制、土地转让以及上市公司资产转让中存在问题，涉嫌国有资产流失。凯恩股份的实际控制人王白浪，自 2010 年 1 月开始大幅减持凯恩股份股票，截至报道日，套取现金近 2 亿元。6 月 22 日，仇子明再次对凯恩股份采写了调查性报道《凯恩股份再调查：隐瞒的关联交易》。报道称，凯恩股份涉及的凯丰纸业收购，以及另外两宗对浙江亨宝德纸业的收购行为中，均可能存在关联关系的嫌疑。

同时，5 月 20 日，遂昌县公安局正式立案侦查。据凯恩股份的公司公告称，就近期有人利用网络媒体对本公司和凯恩集团有限公司进行恶意诽谤、诬陷的违法犯罪行为，凯恩集团有限公司已向当地公安机关报案，遂昌县公安局已于 2010 年 5 月 20 日正式立案侦查。随后，发出对仇子明的网上通缉公告，并派出警员到经济观察报社约见记者，未果。

经过媒体曝光后，迫于舆论压力，经过调查，浙江丽水市公安局撤销了遂昌县公安局的决定，并派员到报社向记者进行了道歉。至此，此事件暂时画上句号。

问题：如何认识社会环境对执法的影响？

分析：

在本事件中，遂昌县公安局从迅速立案到马上发布通缉公告，再进京抓捕，反映了基层执法很容易受到地方保护思想的干扰，公权力容易受到私权力的腐蚀，依法办案之路仍然任重道远。同时，反映了舆论监督在权力行使中正发挥着重要作用，随着舆论的发展、公民素质的提升和现代技术的发展，执法生态应该会越来越好。

(资料来源：浙江在线，2010-07-29)

第二节　风险社会与危机管理

一、风险社会及其特征

(一)风险

“风险”(risk)自古有之。在古代社会，以打鱼捕捞为生的渔民们，每次出海前都要祈祷，祈求“上天”或“海神”保佑自己能够捕获大量水产品并且安全归来；在长期的捕捞实践中，他们深深地体会到“风”给他们带来的无法预测、无法确定的危险，在出海捕捞打鱼的生活中，“风”即意味着“险”，因此有了“风险”一词的由来。在古代社会，人们面临的不确定危险非常之多，主要是飓风、暴雨、洪水、干旱、暴雪、地震等自然灾害。历史的车轮行走到现代社会，风险一词的含义得到拓展，它不仅仅指“遇到危险”，更指的是“遇到损害的可能性或不确定性”。

风险具有普遍性、客观性、偶然性(不确定性)、损失性、可测性特征。普遍性是指社会的各个阶层、组织、个人都有可能面临风险，风险是普遍的存在于社会中的。客观性是指人们虽然可以采取防范措施防止或降低风险发生导致的损失，但却不能完全消除风险，它是客观存在的。偶然性是指对于个别事件来说，风险发生具有不确定性，人们不清楚事件何时何地如何发生以及能带来多大损失，也就是说，风险事前不能确定。损失性是指风险的发生会造成一定的损失，包括直接损失和间接损失。可测性是指虽然针对个别事件来说，风险具有不确定性；但就某一时期内某种风险的发生来说，又具有规律性，针对大量主体，风险的发生可以用概率加以测量。

风险的形成是多种因素持续组合的结果，发生则是这些因素成长的结果，损害形式则多种多样。风险根据不同的标准可以有不同的分类，如按照风险发生的原因有自然风险、经济风险和社会风险；按照产生风险的环境有静态风险和动态风险；按照风险的损失对象有财产风险、人身风险和责任风险。

(二)风险社会的概念

一般认为，“风险社会”(risk society)一词是德国著名社会学家乌尔里希·贝克(Ulrich Beck)首次系统提出来的，这也成为理解现代社会现代性的核心概念。对于风险社会的含义，不同的学者有不同的界定，西方学者主要从三个角度进行了分析。第一是从“新风险”的角度加以分析，以“新风险”理论为代表，认为风险社会就是新的、影响更大的风险的出现(如极权主义、种族歧视及冲突、贫富分化的加剧)或者突发及局部事件导致的潜在的社会灾难(如金融危机、核危机、病毒危机等)。第二是从“文化”的角度加以分析，以“灾难悖论”和“风险文化”理论为代表，认为风险社会的出现体现了人类对风险认知的加深。灾难悖论认为人类对技术发展的副作用即本应该解决问题的技术引起的灾难有了新的认识；风险文化论认为风险在当代社会的凸显是一种文化现象，因此风险不是有序排列并带有明确的结构和指向的，作为一种心理认知，风险在不同的文化中有不同的解释。第三是从制度的角度加以分析，以制度、社会风险论为代表，在强调技术风险的同时，更加强调制度风险。这种理论认为，早期现代性在解决传统社会风险时也产生了新的风险，这些风险的逐步累积就构成了晚期(高级、反思或激进)现代性的特征。由此，风险成为时代和社会特征，才算是进入了风险社会。

我们认为，风险社会，是指由于局部或突发事件可能导致或引发的社会灾难，此类事件发生的风险广泛存在于社会生活中，它是一种内生的即主要是人类活动和制度增强的副产品；风险逐渐代替财富，成为社会的主要关注对象和内在驱动力，它是现代社会的时代特征。

(三)风险社会的特征

(1) 风险社会是从分析和观察社会总体运行状态的角度入手的，风险是现代社会的重要特征。从风险社会的发展阶段来看，有农业(传统)、工业(现代)和金融(后现代)风险社会之分。从风险结构来看，人们在传统风险社会面临的风险主要是自然灾害；在现代风险社会，人们面临的主要风险则是工业发展及制度等“人为”祸患；在后现代社会，人们面临的主要风险则是基于知识、信息、科技、金融等全球化条件下的全球性风险。当代世界，风险结构主要是现代风险和后现代风险社会中为主导的 “人为”风险，因为当代世界是传统、现代、后现代并存的社会，但主要是以现代和后现代及其之间的过渡社会。在风险社会，风险成为一种常态。

(2) 风险社会的“风险”更多的是内生的，它与科技和制度设计等理性决策密切相关。比如世界性金融经济危机，主要是由于金融系统的网络化及监管缺位造成的；比如核风险，是科技进步和军备竞赛引入的“撒旦”。从根本上说，它是人类改造自然和社会能力提升的一种结果，科技的发展不仅改造了自然，也改变了人类自身，技术影响渗透进了人类的生产和生活。技术与市场的结合则带来了不可控的风险，今天的理性制度设计为明天的风险事件发生埋下了隐患。风险事件如果发生，带来的影响是广泛的，和传统风险相比，这种风险不能预测，损害后果和范围不能按正常程序和标准计算。

(3) 风险社会的秩序不是等级、垂直式的，风险扩展遵守网络化和平面化，在风险面前，人人平等。风险社会的结构不是由阶级、阶层等纵向要素组成，而是由个人等横向要素架构。病毒疾病不会只传播给特定阶层的人，在它面前，人们有均等的机会。虽然大部分风险后果严重，但发生的可能性低，风险增加并不意味着社会的不安全。

(4) 风险能够治理。德国社会学家贝克在给风险治理开“药方”时强调要“再造政治”以应对风险，即以破除知识垄断、管辖权与决策结构开放、公开对话、自我约束和明确责任等为内容，建立多元治理主体的协商式民主式开放政治；同时，应提升对现代性的反思(后现代就是对现代的一种反思)，建立和完善各项制度和机制，并根据新的情况，不断对其修正，以适应新的变化了的风险环境。

二、危机管理

(一)危机管理及其重要性

在风险社会，由于风险是一种常态，要有效地预防和应对风险，避免或减少风险损失，保障经济、社会生活正常进行，就需要对风险事件进行风险管理或危机管理(crisis management)。

1. 危机管理的概念

所谓危机管理是组织针对潜在的或当前的危机，在事中、事前或事后，通过运用专业的危机管理技术，有计划、有处理原则、有处理流程和步骤及有组织的管理措施与应对战略，以有效地预防、处理和化解危机，以建立安全优质的工作环境。

根据危机管理的主体来划分，可以分为企业危机管理和政府危机管理。企业危机管理是企业为应对各种危机情景所进行的规划决策、动态调整、化解处理及员工培训等活动过程，其目的在于消除或降低危机带来的威胁和损失。这类危机多会以突然的姿态出现在企业中，它是多种因素作用和长期积累的结果，比如2008年的三鹿奶粉事件、2010年的富士康跳楼事件。

政府危机管理，又称为公共危机管理，是指政府通过监测、预警、预控、预防、应急处理、评估、恢复等措施，防止可能发生的公共危机，处理已经发生的公共危机，达到减轻损失，甚至将危险转化为机会的目的，恢复和增强民众对政府的信任。

依据不同的标准，政府危机管理有不同的阶段划分，有学者将危机管理的整个过程划分为显示潜在危机发生可能性的征兆期、危机发生时的发作期、危机持续的延续期和危机解决的痊愈期；也有专家将其划分为识别危机信号并采取措施的信号侦测期、找寻危机原因并减少损害的探测和预防期、努力使危机不影响外部环境的控制损害期、使组织正常运转的恢复期和审查危机管理措施以供今后借鉴的学习期。当然还有其他的划分种类，但无论如何划分，公共危机管理都可以划分为基本的危机前、危机中和危机后三个时期。研究危机，就要研究危机管理的这三个阶段的特征，以总结经验并推广。

2. 加强我国政府危机管理的重要性

如上所述，当今世界已经进入了风险社会，我国也不例外，近几年发生的诸多案例也说明了这一点。加强政府危机管理的紧迫性主要表现在以下几个方面。

(1) 保持社会稳定和良性发展的需要。社会发展会遇到诸多危机，危机解决得好，就会变成机遇；解决得不好，就会影响稳定，阻碍经济社会的发展。在新时期，我国政府面对洪涝、地震、暴雪、流行性疾病等灾害，通过高效的动员和管理体制，进行了有效的危机应对、灾害救援和灾后重建活动，这是成绩；但同时，此类危机的处理仍是非常规的，应对机制和方式还需要逐步探索。

(2) 风险社会公共危机发生特点的要求。自20世纪90年代中期以来，我国公共危机发生呈现出了涉及领域多元化、发生次数高频化、后果影响扩大化的特点。危机发生从原来的经济领域逐步扩展到社会和政治领域；发生时间间隔也越来越短，地方政府疲于处理各种危机，稍微不慎，便会酿成公共事件，当然这对政府的公共管理能力是一种考验；在信息社会和网络社会，危机不能有效地处理，发生的后果影响广泛。因此公共危机发生的特点要求政府提升公共危机管理的水平。

(3) 社会依存增强和全球化进程加快的影响。现代社会，人们发生关系的通道和机会越来越多，小的风险事件的后果经过递增放大就可以影响到很多人。全球一体化也加快和增加了危机的发生概率。

(4) 社会转型时期风险事件多发的压力。公共危机的发生，还与每个国家的具体、特殊原因有关。我国正处于社会转型时期，伴随着激烈的社会变革，各种问题和矛盾凸显，比如，收入分配不公、贫富分化加剧、城乡地区失衡、社会保障不足、公共产品供给不力、城市化问题积聚等，这些问题一旦处理不慎，极易引发公共危机。

(二)危机管理的阶段

根据危机发展的规律，总结不同学者的概括，可以将政府危机管理分为监测、预警，预控、预防，应急处理，评估、恢复等共四个阶段。

(1) 监测、预警阶段。任何危机事件都有前兆，只不过是有的前兆明显，有的前兆不明显；有的前兆需要通过仪器设备才能测试出来，有的前兆凭人的理性分析就能发现。这就需要政府有专门的管理部门来对危机事件的前兆进行监测，对已经积聚一定的能量，即将发生危机的对象，要通过预警来加强防范，采取措施，以防止危机的发生。监测、预警阶段是政府危机管理的前提，其作用主要是发现危机的存在，为防范危机提供依据。由于引发危机的原因不同，监测、预警的手段、措施也不一样。

(2) 预控、预防阶段。根据监测、预警情况，对可能发生的危机事件进行预先的控制和防范，以防止危机的发生，或者减轻危机发生后的危害后果。预防阶段是危机管理的关键，“凡事预则立，不预则废”。做好预控、预防工作，就等于做好危机管理的 60%，甚至是100%的工作。因为对于由于预控、预防而最终没有发生的危机，就是做好了危机管理的100%的工作；对于由于预控、预防而减轻了危机的危害后果，就至少是做好了危机管理的60%的工作。编制各类危机事件的应急预案，开发各类危机事件发生后的辅助决策系统，是预控、预防阶段的一项重要工作，将为下一阶段的应急处理提供决策依据。在预控、预防阶段做好公共危机管理工作，能够以最小的成本取得最大的收益。

(3) 应急处理阶段。对于已经发生的危机事件，政府根据事先制定的应急预案，采取应急行动，控制或者解决正在发生的危机事件，减轻灾害危害，保护人民的生命和财产安全。应急处理阶段是危机管理的核心，对于无法防止的危机事件，政府必须采取应急行动，才能保护人民的生命和财产安全。但是，应急处理阶段又是整个公共危机管理过程中最困难、最复杂的阶段，这是因为应急处理阶段是在危机事件发生的紧急状态中进行的。危机事件通常来势凶猛，能够让人们做出有效反应的时间短。应急处理阶段还涉及应急指挥体系的协调与效率，信息、通信系统的快捷、便利以及运输系统的畅通与快速等问题。相互协调、有分有合、能够整合一切应急资源的应急指挥体系对于做好应急处理工作有着决定性的意义。“9·11”事件给美国造成了严重影响，但由于美国有一个联邦应急管理署，该机构集成了从中央到地方的救灾体系，建立了一个统合军、警、消防、医疗、民间救援组织等单位的一体化指挥、调度体系，事件发生后即迅速动员一切资源，在第一时间内进行救护工作，有效地减轻了事件的损失。

(4) 评估、恢复阶段。即对危机事件造成的危害后果进行评估，在评估的基础上做好恢复与重建工作。评估、恢复阶段是公共危机管理不可分割的组成部分，在整个公共危机管理过程中有着重要的地位。危机事件发生后，对危机事件造成的后果进行评估，决定着重建成本，关系着人民生命与财产的安危。如地震造成了房屋开裂，开裂的房屋是否炸掉，能否继续住人，如果只需修缮，是大修还是小修，都需要在技术检测的基础上由权威机构进行评估，并根据评估结果进行重建。

(三)危机管理体系

政府危机管理的关键是建立一个有效的危机管理体系。所谓政府危机管理体系是指政府所建立的一整套社会危机监测、评估、预防和快速反应的制度和运行机制。一套完善的政府危机管理体系至少应该包括以下几方面的要件。

(1) 建立危机管理体制和运行机制。首先，要健全组织机构的建设，中央政府应该设立危机处理常任协调机构，地方政府也应该设立应对危机的常设机构，为了节约公共财政和不增加编制，这些机构可以挂靠相关机构或者由相关机构重组，但必须有专人负责，此类机构应拥有相应的权力和责任，但地方和部门行政首长应承担第一责任。其次，建立危机协调的程序和方式。公共危机应对和处理需要多个部门和机构共同参与，因此，部门联络的程序、情报的共享机制、采取方式的通报和人员之间的沟通渠道和方式就显得尤为重要，所以，内部信息传递机制、横向和纵向部门的沟通机制需要在实践中建立和完善。

(2) 设立公共危机预警体系。减少损失最好的办法就是不让危机发生，因此，预防危机是解决危机最好的办法。预防危机是指在发现危机信号或危机征兆时，首先迅速准确地确认，或者在危机已经开始，但还没有扩展并造成大的损失时，有关部门采取有效措施，以尽可能小的代价化解危机，避免危机升级，造成更大规模的财产和人员伤亡。做好危机预防工作依赖于危机预警体系的建设，首先要完善危机预警体系，包括情报收集系统、快速传递系统、有效分析系统、及时的反馈系统和负责的决策系统，并在危机预防实践和平时作业中进行有效的演练；其次，在预警体系中，注重加强电子系统和指标系统的建设；最后，把经常性的危机预防和紧急情况下的危机预防有效地结合起来，使危机战略、组织、宣传、监察等部门有效运转，即相关部门应根据情况制定多套危机发生时的应急处置方案并进行演练。

(3) 增强危机应对意识，提高危机应对能力。首先，要增强危机应对意识。危机应对意识是危机预警的起点。在和平稳定时期，人们往往缺乏危机应对意识，因此，各级政府首先要从关系党和国家进一步生存发展的高度上认识危机处理的重大意义，保持敏感度。同时通过模拟危机情势，不断完善危机发生的预警与监控系统，能够使政府和公众培养危机应对意识，就像消防演习一样，通过演练培养消防人员的消防意识，使消防人员时刻做好防火的心理和物质准备。其次，要提高危机处理和应对能力。必须重视全民的危机管理教育，一方面尽快开展在公务人员中的危机应对情景训练，其内容包括心理训练、危机处理知识训练和危机处理基本功训练；同时对普通民众开展危机应对教育，了解各种灾难发生的自然过程，掌握一定的自我保护的方法，增强危机应对能力。

(4) 设立信息沟通系统。危机管理有时又被称为危机沟通管理，这说明了信息交流和沟通在危机管理中的重要作用。除了宪法和法律规定不得公开的信息外，在危机管理中，公共部门应该完善信息沟通系统，如实地公开信息，这样才能消除“流言”的传播空间和公众的恐慌，提升公众对公共部门的信任度。

【案例 12-4】2009 年 11 月 18 日晚，卫生部决定开始每周发布甲型 H1N1 流感疫情信息通报。钟南山院士认为，防控工作做得好不好，首先看信息公开和透明，这是防控做得好的前提。国家之前采用的是国家统一通报的方式，现在则下放到各省通报死亡和重症病例。不检测不报告绝对是有害的，所以各级政府要如实报告疫情，不能不管不问。这种公开透明的信息通报并没有引起公众的恐慌，反而安定了民心，使防控工作有条不紊，最终战胜了疫情。

问题：如何理解信息沟通在危机管理中的作用？

分析：

在本事件中，及时的信息发布是战胜流感疫情的重要前提。在危机管理和处理中，必须时刻保持信息沟通的顺畅和信息透明，对于公众，应该及时公布信息，避免小道信息的传播，只有发布信息，政府在危机管理中才能占据主动权。

第三节　行政改革与行政发展

20 世纪 80 年代以来，面对政府规模的扩大、财政经济压力的加剧、社会问题和政府不可治理性的增多，以及官僚主义和腐败现象的泛滥，西方主要发达国家纷纷开始了大规模的行政改革运动。顺应这一历史潮流，我国也经历了多次行政改革。

一、行政改革及其动因

(一)行政改革的概念

行政改革，指的是行政系统随着内外行政环境的变化，有意识地对自身的结构、功能以及行政人员的行为方式持续进行调整和改变以谋求行政系统和行政环境之间的动态平衡，从而提高行政效能的过程。

行政改革是手段，行政发展是目的。行政发展是指一国政府为适应经济、政治、社会的发展需要而不断扩大和发展自身的行政能力，巩固和提高自身的行政效率，改善和增强行政道德(包括公正和责任)的动态过程。

要促进行政发展，在行政改革的过程中，就要实现国家机器中行政机器的现代化，包括实现组织结构、职能设置、制度法规的科学化和行政决策决定、管理方法方式的民主化。随着行政环境的变化，特别是在风险社会，公共行政管理面临的挑战越来越多，因此，行政发展的要求只能越来越高，理想和现实总是有差距的，当行政发展到达了一定的高度，它马上就会面临另一发展的起点。因此，在现代社会，行政改革是一个持续的过程。

(二)行政改革的动因

行政改革的动因较为复杂，但大体可以从三个方面来分析。第一是政府的困境因素，这是伴随着政府职能扩展和规模膨胀而造成的财政、管理、信任危机带来的压力。第二是国内环境因素，主要包括公众对政府绩效的提升期望，媒介、公众等社会力量的推动。第三是国际环境的因素，主要是全球化条件下他国行政改革经过媒介传播以后的示范推动。

1. 应对政府财政危机的需要

从 20 世纪 50 年代开始，西方国家为了刺激经济的增长，增加就业，大多不再执行政府不干预经济的政策，而是从 20 世纪 30 年代美国干预经济渡过经济危机获得启示，大力推行凯恩斯主义的经济干预政策。瑞典、挪威等一些北欧国家则基于经济发展快、人口少的国情，同时为了选举的需要，开始走上福利国家的道路。经济干预政策、国有化措施、扩大的公共开支、高福利计划等一系列的手段使西方国家在 20 世纪 60 年代获得了发展，特别是在 70 年代资本主义经济体系得到了高速发展，被称为战后西方国家发展的“黄金”时期。70 年代末，由于受石油危机的影响，世界主要国家经济不景气，国库收入减少；与此同时，政府的公共开支却逐年递增，一方面是因为随着社会的发展，公共财政花费的项目越来越多；另一方面是因为政府机构和公务人员的数量激增，这使得政府财政赤字屡创新高，政府财政面临巨大压力。在北欧福利国家尤其如此，一方面政府财政入不敷出，另一方面执政党和领导人为了争得选票却不愿削减公共开支。为了走出财政困境，许多国家的政府和保守派领导人开始进行行政改革。

2. 应对政府管理危机的需要

纵观 20 世纪 70 年代以来的西方政府执政的指导思想及其执政力量，可以看出，新自由主义和保守主义势力一直处在相互的博弈之中，它们交替上台轮流执政。其理念是：新自由主义强调政府应合理地干预市场并管理社会事务；保守主义强调政府不应过多地干涉市场，让市场自我调节。在经过新自由主义大行其道之后，人们发现政府对经济社会生活干预过多，其管理机构和人员过于庞大，这一方面加重了财政负担；另一方面在内部有效管理及其公共管理方面出现了很多难题，如出现权力过于集中、职能交叉、效率低下、逃避风险、责任推诿等现象。20 世纪 60 年代行为主义科学革命以后，行政工作也开始要求量化工作标准、公务人员价值中立等。特别是在一些国家，行政系统内人浮于事，冗员过多，没有明确的绩效测量标准和程序。所有这些弊病造成政府管理危机。进行行政改革的目的是为了减少政府运转成本、提高政府工作效能、塑造政府良好形象及应对政府管理危机。

3. 应对政府信任危机的需要

在西方政治哲学理论和民众的头脑中，政府一直被看作一种祸害，人们普遍对政府权力持有一种戒备心态，认为政府是一种“不可缺少的恶”，为此，人们设计了各种公共权力制衡和监督制度。这些制衡制度及其公众对政府权力的制约就是政府信任的基础。政府信任则是社会信任的基础，如果政府不遵守规则，则社会必然会破坏规则，则人们就失去了信任的基础。1974 年美国前总统尼克松因 1972 年的“水门事件”辞职后，人们开始把一系列的公共丑闻事件称为“×门事件”。随着现代媒体的发展，特别是在近年来互联网的飞速发展，人们发现，关于政府的此类滥用公共权力的“×门事件”增多了起来，政府出现信任危机。政府信任危机的原因主要有以下几个方面：①社会政策缺乏稳定性和连续性，这在两党制或多党制轮流执政的国家尤其如此；在一些发展中国家，由于法治不健全或执行不到位，人治大于法治的情况下，也经常出现这种情况。②个别公务人员以权谋私、违法乱纪，败坏了政府公共形象。③公民素质的提升及其大众媒介在内的社会监督的加强，促使更多的事件以更快的速度被揭露出来，如果相关部门在处理危机时应对不力，公众对政府的信任度就会下降。另外，在现代社会，由于社会事务和公共行政及其政策的复杂性，某项政策的受影响人一般是最后一个知晓此政策的，这就增强了公众的被漠视感及其对政府的不信任感。在一些社会转型过程中的发展中国家，如泰国，由于威权、宗教、军事等传统力量与现代民主对政府公共治理的双重影响，政府信任危机尤甚。因此，为应对信任危机，现在政府需要持续进行行政改革以促进行政发展。

4. 传媒、公众等社会力量的推动

媒体被誉为立法、行政、司法权力之外的“第四权力”，在现代社会，媒介的力量不容忽视，它对公共部门的公共行为合法、正常的监督在各国的宪法和法律中一般都予以明确承认并受到保护。尤其是在媒体发达的今天，报纸、电视、网络及新兴媒体在对政府及公共行为的监督中，起着传播现代行政理念、监督公务人员行政道德、促进公共部门依法行政方面发挥着重要作用。随着社会的发展，一些不合理的公共组织机构设置、行政法规、行政案件、行政行为经过媒介曝光和社会讨论后，一般会在政府下一步的行政改革中被提上日程并予以变革或改善。

其他社会力量，包括社会公众、社团组织、协会、政党等对行政改革也具有重要的推动作用，它们通过自己的利益表达和诉求机制，给政府及其领导人造成压力，促使行政改革以使其符合现代行政的要求。

5. 行政改革理论的影响和推动

从 19 世纪末 20 世纪初的早期行政模式一直到 20 世纪 80 年代以后的新公共管理模式，公共行政的理论一直在发展之中。在 20 世纪 60 年代的美国，在“行为主义科学革命”的号召下，伴随着数量化、计量化、标准化对人文学科的侵蚀，一批学者开始运用经济学的观点和方法来研究和阐释政治和行政问题，这方面除了选举统计学以外，最著名的成果之一就是公共选择理论，其代表人物有布坎南(James McGill Buchanan)、塔洛克(Gordon Tullock)

等人。公共选择理论以经济人假设、交换政治学和方法论上的个人主义为出发点，阐释了政府的功能及其失灵、民主的经济后果等问题；并就政府面临的问题，如组织类型的理性选择、行政分权、公共服务的规模等问题发表了看法，并以此来推动政府在公共管理方面进行变革。同期的曼瑟尔·奥尔森(Mancur Olson)提出了“集体行动的理论”，特别是对集团“分利”倾向的研究，告诫政府应该防止垄断和分利集团的出现；当然其他的一些政治社会学、生态学等研究对行政改革理论及实践也有一定的影响。20 世纪 80 年代，以英美两国的新政为开端，管理主义开始主导政府行政改革，它主张政府有限论，行政改革应借鉴私营部门的管理经验。同时，肇始于 20 世纪 80 年代的新公共管理运动开始反思公共管理运动，它把改革重点转移到注重结果、价值、效能等要素上来，并采用成本—收益分析方法来分析部分公共行政行为。进入新世纪以来，行政改革理论进入了综合反思的阶段，对成本分析的困境、委托代理的困境和目标替代困境等的出路进行了探讨，有人认为行政改革应该因地制宜，根据行政环境设计改革方案。以上这些理论都对行政改革实践起了或多或少的推动作用。

6. 全球化条件下政府的压力和他国行政改革的示范及推动

全球化、区域化无疑是现代社会不能逃避的时代背景，整个世界已经紧密地联系在一起，世界经济分工也在不断地重构中，技术、信息、知识、文化、风险等无一不卷入全球化、区域化的潮流中。许多全球化、区域化组织在这个过程中发挥了重要作用，如比较重要的联合国、世界贸易组织、世界银行、经济与合作组织、欧洲联盟、北美自由贸易组织、亚太峰会组织、东盟自由贸易区等，当然还有其他林林总总的经济、贸易、文化组织和协会等。一国要参加一定的组织，政府必须达到一定的标准，比如行政运作要透明公开、政府政策具有公平性、公共行政运行须符合民主法治的要求、取消贸易保护等，只有这样该国才能获得成员资格和必要的援助。要发展就要参与到全球化、区域化活动中去，要参与进来，就要接受政治和行政在某些方面的调整，这也间接促进了成员国政府的行政改革。在全球化条件下，信息传播越来越快，他国的行政改革活动经过媒介的介绍，也会对本国政府形成一定的示范和推动作用。比如，同样作为英联邦的成员国，加拿大、新西兰就比较容易接受英国行政改革的经验。一些好的行政理念和措施，如阳光政府、服务政府、责任政府、公共绩效的评价方法等经过全球化媒介的传播以后已经成为大多数国家遵循的改革标准。

二、行政改革的目标

改革都是以一定的目标为导向的，具体来说，在不同阶段，各国的行政改革目标不尽相同，有的是为了提高行政效率，有的是为了节约财政，有的是为了提供优质的公共服务等。一般来说，行政改革的主要内容涉及以下几个方面：政府功能的定位问题，也即政府“做什么”的问题；政府功能输出选择的问题，也即政府“如何做”的问题；政府间关系的调整问题，也即内部职能的重新划分问题；政府组织的重新调整问题，也即公共行政权力重新划分的问题。目前，世界各国的行政改革虽然具体措施和步骤不一，但基本上都在朝着建设服务型政府的目标前进。

对于我国来说，党的十七大报告对现阶段行政体制改革目标及内容做了如下表述：着力转变职能、理顺关系、优化结构、提高效能，形成权责一致、分工合理、决策科学、执行顺畅、监督有力的行政管理体制。在现代社会，行政改革的目标是建立廉洁透明、精简高效、法治负责的服务型政府。

服务型政府，顾名思义，就是服务于社会、公众的政府，其运行的基本理念就是服务，它意味着政府已经脱离了管控的旧理念；服务型政府的运作方式是公开透明，意味着行政运作已经脱离了“黑箱”而聚焦于“阳光”下。服务型政府是各国公共行政实践的结晶，也是管理主义理论发展的文明落脚点。其基本要求至少包括如下几点。

(1) 以服务公众为理念。在西方社会，社会契约理论认为政府的权力是人民让渡的，其使用只能是用来保护公民的权利并提供公共服务，因此，政府应向人民负责。在中国，由于宪法规定国家的一切权力属于人民，人民是国家的主人，政府及其管理者更应该践行服务的理念。因此，政府服务于社会和公众、接受公民的评判和监督是很自然的事情。

(2) 有限和适度的政府。服务型政府的权限不再是扩张性的全能政府，而是在政府与市场、国家与社会、公共治理组织之间遵守自己合理的有限权力，以避免公共权力过度挤占私权空间。因此，在现代社会，服务型政府强调政府规模的适度，它尽力避免大而全的政府，在政府规模方面追求精简和高效。在公共治理过程中，政府强调与第三部门等机构合作进行多主体的共同治理。

(3) 依法行政的政府。服务型政府要求公共部门在行使公共行政权力时，必须遵守和依据法律的规定、遵守既定的程序、运用合理的方法，因此，政府应该带头模范地遵守法律，基本要求是“法大于权”，两者的关系不能倒置。只有这样，公民权利才能切实受到法律和政府的保护。在发展中国家，由于传统行政思想和现实行政环境的影响，不依法行政的情况较多，部分公务人员在行使权力时经常有法不依，他们认为法律是写在纸上的，只是针对社会的，这样的思想不改变，服务型政府建设也只能是一纸空谈。

(4) 廉洁高效的责任政府。政府行使公共权力，实质上是公务人员在行使具体权力处置具体事务。公务人员在行使权力时，由于各种原因可能会以权谋私、违法乱纪，这会带来一系列的后果，严重的会发生较大的事故和公共危机。公务人员违法违纪必须承担相应的责任，这是责任政府的要义之一。只有树立起违法就要受到严厉惩戒的氛围，建立起一整套有效的问责制度和机制，公务人员才能真正担负起“服务国民”的行政工作。

(5) 透明运作的现代政府。建设服务型政府，要求行政权力的运作、行政法规、行政信息发布必须及时和透明；政府公共事务，如公共财政开支、行政决策的理由、公务人员的任免、公共危机的处理、灾害疾病传播等的信息需要通过一定的媒介公布，接受公众的监督。隐瞒和谎言，无论动机如何，都有可能造成严重后果，这不是合格行政人员所做的事情。

三、行政改革的模式

根据西方国家行政改革的理论与实践，主要的行政改革模式有以下几种：规制缓和式政府管理模式、企业家政府管理模式、分权授权式政府管理模式、指导和调控政府管理模式和弹性政府管理模式等。这几种模式各具特点，在行政实践中往往以一种为主、其他为辅的形式相互混合在一起。

(一)规制缓和模式

规制，是对主体自由活动空间和行为方式的限制。它分为自我规制(如行业协会)和公共权威规制(如立法、行政、司法部门)。无论是在内部管理方面还是社会公共管理方面，都充斥着大量的政府规制，这些规制以规章、制度、条例、程序、标准等体现出来。随着现代社会的发展、政府触角的延伸，越来越多的规制被释放了出来，形成了过度规制。规制缓和模式的实践者认为，通过缓和规制，在政府内部就可以废除过多的规章和程序并以此来调动公务人员的积极性，提高行政效能；在公共管理方面，尤其是经济性规制的缓和，可以充分调动企业的积极性，激活市场自动调节资源的力量来发展经济。

规制缓和模式的基本思想是：第一，给公务人员一定的自主权，发挥其灵活性，防止他们过多地被规制牵制；在组织结构上，强调行动的能力，淡化正式的科层约束，强调关键是实现组织目标。第二，政府应减少对经济生活的过多干预，破除过多的不合理的限制。但是应该注重对不公平竞争的规制，目的是在市场机制作用发挥不到的地方，维护企业在市场上的公平竞争性。第三，在社会性规制方面，如保障劳动者和消费者的安全、健康、卫生，保护环境，严格产品质量标准等方面，则应该加强。美国行政改革是以管理主义为指导的，总体上是以市场化、分权化和放松规制为特点的改革。

(二)企业家政府模式

这种模式的指导思想主要是企业家政府理论，它是指用企业在经营中所追求的讲效率、重质量、善待消费者和力求完美服务的精神，以及企业中广泛运用的科学管理方法，来改革和创新政府管理方式，使政府更有效率和活力。这一理论的代表人物是美国学者戴维·奥斯本和特德·盖布勒，其发展基础则是对官僚主义的批判。

企业家政府理论的十项基本原则是：①政府应是“掌舵者”而非“划桨者”；②行政领导不必事必躬亲，而要善于授权，鼓励公众参与管理；③政府内部应引入各种形式的竞争机制，以达到节约成本、提供优质服务、改善行政管理的目的；④政府应摆脱繁文缛节的束缚，只做指导和必要的规章、预算；⑤政府应注重绩效；⑥政府应是受“顾客”驱使的；⑦政府应具有投资的意识；⑧政府处理危机应以预防为主；⑨政府及其行政领导应善于分权和下放权力；⑩某些政府功能和业务可充分利用市场机制外包给企业和非政府等部门。

在实践上，这种模式要求：在组织结构上，公共组织内部及外部都引入了竞争机制，下放决策和执行权力；打破终身雇佣的公务员制度，部分公务人员实行合同聘任制，其待遇和工作绩效挂钩；公共政策的制定遵循市场机制；政府工作应该围绕公众及其需求，因为公众是“消费者”，而消费者是上帝。企业家政府理论曾风靡一时，也指导了一些国家“政府再造”的行政改革运动，虽然这种模式有一定的局限性，但其中对于政府官僚主义的批评和开出的“药方”还是值得行政改革者借鉴的。

(三)分权授权模式

该模式同上述两种模式一样，也对传统的科层管理制的组织结构和管理方式进行了批评，认为大多数公务人员，特别是中下级公务员没有自主性，只是简单地执行上级命令和指示，这就造成了一种困境：最了解实际情况的人反而没有积极性、主动性，仅仅是服从，即使指示命令、决策程序不合理。因此，集权模式的结果只能造成行政效率低下，或者效率高了但办了错事，行政效能反而降低了。

该模式在行政改革方面的基本思想是：第一，共享行政决策权力。政府领导人、高级公务员、中低层公务人员及相关人员对行政事务和公共事务可以充分发表自己的意见，改变执行人员只是被动执行的局面。第二，重视公众的权利、践行参与式民主。公众作为公共权力的来源和监督者、纳税人，是政府行为和公共服务的最佳评判者。同时，在参与式民主和协商民主理论的熏陶下，该模式重视公民、社团参与公共事务的机会和权利。

在实践中，分权模式主要在以下方面取得了进展：一是建立了自下而上的分权决策制度和机制，通过咨询顾问委员会、问卷调查、访谈、评估等方式采纳基层和公众意见。如日本在 20 世纪 90 年代通过的《关于推进地方分权改革的决议》、《地方分权推进法》就有力地推进了中央和地方的行政分权化改革。二是在正式组织建构上，主张行政系统扁平化，减少中间层次，目的是为了使行政信息有效快捷地传输，提高公共行政和公共服务的治理。三是在具体业务管理上推出一系列改革方案，促进分权和服务质量的提升，如英国设立的雷纳首相评审小组，其组成人员除了政府部门的高级公务员，还包括学术界和顾问公司的专家，他们对行政改革进行调查、研究、审视和评价，目的是提高公共组织的经济和效率水平；随后，英国又发起“公民宪章”运动、公共部门竞争求质量运动、全面质量管理、财务管理新方案等一系列改革步骤。

(四)弹性管理模式

弹性管理模式则是指政府及其部门设立一些临时性的委员会、办公室，来管理和协调对某些公共事务的管理，随着公共管理任务的完成，这些机构也就随之撤销。这类事务大体可以分为两类：一是自然灾害或重大事故发生后的调查和善后。如发生地震后，设立的救灾援助委员会，在相关工作完成后就可以撤销了；如大规模流行性疾病爆发、恐怖袭击或重大污染后，设立的相关疾控、应急等机构。在现代风险社会，此类事件经常出现，需要政府的调查并把结果公示给公众。当然，在条件成熟的情况下，可以设立正式机构或把职能并入到相关正式机构。二是处理一定的公共事务，这类事务重大但不常见。如为了申办和促进奥运会、世博会、地区会议和展览等重大事项的成功和顺利进行，可以抽调相关人员，成立临时性机构。任务完成后，这些机构的工作人员回原机构或进行其他安置。

该模式的基本思想是：第一，为防止常设机构普遍出现僵化问题，寻求激活机构的灵活性，使其适应不断变化的经济社会环境并及时作出反应；第二，强调根据实际工作来雇佣工作人员，避免财政浪费和冗员；第三，强调民众和民选官员的作用；第四，强调通过精简机构、人员和增进效能促进公共利益。

此类管理模式可以创新组织机构，完成相关目标，避免科层体制下的僵化问题；还可以降低行政成本，减轻财政负担，提高组织效能。如现在的一些大型的国际活动开始引入市场赞助和竞争机制，在法律允许的范围内可以减轻财政负担。当然，此类管理模式也会有一些消极弊端，如新的组织融合需要过程，政策缺乏连贯性、缺乏正式的监督等。

(五)指导和调控模式

该模式侧重于公共管理的手段、方式和过程。它的基本思想是：实行结果导向的预算制度，根据管理、服务活动所取得的实际效果来决定预算的多少，从而引导公共部门从规则为本到结果为本；严控行政成本，对部门评测的标准之一是实行成本评定；在公共部门中引入商业会计制度；注重分权；在公共服务方面也设定等级和标准；引入市场机制，把部分公共职能外包、出租甚至私有化；开放竞争，在绩效评估的基础上，评选公共部门的先进者，以起到激励作用。该模式在荷兰的行政现代化实验和德国的地方行政改革中得到应用，产生广泛影响。

在大多数国家，行政改革仍在持续进行，行政改革采取的策略、方式、步骤都不一而同。从行政改革的推进策略来看，主要分为两类：一是制订全部的行政改革计划并强力推行之，即政府革新或政府再造。这类改革一般涉及面广，受到的阻力也大，处理不慎，会影响政府安全和社会稳定。现在，除了在一些政变后的小国，实质上的这类改革策略实践已经很少。二是分项推进、渐进式的行政推进计划。此类策略受到的阻力小，容易成功。现在大多数行政改革一般采取此类策略。如人事制度改革、工作绩效评估、地方行政分权的推进。各国采取何种策略及其方式、模式受制于多个因素，既有具体国情，也有国际因素；既有公民社会的发展，也有行政改革决策者的胆略和勇气等。当然，新的模式也在改革实践中孕育，行政改革者在借鉴以上模式的内容时，也会根据具体情况进行创新。

对于我国来说，改革开放以来，在注重大力发展经济的同时，行政改革也在持续推进。目前，我国正处在社会转型的急剧转变期，各种矛盾凸显，行政改革已经进入"深水区"，改革中的难点逐步显露出来。目前，我国已提出建设服务型政府的口号和目标。要实现建设服务型政府的目标及要求，行政改革需要有计划地稳步、协调推进。这需要在行政决策体制、干部人事制度改革、行政制度与程序建设和中央与地方行政权力和职能配置方面进行彻底的、深入的变革。

复习与思考

1. 简述行政环境的特征。
2. 简述行政环境的内容。
3. 简述行政环境与公共行政的关系。
4. 简述风险社会的特征。

5. 简述加强政府危机管理的原因。
6. 简述政府危机管理的过程与体系。
7. 简述行政改革的动因。
8. 简述行政改革的目标。
9. 简述行政改革的模式类型。

【案例分析】

案例一:

2009 年 5 月,《深圳综合配套改革试验总体方案》获国务院正式批复。按方案的规定,深圳将在全国率先探索全新的政府架构,将政府职能部门分为决策部门、执行部门、监督部门三大板块,各自运行,以达到决策权、执行权、监督权既相互制约又相互协调的目的。深圳市在多年前就曾经探索过地方政府行政权三分的改革,但由于阻力太大,一直没有进展。这次重启行政权三分改革,引来多方关注。相关人士表示,目前改革时机已经成熟:一是经济发展的需要,二是社会基础完善。

据悉,三大部门的地位并不完全相等,其中决策和执行部门同级别,监督部门则高一个级别,以利于监督。监督的方式一改同级别的监督,实行垂直、派出的方式监督,凡是财政拨款的单位全部纳入监督范围;决策部门和执行部门在监督部门的监督下,签署绩效合同,合同的履行情况由监督部门在行政年度年末进行评价。所谓大部制,是指大部门与小部门的结合(小部门即指执行部门),因此,小部门编制在短期内可能会迅速增加,待条件成熟时,政府将裁减大部门人员编制。部分行政事务将利用市场机制“外包、授权和购买”的方式让渡给非政府机构,最终形成多元治理的体系。在管理层级方面,将实行一级政府三级管理的方式,逐步取消区一级政府,将其改为派出机构。

支持者认为这样的改革是建设服务型政府的必经之路,深圳有责任、有义务为政府转变职能做出尝试,并就此次改革做出乐观估计。也有人怀疑此次改革能否跳出政府改革“精简—膨胀—再精简—再膨胀”的怪圈。也有人认为,虽然表面上看起来,行政权被分到了三个部门,但事实上仍旧集中在深圳市长一个人手里。也就是说,深圳这次改革,只是实现了权力的平均分配,但是并没有实现权力的互相制衡。而这种形式,是不是要比纪检部门和审计部门的效率更高,效果更好,还有待进一步观察。

问题:

(1) 结合案例,谈谈深圳“行政权三分”改革为什么一直进展不大,存在哪些阻力。

(2) 你如何评价此次改革的条件和制度设计?

案例二:

2009 年甲型 H1N1 流感爆发又对中国的公共卫生危机应急防控体系进行了检验。北京某医院院长助理表示“面对 SARS,我们打的是一场突如其来的攻坚战,而现在我们在打一场有准备的防御战”。在过去 6 年里,我国公共卫生突发事件应急体制与传染病防控体系发生了质的变化,现在已经形成了一套社会网络与动员机制。在应对甲流危机中,我国的应急体系经受住了考验。有人认为,此次危机处理,信息公开和透明是疫情防控做得好的前提。

近几年，公共管理中突发事件频发，考验着政府的管理能力，这些事件包括矿难、洪水、地震、旱灾、流行性疾病的突然爆发；同时，突发性群体性事件在网络上也同样发生，如“南京天价烟局长事件”、“张家港官太太出国事件”、“贫困县书记戴52万元名表事件”及“云南躲猫猫事件”等也极大考验着政府的反腐态度和应急处理能力。当然，网上群体性事件也不都是所谓“负面”的东西，如对援助灾区的干部就好评如潮。

一些专家认为，地方政府在处理一些事件(如石首事件、瓮安事件、三鹿奶粉事件)时，应急管理系统都做得不好，是负面典型，中国官员在突发事件中仍面临理念、机制、体制方面的挑战。

公共沟通是应急管理的重要一环，有专家评价：“现在一些官员把它当做应对媒体的技巧课在学是不对的，这反映一些官员并没有真正树立起依法保障公民的知情权、参与权、表达权、监督权的意识。”

问题：

(1) 结合材料和所学知识，谈谈政府如何提升应对突发事件的能力。

(2) 网上群体性事件有什么特点，如何加以引导？

【推荐读物】

1. [美]布克金著. 自由生态学：等级制的出现与消解. 郇庆治译. 济南：山东大学出版社，2008

2. [英]芭芭拉·亚当著. 风险社会及其超越：社会理论的关键议题. 赵延东等译. 北京：北京出版社，2005

3. [德]贝克著. 风险社会. 何博闻译. 南京：译林出版社，2003

4. 蒋尽松. 风险社会中的科学与民主. 民主与科学，2006(3)

5. 周志忍. 论行政改革动力机制的创新. 行政论坛，2010(2)

参考文献

[1] [澳]欧文·E.休斯. 公共管理导论[M]. (第3版). 张成福，王学栋等译. 北京：中国人民大学出版社，2007.

[2] [德]贝克. 风险社会[M]. 何博闻译. 南京：译林出版社，2003.

[3] [加]迈克尔·豪利特，M.拉米什. 公共政策研究：政策循环与政策子系统[M]. 庞诗等译. 上海：三联书店，2006.

[4] [美]尼古拉斯·亨利. 公共行政与公共事务(第8版). 张昕等译. 北京：中国人民大学出版社，2002.

[5] [美]文森特·奥斯特罗姆. 美国公共行政的思想危机. 毛寿龙等译. 上海：三联书店，1999.

[6] [美]戴维·罗森布鲁姆，罗伯特·克拉夫丘克. 公共行政学：管理、政治和法律的途径(第5版). 北京：中国人民大学出版社，2002.

[7] [美]菲利克斯·尼格罗，劳埃德·尼格罗. 公共行政学简明教程. 北京：中共中央党校出版社，1997.

[8] [美]罗伯特·B.登哈特. 公共组织理论. 扶松茂等译. 北京：中国人民大学出版社，2003.

[9] [美]加里·德斯勒. 人力资源管理. 吴雯芳等译. 北京：中国人民大学出版社，2005.

[10] [美]查尔斯·沃尔夫. 市场或政府：权衡两种不完善的选择. 北京：中国发展出版社，1994.

[11] [美]查尔斯·林德布罗姆. 政治与市场：世界的政治—经济制度.上海：三联书店，上海人民出版社，1994.

[12] [美]丹尼斯·C.缪勒. 公共选择理论(第2版). 北京：中国社会科学出版社，1999.

[13] [美] 乔治·弗雷德里克森. 公共行政的精神. 张成福等译. 北京：中国人民大学出版社，2003.

[14] [美] 盖伊·彼得斯. 政府未来的治理模式. 吴爱明，夏宏图译. 北京：中国人民大学出版社，2001.

[15][美]史蒂文·卢克斯. 权力：一种激进的观点. 彭斌译. 南京：江苏人民出版社，2008.

[16] [美]凯特尔. 权力共享：公共治理与私人市场. 孙迎春译. 北京：北京大学出版社，2009.

[17] [美]哈维·S.罗森，特德·盖亚. 财政学. 郭庆旺，赵志耘译. 北京：中国人民大学出版社，2009.

[18] [美]迈尔斯. 公共经济学. 匡小平译. 北京：中国人民大学出版社，2001.

[19] [美]特里·L.库珀. 行政伦理学：实现行政责任的途径. 张秀琴译. 北京：中国人民出版社，2001.

[20] [英]伯特兰·罗素. 权力论. 吴友三译. 北京：商务印书馆，1991.

[21] [英]阿特金森，[美]斯蒂格里茨. 公共经济学. 蔡江南译. 上海：三联书店，1992.

[22] [英]芭芭拉·亚当. 风险社会及其超越：社会理论的关键议题. 赵延东等译. 北京：北京出版社，2005.

[23] 世界银行. 1997年世界发展报告：变革世界中的政府. 北京：中国财政经济出版社，1997.

[24] 张国庆. 行政管理学概论. 北京：北京大学出版社，2000.

[25] 张康之，李传军. 公共行政学. 北京：北京大学出版社，2007.

[26] 陈振明. 公共管理十五讲. 北京：中国人民大学出版社，2004.

[27] 张帆. “行政”史话. 北京：商务印书馆，2007.

[28] 竺乾威. 公共行政理论. 上海：复旦大学出版社，2008.

[29] 曾峻. 公共管理新论. 北京：人民出版社，2006.

[30] 黄健荣，等. 公共管理新论. 北京：社会科学出版社，2006.

[31] 李景鹏. 权力政治学. 北京：北京大学出版社，2008.

[32] 洪银兴，尚长风. 公共财政学[M]. 南京：南京大学出版社，2006.

[33] 蒙丽珍，古炳玮. 公共财政学[M]. 大连：东北财经大学出版社，2007.

[34] 教军章. 公共行政组织论[M]. 哈尔滨：黑龙江人民出版社，2005.

[35] 唐兴霖. 公共行政组织原理[M]：体系与范围. 广州：中山大学出版社，2002.

[36] 张柏林. 中华人民共和国公务员法[M]. 北京：中国人事出版社，党建读物出版社，2006.

[37] 周敏凯. 比较公务员制度[M]. 上海：复旦大学出版社，2006.

[38] 魏娜，王学栋. 公共管理方法[M]：原理与案例. 北京：对外经济贸易大学出版社，2008.

[39] 张旭霞. 公共部门绩效评估[M]. 北京：中国商务出版社，2006.

[40] 卓越. 政府绩效评估导论[M]. 北京：清华大学出版社. 2006.

[41] 刘旭涛. 政府绩效评估制度、战略与方法[M]. 北京：机械工业出版社. 2003.

[42] 李金龙，黄建红. 完善和超越官僚制：我国行政组织体制改革的理性选择[J]. 湖南大学学报(社科版)，2007(1).

[43] 张康之. 行政人员是一个独特的职业群体[J]. 公共行政与人力资源，2000(5).

[44] 王学栋. 政治与行政二分法视野中的行政自由裁量权[J]. 行政论坛，2008(1).

[45] 王学栋. 论行政自由裁量权产生的历史前提[J]. 中国石油大学学报(社科版)，2008(4).

[46] 李艳芳. 促进型立法研究[J]. 法学评论，2005(5).

[47] 王绍光. 中国公共政策议程设置模式[J]. 中国社会科学，2006(5).

[48] 杨欣. 论我国决策与执行适度分离的模式选择[J]. 改革与战略，2008(11).

[49] 张立荣. 当代中国政府决策与执行的结构解析[J] .华中师范大学学报(人文社会科学版)，2004(5).

[50] 张成福. 责任政府论[J]. 中国人民大学学报，2000(2).

[51] 周志忍. 论行政改革动力机制的创新. 行政论坛，2010(2).